科学文化系列

国家科学思想库

科学与人生

中国科学院院士传记

# 林兰英传

何春藩 王占国／编著

科学出版社

北京

**图书在版编目(CIP)数据**

林兰英传/何春藩，王占国编著 . —北京：科学出版社，2014
（科学与人生：中国科学院院士传记）
ISBN 978-7-03-040125-0

Ⅰ. ①林… Ⅱ. ①何… ②王… Ⅲ. ①林兰英（1918～2003）-传记
Ⅳ. ①K826.16

中国版本图书馆 CIP 数据核字（2014）第 046607 号

丛书策划：胡升华 侯俊琳
责任编辑：樊 飞 程 凤 / 责任校对：韩 杨
责任印制：赵 博/ 封面设计：黄华斌 陈 敬
编辑部电话：010-64035853
E-mail：houjunlin@mail.sciencep.com

科学出版社 出版
北京东黄城根北街 16 号
邮政编码：100717
http://www.sciencep.com
北京厚诚则铭印刷科技有限公司印刷
科学出版社发行 各地新华书店经销
*
2014 年 5 月第 一 版 开本：720×1000 1/16
2025 年 3 月第七次印刷 印张：20 插页：6
字数：350 000
**定价：98.00 元**
（如有印装质量问题，我社负责调换）

**林兰英院士**

林兰英，中国共产党党员，中国科学院院士，我国著名半导体材料学家、物理学家，是中国半导体材料科学与技术的奠基人和开拓者。1918年2月7日生于福建莆田；1940年毕业于福州协和大学物理系，后留校在物理系任助教、讲师；1948年赴美留学，1949年获狄金森学院数学学士学位；1950年和1955年分别获宾夕法尼亚大学硕士和博士学位；后在索菲尼亚公司任高级工程师，致力于半导体材料物理的研究。

1957年1月回国，任职于中国科学院半导体研究所，长期从事半导体材料制备、探索及材料物理的研究。对我国成功研究硅半导体单晶材料，如锑化镓、锑化铟、砷化镓、磷化镓、磷化铟等化合物半导体材料做出重要贡献。其中，砷化镓气相外延和液相外延单晶的纯度及电子迁移率，均曾达到国际先进水平。在开拓我国太空砷化镓单晶材料的试验与特性研究方面，成绩卓著。曾获全国科学大会奖、中国科学院重大科技成果奖（1985年以前）、国家科学技术进步奖、中国科学院科技进步奖、何梁何利基金科学与技术进步奖和霍英东科技成就奖等。2003年3月4日在北京去世，享年85岁。

①
②
③

① 林兰英（左）与朱光亚院士
② 林兰英（中）与王大珩（左）院士、师昌绪院士
③ 林兰英（左）与王淦昌院士

①
②
③

① 林兰英（右）与卢嘉锡院士
② 林兰英（右）与周光召院士
③ 林兰英（右）与谢希德院士

① 林兰英（前排左五）与中国科学院女院士合影

② 林兰英（中）与所长王启明（右）接见来所参观的台湾同胞

③ 1983年11月，林兰英（右一）与所内同事宴请美国外宾（右二）

① 1986年7月，林兰英（前排右二）在建设新所动员大会上

② 1987年5月，林兰英（后排右四）在天津参加“津科电子制冷联合有限公司”成立会后与半导体研究所领导和致冷组的同事留影(前排右一为何春藩)

③ 1990年6月，林兰英（右一）在访问苏联圣彼得堡技术物理研究所时，在友人（右二）家做客

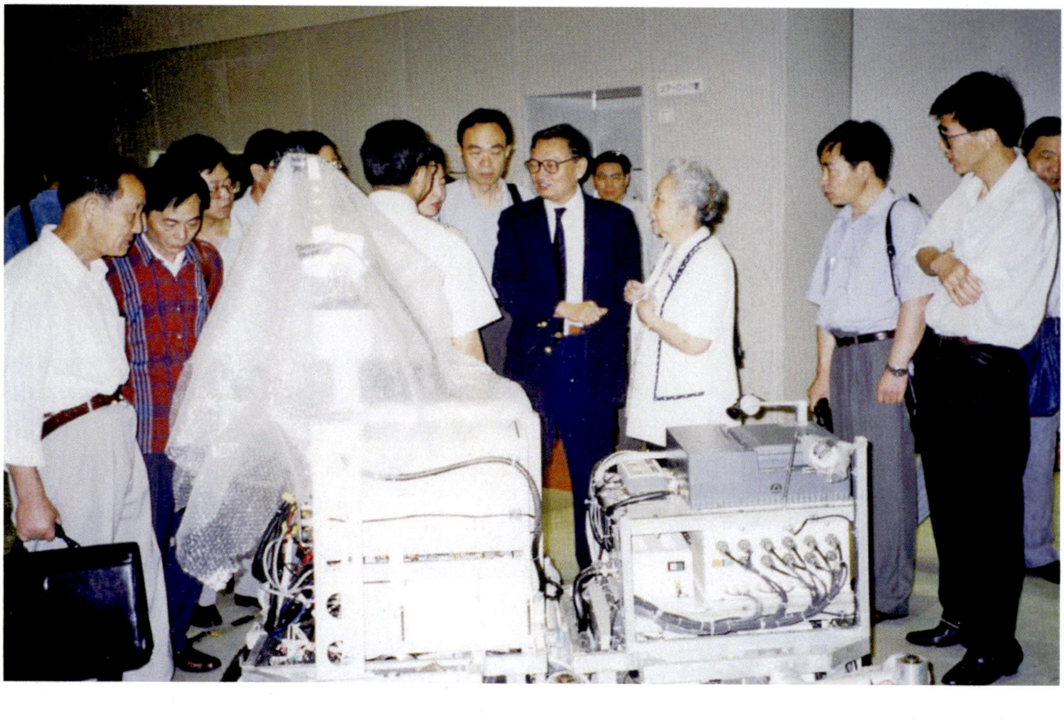

① 林兰英（前排右三）在主持第一届第三次国家微重力实验室学术委员会会议后与全体委员合影

② 1996年，林兰英（右三）访问德国布莱梅大学

③ 1998年7月，林兰英（右三）访问日本空间局的筑波空间中心

① 1996年“七一”节，林兰英（二排左二）与材料科学中心党员在一起

② 2000年，在建所四十周年时林兰英（右二）与院、所领导合影

③ 林兰英（左二）75岁寿辰

① ② ③ ④

① 1948年，林兰英（中排右四）在出国留学前与母亲（中排右三）及家人留影

② 1989年，家人合影。中排右起：大弟媳陈淑垌、林兰英、次侄女林如菊；后排右起：次侄女婿王云汀、侄儿林守勋、侄媳何箴

③ 1994年，林兰英（右四）在香港讲学时与家人合影

④ 1999年，家人合影。前排右起：林兰英、大弟林文豪、大侄女婿林维南；后排右二起：侄孙女林岚、侄媳何箴、侄儿林守勋、次侄女婿王云汀、次侄女林如菊、次侄外孙女王茵、王琳

# 总序

中国科学院学部科普和出版工作委员会决定组织出版《科学与人生：中国科学院院士传记》丛书，这是一件很有意义的文化工程。首批入传的22位院士都是由各学部常委会认真遴选推荐的。他们中有学科领域的奠基者和开拓者，有作出过重大科学成就的著名科学家，也有毕生在专门学科领域默默耕耘的一流学者。每一部传记，既是中国科学家探索科学真理、勇攀科学高峰的真实情景再现，又是他们追求科学强国、科教兴国的一部生动的爱国主义教材。丛书注重思想性、科学性与可读性相统一，以翔实、准确的史料为依据，多侧面、多角度、客观真实地再现院士的科学人生。相信广大读者一定能够从这套丛书中汲取宝贵的精神营养，获得有益的感悟、借鉴和启迪。

中国科学院学部成立于1955年，经过50多年的发展，共选举院士千余人，荟萃了几代科学精英。他们中有中国近代科学的奠基人，新中国的主要学科领域的开拓者，也有今天我国科技领域的领军人物，他们在中国的各个历史时期为科学技术的发展作出了历史性的贡献。“五四”新文化运动以来，一批中国知识精英走上了科学救国的道路，他们在政治动荡、战乱连绵的艰难岁月里，在中国播下了科学的火种，推动中国科技开始了建制化发展的历程。新中国成立后，大批优秀科学家毅然选择留在大陆，一批海外学子纷纷回到祖国，在中国共产党的领导下，开创了中国科学技术发展的新篇章。广大院士团结我国科技工作者，发扬爱国奉献、顽强拼搏、团结合作、开拓创新的精神，勇攀世界科技高峰，创造了举世瞩目的科技成就，为增强我国综合国力、提升自主创新能力作出了重要贡献，为国家赢得了荣誉。他们的奋斗历程，是中国科学技术发展的历史缩影；他们的科学人生，是中华民族追求现代化的集中写照。

当今世界，科学技术已成为支撑、引领经济社会发展的主要动力和人类文明进步的主要基石。广大院士不仅是科学技术发展的开拓者，同时也是先进文化的传播者，在承担科技研究工作重任的同时，还承担着向全社会传播科学知识、科学方法、科学思想、科学精神的社会责任。希望这套丛书的出版能够使我国公众走近科学、了解科学、支持科学，为全民族科学素养的提高和良好社会风尚的形成作出应有的贡献。

科学技术本质是创新，科技事业需要后继有人。广大院士作为优秀的科技工作者，建设并领导了一个个优秀的科技创新团队；作为教育工作者，诲人不倦，桃李满天下。他们甘当人梯、提携后学的精神已成为我国科技界的光荣传统。希望这套丛书能够为广大青年提供有益的人生教材，帮助他们吸取院士们追求真理、严谨治学的科学精神与方法，领悟爱国奉献、造福人民的科技价值观和人生观，激励更多的有志青年献身科学。

记述院士投身我国科学技术事业的历程和作出的贡献，不仅可为研究我国近现代科学发展史提供生动翔实的新史料，而且对发掘几代献身科学的中国知识分子的精神文化财富具有重要意义。希望《科学与人生：中国科学院院士传记》丛书能够成为广大读者喜爱的高品位文化读物，并以此为我国先进文化的发展作出一份特有的贡献。

是为序。

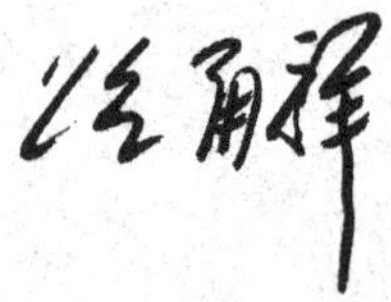

2010年3月

# 光彩人生[1]（代序）

中国共产党党员，中国科学院院士，中国著名半导体材料学家、物理学家，中国半导体材料科学与技术的奠基人和开拓者，中国科学院半导体研究所研究员林兰英院士因病医治无效，于2003年3月4日13时36分在北京逝世，享年85岁。

林兰英院士1918年2月7日出生，福建省莆田县人。她1940年毕业于福建协和大学，1955年获美国宾夕法尼亚大学固体物理学博士学位；1957年回国后历任中国科学院半导体研究所研究员、副所长，1980年当选为中国科学院院士，担任中国共产党第十二次全国代表大会代表、中华全国青年联合会（简称全国青联）第四届委员会副主席，第二、第三、第四届中国科协副主席，第三、第四、第五、第六、第七、第八届全国人民代表大会（简称全国人大）代表，第三、第七、第八届全国人民代表大会常务委员会（简称全国人大常委会）委员。

林兰英院士怀着对祖国和人民的无限热爱，怀着建设新中国的强烈愿望，放弃国外优越的科学实验条件和优厚的物质生活待遇，毅然冲破重重阻挠，回到了自己的祖国，满腔热情地投身于祖国科学技术研究事业。刚回国时，面对简陋的实验条件、微薄的科研经费，她没有灰心，仍然对科研工作充满信心。她说："我们要有民族自尊心、爱国心、高度责任感，敢于向世界水平冲击"，"要有自力更生精神，有敢于走自己道路的勇气"。她和同事们同心同德、艰苦奋斗、锲而不舍、锐意进取，对我国研制成功锗、硅元素半导体单晶材料，锑化镓、锑化铟、砷化镓和磷化镓等化合物半导体材料作出了重要贡献，在开拓我国太空砷化镓单晶材

---

① 此文为中国科学院半导体研究所在2003年3月16日林兰英院士追悼会上的悼词。

料的实验与特性研究方面成绩卓著，被人们誉为“中国太空材料之母”。

林兰英院士胸怀大志，脚踏实地，坚忍不拔，勇攀科学高峰。她不仅勤奋、扎实、深入地学习和钻研数学、物理等学科理论，更重视实践，并在实践中不断探索。她在向科学进军的崎岖道路上，不畏艰难险阻，奋勇当先。她曾说过：“我们科学工作者，不怕起点低，只要有信心、有毅力去研究，以科学的态度对待科学的问题，一定能如愿以偿，做出高水平的研究成果来。”在她的指导和组织下，她和同事们创造出许多个“中国第一”：第一根硅单晶、第一根无位错硅单晶、第一台高压单晶炉、第一根磷化镓（GaP）单晶、第一片单异质 SOI（绝缘衬底上的硅）结外延材料和第一片双异质 SOI 外延材料等。她指导的在太空卫星上从溶体中生长出砷化镓（GaAs）单晶，在世界上首先取得成功。她指导的高纯 GaAs 液相外延和气相外延材料研究，达到国际先进水平。她还组织研制出世界第一台双离子束外延设备。林兰英院士还致力于将科学技术转化为现实的生产力，为半导体材料研究成果的产业化不辞辛劳，多方奔波。林兰英这三个字将永远与我国科学技术的发展历史联系在一起。前国务委员，中国科学院党组书记、副院长张劲夫同志在他所著的《请历史记住》一书中，回顾了林兰英院士对“两弹一星”作出的重要贡献。

林兰英院士希望科学事业后继有人、群星璀璨，因此甘为人梯、培养人才。40 多年来，她倾注心血，精心指导，培养出一大批半导体物理和材料的高水平的科研和教学人才。她十分重视培养年轻人爱祖国、爱人民、爱科学的思想；她重视培养年轻人的战略思维；她总是倡导学术自由，热情鼓励、大力支持年轻人大胆创新；她总是身体力行，以严谨求实、一丝不苟的行为影响和教育年轻人，因而在她的周围已经形成了一个老中青三代和谐结合在一起的研究集体。林兰英院士顾全大局，以事业为重，团结合作，注重发挥集体的智慧去攻克科学技术的难关。在她指导和组织完成的许多项科研工作中，与院内外很多研究单位有过协作，关系都非常和谐、融洽，形成凝聚力，取得丰硕科研成果。林兰英院士把毕生的精力献给了我国半导体科学事业。在她的不懈努力和推动下，我国的半导体科学技术研究与开发工作取得了举世瞩目的成就。她的逝世是我国科学和教育事业的一大损失。

林兰英院士不仅是一位出色的科学家，也是一位合格的社会活动家。她从来不把各种社会职务作为荣誉来炫耀，而是认认真真地履行应尽的职责。例如，在担任全国人大常委会委员期间，她主动了解社会，反映社情民意，为维护广大群众的利益大声疾呼，为发展科学事业献言立论，为社会主义民主法制建设献计献策。

林兰英院士在攀登科学高峰的历程中，不仅取得了丰硕的科研成果，而且留下了令人敬仰的高尚品德。她有强烈的爱国主义精神和民族自尊心，顽强拼搏，自强不息；她不为名，不为利，一心为事业，一心为人民；她胸怀坦荡，光明磊落，刚强正直，表里如一；她谦虚谨慎，虚怀若谷，宽以待人，团结合作；她艰苦朴素，勤俭节约，严于律己，廉洁奉公；她献身科学，埋头苦干，鞠躬尽瘁，死而后已。这些优秀思想品质是她留给我们的宝贵精神财富。

林兰英院士带着拳拳赤子之心，带着对我国半导体科学事业的不懈追求，也带着我们无尽的哀思与眷恋离去了。但是，她开创的半导体科学事业将继续服务于人民，服务于社会主义现代化建设；她崇高的思想品质将继续在我国科学技术事业发展过程中发扬光大。

中国科学院半导体研究所

2003年3月16日

# 目 录

# 第一章　在抗争与磨砺中成长

在福建莆田城厢的下务巷，有一个林家大院。20 世纪 20 年代，在这座古雅的院落里，出了一件名扬后世的罕事。有个 7 岁多点的小姑娘，苦苦央求母亲让她上学读书。母亲没答应，她就把自己反锁在屋里，近三天的时间，卧床蒙头抽泣，任谁敲门也不开，任谁叫她也不应，不仅不梳妆，还不吃不喝，惹得四邻不安，家人担惊受怕。后来，因怕出人命，母亲不得不应允了她的要求，她这才打开了房门。这个倔犟的小姑娘，就是后来的中国科学院院士、我国半导体材料科学的奠基人与开拓者林兰英。

## 一、人杰地灵的莆田

莆田，福建的地级市。位于福建沿海中部，东与台湾隔海相望，西、南与泉州接壤，北和福州毗邻。因多产荔枝，故别称“荔城”。历史上称“兴安”、“兴化”和“莆仙”，为海峡西岸经济区中心城市之一。在 4000 多平方公里的陆域土地上，繁衍着 300 多万人口。

莆田是个古老的镇子。最早立县于公元 568 年的南朝时期，历史悠久，文化发达，古迹众多，景色秀丽，气候宜人。几百年间，经数代人的辛勤营造，具有众多的人文景观和自然风景。湄洲岛的妈祖庙，是莆仙人群游拜谒、静听湄屿潮音之地；在凤凰山上，古松盘石而生，枝繁叶茂，挺拔苍劲，有清幽山境，有巨蟒藏身，有群猴跳跃；南麓的广化寺，是著名的闽中古刹，福建佛教四大丛林之一，既可观赏金黄銮殿，又可欣赏丛林美景；在石室岩山上，林木苍蔚，巨石嶙峋，岩泉清冽，景色优美。春日晨昏，山上常有云雾飘浮在奇岩怪石、丛林灌木之间，翠峰碧树，烟萦雾绕，若隐若现，颇具“绿树迷离古刹前，缥缈云山深莫辨”的诗情画意，故有“石室藏烟”之美称；梅峰寺钟楼里的“梅寺晨钟”，钟声悠扬，浑厚悦耳；身在九鲤湖，可仰望天空，憧憬神话故事；还有九龙谷的青葱山林伴鸟语花香，木兰陂滚水坝里的春潮……著名的莆田二十四景，让人叹为观止，流连忘返。

地灵人杰的莆田，人物奇伟、文教彰明，在各个时期引领风骚，垂范后人。它创造了中国科举史上的奇观，自古以来名人荟萃，人才辈出，有“文献名邦、海滨邹鲁”的美称。自唐代以来的1200多年间，涌现出1700多名进士，近10名状元，有宰相及宰相官阶者近20名。有98人在中国《二十四史》中立传，有99部兴化人的著作被收入《四库全书》，有“一家九刺史”、“一门五学士”、“一户六进士”、“一科两状元”、“魁亚占双标”、“兄弟两宰相”、“六部尚书占五部”、“父子兄弟同朝为官”的千古佳话，是历史上在全国排名较前的科举名邦之一；现代莆田籍乡亲也人才济济，有7000多位教授以上高职称的人才遍布全国，其中中国科学院、中国工程院院士16人，更有近3000名莆仙籍专家学者，遍布海外各地。

莆田地区的“文献名邦”牌坊

在“古之贤达、今之英模”中，有许许多多闻名中外的女代表。当选为全国人大代表的十多位莆仙女性来自全国各个领域。她们依法认真履职，积极建言献策，在全国人大议政殿堂上留下了自己的声音。有30年人大代表、4届人大常委经历的中国科学院半导体研究所的林兰英院士，便是其中的一位。

## 二、不幸是个女儿身

1918年2月7日①，林兰英出生在福建莆田城厢的林家大院。她一出生，就是不受欢迎的人。

① 经莆田亲友考证，林兰英出生在农历丙辰年（龙年）的十二月十八，即公历1917年1月11日。这里仍保持数十年来的传统用法。

因是女儿身，祖母嫌弃她，从母亲的产房里出来，没好气地甩出一句话："女孩！没用的东西。"母亲诅咒她，骂"送子娘娘"瞎了眼，让她错投了胎，不该出生在林家。祖父林炳坤（别号林竹庭）虽不吭声，也耷拉着脸，一肚子的不高兴。

这个"没用的东西"的到来，虽然遭到一家人的嫌弃，林兰英终归还是在这个不欢迎她的家中活了下来。她有两个弟弟、四个妹妹。与她的妹妹们相比，因为她是老大，在封建家庭里"长子"抑或"长女"，都有继承家业的权利，她还算是幸运的，终归长大成人。母亲第二胎生下的妹妹，出生不久就被送人当了童养媳；第四、第五、第七胎的妹妹，也因是女儿身，相继送了人，有的夭折，有的受尽诸多磨难，饱尝了人世间的辛酸。在没有亲情、没有温暖的环境里，度过了短暂而苦难的一生。

重建后的林润故居（含林兰英故居）全景

林氏家宅，屋宇连环，粉墙红瓦，规模宏大，宅内大厅4进。宅第南向第一部分为门厅，门厅前为宽敞的院埕，埕南是与门厅对望的大型照墙。自门厅向北依次是下厅、中厅、上厅、绣楼，各厅两旁依次为正房、厢厅、厢房及护厝等，每厅形成一个独特的单元。下厅朝东门额枋板上有楷书"御史大夫第"5个大字；上厅朝东大门悬挂"谏臣世第"匾额。宅院前有天井和石板大埕，假山石小池叠积；后有果园相拥，龙眼树常年葱郁。在庭院的草地与墙缝间，野草常青，铃兰、野菊、蒲公英等各种野花常开，常引来许多彩蝶、蚱蜢和胡蜂，也可见到爬行的蜗牛和到处跳跃的青蛙。院内的一些小院，都掩映在龙眼和枇杷树间，常引来许多飞鸟。可望见白头翁在龙眼树上筑窝及雏鸟学习飞行；当龙眼成熟时，可以看见松鼠在龙眼树上跳来跳去，摘吃树上的龙眼……如此古雅的住宅，在莆田虽还称不上富丽堂皇，但在左邻右舍中，却也是鹤立鸡群。从历史上看，虽不为悠久之最，却也是建于明朝年间的老式建筑。这一大宅，是御赐上祖林润的。

这个林润，是明代嘉靖年间的南京御史，朝廷中有名的清官。他运筹帷幄，辅助明世宗最终扳倒了权倾一时的奸臣、当朝宰相严嵩。作为赏赐的一部分，这片宅院到了林润的名下。林润因耿直而声誉传天下，是一个关心民瘼、体察民情、为民办实事的好官，多次上书反映百姓疾苦。当时莆田人民饱受倭患："哭声连门，死尸塞路。孤城之外，千里为墟，田野长草叶，市镇生荆棘。"林润竭力上书请免租赋三年，还发放库银救济抚恤百姓，并兴修水利、恢复生产等。林润清廉刚直、勤政爱民，受到百姓们的普遍赞扬和爱戴。

随着时代的变迁，林氏家族经沧桑世事，历兴衰风雨，家业略显萧条。到民国时期，宅院里依然人丁兴旺，只是相比先祖的基业已经大为逊色了。尽管如此，仍称得上莆田县里的"甲地大宅"，是家喻户晓的大户人家。林兰英曾祖父的后代，老少 70 多口人，全都住在这个偌大的望族庭院里。①

在林家，祖父林竹庭，兄弟四个，分元、亨、利、贞四房，林竹庭是老四，属于贞房。因为林姓是县城内经销酱油业的始祖，又是四大酱油世主之一，很有名望。林竹庭的"东源"号，在他和三个兄长的精心料理下，生财有道，资金雄厚。他们除制作酱油外，还加工目眉瓜白萝卜、大头菜等酱菜，以品种齐全且质量好而著称。产品销路广，不但供应县内，还远销邻县及海外。号上的盈利收入，是林竹庭和他的三个兄长维持家庭生活的主要财源。

林竹庭唯一的儿子林剑华，1901 年生。为了让儿子早日成才，林竹庭费尽心思，待儿子到了念书的年龄，便将他送往外地，光每年用于儿子求学的开支，就是一个不小的数目。林竹庭一家，四分之一的股金收入，因要支付儿子在外求学的开支，家境略逊于几个哥哥家，平日只是过着小康的生活。

在这"书史传家"的大家庭里，"男人朱紫贵，尽是读书人"。妇女都是大家闺秀，不许出门庭半步。除了烧火做饭和料理家务外，她们被允许做的，就是刺绣、剪花了。在这样的环境下，勤劳敏学、心灵手巧的林兰英，成了持家的好手，从小也练就了剪花的本领。"公鸡报晓"、"喜鹊登枝"、"嫦娥奔月"等，她都剪过。在诸多堂姐妹中，她的剪花技术是最好的，剪起来轻松自如，让堂姐妹们羡慕不已。林兰英说："我是自通的，

① 这样一处既有纪念意义又有研究价值的古建筑，于 1993 年在莆田的旧城改造中被拆迁后，在莆田一中新校园的西北侧进行重建，基本保持了林润故里的原貌。

没人教。”只要关于女孩子的事，她从不求人，全靠自学。

林兰英天生就是一个性格刚强的人，这一点有些像她母亲。

母亲周水仙，是个明事理、善忍耐、敬公婆、侍夫君的贤惠之人。在她的观念中，相夫教子做“女红”[1]，本就是一个女人生活的全部内容。由于父亲常年在外读书，母亲便挑起了家庭的全副重担。在林兰英的眼里，母亲是个能干好强的人。她并不因为自己的不识字而推三阻四，影响对各种事务的料理。她有着奇特的记忆力，强烈的好奇心和责任感，对于家庭的各种账目，偶尔过身的盈亏赊欠鸡毛蒜皮，从来都了解得一清二楚，说得头头是道。在这个大家庭中，她是无可替代的。

母亲那种隐忍倔强的性格，无意中奠定了林兰英的性格基调，随着时间的推移、人世的煎熬，林兰英也有意或无意地走上了倔强的人生道路。在那个封建的深宅大院里，林兰英与堂姐妹们的不同之处是，她向往着外面的世界。林兰英说：“有时，堂姐堂弟们出去玩，可我的家里人，不让我离院半步，从来不让我到院外去玩。别人去玩了，我心里痒痒的，也想跟着出去。母亲把眼一瞪，就想都不敢想了。在没有大人在的时候，我通常会爬上高高的木梯，站在围墙边向大街上眺望，看看外面的世界。”

一天，林兰英又爬上木梯，对后院盖起的两座小楼细细凝望，又痴痴地观望围墙外的车水马龙、熙熙攘攘的人群，久久不想下来。这时，也是嫌女爱男的三伯公突然归来，见林兰英爬得那么高，有失“妇道”，便挤兑她说：“你看什么？快下来！别把瓦沿弄坏了。你长大以后是要嫁人的，告诉你吧，厝瓦排啊排，没有你一个！”

不敢吱声的林兰英，冷眼瞅了三伯公一眼，回头继续远眺，心里却在发狠说：“你看着，等我嫁出去时，非要把这房顶上的瓦拿走几片不可！”她远望着大街上来来往往背着书包的学生们，暗下决心：“我也要读书，我要读好书，改变这种受人轻视的状态。”

一个常常受委屈的孩子，是很敏感的，而敏感又容易养成倔强的脾性。林兰英就是这样的女孩。平日里，堂兄弟们骑车、游泳，嬉戏打闹，她只有远远站在一边看的份儿，不能参与。更可气的是，她还因自己是个女儿身而受到无端的攻击。三伯公的奚落，令她愤愤不平，也令她奋起：“我就不信，女儿身又怎的？照样能干出让你们男人惊讶的事情来。”

---

① 女红（gōng），亦作“女工”或称“女事”，多指女子手工制作像纺织、编织、缝纫、刺绣、拼布、贴布绣、剪花、浆染等传统技艺。女红技巧从过去到现在都是由母女、婆媳世代传袭而来，因此又称为“母亲的艺术”。

## 三、艰辛的童年

童年，对于林兰英来说并不像其他富家子弟那样如花似锦、绚丽多彩。

那时，林兰英的父亲在外地工作。在祖母俞氏因病去世后，家里就剩祖父、母亲和一个弟弟，共 4 口人来照料家里的生活，在林兰英长大后，家中劳务，几乎全都落在她的身上。

在林兰英 5 岁的时候，每天早上 5 点钟就得起床，开院门，清扫庭院。院子几十平方米，外加 4 个睡房前的大厅，劳动量之大可想而知。莆田的扫帚，帚头特别宽大，帚棍也有人高，年幼的小兰英拿起来都很费劲，更别说还得用它扫地了。地没扫干净，只要姑婶们一多嘴，嘟囔几句，她就免不了要挨母亲的责骂。林兰英说："在林家院里，数堂伯母最坏，经常在院里搬弄是非，我最恨她。一次，堂伯父说我地没扫干净，她就拿扫地的事翻些老账，添油加醋地数落我，说我懒，德行不好，抱怨母亲没好好管教我。母亲是个爱干净、不护短的人，尽管是无端的指责，只要听见有人唠叨，不问青红皂白，拾起扫帚就追我、打我。"

这个堂伯母，是元房伯公的长媳，母亲的堂嫂，在四房里排行老大。这个女人刁钻乖戾、领袖欲强且能力有限，常常生出许多奇怪的念头，搞得四邻鸡犬不宁。她十分嫉妒周水仙在家族中的地位，总是想方设法为难她。林兰英母亲尽力规避她的侵犯，不授人以柄。这样一来，小小的林兰英便成了她赖以攻击的目标。

同年，林兰英开始学习烧火。莆田人烧火做饭，习惯用山里人挑下来卖的柴草，有时也用剪枝打叶下来的桂圆（龙眼）树叶子。每到阴历的四五月间，林兰英就得踮着脚尖，拿着长长的竹竿，一棵一棵去打院子里的桂圆树，十几棵树打下来，人就累得倒在树下不能动弹。桂圆叶子厚实，不易晒干，如不连续用烧火棍在灶膛里挑，火烧不好，就冒大烟。她不得不抱着一只竹筒对着红红的灶眼憋着劲吹，经常是被呛得泪流满面。即使这样，林兰英也不敢离开灶房躲到一边去呼吸新鲜空气。加上她习惯边烧饭边看书，往往弄得满院子都是烟，很是呛人。这时，母亲常常会出现在灶房门口，大声地数落她。只要有人一嚷，母亲就会立刻跑进灶屋去骂她，有时还拿起灶边的柴火棍打她。所幸隔屋的婶娘常出面为她鸣不平："英子人小，再说，这种桂圆叶子，烧不起火，是很自然的事嘛，多教教就是了，干吗老是打她！"一次，烧的饭不好吃，有烟味，母亲就打她，说火烧得过旺了。

洗衣服，也是一桩辛苦的差事。每到星期天，一家人的衣服，都得林兰英洗。对于她来说，最为难的还不是活累、天冷、水凉，而是祖父那一米七几的长衫，母亲也让林兰英洗，可又不教她如何洗。她洗不干净，也要挨母亲的骂。是堂姑（祖父之哥之女）教会她该怎么洗的，怎么拧干。因为手小，衣服长，只得一段一段地揉搓，一段一段地拧干。衣服洗完后，晾晒也是艰巨的劳动。林兰英要颤颤巍巍地攀上高凳，小心翼翼地将洗的衣服挂在绳子上，再一点点抻开，稍不留意，身体一摇晃，自已摔倒不说，湿衣服便滑落在地上，前功尽弃，只好重新再洗。童年林兰英的手，总是被水浸泡得苍白浮肿。到了冬天。又常常像个冻胡萝卜，上面布满血口。林兰英回忆说："母亲对卫生要求高，也锻炼了我。就是现在搞卫生，洗衣洗碗，我比侄女、侄媳她们都干得好。直到现在，卧室里的卫生都是我搞，不让旁人插手。"

林兰英的童年，就是这样在挨打受骂中度过的。每当忆起这些往事，林兰英都会感到心悸。尽管如此，林兰英并没有恨过母亲，认为那是社会常理。她不无感慨地说："在那样的社会里，女孩子是父母的出气筒，挨打挨骂是天经地义的事，算不了什么。最令人心寒的，还是女孩子读书，那是多么的不容易啊！"

## 四、抗争的求学路

1924 年，林兰英 6 岁多了。

这时的林兰英，身后已经有了一个小弟弟，这是祖父、祖母和父母亲的宝贝疙瘩，一个他们盼望已久终于实现了的美梦。弟弟的出世，无形中给林兰英又增加了责任，她理所当然地又承担起了照料弟弟的那部分家务劳动。每天，除了做饭烧菜，她还要背着弟弟哄他玩，擦屎把尿，换洗尿布，什么活都干。女儿的吃苦耐劳，让母亲周水仙十分满意，这正是她希望中的女孩子的样子。但是，她却从来没想到过女儿的心事。

有一天，母亲从外面归来，见小兰英正背着弟弟站在前院的一块写有家训的石碑前，一副若有所思的样子。她的神态，被母亲看见了。母亲问："你在这儿愣什么神儿？又不识字，看它干吗？"

"谁说我不识字？我能认！不信，我就读给你听。"林兰英真的将隶书碑文一字不落地读了下来："家不在丰，贵在能守；业不在盈，贵在可久；礼以律身，书不释手……"

林兰英的举止，颇令母亲意外。原来，前些日子，在上海读书的父亲回家探亲时，曾领着她转悠到这里，给她一字一句地念过，一字一句地讲解过。还说将来上学读书了，字就认得更多了。现在，林兰英不仅在复读这些字，她面对石碑思索的，还有那个“书”字。

林兰英想读书，已不是一天两天的事了。她在木梯上看到大街上那些背着书包上学的孩子，非常羡慕，一天晚饭时，便向母亲脱口直言：“妈妈，我要上学读书!”

“你干活干得好好的，怎么一下子想到要读书呢，这是谁告诉你的?”

“没有谁告诉我，是爸爸给我许的愿，说将来一定让我读书识字。我已经 6 岁了，可以上学读书了。”

见此情景，母亲感到突然，无言以对，便搪塞着说那是爸爸宽慰她的，不能当真；后来又说她人还小，上学路上不安全，等长大一点再说；又说祖母去世，家里缺人手，里里外外忙不过来，要她在家多帮妈妈一把。母亲的诉求与劝阻，让林兰英苦闷了好多天，但又感到母亲的一些话不无道理。上学的要求，就只得搁下了。

冬去春来，1925 年，林兰英快满 8 岁了，可家里仍旧推三阻四，找借口不让她去读书。这时的林兰英，年岁大些了，有了脾气，母亲的粗暴阻拦，她心里急，死活不依，决心得跟家里人闹腾一番了。

在“文献名邦”的莆田，素有“家贫子读书”的遗风。但读书风气再浓，女子也与此无缘。林兰英一提出要读书，就受到世俗和家庭的阻挠，特别是母亲的反对。那时，林兰英的父亲林剑华长期在外：先在上海大学文学系读书，1927 年大学毕业后，又到南昌《国民日报》社当编辑。家中里里外外的应酬，全由母亲承担。母亲虽精明能干，却很封建，男尊女卑的思想极为深刻。林兰英一说要上学念书，她就厉声地训斥道：“‘女子无才便是德’，一个女孩子家，读什么书？不去!”她要林兰英跟堂姐妹那样，在家烧火做饭，料理家务；祖父虽然从商，见识广，但满脑子的“三从四德”，同样反对林兰英上学，要她跟堂姐妹们多学点手艺，在家做女红，同她们一起绱鞋挣钱。

林兰英有股天生的犟脾气，认准了的事，非坚持到底不可。不让她上学，她就跟祖父磨或巧言开导他；还跟母亲争辩，求她开恩应允。后来，祖父没再说什么，可母亲仍执意不肯。林兰英急了。就在灶房里胡乱折腾：把炊具摔得叮当作响，饭做得半生不熟，菜里要么放好多盐，要么一点盐也不放。乃至有意恶作剧，欺侮被母亲视为宝贝疙瘩的弟弟，让他一天“哇哇”地哭个不停。母亲的脾气也暴躁，见林兰英这么不听话，就一个劲地骂她，气急了还追赶着要打她，嘴里不停地念叨着："你看看，在这个院里，哪家有女孩子上学的？我说不行就不行，你闹翻天也不行。"

母亲的无动于衷，让林兰英伤心透了。百般无奈，她只好插上门，把自己关在屋里，不吃饭，不喝水，不干活，躺在床上，蒙上被子，低声哭泣。无论谁敲门也不开，任谁叫也不应。人们隔着门缝跟她讲话，她也不搭理。这样过了快三天，可把家人闹怕了，纷纷劝说母亲让她上学。长辈平辈都来劝母亲说："英子不就是要上学吗？让她去好了，干吗这么折腾。""是啊，这孩子倔，要是真把孩子憋出病来，你可后悔都来不及呀！……"

祖父这时也开始劝说媳妇："你就让她去吧！她一个小孩不懂事，以为读书是好玩，玩些日子，她自己觉得没意思就不会去了。你看英子已三天不吃不喝，再下去，出了事可怎么办呢？"

母亲毕竟是母亲，女儿毕竟是母亲身上掉下的肉，经小兰英这一折腾，早就绷不住劲了。她非铁石心肠，哪里抵得住女儿的这番折磨，同时也被女儿读书的决心打动，加上家人劝说，兰英母亲阵线一下子垮了。她拍打着小兰英的房门喊道："小祖宗，别闹了，你还活不活呀，都急死人了。就依你，去上，去上，快开门呀！"

听母亲这么一吆喝，就跟吃了灵丹妙药似的，林兰英高兴了，起身下了床，揉着泪眼开了门。母亲心急火燎地走进屋来，忙着给她理床，还打水叫她洗脸，替她梳头。不多一会，又端来一碗她最爱吃的炒米粉，接着又和颜悦色地对她说："看你把自己糟蹋成啥样子，你爷爷发话了，让你去上学，美了吧？"母亲边收拾屋子，边自言自语地说："你能，拗不过你，看你能读出个啥名堂来。"母亲还补充说道："能得你！给我听着，家里的活，厨房里的事，一件也不能少，全都是你的事，不能偷懒。"林兰英眼含着泪，噘着嘴，默默地答应了。

经过一场激烈的抗争，林兰英终于胜了。没过几天，她就怀着甜美的心情，背着书包，迈进了小学的大门。

林兰英上学了，然而林兰英的命运并无多大改变，母亲依然是那个严厉的母亲，依然是她那个世界的主宰。

在林兰英上学后，晚上放学回家，书包一放，就要投入紧张的劳作之中：系上围裙，洗米，生火，烧灶，择菜，马上开始做饭。饭后还要刷锅洗碗，清扫灶屋。全家的地面、桌子，并没因为她上了学而交由另外的人去打扫和擦拭，她便又在楼上楼下，8个睡房、两个大厅间忙活开来。林兰英手脚麻利，用最快的速度收拾好所有的物件，让它们达到母亲制定的标准。忙完这些家务，已是晚上八九点钟了，这才是属于她的时间。这时，她才开始做作业和温习功课，要到11点以后才能上床休息。

清晨，每当林兰英听到鸡鸣或鸟的啼叫声，大约6点钟，就得迅速爬出温暖的被窝，揉着惺忪的睡眼，将自己移动到灶前，一步三晃地去米仓舀米，然后淘洗做饭。做饭的任务繁重，通常是要一下做出两锅，一锅自己家吃，另一锅供三伯祖父（利房）一家吃；午饭，由三伯祖父家为兰英家置办，相互轮换。待两锅饭做好，吃饭的人们才起床。

正是贪睡的年龄，起床干家务对于一个儿童来说太残酷了，但是林兰英默默地接受这个现实，这是她的承诺。等到一切收拾妥当，她匆匆往自己嘴里扒拉几口饭，便赶紧背起书包向学校奔去，怕迟到被学校扣分。就这样，天天如此，这对于一个八九岁的女孩子来说，要坚持下来，是多么的不容易啊。

每个星期六的下午，学校总要组织些课余劳动，搞环境卫生或栽花、锄草，回家都比较晚。可母亲不管这些，只要晚饭烧得迟了，轻则唠叨，重则打骂，说她干活偷懒。一次剪螺蛳，由于面临考试，林兰英不得不将课本摊在腿上，边剪边看，不料母亲从身后走过，见状一时怒起，厉声斥责她偷懒，不好好干活，劈手便把她正看着的书夺了过去，扔进满是水洼的天井里。林兰英一边流泪，一边继续剪螺蛳，等把螺蛳剪完了，交了“差”，这才敢去天井里捡书。

直到这时，在母亲的观念里，并没把林兰英当成一个文雅的学生，从而在家务活上给以一定的照顾，减轻一些负担，而是照旧将她当成一个家庭的得力帮手使唤。

林兰英就读的学校是莆田县第一区里的“励青学堂”，是由一批具有维新思想的进步知识分子于1900年创办的。校址设在城区凤山寺的古庙里，环境十分清秀雅静。学校的教职员工，大多是本地最早的留日学生。他们目睹列强掀起瓜分中国的狂潮，国家内忧外患，民族危机深重，异常愤愤。他们认为国家积弱的原因，在于清政府的腐败，在于民智的闭塞和文化科学的落后。因此，出于强烈的民族自尊心和爱国心捐资办学，并以青竹、坚石为象征，凝“宝剑锋从磨砺出”一句之要义，将这所私立小学取名为“砺青学堂”，意在启迪学生追求进步、追求革命，勉励他们为拯救国家而刻苦学习。林兰英深知，自己的求学机会来之不易，因此，在严师的训导下，她学习异常用功、刻苦。除在课堂上专心听讲外，回家还经常挑灯夜读，直至深夜；就是在烧火做饭、刷锅洗碗时，也不忘背诵诗文。她的记忆力很强，理解力也很好，数学、历史、地理、国文等主要课程的成绩都很优异。6 年的小学生涯，她在全班的 20 多个男女同学中，成绩一直是排在第一、第二名。她的小学同学郭风回忆说："那时一个班 20 多人，这在当时也是很多的了，但女生就三四个，而班里学习第一、第二、第三名都是她们的。林兰英就是其中的一个，她不是第一就是第二。当时她的勤奋是出了名的。"

林兰英说：

> 我是虚岁 8 岁才上的学。这都是家里人重男轻女造成的。那时的一些中小学，只收男生，不收女生，说明社会也有重男轻女的偏见。校址多在庙里，没有住校一说，放了学就各自回家。小学因为教室不大，一个班只有不到 30 人。有的课程有课本，但像历史、地理就没有课本，全靠记。我记忆力好，听了一遍就都能说出来，考试也考得很好。跟现在一样，一年级就有英语课。体育课没球场，上课内容分为体操和游戏，体育用具有球杆、球台、投环、木枪等。男女生跳绳，女生最爱踢毽子，我一次能踢 150 多个。多数老师都是从日本、美国留学归来的人，很有本事。有的老师还是外国人。也有省外的人来这里教学的。①

一晃 6 年过去，民国 19 年（1930 年）9 月，林兰英小学毕业，该升中学了。母亲仍是"旧习"不改，加以阻拦。

"我的成绩比堂哥们好，他们能上，我为什么不能上？"林兰英理直气壮地申辩。

"人家是男孩子，你呢？是男孩子吗？"母亲蛮有理由地说。

林兰英对这话非常反感，反驳说："女孩子又怎的？就不是人？就低人一等？就该在家做牛做马？"母亲见女儿的火爆脾气又来了，就改以缓和的口吻说："女孩子能够认字写信，会打算盘，会写自己的名字就行了，读那么多书有什么用？"

"就是有用！父亲讲过，李清照、孙夫人，她们都是女中豪杰，是我学习的榜样。她们不都是女的吗？"林兰英争执起来。

"用镜子照照，你能跟她们比？人家是谁？你是谁?!"母亲毫不松口。

"不管怎样，我要上，爸爸支持我上，还从上海寄来《寄小读者》，校长也支持我上，我就是要上……"在灶房里，在餐桌旁，林兰英跟母亲争辩个没完没了。

---

① 何春藩．1993. 林兰英教授的人生路//吴修秉，黄小宁．福建文史资料．第三十一辑．敬业路上——人物述林．福州：福建省政协文史资料委员会：106.

原来，父亲在外地得知林兰英上学后，十分高兴，经常写信鼓励她要好好学习，友爱同学，尊敬师长，为自己争气，为家庭争光，还经常寄一些少儿书画给她看。

母亲的价值观，是中国几千年传统观念延续的结果。关于林兰英还念不念书，她的主意早就打定了。她对祖父说："女儿家，能够识文断字就行了，读那么多书有什么用，日后出嫁了，都成人家的了。"

祖父说："我看呀，英子敏学好胜，对读书很是热心，就让她去吧，说不定将来真能学出点名堂来哩！"

听祖父这么一说，母亲不语了，任凭女儿在家里折腾。

母亲很清楚女儿的犟脾气，知道自己拗不过女儿。既然她祖父同意，也就由她罢了。后来，她便改口对女儿说："要上也成，得依我个条件：保证每学期都考第一。如果哪个学期没考第一，就马上停学。"

林兰英辩解说："期期考第一，谁敢说得那么死？人家砺青中学规定，考前三名的免交学杂费，考前三名还不成呀？"听小兰英这么一说，母亲心动了，只是默默不语。

砺青中学是当地一些旅外人士创办的。郭风回忆说："这所私立学校，学费昂贵，不是一般清贫子弟可以承受的。林兰英家境殷实，上了这里，我去了省立莆田一中。"砺青中学不同于别的中学，为了鼓励学生创造优异成绩，还别出心裁地制定了一条措施：学生凡每在期末考试得到前三名的，予以免交学杂费。这项措施使得不少同学奋力拼搏。上学不交钱，这对于林兰英的母亲来说，不会没有吸引力。

"行啦行啦！前三名已经很不简单啦！让她去，让她去吧！"祖父痛快地对母亲说道。

母亲知道再拗下去也不会有什么好结果了，只好顺水推舟道："要去就去吧！不过你要记好，过去定的：家里的活，厨房里的事，一件也不能少，还全都是你的事，别忘了。"林兰英想"这些年都挺过来了，怕啥"，照样全都答应了。母亲无话可说，点头一笑——同意小兰英继续升学了。

这是林兰英在争取上学的问题上与母亲发生的最后一次矛盾冲突。林兰英又一次为自己争得了权利，也感受到了成长的力量。她的斗争胜利了，她要朝着自己既定的目标飞了。

在这所私立学校里，富庶家庭出身的林兰英，一边以顽强拼搏的精神刻苦学习，一边帮助家里做家务。就是在这样的条件下，她的学习成绩依旧出类拔萃，继续保持着 6 个学期都是班里优秀生的地位。

## 五、磨砺的中学年代

莆田县的教育制度十分严格，从小学升初中，要经过县里的会考。每年的会考，都是各小学十分重视的大事。将自己学校优秀的毕业生输送到中学去，提升母校的声誉，是每个具有敬业精神的小学教育工作者的强烈愿望。

1930年秋，学习成绩名扬全校的林兰英，由砺青小学的校长彭介之作保，未经考试，直接升入砺青中学就读。

这所砺青中学，规模不大，但师资力量雄厚，校风严谨，名气不小。在福建省提起它的名字，人们常常忍不住要翘一下大拇指。它是1925年9月间，由砺青小学的创办人陈乃元创设的砺青初中部。由于砺青小学办得卓有成效，声名鹊起，创办者们越发感到培养人才的重要性。于是，由陈乃元先行倡议，组织中学董事会，在砺青小学的后院中划出一部分房屋创办中学。就这样，凤山寺后面的塔院里，不久就又传出了朗朗的读书声。仅五六年间，这所规模不大的中学，依托着砺青小学发展了起来，越办知名度越高，规模也逐渐扩大了。①

林兰英进入砺青中学初中部一年级。她在校的各门功课都非常出色，尤其是数学。第一学期她得了全年级第一名，第二学期仍是第一名，直至第六学期她都保持全年级第一名。

林兰英的数学基础牢固，这最早得益于她的两个堂叔。在她上小学的时候，两个堂叔在读初一和初三。林兰英每次遇到难解的题，就去求教。两个初中生有求必应，从来都是循循善诱。他们看出兰英上学的不易，就格外地关心她。由于两个初中生的帮助，林兰英掌握的数学知识大为超前，在班里一下子冒了尖。

就在林兰英升入初中的时候，林兰英一家搬进了新房。对新家的料理，特别是屋里屋外的卫生，母亲仍旧不闻不问，都是林兰英一个人忙里忙外。这时，弟弟也开始上学了。这样一来，她就更忙了：不但要料理家务，买菜购物，洗洗涮涮，忙自个儿的功课，还得检查弟弟文豪的作业，而且免不了要辅导一番；晚上夜读，还得烧莲子羹，供弟弟夜宵。这样的美食，作为女孩子，她是一口也不许沾的。逢年过节，妈妈总是把弟弟打扮得漂漂亮亮，走东家，串西家，可从来没带林兰英去过。不但没去过，

① 郭米克．1999．女院士林兰英的童年．书摘，(11)．

还安排一大堆家务活要她干，警告她干不完或没干好，就要受罚。这种对儿女的不平等，使刚懂事理的林兰英心里愤愤不平，非常抵触，常有反抗表现。在无处发泄时，就经常找弟弟的茬儿，拿他出气。她说：

> 出于骨肉之情，我是疼爱我弟弟的。但是，见母亲和祖父他们，不仅过分溺爱弟弟，而且虐待我，很不公平，心里不是滋味，就把满腹怒气发泄在弟弟的身上。一家人的衣服，都是我洗。那时还没有自来水，得从井里提水。我要弟弟给我提水，要不然，我就不给他洗，吓唬他，他也不得不帮我一把。一次莆田闹大水，墙根的小路，被路边的河水全淹没了。我在院墙上看水，见弟弟在水路上边走边玩，非常危险，稍不小心，极易失脚掉入河里。我给爷爷说了，爷爷罚他跪了一个钟头的木板。事后他跟我干架，怨我不该在爷爷面前告他的状。[①]

几年之后，林兰英又有了第二个弟弟。那时，为了弟弟们的学业，祖父特聘请一位在晚清当过秀才的亲戚，商定每周日请他给两个孙子辅导诗文和书法。这位秀才，住地距林家不远。每逢星期天，林兰英都得领弟弟前往秀才家。老秀才 60 多岁了，满腹经纶，听他讲学很有意思，就像听说书一样，抑扬顿挫，有板有眼。这期间，林兰英也想顺便长些学识。可惜的是，星期天她要洗一家人的衣服，有做不完的家务，没空温习从秀才那儿听到的东西；再则，当弟弟们熟悉了去往秀才家的路径之后，他俩就结伴去，不用再送了。这样一来，林兰英去的次数就少了，从秀才那里学到的东西，就没弟弟们多了。多年后，文豪、文杰两个弟弟，一个毕业于厦门大学经济系，一个毕业于福州大学历史系。二人不但文科基础打得牢固，事业有成，而且人人写得一手漂亮字。而林兰英的毛笔字，就不如弟弟们写得好。每遇到签名、题字等事，她就感到为难，视此为平生的一件憾事。

与弟弟们不同，林兰英走的是理科之路。从某种意义上说，这都是由她的生活环境所决定的。那屡受压抑的童年，那歧视女性的传统文化，会让不同性格的女子朝着不同的方向发展。那时节，大多数女性天生柔弱，逆来顺受，不但被别人看不起，自己也轻视自己，表现在行动上，就是不思进取，习惯受他人摆布。林兰英则不同，她生性倔强，对环境几乎是持一种对抗态度。你说“不行”的事，或者是约定俗成的事，她一定要尝试

---

① 何春藩．1993. 林兰英教授的人生路//吴修秉，黄小宁．福建文史资料第三十一辑．敬业路上——人物述林．福州：福建省政协文史资料委员会：108.

着改变它，并且在付诸行动的过程中义无反顾。[1]

三年时间，转瞬即逝。林兰英初中的学业完成了，又该上高中了。由于林兰英成绩一直优秀，母亲听到外人的赞誉也越来越多，心里逐渐感觉到女儿给林家带来了无尽的荣光。母亲轻视女性的观念动摇了，不愿女儿读书的意识消失。一天晚上，林兰英的母亲玩了麻将回来，可能赢了钱，见饭也做好了，家务活也干完了，就等饭后洗两个碗，心里特别高兴。林兰英见此情景，边吃饭边跟母亲聊："妈妈，我们的毕业考试快完了，班里同学都在议升学的事。您说，还能让我读高中吗？"

"让，怎么不让呢，"母亲高兴地说，"不仅让你读高中，还让你读大学哩！不仅让你读，就是你的两个弟弟结了婚，也要叫他们的媳妇去读书。"林兰英非常激动，她终于靠自己的能力博得了母亲的喜爱，改变了母亲的观念，争得了继续读书的权利。

林兰英的父亲林剑华与母亲周水仙

母亲这话说出来就再也没有收回过。几年之后，弟弟们先后结了婚，母亲果然十分痛快地支持两个儿媳妇上了学。

1933年，林兰英结束了在励青中学的学习生涯。在以优异的成绩读完初中后，考入了省立莆田中学的高中部。这次，母亲真的没再阻拦了——女儿的志气、女儿顽强刻苦的学习精神和名列前茅的学习成绩，终于感动了她。

这所在闽中地区很有名望的"最高学府"，设在兴化府的文庙里，距林宅大院不远。学校南面是古城墙，下面是护城河，通向莆仙母亲河木兰

① 郭米克．1999．女院士林兰英的童年．书摘，(11)．

溪。学校历史悠久，其初中部创建于 1906 年。自创校以来，虽然经过六次更改校名，但学校的优良学风没变过。学校同学历来都是好样的，他们勤俭朴素，爱劳动，爱体育，学习勤奋。庙里的“大成宝殿”，占地面积大，除了孔子塑像和“四配十哲”神龛外，其余地方都是空的，这便是全校师生开大会的“广场”。校舍虽然简陋，教师队伍却很整齐，不少还是在日本、美国获得过博士学位的教授。校领导在教学和管理方面，要求甚严，提出了较高的要求，甚至有些军事化的味道。例如，在上课时间，学生绝对不能走出校门，不允许校外或大街上有穿校服、戴校徽的学生，即使因病因事也不例外，否则以逃学论处。课外活动时间，不允许教室或其他场所有学生读书。这样一来，莆田中学的学生，个个都爱运动，奠定了参加校外运动会夺标的基础；晚上熄灯后，不允许学生偷偷点灯看书，以保证学生有充足的睡眠时间，增进身体素质；不允许校内有垃圾，不允许操场上有纸屑和小石子，任何时候都经得起检查……这些超越教育法规的“土政策”、高要求，促使教师勤教，学生好学，行政员工努力工作。这就是莆田中学的特点，曾受到过当时国民政府教育部的传令嘉奖。

莆田中学不仅有好的校风，还有优良的抗日救国传统。1931～1932 年，日本侵略者先后发动了“九一八”事变和“一·二八”事变，全国人民掀起了轰轰烈烈的抗日救国高潮，在林兰英的学校里，同学们组织了“抗日十人团”，即愿意参加抗日宣传活动的人，每十人编成一个团，课余时间到大街上去演活报剧，去商店检查日货，去筱塘、山牌、柳桥、顶墩、阔口及岳公提码头募捐，支援东北义勇军和上海淞沪抗日军。他们秘密刻印传单，揭露国民党政府的反动面目，鼓动农民起来抗捐抗税，帮助组织农会进行斗争等，产生了很大的影响，郊外农村发生过好几起抗捐抗税的群众运动。类似的传单，也曾张贴在校门口、走廊及教室外的墙壁上。一次课间操后，大家回到教室，很多同学的课桌上都有一份，急得训育主任手足无措，急忙命令各班班长把自己班上的传单收交训育处。从这次事件后，就常有国民党军警或便衣特务来校乱窜。因此，校长受到了当局的警告处分，“抗日十人团”不得不转入地下活动。

在林兰英入学时，校长已换成陈存朴，教师也换了好几位，校里的气氛已变得紧张了。训育主任孙某，广东人，还是什么“博士”头衔，同学们都很讨厌他，当面都用莆田话叫他“三不是”，音与“孙博士”相近，意思是骂他不像人样。一天下午，好多同学把他围在教室里，质问他：“学校是念书的场所，为什么让那些不三不四的人来学校乱窜？”“你训育主任为什么不把他们赶出去?”林兰英也跟着男生起哄，你一句“三不是”，她一句“三不是”，搞得他面红耳赤，狼狈不堪。最后校长来了，才给他解了围。但是，学生们的头脑毕竟单纯，无法料到此事的后果。几天后的一个上午，刚上第二节课不久，号声响了，全校同学都到操场上集合，校长、教务主任和训育主任，还有四个便衣特务，一行人虎视眈眈，如临大敌一般，列队站在队伍前面。训育主任“三不是”说：“今天要请几位同学到校长会议室开会，点到名的同学站出来。”被骗出列的八九位同学，当场就被抓走了。第二天，校长宣布“抗日十人团”为非法组织，凡是参加者都要到训育处“自新”。自此以后，校内的学生运动转入低潮，以防备特务们对学生进行镇压。

1933年11月间，蒋光鼐、蔡廷锴领导的19路军在福建发动“反蒋政变”，校内的学生运动重新活跃起来，通过罢课斗争，赶走了“三不是”，由一位姓刘的老师来校担任训育主任。

林兰英来到莆田中学高中部一年级。全年级只有她一个女生。开始有男同学爱在她面前表现自己聪明，有的甚至使些小伎俩令她难堪；可林兰英并不计较这些，她知道那些浅薄的男生，在学习上根本不是自己的对手。也有男生讪笑、讽刺她，说什么“单竹难成排，不请自己来”，她也都默默不语。第一学期结束了，她考了全年级第一名，把全年级的男生都镇住了。男生们自愧不如，进而对她另眼相看、敬而远之了。

林兰英为自己能进入这一有名望的中学学习感到高兴，也很自豪。当时，由于学校“学运”频繁，影响正常上课，令林兰英陷于两难的境地。她想，全身心投入学习吧，会给人造成一个不问政治、不关心国家命运的误会；热心于“学运”吧，又实在不是自己的主观意愿。以她那时对世界的理解，追求知识是至高无上的人生理想。她所能做出的抉择，只能以此为基点了。因此，林兰英决定换换学习环境。于是，她在该校度过了一年之后，便转到风格上较为温和的咸益女子中学学习，直到高中毕业。

咸益女子中学，是莆田县唯一的一所完全女子中学，创办于光绪三十年（1904年），称为咸益高等女子学堂。到民国6年（1917年），改称为私立咸益女子中学。是由莆田女布道会教士何宝灵为传播教义、为教会服务、维护妇女享受教育权利而筹款兴建的。原取名“美以美惠高等女子学堂”。后来，美国人Hamilton独自投巨款助建校舍，添置设备，学校因他有功于教育事业，便以其名命名，并将Hamilton翻译成“咸益”，故而得名。在林兰英入学时，是曾珍美任校长。她是莆田地区热心于妇女权益工作的知名人士。

咸益女子中学的老师和同学，都平静地接受了这位新来到她们中间的女生。在这个充满女孩子的世界里，她不显山，不露水，每日准时到校，默默地读书，作业，仿佛与外面喧闹的世界隔了一层。有的同学甚至感到奇怪：这是那个“学运”搞得轰轰烈烈的学校里出来的学生吗？

咸益女子中学的数学教师中有一位曾是某大学的教务长，那一时期结婚在家无事，便到咸益女子中学教代数。她是给大学生讲课的老师，思维敏锐，逻辑性强，讲课的速度也较快，常常是讲着讲着就忘了教室里坐着的是高中生，一路冲杀直至下课，而满堂学生，却似腾云驾雾，不知所云。要想听懂她的课，学生是必须具备较高智力的。她列的公式，推导过程是不会轻易告诉你的，“你们自己去想吧，我马上讲出来你们印象不会深的”，她经常这样说。她的考试方法也不同常规，出的试题仅用口讲，不用笔写。讲完了，就让你计算，你只需写出计算的结果便是了，至于公式如何推导，那是你自己的事情。林兰英想，你不讲，难道我就推导不出来吗？她不相信。于是她日夜思考，一遍遍地做题，将每道题的关键部分都烂熟于心，很快就适应了这位老师的考试方法。

来到这所教会中学，相比之下，林兰英的成绩，比班里其他同学高出许多。在一次数学考试中，全班14人，林兰英考了90分，而第二名只考了60多分，其余同学全不及格。林兰英考得好，是因为她勤学好问，并且有极强的记忆力和理解力。有一段时间，三角课是由一位外籍老师讲授的，他的汉语基础差，教课的表达力受到很大影响。为了弥补这一缺陷，每当他把书上的内容讲完后，就把林兰英叫上讲台，让她演算例题给大家看，并做讲解。林兰英讲完后，这位老师总是笑容满面地向她道声“谢谢”。莆田人习惯把未婚的女教师戏称为“师姑”。有位俏皮的同学便给林兰英起了个“谢师姑”的绰号，并很快传遍了学校。

## 六、早逝的爱恋

毕业的日子临近了，女同学们的打算五花八门，有的想要嫁人，嫁一个军官或商人；有的想要去教会寻一份差事，算是直接投入妇女的拯救运动；更多的是不知道将要去做什么，取一种听天由命的态度。

结婚、生育、过日子，这是大多数的中国女性走着的生活道路。只有少数的人才将目光投向大学。林兰英所想的，不是嫁人，而是继续读大学。

在林兰英回忆当时的“谈婚论嫁”的事时，她总忘不了在砺青中学时所经历的一段往事。

进入青年时代的林兰英（前）

砺青中学有两个毕业班，考试中有两个第一名，甲班的是林兰英，乙班的是男生关其昌。

关其昌在一天放学时等在校门外对面的街上，见林兰英走出，他便急匆匆地迎上来。他的表情有些尴尬，但还是鼓足勇气拦住了林兰英的去路。

“兰英……”他用一种从未使用过的称呼，轻轻地呼唤着她的名字，“你要是不着急回家，我们走走，跟你讲几句话，可以吗”？

“可以啊，走吧！”难道他会有什么作业题要问我吗？林兰英感到茫然，也很诧异。

林兰英早就认识关其昌，只是没有来往而已。她还知道关其昌的爸爸妈妈都是教师，他是独子。他家的生活并不富裕，而且家教很严。他学习成绩优异，与家庭的影响有很大关系。在最初得知关其昌的妈妈也是教师时，她曾在心底好一阵羡慕。

两人并排慢慢地走着，关其昌只是低头不语。见此情景，林兰英便睁着大眼睛望着关其昌，关其昌的目光似乎是胆怯地向一边躲避着。

两个人默默地走到交叉路口，关其昌竟然一句话也没有讲出来。

“我要回家了。”林兰英提醒道。

“哦哦！”关其昌如梦初醒似地说：“我送你到家门口吧！”

一直到林宅大院的门前，关其昌也没能说出他要讲的话。就在林兰英将要扣响门环的时候，他像逃命似地突然跑开了。

他到底要干什么呢？15岁的林兰英陷入了迷茫中。

有一天，林兰英在集市上碰见了关其昌和他的母亲，关其昌兴奋异常，忙不迭地介绍着：“这就是林兰英同学，她是我们学校女生中最棒的！”

“啊，你就是林兰英！”他母亲、那位女教师高兴地迎上来说，“我们家阿昌总提到你呀。”她喜滋滋地打量着林兰英。小兰英被看得不好意思低下头。片刻，她挎着的竹篮一沉，未等她反应过来，已见关其昌将一大堆香蕉、荔枝塞了进去。她想推脱，却被女教师拦住：“拿着吧，阿昌给你的，你不要不好意思。”她热情地邀请兰英去家里玩。

女孩子长到15岁了，对于当时的许多女孩子来说，已是她们生活的一个转折关头——该谈婚论嫁了。林兰英的母亲14岁就已嫁到了林家。在母亲的观念里，女儿已该嫁人了。

初中毕业前夕，关家来人谈及儿女婚事，祖父摇了摇头。在他的想法中，还没有将兰英出嫁排上议程，他舍不得如此出息的孙女就这样匆匆将自己打发掉。母亲在一边不知该如何表态，也在犹豫之中。

这桩婚事从一开始起航就搁浅了——现在出嫁不行，叫男方“上门”也不行，林宅大院是不接上门女婿的，况且关其昌还是独子。

这事迅速地出现又迅速地消失。

在以后的日子里，林兰英看得出阿昌的忧伤，自己感到心里十分过意不去。

但是关其昌并不放弃努力，直到最后，他的表现也证明了这一点。

初中毕业了，男孩女孩又长大了，他们像鸟儿一样飞得高了一些。他们都考上了高中。所不同的是，关其昌的高中将在福州读了。他随父母去了福州。

福州之于莆田，可以说是个大都市了。进入这个城市的关其昌没有忘记家乡的姑娘，他始终想着她。

林兰英第一次接到一个男子寄自外埠的信，为此她兴奋过。她在回信中叮嘱关其昌要多保重，因为她感到他的体质不很强健。

两个异地的高中生悄悄地在信纸上谈着话，关其昌显然比在莆田要坦率了许多。

阿昌在心中不掩饰对未来生活的憧憬，他在给林兰英的信中表白说，希望日后他们能够永远在一起，他说让我们一起努力吧，将来我们结婚，共同到福州的一所中学去教书……

阿昌的理想，未能在林兰英的心中引起共鸣，她反而感到他事业的眼光太浅，一个福州中学教师的职位就能够叫他悠悠然了吗？她在信中流露出了对小关的轻视之感。

林兰英无意中伤害了阿昌的感情，这是她后来才意识到的。

两个年轻人的书信来往在1935年的冬天戛然而止了。

那是一个不祥的冬天。

林兰英忐忑地期待着福州的邮件。

然而，邮车再也没有向她开来。

有一天，林兰英在咸益女子中学的一位同学小心翼翼地问她：“你认识关其昌吗?”

“是啊，认识。你也认识他?”林兰英诧异道。

“不，我不认识他，但我听我姑父谈到他。”

林兰英早已知道，这同学的姑父，是本校的一位老师。

“阿昌的父母认识我姑父，不久前，姑父和姑母一起去了趟福州……”

林兰英骤然感到自己的心跳有些急促，忙问：“你姑父见到关其昌了?”

“没有，但是他听说了关其昌的事情。”

“事情？什么事情？他……现在还在福州吗?”

“关其昌，他死了。”

林兰英简直难以相信自己的耳朵，但这是真的。

关其昌死了。他在那一年的初冬时节，因患脑膜炎骤然病逝于福州。

林兰英找到师母问明事情的原委，然后她悄悄地哭了。

师母说，关其昌的父母告诉他们：关其昌在弥留之际还在呼唤着兰英的名字……

林兰英愕然了。

在林兰英的心里，这是一次早逝的爱恋，一次难以忘怀的初恋。在去世前，林兰英一直将它埋在心底，从没对外人讲，乃至自己的亲人……

林兰英生在旧社会，长在一个封建伦理道德观念极强的工商业者家庭。作为封建社会的女性，舆论上的压力、精神上的创伤，逼她奋起，促使她对知识有着强烈的渴望和追求，对女性的自强、自立，有着强烈的向往。就这样，她在抗争与磨砺中，走完了她那童年时代的艰辛之路。

# 第二章　在高等学府里崛起

1936年秋，林兰英高中毕业，考上了以培养学生的博爱、牺牲和服务精神为宗旨的福建协和大学，成了莆田地区少有的女大学生。她那原本重男轻女、不愿让女孩子读书的母亲，为女儿奋发进取的精神所感动，加上“光大门楣”、“荣耀祖宗”思想所驱动，一反旧习，积极主动支持女儿继续深造。她不惜卖掉自己心爱的结婚戒指，给林兰英做入学费用。林兰英说：

> 父亲对我们姐弟三人，最喜欢我，愿意送我读书。可是他不在家，祖父是商人，不管我。就是母亲不让上。到了高中后，她对我读书有所理解。高中有个女老师姓高，她的爱人余文光（音）与我父亲关系好。后来她对我父亲说，这样有才华的孩子不让上大学，太可惜了。父亲乐意让我上，管家的祖父他不肯拿钱，妈妈听后很感动，就把她的首饰卖了给我交学费。后两年，祖父又才愿意出钱，供我读到大学毕业。①

## 一、知不足而进取

来到福建协和大学，林兰英对这里的一切都感到新鲜。学校背倚鼓山，面俯闽江，远山凝翠，江帆如画。树影葱茏、碧波掩映的大学校园，令她流连忘返。她获得的是一种全然不同于高中的神圣感。在这“书声琴声钟声声声悦耳”的环境里，林兰英感受到知识的巨大征服力。大学的生活，神秘、新奇、富有挑战性，对林兰英充满了诱惑力。在这里，她有一种忽然就长大了的感觉。她要在这里奋勇拼搏，徜徉在知识的海洋里。

这是福建历史上的第一所大学，堪与当时国内几个大省的著名学府相媲美，这些学府包括山东的齐鲁大学、浙江的三江大学、江苏的东吴大

---

① 何春藩．1993．林兰英教授的人生路//吴修秉，黄小宁．福建文史资料．第三十一辑．敬业路上——人物述林．福州：福建省政协文史资料委员会：110.

学、四川的华西大学……对于东南一隅的福建来说，这所大学的重要性是显而易见的。

新中国成立前，由外国基督教会在华兴办的大学共有10所，除上述5所外，还有北京的燕京大学、上海的圣约翰大学、南京的金陵大学、广东的岭南大学、浙江的沪江大学，外加南京的金陵女子文理学院和广州的华南女子文理学院。这些著名的学府占据着中国高等教育的巅峰。

20世纪30年代时的福建协和大学校门

学校对学生的塑造用心良苦，除以博爱、牺牲和服务为宗旨培养学生外，格外重视在专业上努力造就通才，着重打好基础，训练动手能力，并将这一切融入无形的制度和学风中。林兰英从进校的第一天起，便受到自强自重、尊重他人、尊重妇女、遵守公德、讲求科学态度、重视工作效率的风气的熏陶。

这所由教会办的高等学校，仿如一块上帝辟出的净土，到处洋溢着浓浓的学术气氛。学校图书馆开放的时间很长，每天几乎达到16小时，白天学生可以自由进入分库翻检所需的书籍；到了晚间，灯火通明，座无虚席，阅览室里鸦雀无声，一片寂静，令人时时感到一种对知识膜拜的氛围。假日闲暇，风和日丽，福山、熙春山、行春桥，那布满鹅卵石的江滩上，那水礁幽雅的池塘边，那繁花争艳的树林里，到处都是协和大学的同学，每个人几乎毫无二致地手中抱着一本书，“万般皆下品，唯有读书高”，这旧时的观念深埋在人们的心里。书，成了学生们的立身之本。

在协和大学数理系（1938年夏改为物理系），由于林兰英数理化功底深厚，又富有钻研精神，很快就熟悉了新的生活。

在大学的第一学期里，功课基本上是复习、巩固中学所学的知识，新的教学内容不多，她感到十分轻松。但是她并未懈怠，而是整日泡在图书馆里，饱读着那些未来将要涉足的知识领域的书籍。

俗话说：“强中自有强中手，能中更有能上人。”在这所荟萃着东南地区优秀学子的高等学府里，新的年级和班级里果然强手如云。前一二学年，林兰英的声望仍为他人所盖。林兰英说："我的学习成绩，不如同届同系的赖祖涵（音），她轻松自如、不太费力。"这位女同学，在两年的"马拉松"里，始终是扮演本年级前边领跑的角色。为好强心理所驱动，不甘示弱的林兰英，废寝忘食地苦读，力求弄懂老师所讲的一切。就以"高等数学"而论，她不但全部演算了老师布置的习题，就连一些老师没布置、难度较大的习题也花心思琢磨，尽力求解出来。教授"微分方程"和"向量分析"的林辰老师发现后，对她倍加赞赏；教"物理化学"课的林一教授，也非常喜欢林兰英的刻苦精神，经常在课堂上表扬她，说她"既有基础理论方面的分析能力，又有很强的实验操作能力"。寒来暑往，转眼到了大学三年级，林兰英异军突起，忽然间就将人们的视线从赖同学的身上，转移到了在连续几次同年级的考试中都拔了"头筹"的自己身上。到了大学后期，林兰英终于成了学校名列前茅的高材生。

## 二、接受爱国氛围的熏陶

就在林兰英刻苦学习、奋发进取之时，1937 年，"七七"事变爆发，中华民族受到了日本帝国主义的侵略。当第一批日本飞机飞经福州上空时，林兰英正在做化学实验。她聚精会神，全然没有留意窗外的骚乱。一个同学急匆匆地推开了房门："要轰炸了，你还在这儿!"她不容分说，拉着林兰英就直奔室外，奔向可救人一命的防空洞。

日本军队从北方向中国腹地大举进攻，对沿海的省份进行了不间断的野蛮轰炸，福建是他们轰炸的主要目标。从那时起，防空成了福州人生活的一个重要内容。

敌机几乎每日临空，虽然有时炸弹并未在头顶落下，但是电台里却在不断地播报着某县某地区遭受损失的情况，其中就包括林兰英的家乡莆田。福州市民惶惶不可终日。

日本兵的铁蹄，在中国大地上肆虐横行，中华民族到了最危险的时候。

10 月，协和大学的百余名师生，举行了抗日救亡大会，声讨日本侵略者的滔天罪行。北京、天津、武汉乃至全国各地，掀起了抗日救国的高潮。

由于福州地处沿海，深受日寇威胁，为了保住这所高等学府免遭破坏，防止其落入敌手，抗日战争开始不久，协和大学就在 1938 年 5 月，迁到闽北山城邵武。在邵武，除借用“汉美”及“乐德”两中学旧址的楼房数十座外，又新建了“才伟”楼和“高智”楼，分别作为男生宿舍和图书馆。当时群山环抱中的邵武，便成为战时的文化城，两个中学的旧址，校舍矗立、绿树如盖，环境之幽静、宽敞，在战时可谓首屈一指。邵武校舍分为东门、北门两部分，相距约2华里①，文学院、农科及总办公厅设在东门，理学院设在北门。这里地处武夷山区的边沿，山河秀丽，风景宜人。但是，人们却无心领略大自然的风光，一个个心神不宁，惦记自己的家乡，惦记着祖国的未来。

邵武校区的高智楼

抗日斗争的烈火，既在中华大地燃烧，也在每一个有爱国心的中华儿女的胸中燃烧。蒋介石采取不抵抗政策，民族矛盾和阶级矛盾都十分尖锐。旧中国的深重灾难，煎熬着整个民族，也煎熬着每一个中国人的心。求学心切的林兰英，虽不热衷于政治，但作为有着朴素的求实精神的女大学生，是有正义感的，在政治上是能够分清中国黑暗与光明两大营垒的。抗日战争期间，国民党当局对外宣传“国共合作，联合抗战”，但对内始终坚持“防共、限共、溶共、反共”方针，共产党一直处于“不合法”的地位。在莆田，共产党人被以这样那样的罪名诬陷而被公开或秘密逮捕乃至杀害的事件时有发生。这些铁的事实，共产党与国民党，孰好孰坏，林兰英心知肚明，也时时刻刻击打着自己的心。

林兰英拥戴共产党之心，既有现实斗争生活的感染，也与父亲林剑华的影响是分不开的。

1937年，林兰英在协和大学上大二时，父亲林剑华结束了在外省的闯荡，回到了故里莆田。时方36岁，正是年富力强的时候。他年轻时加入国民党，经历丰富，又在南昌的《国民日报》担任过总编辑，这些履历一时颇受当局青睐。回到莆田，他先当了一段时间的中学教师，不久即被委任为莆田县党部的书记长。他虽然在国民党内混职多年，但始终洁身自爱，没和他们同流合污。他是一位诗人，又写得一手好字，每天例行公事之余，多以写诗练字自娱。他为人正直，同情革命，且倾心于共产党的进

① 1华里=500米。

步人士。他早年在上海大学文学系读书的时候，共产党的早期领袖瞿秋白、邓中夏先后做过他的老师，这两位杰出的共产党人曾经直接向他讲授过许多关于人类社会进步的道理。1933 年和 1935 年，两位老师英勇就义，当听到先生们的噩耗时，林剑华悲痛欲绝。在江西的日子里，活跃在赣南中央苏区的共产党人始终吸引着他的注意力，报社编辑处的两位共产党员曾是他思想上的密友。林剑华多次在林兰英面前坦言："共产党里有许多了不起的人才，他们的许多主张和行动是正确的。"林剑华的思想、林剑华的言行，使林兰英受到了感染，因此，不自觉地接近和靠拢共产党组织，支持他们的革命事业。令林兰英最难以忘怀的一件事，是 1943 年10 月，由于任国民党莆田县党部书记长的林剑华故意放走潜居在莆田的共产党领导人林汝南，最终被"上峰"以执行命令不力为由罢免了职务，当局苦于没有进一步的证据，没有将他逮捕。父亲的举动，感染了林兰英，更加亲近共产党组织。这件事的传播，使林兰英与学校内的进步人士缩小了距离，他们认为林兰英是自己人。同时认为是"自己人"的，还有那些右翼的人士，因为林兰英的出身，是无产阶级进行阶级革命的对象，理所当然地应是他们中的一员。孰料，林兰英总是对他们避而远之，不予理睬。父亲的行为、现实斗争的考验，既激发了林兰英的爱国心，也酿就了她拥护和热爱中国共产党的一片真情。林兰英说：

> 父亲早年在上海大学文学系就读时，革命先辈邓中夏、瞿秋白等均在该系任教。受其影响，对马克思主义和中国共产党救国救民的主张早有认识。他大学毕业后，赴南昌任《国民日报》总编辑，报社编辑处中的共产党人的言行，给他留下了深刻的印象，中央苏区的革命言论和抗日救国行动，给了他较大的影响，对共产党早有好感。后来回家乡工作时，他不只一次地对我们讲过："共产党里有许多了不起的人才，他们的许多主张和行动是正确的，很有民族感染力和召唤力。"抗日战争时期，他虽然在莆田国民党县党部任要职，但暗地里为共产党做了不少好事，挽救了好些党的重要干部。耳濡目染父亲的言行，增强了我对共产党的好感。[①]。

① 何春藩．1993．林兰英教授的人生路//吴修秉，黄小宁．福建文史资料第三十一辑．敬业路上——人物述林．福州：福建省政协文史资料委员会：111.

## 三、亲近党的地下组织

1945年5月，日军撤离福州，8月宣告投降。抗日战争胜利了，协和大学于11月筹备复原，迁回福州。

1946年的11月，中共协和大学党支部，在学校驻地魁岐乡举办民众夜校，吸收100多名青年参加学习，并培养一批进步青年加入中国共产党。后来，该校已有3个共产党支部，拥有学生党员数十人。历来福州各校师生发动的爱国民主运动，该校都是主力之一。

1947年5月16日，协和大学学生自治会在地下党组织领导下，经过周密的策划，发动全校绝大部分学生，计600余人，冲破国民党的威胁与重重阻挠，组织福州市有史以来人数最多、声势浩大的“反饥饿、反内战、反迫害”的“三反”大游行，散发《告福州市民书》。队伍浩浩荡荡地沿着市区台江、小桥、洋头口，穿过南门，一路直达鼓楼的国民党省政府，向当局递交《请愿书》。沿途群情激奋，受到了广大市民的欢迎，纷纷加入游行队伍，此举也得到了福州各大专院校学生们的声援和支持。

在那政治风云汹涌的年代，在协和大学的进步学生与反动学生之间，虽然总的口号都是“抗日”，但出于政治上的分野，彼此之间又有着激烈的斗争。

在那样的年代，每个人都得有视野，都得有自己的人生观和世界观。

具有独特个性的林兰英，遇事总有自己的主见，从不随波逐流。在当时复杂的时局下，人们眼中的她，疏于参与政治问题的公开论争。她既不发表慷慨陈词的演说，也不写评述时事的政论文章。但是人们却随时能够感受到涌动在她心底的正义和善良。林兰英经常接近的都是些思想进步、有爱国心的同学和老师，老师中有的还是共产党地下党员。对学校中的那几个有“蓝衣社”成员嫌疑的头面人物，林兰英总是避而远之，不同他们来往。

那时的林兰英，基于爱国心，对同学们演出的进步话剧《日出》《北京人》《雾重庆》等甚为赞赏，常加评论。这些反映中国社会矛盾的艺术作品，使她身受感染，使她热爱生活，不断增强改造生活的责任感。她在与周围的人们相处中，便时时让人感受到她身上的这种可贵品质；对被特务绑架的数理学部主任李冠芳和被省政府逮捕的进步同学肖玉英（中共地下党员）、林天斗、黄惠珍等深表同情，非常敬佩他们那种英勇的献身精神。在这些同学中，尤以肖玉英的言行给她留下了深刻的印象，她曾给肖以很高的评价。

林兰英还与同年级的女友刘学礼（地下党的外围组织“民先”和福州“大众社”成员）及刘学礼的男友钱剑华（中共地下党员）间的交往甚密。一天，学礼将一篇揭露省政府主席陈仪的反动面目的文章给林兰英看，林兰英读后打趣地说：“这一定又是出自你那位‘钱某’的手吧，对吗?”并对文中的观点表示赞同。后来，林兰英就将这位很有文学才华的钱剑华引见给自己的老师、好友、中共地下党员林辰相识。自此，林兰英常跟他们在一起谈抗日、论国事，友谊甚为笃厚。到 1942 年冬，钱剑华与林辰，从相识进而建立了组织上的联系。

因为这些关系，林兰英对地下党员的活动非常支持，他们需要活动款项或哪位同学生活有困难，林兰英就慷慨解囊，给予热情的帮助。学校要抓林辰，林兰英给钱，让他躲起来；另一个地下党员，学校正要抓他，也是林兰英给路费，远走他乡，逃到了湖北；同学刘学礼家庭经济拮据，她要照料姐姐的生活，一度不得不停学。待姐姐的情况略有好转，想要复学时，又由于无法交纳 80 元的学费而颇费踌躇。林兰英得知后，立即拿出自己平日节俭下来的钱帮她补交了学费。学礼结婚后不幸患了肺病，住在距离邵武 40 公里的建阳麻沙，几乎每个假日，兰英都要到她的家里去照顾她，一直到刘学礼病逝……

林兰英在协和大学学习和留校工作的十多年间，作为学校地下党的外围组织成员，曾参加过该组织举办的“让方生者快生，促将死者快死”的《方生未死之间》的笔谈会，读过由该组织成员撰写的《论创造》与《热烈地生》等许多影射现实、颇具哲理的文章，读过党组织给她看的《大众哲学》《萍踪忆语》等一些进步书籍，还看过解放区的报纸，读过《论联合政府》《论解放区战场》，以及周恩来、任弼时等同志在中共七大上所做的报告。这一切，使林兰英对共产党有了进一步的认识和了解，对祖国的未来充满了憧憬，由同情共产党转为拥护共产党。她曾为受迫害的同学和同事通风报信，使他们脱离危险，免遭逮捕。

## 四、留校任教的岁月

林兰英在 1936 年进入福建协和大学的时候，对自己将来毕业后干什么，仅仅 18 岁的她，还从来就没有想过。现在，毕业的日子临近了，下一步去做什么呢？每个同学都在思考自己的去向，林兰英自然也不例外。

1940 年，国家正处在抗日战争的艰难时期，对于毕业的大学生来说，发展的方向一是去政府部门谋个公务位置，但只有少数人可以有幸获得这种机会；二是去教书，多数是去中学当老师。当差做官，林兰英没有丝毫兴趣。尽管有父亲的政治背景，但她根本就不愿意去。人际关系，钩心斗角，林兰英早就从骨子里厌恶。那么去中学当老师吗？她在这个选择面前，脑子里仍旧没有十分明确的答案。

正在这时，有好消息传来，听说本届的毕业生，要留几名成绩优异的女生担任助教。这消息让林兰英怦然心动。

当时，协和大学里的女教师还很少，数理化学科尚无女子任教。光是这点就深深地吸引了林兰英，她决定力争得到这个助教职位。

目标一旦明确，毕业考试的状态立即进入佳境。在毕业生里，林兰英以出色的成绩名列前茅，并“心想事成”，在本届校方留用的学生中，林兰英的名字排在了最前面。

聘书由校长亲自交到林兰英的手里，林兰英心态平和地接受了这一在她人生中极不平常的委任。

林兰英认真地投入了助教工作。从接到聘书的第一天起，她便暗下决心：一定要当一个称职的好老师。

林兰英是个一丝不苟的人，对每个教学对象都是如此。在光学实验室，她发现有的学生偷懒，对着别人调好的仪器看完就走，你无法知道他到底弄懂没有。那么好吧，就要为难一下你了——她每次都将仪器调乱，谁也躲不过重新调整的命运。“看不出这女先生还真厉害呀！”无论是男生还是女生，都免不了悄悄地谈论着她。

正因为如此，学校看中了林兰英的认真负责精神，委托她管理所有的贵重精密仪器。她恪尽职守，把各个不同门类的仪器管理得井井有条。上实验课，什么仪器能碰，什么不能碰她都划定雷池，谁要是擅自越过，哪怕多沾几个手印在上面，让她碰见定会“吃不了兜着走”。

林兰英在协和大学任教的8年里，4年担任助教，4年担任讲师。除负责过各年级的物理实验课外，还讲授过普通物理学、高等数学、光学、物性声学、电磁学等好几门课程，亲手编写的《光学实验教程》，曾被国民政府教育部审定为定型教材。

当年的协和大学，学生只有几百人，教职员工也只有几十人。在老师们的心目中，林兰英“书念得好，书也教得好。每天都有3～4门课。上午讲课，担任助教时每天下午都有实验课，同事少，工作忙”。“她聪明，坦率、正直，敢于批评人，不怕得罪人，学生都很听她的话。”生物系老师林秀瑛如是说。林兰英的学生林星回忆说：“我是1944年考入协和大学的。听过她的‘热力学’课。她上课不带讲稿，课讲得很清楚，很有条理。她嗓门大，声音洪亮，同学们也都能很专心听她讲课。我的毕业论文是关于原子能的，是林老师指导的，题目是‘用量子力学方法处理α，β，γ的蜕变’。论文是前沿的，说明林老师也重视这方面的发展。记得在我快毕业时，她还主持过关于以‘物理学的发展’为主题的大讨论。”

在协和大学，林兰英的严谨风格人人皆知，再调皮的男生对她也不得不服软，而所有的女生都以她为傲。本来嘛，从毕业生中留下来当老师的就是最优秀的，她当之无愧。外来的学者或是官员来学校视察，校方总是少不了提到林兰英的名字。当时留校的有三名女助教，除了物理系的林兰英，还有生物系的林秀瑛、英语系的张玉英。这三名女教师被协和大学自豪地封为“三英（瑛）”。“三英”的名声颇大，许多新入学的女生坦率地承认：她们就是冲着“三英”报考协和大学的。

人们会问：“这么优秀的教师，为何当了4年助教才提升为讲师?”

生活在一个由具有强烈自尊心的人们编织而成的世界里，会产生一些摩擦，遇到某些嫉妒或排挤，这在哪个时代、任何环境下几乎都在所难免。有道是：木秀于林，风必摧之；堆出于岸，流必湍之；行高于人，众必非之。在生活中，你若是事事走在别人的前面，很可能在你完全没有意识到的时候，别人认为你伤害了他，并会反弹于你意想不到的损害。在以心智劳动为主的大学里，这种现象并不鲜见。林兰英在学校里声名鹊起，免不了遭人嫉妒，被人排挤。

进入1944年，林兰英当了快4年的助教。同时入校工作的人们陆续被晋升为讲师，偏偏她似乎被放在了遗忘的角落，一直没有人搭理。一次次的宽容、礼让后，林兰英恍然大悟了：原来系里有人从中作梗。她那股执拗的个性被这不公正的境遇激发了起来。她想，你如此从中作梗，实在是可笑之极，难道只有走你这一条路不成吗?

林兰英知晓，当时国民政府教育部有一条规定，评定讲师，如本人有成书之作，有学校上报推荐，教育部可以直接给予委任。

生活是不会亏待那些老老实实的奋斗者的。林兰英在赢得人们的认可和尊敬时，用自己的智慧和才干，抵御着人世间腐败习气的侵扰。林兰英不但理论基础扎实，工作实践经验也丰富。在给学生上实验课时，总是认真编写教案。因此，她用了不太长的时间，完成了《光学实验教程》一书。没过多久，她的讲师任职资格被批准了。

在同学们的心目中，林兰英是那种很“仗义”的女性，她待人处事的风格豁达而明朗。同学中无论谁遇到了困难，不管亲与疏，她都会伸出热情的手，给以帮助，为人解难。一位叫李当春的同学家在“南洋”，父亲早逝，战争爆发后，南洋陷入敌手，他被断了生活来源。林兰英义无反顾地承担起了这位学生的学费和生活费。夏末的一个晚上，李当春的宿舍不幸失火，烈火无情地吞了他的衣物。眼看着天气就要凉了，林兰英二话没说，默默地将自己的毛衣毛裤拆掉，将毛线由3股变成2股，日夜为他赶织出一件毛衣和毛背心。每到寒暑假，都让李当春住在自己家。在林兰英正要出国时，一位姓姚的学生，差一年就大学毕业了，也是家里穷，没钱继续升学，林兰英便将备好兑换美元出国的钱给了他一些。在林兰英回国后，他把钱还了她。林兰英说：“我还是收了，贬值也收了。”大家闺秀的林兰英，就是这样以一颗仁慈的心对待自己的同学和学生。

# 第三章　在异国他乡奋发进取

1948年8月9日，林兰英赴美留学。那时，她刚满30岁，风华正茂、求知欲极强。

回顾历史，早年的莆田青年，有着悠久的留学历史。在莆田人的观念里，出洋，本是一件很自然的事情，老百姓对此见惯不惊。从光绪年间开始，出入国门、漂洋过海的人络绎不绝，蔚然成风。据记载，1949年前后，整个莆田县的出国留学生共有343人，以去美国者多，去日本者次之。何以莆田的留学生比其他地方要多呢？这与早年教会的兴办和教会文化的扩展有关。莆田最早的美以美教会设立于同治二年（1863年），西方的科学文化从那时起便在莆田登陆。1879年以后，美以美教会在莆田又开办了福音院，这是一所“哲理中学”，其后的1892年又创办了女学，即后来林兰英的母校咸益女子中学。在这些学校里，《圣经》始终是学生的必修课。对学习上帝哲理有兴趣而且成绩优秀的中国学生们，校方便慷慨地送其到美国去留学。当时，社会上“中学为体”、“西学为用”，以及“科学救国”、“教育救国”的思潮风行，西方的先进科技对莆田学生可谓一种十分现实的吸引，因为只要你符合校方的要求，便有可能出国留学。许多青年为此动了不少脑筋，四分之三的留学生们出去读了理工科。

土生土长于莆田的林兰英，原本对出国留学问题并不在意。在咸益女子中学的时候，她对未来出国留学的问题，仍持一种超然的态度，“随遇而安”。然而，到了1943年的秋天，已在协和大学里工作了将近4年，还轮不上公派出国的机会。林兰英的心，跟提升讲师时所受的挫折时一样，又深深地被刺痛了，由原来的“不在意”，变成了一种近乎赌博的想法：“这有什么？等着瞧，我爬也要爬到美国去读书！”

## 一、难得的出国机会

在协和大学，林兰英是有名的“三英”之一。教学水平高，管教学生严，敬业精神好，人所共知。林兰英工作热情、勤奋，年限也长，完全有资格享受校方的奖学金出国留学的待遇。只因协和大学是洋人在我国办的十大教会大学之一，每个星期日都要做“礼拜”。林兰英不信这些，就连家中长者们对观音菩萨的虔诚叩拜，她也往往是视而不见，就是老人们数落她，她也从来不为所动。由于她不信中国的宗教，更不信西方的基督教，在校十多年间，一次礼拜活动也没参加过，更不愿接近教会，遇事也不盲目追随校方的立场。这些举止，令当权的教务长十分不满。出国留学，虽有的已相继去过两次，可照样没有林兰英的份儿。

当权的教务长斯科特（Scott）是个刻板的美国人，教会的规定在他的眼里就是上帝的旨意，谁要是违反了这一“校规”，在他看来是绝对不能容忍的。所以，林兰英应有的几次出国机会，都被这位洋教务长给断送了。有人看出了这“瓮中之秘”，劝林兰英服个软，低一下头，跟着去做几次礼拜，以改变自己在洋人心中的印象。性格倔强的林兰英，摇摇头，她不愿做自己极不情愿做的事情。

一晃两三年过去了。这期间，有的同事已经出国两次归来，而校方好像有意为难林兰英，就是将她排斥在名册之外。她的工作实绩和所受到的不公正待遇，引起了舆论的哗然，学生们纷纷为这位优秀的教师鸣不平。

又一年过去了。有老师不断地从美国归来，也有老师在不断地前往美国。林兰英有资格享受校方的奖学金出国留学，但继续受到校方的压抑久久不能成行。这个事实引起了许多有识之士的注意，在学校的领导层里，也成了大家视“知之”为不知的问题。

林兰英被环境激发出的想要去美国留学的愿望，已日益强烈起来。她想申报“庚子赔款”[①] 这一留美学习基金去美国，又碍于当时报考庚子赔款留学的机构设在大后方的重庆，路途遥远；抗日战争风起云涌，日军虽已接近投降，但福州仍沦陷于敌手，旅途艰辛莫测。这些，显然无法给林兰英创造良好的条件，去重庆报考已是不可能了。唯一的办法还是在协和大学里等待时机，另寻他路。

林兰英并未因出国遇到阻碍而丧失信心，依旧认真地履行自己作为教师的职责，当一个称职的好老师。在她的心目中，美国是一个很好的受教育的去处，但并不是生活的目的，因此完全不必为之悲喜于怀，有机会不要放弃，时机不成熟亦不可强求。她依然为出行孜孜不倦地努力着。“要让人等机会，不要让机会等人”，这是林兰英一贯奉行的信条。她开始了

① 1900年（中国“庚子”年），义和团运动引来八国联军武力干涉。导致与11国签订了《辛丑条约》，规定清政府赔偿这些“受害国”的军费、损失费四亿五千万两白银，称“庚子赔款”。后来，美俄法英等国决定将欠赔款项作为留美学习基金和中国教育文化基金。

有意识的准备：加紧学习英语，与多位留美归国的同事交谈，了解美国的文化、历史和现状，以及前往美国应知的旅途程序。

林兰英的性格、为人及在工作中的真实表现，早为协和大学农学院院长李来荣教授所赏识，他对校方不让林兰英出国留学的做法深为不满。一天，林兰英被李来荣约请，在他自个儿的办公室一起聊了起来。李来荣想要从林兰英的口中，知道校方不资助她出国的这一“事件”中的一切。

李来荣教授与林兰英就诸多问题交换了看法和意见，对她的事业、志向和今后的打算进行了探讨，还认真地帮助她分析申办留学中可能遇到的种种问题，并真诚地为之设计出解决方案。他告诉林兰英不要着急，要耐心地等待，他将不日迅速与在美国的朋友们取得联系，让他们帮助想想办法。他鼓励林兰英说：一切都会好起来的。

这位长者李来荣，是协和大学生物系 1930 年的毕业生。在天津南开大学工作一年后，考上了广州岭南大学研究生院的研究生，获得硕士学位后留校当了讲师。1938 年 7 月，他到美国宾夕法尼亚大学担任助教并攻读博士学位，于 1941 年 11 月底启程回国。不幸的是，他在回国途中，路经夏威夷的珍珠港，太平洋战争突然爆发（12 月 7 日）。为了躲避日机的轰炸，乘坐的回中国香港的邮轮不得不改道驶往新西兰。他不得不滞留在那工作，两年后，接受协和大学校长林景润的诚聘，于 1944 年 3 月乘货轮回国。3 月 9 日，货轮在取道澳大利亚、印度的回国途中，又遇日本军舰攻击沉没。李来荣跳海逃生，被日本海军捞起，关进设在印度尼西亚万隆的集中营服苦役。一年之后，日本投降，他被盟军解救出来。李来荣经过整整 4 年的艰辛旅途，于 1945 年 11 月回到了祖国。

在李来荣来到协和大学之前，他的故事便已在许多师生中流传。他那传奇般的经历，他来协和大学后的表现——正直、善良，极强的事业心和责任感，让林兰英十分佩服，因而对他肃然起敬。

李来荣教授来到协和大学的一年多里，他已得知了协和大学校园里有名的“三英”传闻，进而知道了林兰英，也听说过林兰英遭遇到的不公平待遇，故而找林兰英了解其中的缘由。后来，经过他的调查了解，证实了这一“不公平待遇”真的存在。他主动去与校方沟通，在与 Scott 达成共识之后，向林兰英伸出了热情的援助之手。

1947 年 5 月，协和大学与美国宾夕法尼亚州狄金逊学院建立了互换留学生的关系。李来荣凭着他在美国宾夕法尼亚州狄金逊学院就读与工作过的关系，与生物系主任尼柯尔取得联系，双方确定用交换留学生的方式为林兰英争得资助，林兰英才得以有机会出国深造。

林兰英要远渡重洋、去往异国他乡的消息，在莆田的林宅大院里，跟30年前林兰英降生时一样，又掀起了不小的波澜。不过，这次可是大不一样了，不再是家里人骂林兰英是“没用的东西”、“不该来到这个世上”，而是空前的喜悦、祝福和期盼。与众人的喜庆气氛不同的是，祖父林竹庭的表现格外异常：他坚决反对林兰英背井离乡。他已经年过花甲了，由于长年抱病，身体日渐衰弱。兰英是他最喜爱的孙辈，只要她回家，总是在他身边忙忙碌碌，陪他说话，逗他开心，这成了祖父晚年生活的一项不可缺少的重要内容。他心存顾虑，怕自己在离开这个世界时孙女不在自己的身边。林兰英非常理解和体谅祖父的心情，除用甜言蜜语安慰祖父外，决定再陪伴祖父一段时间，让老人慢慢接受这个现实。这样一来，林兰英把出国留学的时间，又推迟了将近一年。

林兰英（右三）在出国前与母亲周水仙（前坐者）、大弟林文豪（右二）、小弟林文杰（右一）、表妹（右四）、弟媳等人合影

1948年6月，林兰英离开了莆田，离开了自己温暖的家，离开了协和大学里的校友和同事，开始了去海外深造的旅程。7月下旬，她在弟弟林文豪的陪同下，来到了上海，在这里接受了美国驻上海领事馆要求的体检，并办理了签证之后，于8月9日上午，登上客轮。随着一声汽笛长鸣，她离开了生活了30年的国土，开始了追求理想的航程。

李来荣教授对林兰英的关照，林兰英非常感激，也永远牢记在心。林兰英是一位知恩图报的人。在她求学期间，无论是在国内还是国外，曾经享受过谁的恩惠，谁给过她帮助，她都牢记在心，不敢忘怀。她说：“现在一些年轻人，一出国就忘了老师的介绍作用，忘了老师的帮助，我是忘不了的。‘受人之惠，不忘于心’，不说‘报答’，至少不应忘记这一帮助。”

## 二、奔赴狄金逊学院

在这条用旧军舰改造而成的客船上，有近300名中国留学生。其中很多是女性，他们将要去的学校，分散在美国各地，也有少部分人是去中国香港、日本的。船沿途将在中国香港、日本大阪、菲律宾马尼拉和美国夏威夷停靠。

在住有几十名女性的大统舱里，林兰英与一位来自上海的女护士相识了。通过攀谈，林兰英得知她是去圣保罗的一所学校进修。两人商定，在路经芝加哥之前的这段旅程里，相互关照，结伴同行。

1948年9月初的一天，林兰英乘坐的轮船，抵达了美国东海岸的旧金山港口。在港口附近的那个令人心惊胆战的小岛上，船上官员在进行了例行的检验手续之后，林兰英第一次登上了异国的土地——旧金山。

林兰英曾经回忆过这段异常惊恐的旅程。她说：

> 我们一起乘船出国读书的，有300多人。从上海上的船，这船是美军报废的军舰改装的，船票便宜。一路上，思想压力特别大，经常叫集合排队。发现身体不行的，就关在旧金山。所以一叫排队检查，心惊肉跳，提心吊胆。检查你的护照，检查你所带的东西。到了旧金山，就把你关到一个小岛上。等到上了岸，才一块石头落地。所以大家都怕极了。1985年，我随人大代表团去美国访问，见到该岛，我感触特深。①

来到旧金山城区，林兰英二人顺利地找到了旅馆，在安顿下来之后，吃过夜宵，开始准备次日在异国的首次旅程。

第二天一早，林兰英与她的同伴，马不停蹄地来到旧金山火车站，登上西去芝加哥的火车。在这生疏的环境里，两个中国伙伴彼此照应着。语言，也只有语言，才使她们俩仍就处于自己的世界之中。到了芝加哥，上海护士不得不转乘去圣保罗的火车，两人依依不舍，不自觉地流下了惜别的眼泪。

林兰英所乘的火车，来到宾夕法尼亚州州府哈里斯堡时，天色已近黄

---

① 何春藩.1993. 林兰英教授的人生路//吴修秉，黄小宁. 福建文史资料第三十一辑. 敬业路上——人物述林. 福州：福建省政协文史资料委员会：113.

昏。她随着人群走向通往卡莱尔小镇的汽车站。林兰英要去的狄金逊学院，就在这个小镇上。

林兰英坐上去卡莱尔的公共汽车，一个多小时后，到了这个小镇。这时，天已黑了下来。她在车站打听去往学院的路时，一位出租车司机凑了上来，说他愿意将她送到学校，因为狄金逊学院离这里还有一段不近的距离。这时，身后有一位老太太走过来搭话，告诉林兰英说她自己的女儿就在狄金逊学院当秘书，一会儿将开车来车站接她，她可以叫女儿送林兰英去学校。林兰英认为这样很好，便在老太太的身旁坐下，等候着她女儿的到来。

这时，老太太目不转睛地盯着林兰英，异样地打量着这位黄皮肤姑娘，并悄声地问：

“你一定走了很远的路才来到这里的。是吗?”

“是的，很远。”林兰英简易地答。

“是什么地方呢？在哪里?”老太太的好奇心被调动了起来。

“是中国，在亚洲。”林兰英回答说。

“中国!?”老太太惊奇地叫出声来。“那要走半年的时间吧?”

……

两个陌生人，打着手势磕磕绊绊地交谈着。这位热心的老人，让林兰英感受到美国人的亲近和热情。不一会儿，一束车灯打了过来——老太太的女儿来了。

当老太太将林兰英要去狄金逊学院的事给女儿讲了以后，出乎老人的意料，她女儿不同意独自将这个来自中国的姑娘送到狄金逊学院去，这令老人有些尴尬。

“没关系，”林兰英安慰她说，“非常感谢你，我们谈得很好。你是我第一个与之交谈的美国人，我很高兴遇见你!”

老人的女儿见状也有些难为情，她招手叫停一辆出租车，叮嘱了司机几句。转身对林兰英说：“你坐这辆，它可送你直接到达女生宿舍的门前。”

林兰英在与这母女俩分手后，便乘这辆出租车直奔自己近一个月来不停奔波的终点——宾夕法尼亚州卡莱尔的狄金逊学院。

又一位外国人的到来。在林兰英这位女士面前，出租司机非常大方地与之攀谈。这些天来，他来回拉过好几趟外国学生到学院。因而并不觉得林兰英陌生。司机告诉她：“你时间赶得很好，再有两天就要开学了。”“你是如何知道的?”林兰英问司机。司机说，这几天天天有报到的学生前来，他们来自世界上的很多国家。

“有从中国来的吗？”

“中国？没有，非常遗憾，你是中国人吗？”

“对，我是中国人。”

“啊，我还没见过中国人呢！”司机说道，“欢迎你来这里，希望你能喜欢这个国家”。

“谢谢，我想我会的。”林兰英说。从最初接触的三个美国人身上，她感受到他们热情、坦率、乐于助人，同时也很真诚。

出租车停在了女生宿舍的门前。听见汽车引擎声，一位50多岁的老太太跑了出来。向林兰英自我介绍说：“我叫杰西，这里的宿舍管理员。”她帮林兰英提皮箱，领她进楼住进了自己分定的房间。至此，林兰英在一个崭新的领地里，将要开始自己崭新的征途，一个阳光灿烂的征途。

狄金逊学院，规模不大，有学生千人左右。然而它的历史，可以追溯到1773年。它是用美国政治家约翰·狄金逊的姓氏命名的。这位狄金逊先生，是参与制定美国宪法的人之一。他原本是宾夕法尼亚州的一位律师，1765年，他代表宾夕法尼亚州参加“印花税大会”，因发表《宾夕法尼亚州一农夫致英国殖民地人民书》而驰名。他是美国人争取自由、反抗英国殖民统治的著名领袖。

## 三、突破口语关

次日，林兰英来到学院的教务办公室，办理注册手续。正如那位出租司机所说，两天之后，学院正式开学了。当老师走进教室，彬彬有礼地做自我介绍之后，便口若悬河地讲起课来。这一下不要紧，却让林兰英从新奇的高峰跌落到了惶恐不安的谷底，因为她竟然听不懂老师的英语。

林兰英在上小学一年级时，就开始了这门外语的学习，10多年的时间，奠定了扎实的英语基础。她在协和大学任教时，已能用英语书写讲义，指导学生用英语撰写毕业论文。可一到完全讲英语的陌生环境，她就感到自己的英语不够用：老师讲的，她听不明白；她所讲的，除了某些常用语外，老师和同学又听不太懂，这使她非常苦恼。

林兰英急切地感到语言过关的重要性。她费尽苦心，认真对照老师的语言检查自己的差距所在，然后再逐步制定修正自己的办法。她不仅按当地人的语气朗读课文，练习说话，还主动上门去找杰西老太太，约请她抽空陪自己在一起聊天说话，在增进彼此感情的过程中提高自己的口语表达能力。

那是开学后不两天，林兰英在楼道里向正在搞卫生的杰西老太太说：“老人家：从今天开始，每天晚饭后如果你没有其他的事情，让我们一起聊聊好吗？”

老太太开始有点不相信自己的耳朵，在美国，哪个年轻人没事儿老爱往老年人那里跑啊！杰西太太本来就是一个爱唠叨的人，见有如此好事，非常乐意，毫不犹豫地答应了：“那好啊，聊什么都行，只要你愿意。”就这样，林兰英在异国他乡，开始了攻克语言关的行程。就这样，两人在阳台上，在楼道里，在洗手间，随意地聊了起来——风土人情、柴米油盐……海阔天空，无所不谈。

应林兰英的要求，杰西还给林兰英讲了卡莱尔镇的发展历史、学校的成长史，还主动介绍自己家里有些什么人，讲自个的家庭变迁史等。每天清晨，林兰英踏着薄雾来到离所住宿舍不远的小树林里，伴着唧唧鸟鸣大声朗读。在纯英语的环境中，林兰英的口语和听力突飞猛进。经过一个多月的时间，她增长了不少语言知识，纠正了自己的错误发音，能够听懂面前不管是什么样的美国人说的话；她还能讲一口较为流利、标准的英语，不但在课堂听课再没有任何障碍，还能顺利地与老师和同学谈论书本知识及交流学术问题了。

来到狄金逊学院，林兰英进修的主要科目是数学，并选修物理和化学。

学校一开学，开了数学、物理、化学和法语4门课程。自从克服了语言障碍，林兰英在课堂上变得一天比一天轻松起来，特别是上数学和物理课。她能毫不费力地听懂老师所讲的内容，能正确地回答老师的提问，也能主动举手向老师提出问题。到后来，课堂内容还常常不够解渴，她总爱对老师的讲授提出质疑，甚至一些使同学们意想不到同时也令老师惊奇的问题。因为与他们坐在一起的，是一位过了口语关、曾经在中国大学的物理系有8年教龄的老师。

## 四、获得金钥匙奖

克服了语言障碍的林兰英，如鱼得水，在学业上有了长足的进步。风华正茂的她，各门功课成绩优异，尤以数学才华出众。

数学系的系主任埃尔（Ayres）教授，称得上是林兰英在美国的“伯乐”，他跟林兰英刚一接触，就很快地相中了这匹来自中国的“千里马”。

他见林兰英才华出众，特别是数学成绩甚为出色，非常器重她，也着力培养她。教授在编写一本名为“微积分”的数学专著时，要林兰英为书稿中拟出的习题作答，以便校正自己的解答中可能出现的错误。林兰英没有辜负恩师的信任和重托，在坚持听课的同时，按期完成了对习题的解答。埃尔教授审定完她那准确无误、书写工整的习题解答后，心中充满了喜悦。他惊叹林兰英解题的思路独特，感觉许多演算步骤比自己做的还要简约明快。林兰英是埃尔教授最得意的学生，“东方才女”也成了埃尔教授常在同事、朋友面前称赞林兰英的用语。

1949年的夏天，林兰英在进入狄金逊学院一年之后，获得了数学学士学位。

对于林兰英来说，另外一件喜事是在这年的夏天，美国荣誉学会狄金逊分会给她颁发了铸有本人英文名字的金钥匙。

奖品金钥匙，既是美国大学的一种高贵的奖品——祝福获得者用它来打开科学殿堂的大门，也是荣誉学会会员的证物，是智慧的象征。这枚金钥匙，如一张畅通无阻的通行证，拥有了它，可以打开美国各地的学会大门，不受限制地参加这一学会在各地举办的各种活动。按学院规定，只有在大学四年中成绩一贯优秀的学生，才能享此殊荣。而林兰英却提前三年获得了它。这是因为，林兰英在国内上过大学，教过数学，学院根据她一年来的学习情况，并参考了她在国内上大学时的学习成绩，破例做了这一决定。

铸有林兰英英文名字的金钥匙

一天，埃尔教授把林兰英召到自己的办公室，除对她为自己的专著出力表示赞叹和谢意外，还有感于人才难得，关切地对林兰英说：“我打算把你介绍到芝加哥大学去深造。资助问题我负责解决。去那里专心致志地攻读数学博士学位。我深信你定能如愿以偿，获得成功。”

教授的器重和举荐，令林兰英甚为感激。在她那求知欲极强的心灵里，激起了不小的波澜。但素有主见的她，并没即刻表明自己的意愿。除对教授的盛情表示感激外，只说了声“老师，让我考虑好以后再告诉您”，随即告别了老师，出了教授的房门。林兰英在回忆这段历史时说：

> 狄金逊学院，在宾夕法尼亚州的卡纳尔城，是一所私立学院，不大，仅1000多人。我在那里进修数学，还有一个原因，负责管外国留学生的，是数学系主任埃尔教授，他在芝加哥大学

获得过博士学位。这是1949年的夏天，他想写本书，要我给他做些题目，他也做，完后，两相对比，一致，就行了。帮他做这事，给了我一些钱，通过这件事，我们熟识了，他也更加了解了我的数学功底，因而主动推荐我去芝加哥大学数学系读博士，还给我联系到了奖学金。①

在狄金逊学院，教林兰英他们物理课的，是物理系主任汉·琼斯，那时的他，年纪在45岁上下，教过的学生已经是不计其数了，但令他感到意外的是这个中国女生，怎么每次考试成绩都那么好。琼斯教授学识渊博，但性格怪异，在课堂上和考试时由他出的题都像他的性格一样，难而且怪。这些考试题目，在同学们的眼里犹如凶猛的拦路虎，而对于专修过物理的林兰英来说，只不过是驯服的绵羊。每次考试，她都是第一个交卷。而且，她交上的试卷总是计算准确，解答无误，令这位著名教授十分惊讶，他因此而另眼看待林兰英并格外器重她。

那时候的林兰英，不大重视化学，因为化学老师教的课，非常难懂，不少同学都对这门功课心存畏惧。因林兰英不爱好化学，特别是有机化学，在这门功课上花的工夫也不多，但凭着她扎实的功底，特强的理解力和记忆力，每次考试成绩都非常出色，经常得满分。她的一个名叫露易丝的好友，经常考试不及格。按照学院的规定，如果第二个学期成绩不能达到各科平均70分的话，就不能准予毕业。露易丝对此一筹莫展，要林兰英帮帮她。

林兰英非常同情这个娇弱的女孩儿，她说："你不要难过，总会有办法的。我想你需要做的，是寻找一种好的方法。让我们来分析一下问题究竟出在哪儿……"

林兰英帮助露易丝逐科检查差距在哪里，分析到底为什么听不懂。她在分析中感到露易丝的理解能力是不低的，她领会慢的重要原因，是老师讲课的逻辑性太差，这使得没有受过良好训练的人往往会望题兴叹。露易丝的基础本来就不扎实，遇到这样的授课方式显然不能适应。林兰英仔细想过之后对露易丝说："如果你不反对的话，听我来给你讲，你愿意吗？"

露易丝的眼睛一下亮了起来："当然！"她几乎是脱口而出。

林兰英成了露易丝的家庭教师。因露易丝的家就住在卡莱尔镇上，林兰英常在晚上到她家去辅导她，帮她掌握学习要点，分析计算题的解答要

① 何春藩.1993.林兰英教授的人生路//吴修秉，黄小宁.福建文史资料第三十一辑.敬业路上——人物述林.福州：福建省政协文史资料委员会：114.

领和方法。露易丝的父母见林兰英不辞辛苦来家里帮助女儿，心存感激，像待尊贵的客人一样对她。露易丝的父母，都是第二代的英国移民，在像父辈们那样靠自己的双手开创了新的生活之后，他们热切期望女儿和她的姐姐这一代能够受到良好的教育，所以对这位来自东方的女孩分外尊敬。每天的课程讲完，常常是全家步行将她送回学院。

在林兰英诚挚、耐心的帮助下，露易丝在后来的一次考试中，居然得了 90 多分。女儿的优异成绩，令露易丝的父母喜出望外。不久，露易丝的物理和数学课的成绩也上来了。在毕业考试的时候，露易丝发挥得一切正常。她顺利地渡过了一道道难关，为自己和家人争得了荣誉。露易丝的父母自然心存万分的感激，商量要重谢林兰英。两位老人听女儿说过林兰英得了金钥匙奖，就合计着给林兰英购买了挂金钥匙的金链子。

这根珍贵的金链子，一直在林兰英身边保存了 17 年，直到后来的“文化大革命”时期才遗失掉。然而永远无法遗失的是林兰英与露易丝一家的友谊。1988 年，露易丝年迈的姐姐来中国旅游，专门到中国科学院找到林兰英院士，两人追忆往昔，感慨万千。林兰英在她临回美国之际，特地选购了两块精致的长城壁毯，赠给她和她的妹妹露易丝。

## 五、转学固体物理

数学，曾被人誉为自然科学的“皇后”，从事数学工作的人，都特别自豪，并受人敬仰和爱戴。正因为如此，从中学到大学，林兰英也特别看重数学，数学成绩特别优秀，这正是她获得金钥匙奖的重要基础。埃尔教授的建议，无疑对林兰英有着巨大的吸引力。林兰英想，如果尽心于数学，定会得心应手，前程也将是花团锦簇的。

在经过一番深思熟虑之后，林兰英又觉得，自己在国内原本是学物理的，大学毕业后也主要是从事物理教学工作，尽管自己对数学有着浓厚的兴趣，在贫穷落后的祖国，当前最为需要的，最为适用的，还是物理，特别是蓬勃兴起的固体物理。想想看，整个宇宙从小的粒子、核子、原子、分子，到自然界的人、树、地球、星云，都是物质，都由物质构成，物理无所不在；天上飞的，地下跑的，水中游的，乃至修一座高楼大厦，桥梁涵洞，都离不开优质材料，都与固体物理密切相关。只有懂得物理学的人，才能真正地懂得世界。对祖国饱含深情的林兰英，不应是想学什么，而应是该学什么，一切都应该服从祖国建设事业的迫切需要。

林兰英是一个很有主见的人，凡事她都先要用心想透，然后做出决断，从此义无反顾，勇往直前，这就是她的风格。

第二天上午，林兰英叩开了埃尔教授的房门。

“敬爱的教授，我非常感谢你对我的厚爱与提携。可是，请原谅我，我要学物理，不想学数学。不能接受你的帮助。”

不待教授提问，林兰英就简洁了当地说出了自己的决定。教授听了林兰英的陈述，先是惊讶，后是点头，表达了对林兰英的看重和赞许。

就这样，在人生道路的抉择中，林兰英做出了自己的决断：谢绝了埃尔教授的盛情厚意，中断了在数学王国里的遨游。在她申请到了奖学金之后，于1949年秋前往费城，进入宾夕法尼亚大学（简称宾州大学）研究院，致力于固体物理学的研究。

费城是宾夕法尼亚州的最大城市，位于著名的特拉华河与斯库尔基尔河的汇流处。它虽人口不到200万，却是美国独立战争时期的名城，曾对美国的诞生，起过重要的作用。1774年第一次大陆会议在这里召开，次年在这里召开第二次大陆会议时，诞生了著名的《独立宣言》，1776年美国独立。1787年这里召开了立宪会议，制定了美国的联邦宪法。1790～1800年，费城一度是美国的首都。

宾夕法尼亚大学并不在宾夕法尼亚州的州府哈里斯堡，而是在斯库尔基尔河畔，正好在费城的市中心附近。

林兰英喜欢宾夕法尼亚大学，更喜欢费城。因为费城不像卡莱尔镇那样沉静和孤独，又不像纽约那样繁华和喧闹，她的学术气氛和文化艺术环境，堪称美国之最。林兰英喜欢费城的另一个原因，是这里的中国人很多，既方便交流感情，又便于结交朋友。在不太长的时间里，林兰英就结识了好几个华人家庭，与他们成了相见恨晚的好朋友。

来到宾夕法尼亚大学，林兰英根据变化了的环境、变化了的学习主攻方向，认真地设计着自己将要在物理王国里的征途。物理学包含的广阔知识，开始在她的头脑里云集了。

物理学，这门研究自然界物质及其运动规律的科学，自20世纪以来，有了更为蓬勃的发展，特别是对微观世界的研究，促成了诸多重要分支学科的诞生。博大精深的物理学的魅力，是人类语言难以全面概括的。从林兰英在协和大学介入这个领域开始，始终对之有着某种敬畏、膜拜的心情。随着年龄、学历的增长，这种心情表现出强烈的参与、奉献的欲望。

一个物理学家存在的意义，就在于不断地发现，不断地将未知变为已知，费城的宾夕法尼亚大学，将为林兰英擦亮这用来发现的眼睛。

自第二次世界大战以来，固体物理学在美国迅速崛起。几年时间，这门学科展示的巨大生命力，吸引着众多学人们的注意力。林兰英在协和大学多年的物理教学经验和知识储备，使她一直密切关注着当代物理学的动向。

就在此前的1948年，美国贝尔实验室的物理学家，运用固体物理学的理论，解释了半导体行为，并把固体物理和晶体生长技术结合起来，制成了世界上第一块半导体锗单晶，轰动了世界。接着，P-N结的成功发明、晶体管的诞生，使电子科学的发展迈出了划时代的步伐，也开创了半导体物理学的新篇章。这些科学史上的伟大创举，引起了正在固体物理学领域里遨游的林兰英的浓厚兴趣，她不断吸取这些新兴科学知识的营养，密切关注有关半导体方面的资料和动态，她收集了厚厚的一大摞资料，不断地进行探索和消化。

在这个所谓“自由世界”的国度里，美国的大学生，男女之间的性关系处置随意，林兰英处在这样一个环境中，不时有些置身“泥潭”之感。但是她却“出污泥而不染”，始终洁身自好，与世俗保持着相当的距离。她从不跳舞，有时候实在拗不过朋友的拉扯，勉为其难，也只是在屋角悄悄地坐定，要一杯可乐，独自品酌。到了第二天，一位叫约翰的男同学问她：“你为什么那么害怕？难道会碰掉你的毫毛吗？”林兰英答曰：“我不是害怕，只是不喜欢，这仅仅是个人的习惯而已。这类活动，我不会干涉别人，也希望别人不要干涉我。”

林兰英自重和自爱，在众人心目中留下了良好的印象，大家都愿意跟她交朋友。她的年龄大一些，人们对待她，像是对待自己的大姐姐，有她在，似乎就有安全感。在宾夕法尼亚大学，有一段时间，她与一位来自中国台湾的女孩同住一起。这女孩年龄小，胆子也小，遇事常常没有主意。有一次，她接到一个男生打来的电话，对方竟然提出一个令女士们难堪的要求：请她去帮助他灌肠！这个女孩一时紧张异常，不知所措。林兰英想想，接过电话说：我们这里有个医生，我会马上通知他去为你服务的——话音未落，对方就挂断了电话。

性骚扰经常困扰着来自东方的女性们。有时，都夜里11点多了，会突然打来一个匿名电话，说一些猥亵的内容，令人胆战心惊，甚至还有深夜冒充移民局官员来电话骚扰的。对此，林兰英总是从容应对，弄得搞恶作剧的人狼狈不堪。

在美国这样一个全面开放的国度里，始终保持一个东方女子的品性，这不是一件容易的事情，需要有很强的自制力。林兰英表现出自己鲜明的特点，这就是：不苟从，不随俗，防微杜渐。有时候这种对自己的要求甚至到了苛刻的程度，比如晚上做实验晚了，男生要用摩托车送她回宿舍，她总是婉言谢绝，她宁愿自己步行一刻钟，也绝不在摩托车后座上抱着男同学的腰回去。这些“清规戒律”，在外人看来似乎有些过于难为自己了，但是林兰英本人却不觉得。因为她的兴奋点是学习，是几乎百分之百地把精力投向自己为之奋斗的专业。

这时的林兰英，已经31岁。她的经历和学历，已经决定了她从一个普通的留学生向一个学者转变。促成这个转变的因素是多方面的，其中十分重要的一点是潜藏在她心底的那份对祖国的爱恋。

不久，新中国成立的消息，像一股强劲的春风，吹到了大洋彼岸，吹到了美国西部的费城。林兰英的心底，升起一团明霞，一片晨曦。她回想起自己在协和大学与林辰、林剑华等共产党地下党员交往时的情景，想到他们为之奋斗的事业终于实现了，感到欢欣鼓舞。

此后不久，费城的华人团体要在宾夕法尼亚州秘密放一部记录新中国成立的影片。消息传到校内，传到林兰英的耳中。林兰英便托美籍华人同学给弄到一张入场券，专程前往观看。通过银幕，林兰英亲耳听到了毛泽东主席的“中国人民从此站起来了”的庄严宣告，亲眼看到了祖国人民在天安门前载歌载舞欢庆新中国成立的热烈场景。开国大典壮丽的历史画面，使林兰英心里充满了美好的向往。新中国成立了，妇女再也不受封建主义的压迫了，地位提高了，有了为祖国的兴旺发达施展才干的广阔天地。林兰英决意要学好物理，要增长更多的学识，广积经验，以备报效伟大的祖国。

## 六、与洋学生的抗争

爱国是侨乡人的传统。在海外求学将近10年的林兰英，对“祖国”这两个字的感受更为真切，更加深情。过去，中国人在海外受歧视的情况，激发了她强烈的民族自尊心。

1950年10月，朝鲜战争正式爆发了。这是一场突然的事变。然而由于它的出现，美国这个“自由”、“民主”的国度，对“异端”的迫害活动日益加剧。在东西方意识形态日趋尖锐对立、美苏“冷战”不断加剧的情况下，一场在美国历史上最大规模的政治迫害拉开了帷幕。“共产党”成了美国社会生活中人人自危的托词和欲加之罪的迫害对象。生活在这种政治氛围中的林兰英，心里感受到无形的压力，她那种倔强的性格不习惯于这种噩梦般的生活环境，在一些人把中国与“共产党”，与动乱，与罪孽等同起来的时候，她感到自己的民族感情在受到亵渎，自己的华夏感情与这个“自由世界”里被扭曲了的民族感情开始碰撞了。这样的环境，令林兰英十分不快，她开始奋发起来。

1950年年底，一天，宾夕法尼亚大学的俱乐部里，数百名各国学生聚集一堂，观看一部有关朝鲜战争的纪录片。电影放映机在沙沙地运转着，大厅里一片寂静，人们怀着不同的心情紧张地注视着冰天雪地战斗双方的进攻与退却。炮火连天，尸体遍野，残酷的战争使得莘莘学子个个目瞪口呆。随着电影的演进，战局急转直下，当放映到装备精良的美军被中国军队打得落花流水，狼狈逃窜，一路上丢盔弃甲，遗弃的坦克、大炮、汽车等辎重摆满了狭窄的公路时，美国同学觉得十分没有面子。这时，林兰英身后一个美国青年终于忍不住了，气哼哼地在自言自语嘟囔着：“杜鲁门是个大笨蛋，应该把全美国的飞机都派到前线去，把朝鲜和中国都给炸平，看他们逞能!”还叫嚷什么“白种人在这里与黄种人拼命太不值得了”。他的意思是，白种人的命比黄种人的命值钱。林兰英火了，倔强的脾气又上来了。她起身反驳说：“白种人先生，你应该清楚，人的肤色与命的贵贱，没有任何的必然联系。你的肤色丝毫不能给你多带来什么。如果有飞机来轰炸费城，头一个逃命的准是你。如果炸弹落在你的头上，你也会照样被炸得粉碎。”敌对的情绪引得两人争吵起来，许多学生都站起来观看，不少异国的学生也都站在林兰英一边，纷纷指责那个美国男子的种族主义倾向，林兰英难抑愤怒的心情还用莆田方言痛快地骂了他几句。后经众人的劝解，这场纷争才停息了。这一事件，对林兰英的刺激很大，她对美国社会的憎恶感更强烈。她暗下决心，要努力学好科学知识，力争早日回国。她要用自己的努力来向世界证明黄种人的不凡，要用自己的学识来显示炎黄子孙的价值。林兰英回忆说：

> 在宾州大学，我跟美国同学吵过架，也跟研究所副所长吵过架。我和同学吵架是因为，抗美援朝的时候，同学骂杜鲁门笨。他说，杜鲁门应该把飞机都派出去，把中国大陆都炸掉，把中国人都炸死，看中国人还能去朝鲜和他们打仗吗？还说他们白种人的生命比黄种人更宝贵。当时，我跳起来说，我们黄种人的生命同你们白种人的生命一样宝贵。我们中国也可以派飞机去炸你们，你以为怕你们啊。我和研究所副所长吵架是因为，我和一个同事一起去波士顿出差，机场离城区很远，当时我们对此不了解情况。因为离飞机起飞还有很长一段时间，我们回城里吃完饭，然后再回到机场，多打了一个来回的车。出差回来，副所长说，

你们中国人和黑人一样穷，没有钱，你们借着出差的机会花公家的钱。我就找所长去讲道理，要求副所长给我道歉。后来，所长让副所长来给我道歉，我就没再计较。其实，我看出来了，在美国，妇女没有地位。①

当时，在美国的中国留学生，为了表达自己的政治观点，表明自己对国内敌对两个营垒的阶级立场，成立了两个组织，一个是“留美科协”，另一个是“北美基督教中国学生会”。而专注于获取科学知识的林兰英，对这两个组织都不感兴趣，也都没有参加。她说：

一开始我根本不知道有“留美科协”，而且“留美科协”成立的时候，没有人邀请我去参加成立大会。后来，李恒德在宾夕法尼亚大学动员中国学生回国，也找过我。我说，你自己还没有回去，凭什么让我回去？实际上，我有一个想法，没有拿到博士学位，我是不会回国的，这个想法很坚定。当然我没有这样跟李恒德说。后来，我回国，也不是因为他动员，是我自己想回来的。

在美国的时候，我有两点处世哲学。第一，我不参加任何组织，所有中国人成立的组织都不参加；第二，我不愿意给美国政府留下一个印象，让他们觉得我非常倾向于中国共产党，这样会给我带来麻烦。我认为自己去美国留学的目的是要好好学习，学业完成以后就回国。我没有必要表现自己。所以，这两个组织我都没参加。我一直觉得自己肯定会回国，这是迟早的事情，因为家里催得很厉害。如果家里不催，可能会多工作几年。当初若多工作几年，没准就回不来了，美国不会让我回来。①

林兰英的政治态度是显而易见的。然而，因为这次“电影院纷争”事件显露出的林兰英的个性，同样也受到学校与地方当局的注意。一天，她被移民局召去谈话。两个官员兜着圈子转了一会儿，便单刀直入问她对国民党和共产党的看法。

林兰英想想说：“国民党蒋介石治国无术，中国政治腐败，人民的生活十分艰苦，在许多地方民不聊生，所以中国多年处在动乱之中。至于说到对共产党的看法，实在对不起，我没法告诉你，因为我又没有在共产党

① 王德禄，高颖，程宏，等.2013.女性当自强——林兰英口述//1950年代归国留美科学家访谈录.长沙：湖南教育出版社：346-348.

领导下生活过一天……”

移民局的官员相互对视着耸耸肩膀。

“那么，我们出兵帮助韩国打朝鲜，你怎么看？”

林兰英笑笑：“我没有想过。不过我猜想这样一来，朝鲜会非常恨你们。我说得不会错吧？”

两个官员的视线向下垂落着，没有正视林兰英的问题。

这样的谈话有过几次，都因林兰英的巧妙对答，又没发现她本人有什么深刻背景，便放弃了再来找她麻烦。

这种直接的盘查与社会上的气氛交融在一起，令林兰英感到压抑，感到不满，特别是美国政府敌视中华人民共和国的政策的继续发展，林兰英不想在这里待了，思念家乡亲人、思念祖国的心情，越来越强烈了。

## 七、“民族成见者”

林兰英来到费城，不自觉地就喜欢上了这个城市。她青睐费城很重要的一个原因是在这个城市里的中国人很多。在不长的时间里，她便认识了许多中国家庭并与这些家庭中的人们成为很好的朋友，其中与刘占鳌夫妇和郭备德夫妇两家的关系尤为密切。这两个知识分子家庭的男女主人，善良谦逊，中国人的传统美德并未因为他们移居美国多年而淡化，相反，他们对于从祖国来的林兰英像是见到久别重逢的亲人一般。年轻的林兰英性格开朗活泼，她的进取精神让这两对夫妇很是钦佩。临近周末，两个家庭不是邀请林兰英去他们的府上做客，就是邀请她跟他们一起外出旅游，饱览异国风情。

在不少的节假日里，林兰英曾多次跟随刘占鳌或郭备德两家人驾车远游。她的足迹遍布美国东部的山山水水。他们一起驱车去过新泽西州的美丽城市卡姆登，去过佛罗里达州东北半岛上的圣奥古斯丁古城，观赏过华盛顿纪念碑、邦克山纪念碑，游览过东北部新罕布尔什州的白山避暑胜地……最令林兰英难忘的，是游历东部的尼亚加拉大瀑布：银河倒泻，万马奔腾，巨大的轰鸣声撼人心魄。林兰英贪婪地久久地注视着、观察着，浑身顿生无比的力量。大自然的雄伟、大瀑布的壮观，也激起林兰英对奋斗不息精神的膜拜之情。

林兰英除了喜欢游山观景外，也乐于参观名胜古迹，瞻仰各种艺术馆、博物馆。在1950年开春前后的日子里，在罗丁博物馆、宾夕法尼亚历史学会陈列馆和费城艺术博物馆等著名胜地，都留下了林兰英的身影。

费城博物馆里的中国厅、印度厅、埃及厅，给她留下了深刻的印象。那里陈列着很多东方的琳琅满目的艺术珍品，让林兰英目不暇接。她在参观时感慨道："我们东方文明古国几千年的文化历史，真是灿烂辉煌啊！"她在参观后归来，有个美国同学问她观感如何，心直口快的林兰英毫不留情地说："你们好意思不，博物馆里尽是我们东方人的东西，你们自己的呢?"当时，林兰英的心情是复杂的，我们国家的许多艺术珍品，却在人家富丽堂皇的博物馆里展出，连唐太宗墓前的两匹马①都难以幸免，委委屈屈地站在人家的玻璃柜里。"我的民族自尊心一下子受到了很大的伤害。一个国家又穷又落后，就连祖宗留下来的纪念品也护不住呵。"从此，林兰英对外国的文学艺术，本能地有了一种莫名其妙的反感，同宿舍的美国姑娘一听外国音乐，她就把收音机的音响开得大大的，或者是用广东音乐的唱片来压住她！美国人有一种强烈的民族优越感，处处显示着他们国家的不凡。对刚刚站起来的新中国是很不了解，也看不起的。站在人家的国土上，听人家嘲笑你的国家如何如何不好，凡是有点民族自尊心的人都受不了。"反正我这种人的性格是不能在那儿长待下去的。我恨不得一下子学成归国，把祖国建设出个样儿给他们看看。"因为林兰英老爱和人家争辩中国的悠久历史、中国的大好河山，护卫中国的文明史实，外国同学给她起了个绰号——"民族成见者"。林兰英虽不赞成，但也不反对这个绰号，可以清清楚楚地映衬出她赤诚的爱国之心。她珍视祖国的文明，更热爱自己的祖国。

## 八、摘取物理博士桂冠

入宾夕法尼亚大学学固体物理，是林兰英思忖再三的决定。在她看来，在这一领域深入涉猎，不仅关系着自己的前途与未来，也是日后报效祖国、增强国力最为有用、最实际的举措。因此，她废寝忘食，孜孜不倦地刻苦攻读。她于 1951 年获得硕士学位后，就紧接着开始了获取博士学位的征程。

每个试图在美国获取博士学位的人，必须掌握两门外语，而汉语和英语都是不在其列的。这对于林兰英来说，法语和德语就成了一个必须攻克的堡垒。

---

① 陕西关中的唐太宗（李世民）墓（昭陵）前曾有六骏（马）石刻，造型高超，雕刻工艺精湛，属国家级文物。其中的"飒露紫"、"拳毛䯄"二骏石刻，于 1914 年流失国外，现存于美国费城宾夕法尼亚大学博物馆。

在林兰英刚入学时，年级开了两个法语班，由斯隆教授负责这两个班的教学。这位教授的法国话说得倒很地道，但作为教师，他授业解惑的办法不多，而且面对学生的疑难提问时常显得不够耐心。林兰英在一开始时曾经试图请这位先生在课外辅导她一下，哪知斯隆教授却说，你还是学点别的语言吧，法语对于东方人来说是很难掌握的。林兰英没听斯隆教授的建议，很不服气教授的观点，埋头苦学了两个星期。两周后的考试，她得了相当于中国90分的“A－”。林兰英并不满足，她又去求詹妮的帮助。善良的清教徒詹妮满口答应了。这样一来，她成了班里法语成绩最好的一位。一年之后，两个班举行联考，林兰英是成绩最好的人之一。面对这位学生的成绩，斯隆教授颇有感触地说：“这个中国姑娘，真是令人不可思议。”

现在，她的外语学科中又增加了德语。这是一门在她看来比法语更难掌握的语言。林兰英为了征服这座“高山”，付出了不少辛勤劳动和汗水。在那段时间里，她没有假日，谢绝了远游的邀请。德语的句型、德语的方言、古高地德语和现代德语的比较，凡此等等的学习，她费了不少的心血。她还为此神游了“德国”。

在费城以北约80公里的艾伦敦，早期的土著居民是德国人，素有“宾夕法尼亚德国”之称，城内的许多居民如今仍然遵守着古老的宾夕法尼亚德国人的风俗习惯，保留着德意志民族的文化传统。在美国学习德语，恰好身边就有一个袖珍的“德国”。林兰英喜出望外，约好友来这里旅游，她果真感到就像在德国人中间走了一趟似的，获得了大量的感性知识，对她的德语学习起到了很大的作用。

林兰英的德语进步很快，大大超过了伯尔教授的预期，教授在对林兰英进行考核后，盛赞林兰英的进步，并鼓励林兰英说：“德语会使你的博士论文锦上添花的!”

从1951年开始，林兰英受导师的指派，为他的一位博士研究生当了一年助手。后来，就专注于自己的博士研究生工作。

要想在宾夕法尼亚大学得到一顶货真价实的博士帽，自己必须要有真才实学。每个博士的含金量大小，取决于自己的工作实践能力和校方的终结评判。校方对学生的估量尺度是灵活的。遇到好的学生，往往是千方百计想挽留，他的论文撰写的时间也就长；相反，如果他不是校方看中的人才，学校就不过多地难为他，早早发顶帽子便一了百了。博士生的毕业考试，更如同一场战争的高潮，一门接一门，如同过了一个关口又一个关口。考试是对学生最严峻的考验，力学、原子物理、固体物理、量子力学……6 门基础课，整整考了 3 天。3 天笔试之后，还有 3 天口试。各科教授轮番“轰炸”，想问什么就问什么，全然没有情面可讲。

林兰英的这顶博士帽，凝聚着她对宾夕法尼亚大学的贡献。她用了 3 年的时间，完成了论文《离子晶体缺陷的研究》，于 1955 年 6 月，通过了论文答辩，在宾夕法尼亚大学建校 115 周年的史册上，出现了第一位女博士。林兰英的业绩，既实现了自己梦寐以求的宏愿，也为中国人乃至所有的黄种人争得了荣誉。这篇博士论文，于 1956 年 5 月在美国具有高度权威性的著名杂志《物理评论》上发表。

获得博士学位时的林兰英

林兰英在 1988 年 10 月 28 日接受新闻人士采访时说：

> 我是在协和大学物理系毕业的，受奖学金来源的制约，我只得去狄金逊学院，主修数学，选修物理和化学。一年后，拿到数学学士学位。所以，我有物理和数学双学士学位。狄金逊学院数学系主任埃尔教授对我很好，推荐我去芝加哥大学数学系深造，念博士。埃尔教授是芝加哥大学毕业的，与原学校关系密切，芝加哥大学也同意给我提供奖学金。当时我自己申请了宾夕法尼亚大学，宾夕法尼亚大学也提供奖学金。我想学固体物理，我认为，对于我们国家建设来说，可能固体物理更为重要，当然不是说数学不重要，我觉得没必要那么多人学数学。1949 年，我进入宾夕法尼亚大学研究院。受导师的指派，我先给他的博士研究生当了一年助手。三年后，我完成了论文的撰写，通过了论文答辩，1950 年获得固体物理硕士学位。1955 年获得该校博士学位。①

按照林兰英当年出国留学的意愿，在获得博士学位之后，该打点行装，衣锦还乡了。离别故乡已近 8 年，故乡的山山水水、故乡的风土人情，令林兰英陶醉和向往。当时，她仿佛看到了故乡那高大的荔枝树上挂满了沉甸甸的果实，她仿佛嗅到了湄洲湾海风送来的潮水的腥味，她仿佛

① 王德禄，高颖，程宏，等．2013. 女性当自强——林兰英口述//1950 年代归国留美科学家访谈录．长沙：湖南教育出版社：344.

听到了日夜思念的家人的亲切笑语。然而，对新中国充满敌意的美国政府，不允许留美的中国学生回国，还派特务加强了对中国留学生的监视。林兰英这有家难回、有国难报的海外游子，不得不滞留他乡，等待着回国效力的机会。

## 九、在索菲尼亚公司展露才干

这时，美国的半导体科学正在蓬勃发展，而祖国的这一学科领域还是空白。一种源自爱国之心的责任感，促使刚刚获得博士学位的林兰英在回国之前寻求一份适合自己未来发展的工作。这工作，也一定要与今后的事业密切相关，使自己能够更多地掌握和消化固体物理学的知识，强化在半导体材料物理方面的专业操作技能，为今后回国工作打下牢固的基础，多积累一些实践经验，以备将来报效祖国。

在一次与导师米勒（Miller）的课余交谈中，林兰英向导师道出了自己的这一想法："我们念书的时候，很少参加社会实践，所以我想利用现有的机会，到一个做半导体方面的公司里去工作。"

林兰英的导师米勒，是专门从事半导体科学研究的索菲尼亚（Sylvania）公司的技术顾问。他非常认可林兰英的想法，他对林兰英说，"如果从事半导体工作，你将来会是很出色的人才。你的想法很好，我可以帮助你"。

1955年11月，林兰英通过导师的举荐，赴纽约州的长岛，进索菲尼亚公司担任高级工程师，专注于半导体材料物理的研究。自此，林兰英与半导体材料结下了不解之缘，并为之奋斗了一生。

半导体材料的种类繁多，从单质到化合物，从无机物到有机物，从单晶体到非晶体，都有可以作为半导体材料的物质。根据材料的化学组成和结构，半导体材料可以分为元素半导体，如硅（Si）、锗（Ge）；二元化合物半导体，如砷化镓（GaAs）、锑化铟（InSb）；三元化合物半导体，如GaAsAl、GaAsP；固溶体半导体，如Ge-Si、GaAs-GaP；玻璃半导体（又称非晶态半导体），如非晶硅、玻璃态氧化物半导体；有机半导体，如酞菁、酞菁铜、聚丙烯腈等。

索菲尼亚公司，是一个在美国半导体研究和制作工业中蓬勃发展的科研机构。它年轻而富有锐气，充满野心和实力。林兰英的到来，让董事会很是看好。林兰英说："在当时，没有永久居留许可证的人，进公司工作很难，特别是我在一年后还要离开，这就更难了。所以，我非常感谢米勒教授对我的帮助。”

在索菲尼亚公司，林兰英被分派主管半导体材料的物理特性的研究工作。这是她攻读博士学位时多次涉及的学科，因此可以称得上是轻车熟路，工作起来，不用花太大的力气。

研究物理与搞材料的制备工艺无多大关联。但一个偶然的机会，使林兰英介入了这项工作，并做出了成绩。林兰英无意中从一个女技术员的口里得知：公司依据美国科学家研究出的方法和工序来拉制硅单晶，次次都失败了，不知何故，公司正在为这事而苦恼。索菲尼亚公司正是在锗单晶拉制成功的基础之上，将注意力移到硅单晶的拉制上来的，公司领导深知高纯度的硅单晶，在光电器件、集成电路和其他电子部件中的重要作用，并以焦急的心情，等待着硅单晶的问世。

听了女技术员的诉苦之后，林兰英心中怦然一动，脑中立刻蹦出个“为什么”来。

富有多年实验室工作经验的林兰英有一种预感：自己可以帮助公司渡过难关。她有这个信心。于是，她敲开了硅材料研究组的大门。

制备硅单晶的实验室主任麦克礼貌地请林兰英进屋坐下。林兰英开门见山地问：“听说你们拉单晶遇到了麻烦?”

这话说出了麦克的难处，他叹一口气，说：“我已经尽力了，看来未来我的命运不会太好。”麦克说着苦笑了一下。林兰英知道，为了这个宝贝硅单晶，公司的投入已经接近极限了。

林兰英沉吟了一下，又说：“我可以帮助你吗?”

麦克扬起下颌，有些惊异：“当然，如果你愿意的话。”

林兰英接着说：“如果可以的话，你能不能让我参观一下单晶拉制的全过程?”

麦克想想，爽快地答应了。

第二天，林兰英便来到硅材料研究组的实验室，花了整整一天的时间，仔细了解和观察拉制硅单晶的全过程。从最初的工序开始，一道一道地细细观察。麦克讲解得很认真，林兰英看得也十分细致，从多晶硅的腐蚀开始，装炉、加热、控温、拉制……几乎无一疏漏。就这样，林兰英在实验室里，待了差不多整整一天。

林兰英在细看时，发现石英坩埚在熔化硅的过程中，形成了大量的一氧化硅，这东西黏附在了籽晶上，污染了籽晶。这便是拉不出硅单晶的症结所在。而公司研究者恰恰忽视了这一点，他们一直陷入抱怨氩气不纯的误区里。

林兰英就这样从物理的角度，解释了失败的原因。实验室主任依据林兰英的建议，在硅熔化的过程中，用一个小杯状的罩子，将引拉单晶的籽晶保护起来，使其不受从熔液里挥发出来的氧化物的沾污。在开拉单晶时再把小杯移开。后来终于拉制成功了该公司的第一根高纯硅单晶。对此，实验室主任很高兴，林兰英也喜出望外，因为这是她用心血和智慧第一次换得了科研成果。

接下来，按照同样的方法再次拉制，每次都完美地拉制出了硅单晶，成功率达到百分之百！对此，林兰英回忆说：

> 我是1955年11月去索菲尼亚公司的，主要负责半导体材料的物理特性的研究工作。我对公司拉制硅单晶也很感兴趣。听一个女技术员说，她们拉制硅单晶，每次都失败。有一次，她们又要去拉硅单晶，经过硅材料研究组人员同意，我去实验室参观了拉制硅单晶的全过程。我发现，在（石墨坩埚中的多晶）硅熔化的过程中，因熔化时间长，会形成很多一氧化硅，粘在（悬着的）籽晶上，籽晶下到多晶硅的熔液中后，就拉不出硅单晶来（拉出的仍是多晶硅）。这就是问题的关键所在。我建议他们做一个模型（籽晶罩），把引拉硅单晶的籽晶保护起来，这样籽晶外边才会很干净。他们采纳了我的意见。索菲尼亚公司有人专门搞机械设计，也有一个工厂会做模型，技术水平也很高。两个礼拜后，模型做成了。他们用模型把籽晶包起来，在给多晶硅加温的过程中，生成的一氧化硅粘不到籽晶上，籽晶不受污染。等多晶硅熔化好了、要拉单晶了，再把籽晶罩移开，用电机操作放下籽晶杆，让杆头上的籽晶与熔化了的硅的液面接触开拉，每次都拉出了硅单晶。①

硅单晶的拉制成功，惊动了董事会，上级隔三差五有人来参观单晶拉制的过程，长岛的报纸也及时地进行了报道。初出茅庐的林兰英，一时成了索菲尼亚公司各层人士谈论的中心人物。这是林兰英生平第一次获得科研成果，她有着无以言表的成就感。正因为此，林兰英再一次坚定了自己在半导体这一领域奋斗的信心。

时隔不久，公司又遇到了新的难题：他们的科研人员在进一步实验拉制高质量的无位错锗单晶时，位错密度总也降不下来。正好林兰英陪一位

① 王德禄，高颖，程宏，等．2013．女性当自强——林兰英口述//1950年代归国留美科学家访谈录．长沙：湖南教育出版社：345.

英国学者在公司考察，他们俩在看锗单晶的拉制时正在交谈着。这交谈，激发了林兰英的灵感。她观察到实验中只有半椭圆形的石墨舟，这半椭圆形石墨舟使热场分布不够均匀，若改换成完整的椭圆石墨舟便可让热场分布均匀，位错密度便可降下来。这一想法一经实践又获成功。这样一来，林兰英成了公司最活跃、最受人关注的人物，大家一致的看法是："她有一个常人无法比拟的头脑，很多难解的问题即使是她没有遇到过的，经她的头脑一过，立即便有了答案。"

林兰英拥有"常人无法比拟的头脑"和惊人的记忆力，这是她领导的材料研究室人所公认的事，与她一起工作过的中外人士无不为之惊叹。就连黄昆所长都非常佩服她："所里几百号人（指中高级科技人员），哪些是哪年提的职，现在工资是多少，她都记得下来。在我们这辈讲，她是特殊的。"她的记忆准确、持久，对数字有天然的敏感。她多次去苏联讲学，其学术造诣、对数字记忆的准确和超群的演讲口才，让听者叹服，赞叹中国有如此了不起的女科学家，不愧是个古老智慧的民族!

林兰英在索菲尼亚公司工作一年多，开阔了眼界，增长了学识，也干出了一番喜人的成绩，深得公司的赏识。她的年薪相继提了三次，从刚到公司时的7000美元，增长到1万美元。在当时，她发表的《硅的欧姆接触的制备》、《锗和硅的载流子抽出电极的制备》等论文具有重要的学术意义和应用价值，被美国当局列为专利技术。

# 第四章　在回归故里中的赤子情

在美国，林兰英有着良好的工作环境，也享有丰厚的物质生活条件，应该是心满意足了。但是，用她学到的科学技术，为祖国服务，为同胞造福，仍是她铭记在心的意愿。回归祖国，报效桑梓，是她坚定不移的信念。

## 一、牵挂亲人

在美国八九年的生活，林兰英称得上是一帆风顺。所遇到的怪事、难事，在她的运筹和努力下，都一一地烟消云散了。但有一事令她牵肠挂肚，那就是远在太平洋彼岸的家人。

来美初期，由于政治局势的变动，很长一段时间与家庭中断了联系，她一度心焦异常。为了能与家人取得联系，她想了不少的办法，托了许多人。经过辗转连接，终于接通了一条美国宾夕法尼亚州—美国南加利福尼亚州—中国香港—中国莆田的热线。经人介绍，居住在中国香港的一位始终不知名的先生，承担起了帮助林兰英传递家书和收发汇款的责任。由于中美两国在1949年后陷入了越来越深的对立之中，平民百姓遭到了诸多不便。大家都像做地下工作一样办理着原本是极为正常的一切事情。林兰英写给家人的书信与汇款，需要寄往洛杉矶的一位朋友处，然后再由这位美国朋友寄给中国香港的不知名的先生，再由这位先生寄往家乡莆田。多少年过去了，林兰英一家始终不知道中国香港的那位好心人的姓名。他默默地帮助他们，从来不收取他们的邮资。每一笔汇款从未少过毫厘。这位善良的好心人，林兰英默默地感谢他一生。

林兰英最初得到的信息，并未令她高兴起来，使她惊异的是，她父亲由于曾经担任过国民党的县党部书记长而在新中国成立后被作为“历史反革命分子”被判刑，在清流的劳改农场进行劳动改造。尽管家书简短，聪明的林兰英还是能够感悟出父亲是受了明显的冤屈。她的心里十分难过。在天各一方的现实环境下，她所能做到的，只有尽力帮助母亲和全家人渡过眼前的难关。那时候，他的二弟正在大学念书，每月她至少要寄去20美元，一般隔两三个月寄一次，一次寄50到100美元不等；1953年，她的祖父去世，她的大弟又得了肺病。大弟那时的工资很低，又生有三个孩子，平日吃饭穿衣都已拮据，怎能经得起疾病的袭击。母亲虽在信中闪烁其词，但善解人意的女儿立刻猜透了母亲的心思，她毫不犹豫地将自己的奖金500美元寄回了中国，着实解了燃眉之急。

细心的大姐即使在万里之遥的国外，也日夜牵挂着家里的亲人们。1956年林兰英的经济状况稍微好转，立刻寄回1000美元，叮嘱弟弟们为母亲和他们自己的6个孩子每人做一套衣服，剩余的部分则用来购置被褥。

林兰英的举动，感动了她的同事和亲友，他们既佩服她的能干，也盛赞她那感人的亲情。

正在这时，林兰英一次又一次地接到双亲和胞弟的来信，告知她中央和福建省的领导人，向家人表示了希望她回国效力的意愿。林兰英动心了，离别故乡已近8年，故乡的山山水水，故乡的风土人情，令林兰英陶醉和向往。当时，她仿佛看到了故乡那高大的荔枝树上挂满了沉甸甸的果实，仿佛嗅到了湄洲湾海风送来潮水的腥味，仿佛听到了她日夜思念的家人的亲切笑语。这时，林兰英决心已定，决意告别他乡，回归故里。

## 二、艰辛的回归路

林兰英的回归路，是艰难与曲折的。

1954年，日内瓦中美大使级会谈开始后，争取中国留美学生回国，是中方的一个主要目标。

在日内瓦会议期间及后来的领事级会谈中，中美双方就此进行过多次磋商，但一直没有取得什么实质性进展。1955年4月1日，国务卿杜勒斯就有关中国留学生回中国内地的事宜，在写给总统艾森豪威尔的信中说，按照移民局现行条规可以离境的学生，应该允许其回国。但是，有关从事军事技术研究的留学生回国问题，杜勒斯认为应该按照1952年《移民法》进行审查，并禁止其离境。直到1955年9月10日最后达成的协议声明中，使用了“在美国的中国人愿意返回中华人民共和国者”允许回国的提法。这一协议，使得一批留美的中国学者有机会回国，在这年的10月，才有了钱学森等30多名留学生和学者回国。[①]

依据中美两国达成的关于双方平民回国的协议，林兰英被福建省领导列为要求美方准予回国的留美学者之一。

当时，福建省第一书记兼前线三军司令叶飞到中南海汇报工作，周恩来总理对他说："叶飞同志，你们福建的老乡，在美国的物理学家林兰英、冶金专家萨本铁还没回来，你要做这个工作，争取他们早日回国参加祖国的社会主义建设。"

叶飞回到福建后，把省科协副主席、林兰英在协大的老师、出国的担保人李来荣找去，告知他总理的意见。

李来荣说："关了她父亲，让我如何对她母亲开口。"

这时，林兰英的父亲林剑华，因历史问题还被羁押着。

叶飞说："你立即去莆田跟周水仙（林母）谈谈，我这里马上放人。"

李来荣去了林家，对周水仙说："你叫林兰英回来吧，剑华的事马上解决。"

林兰英从家信中得知新中国领导层殷切盼她回国效力的意愿，甚为欣慰，也深受鼓舞。"羊有跪乳之恩，鸦有反哺之义"，林兰英怎能不热爱自己的母亲，不报效生她养她的祖国呢！在海外近8年的求学生涯，虽未受到过大的波折，但中国人在海外常受歧视的境遇，让她对"祖国"这两个字的感受更为深切，更为真诚。"祖国是我的，我是祖国的"，她决心响应党和祖国的召唤，回归故里，为新中国的社会主义建设事业添砖加瓦，奉献才华。于是，在1956年7月，林兰英以年过6旬的家母病重为由，向美国联邦调查局（FBI）递交了回国的申请。

后来，曾经预计到的麻烦事终于发生了，联邦调查局的人员隔三差五地来打扰着林兰英，所有人谈话的口径都是一个，要她留在美国，在这里工作比回国是"有着更为灿烂的前途的"。

第二次世界大战结束后，美国国内年轻的科技人才严重匮乏。为此，美国政府利用各种手段竭力笼络挽留各国留学生留在美国为其服务。国民党特务机构亦百般阻挠留学生返回中国内地。在这种情况下，美国当局对中国学者的回国申请，通常是置之不理。即使是在签订了协议之后，也是能拖就拖，能阻拦就阻拦。在礼貌的语言中，还蕴含着恐吓。林兰英说：

> 在1956年秋，我以母亲病重为借口，向公司递交了辞呈，向美国联邦调查局递交了回国申请。因为我在公司工作中提的建

---

① 《中美关系史（1949～1972）》中卷之第五章——漫长的谈判。

议很好，同事不愿意让我走，公司领导也不愿意让我走，美国移民局更是百般刁难，美国联邦调查局也找了我好几次。为了让我留在美国，美国联邦调查局找了很多人动员我。有一个是牧师，新中国成立后才离开中国，把中国描述得一塌糊涂。我说，你说归说，我不知道中国现在到底怎么样，我要回去看看。他说，你回去看了真的不行怎么办？我说，不行就不行，那是我自己的事情，你不要替我操心了。美国联邦调查局又找索菲尼亚公司的领导劝说我。这个领导是个联邦德国的老人，对我很好，很赞成我回国。领导告诉我当时美国联邦调查局给他们找了很多麻烦，不过公司领导对我很好，没有刁难我，否则我很难离开美国。如今回想起来，在索菲尼亚公司那13个月的工作经历，对我后来的工作有很大帮助。①

后来，美国联邦调查局的人在反复对林兰英进行“劝说”，林兰英软硬不吃仍决意回国的情况下，又开始对她进行特别的“关照”，态度也变得和蔼亲切起来：

“密斯林小姐，你如何可以断定，你回国就会医治好你母亲的病呢？”

“当然，我与母亲已经整整8年未见面了，我的母亲需要我。”

“你的困难是可以解决的，比如你可以让你母亲转道中国香港，然后我们帮助她来美国治病。”

“这样显然是不行的，我的家庭同样需要我的母亲，而且我的母亲是个没有文化的家庭妇女，不要说来美国，就是让她离开莆田住到离家稍远一点的县城去她也不会同意的。”

“我们可以连同你的家庭一起搬来。”

“你太不了解我们东方人了，我国有句俗语叫做‘故土难离’，还有一句是‘金窝银窝不如自己的土窝’，我的家人对在美国生活完全没有兴趣。这样一来，岂不会加重我母亲的病情吗？所以我要谢谢先生的好意，请你们不要为我操这个心了。”林兰英说：

我告诉他们，我在中国内地有父母、兄弟，他们每个星期都给我写信，让我回去。美国联邦调查局劝我说，只要你肯留下来，我们会想办法把你的父母从中国内地接到美国。我说，你们不要费心了，我的母亲是永远不会离开中国内地的，她连家乡都

① 王德禄，高颖，程宏，等. 2013. 女性当自强——林兰英口述//1950年代归国留美科学家访谈录. 长沙：湖南教育出版社：345-346.

不肯离开，更不用说离开中国内地，来美国。[①]

林兰英最为宝贵的品格之一是一旦做出决定，就立即行动，绝不轻易改变主意、出尔反尔。

美国联邦调查局见林兰英软硬不吃，执意离境回归自己的祖国。无奈之下，不得不通过印度驻美国大使馆[②]，给她开具了准予离美的手续。

## 三、难得的异乡情

在林兰英向索菲尼亚公司递交辞呈时，公司的老板非常惊讶，甚感意外，他首先想到的是工薪问题，对林兰英说："林小姐，对你的工作我非常满意，我正在考虑续签合同并提高你的工资，它将是一个不会让你失望的数字。"

林兰英见老板误解了自己辞职的动机，在感谢老板的美意外，同时告诉他自己不是为了工资的事情，她说她的合同到期，她就要回国了。

老板惊讶地说："据我所知，你的国家刚刚经历了战乱，到处都处在有待复兴的状态，你在这时回去，会过一种大大低于美国水平的生活啊!"

林兰英笑笑说："谢谢您的担心，但是我如果仅仅是为了过一种好的生活，那么我就不回去了。"

老板满脸的疑惑，他完全不能理解面前这位中国女子所作所为的动机究竟是什么。

研究所的所长是个移民来美的德国人，他很同情并理解林兰英的心境。美国联邦调查局曾几次造访他，试图通过他说服林兰英不要离开美国，他每次都是站在林兰英一边，尽力帮她将回国的理由讲得更加充分，他为林兰英说了不少的好话，挡掉了一些不必要的麻烦。他真诚地对林兰英说："我相信你回到中国会发挥很大的作用，我有一个愿望，希望我们会在欧洲开会时见面!"

同事们得知林兰英辞职要回国的消息，也甚感意外："在这不是工作得好好的吗，怎么说走就走了呢?"他们纷纷来到林兰英的办公室，嘘寒问暖，打听她母亲的病况，对她表示慰问，对她的即将离去报以深深的惋惜和遗憾。

---

① 王德禄，高颖，程宏，等．2013．女性当自强——林兰英口述//1950年代归国留美科学家访谈录．长沙：湖南教育出版社：347.

② 当时，中美两国无外交关系。中国政府委托印度驻美使馆代为办理中美两国之间的有关事宜。

作为同事，在过去的日子里，他们合作得愉快、和谐。林兰英对所有的人一视同仁，人缘非常好，大家都舍不得她离开，劝她留下。林兰英对他们一一表示了感谢之情，幽默地对同事们说："舍不得？那好嘛！表明我们的感情深。乐意与我继续共事的，同我一道，到新中国去。有我在，保证亏待不了你们。"这时，林兰英的办公室里，响起了阵阵欢快的笑声。林兰英那风趣的回答，也流露出她对祖国赤诚而坚定的爱。

面对公司的挽留，林兰英不为所动，执意要回国，说："我们中华民族，讲究百事'孝'为先。母亲病了，作为儿女，不管你在天南地北，总是要回到母亲的身旁尽孝心的。"一对美籍华人夫妇，从费城驾车赶至长岛劝说林兰英留美，林兰英告诉他们说："您要说服我不回国，就像我要说服您回国一样，是不可能的！"

那段时间，是林兰英接到国内来信最多的时候。经中国香港到洛杉矶，再辗转到林兰英手中的来信，几乎是每周一封。来信传送的信息，都会使林兰英受到莫大的鼓舞和激励。在这些来信中，以双亲和胞弟的信最多，每封信里反映出的家庭的面貌都令她欣喜。父亲被提前解除了劳改已经回到家里。国务院和福建省的领导人都派人来到家中转达了新中国政府热切希望她能够回国效力的愿望。父母和弟弟们更是期待已经离家8年的她早日回归。

这是1956年年底，美国的家家户户都在烤火鸡，扎彩树，采购丰盛的礼物，迎接一年一度的圣诞节的到来。林兰英在公司里的好几位相好的同事，约她上自己家过节。归心似箭的林兰英，都一一婉言谢绝了。她在忙着整理行装，料理辞事，筹划着即将到来的归程。

对于林兰英的回归，还有另外的原因，她说：

有一次，我在和一个美国同事一起做实验时，我们边做边聊，他问我为什么想回国？我说，理由非常简单：第一，我是女的，你们这里轻视妇女；第二，你们歧视有色人种，当然也包括黄种人。我干吗受这双重压迫，我要回自己的国家当主人去。我这样说是有事实根据的。第一，在半导体理论方面，一个非常有名的女科学家在贝尔（Bell）实验室仅仅工作了一年，就被男同事排挤走了；第二，索菲尼亚公司也有一些女同事被排挤走了，被排挤走的同事工

1955年圣诞节留影

作都很出色。所以每当我说美国人歧视妇女的时候，他们也无话可说。①

林兰英即将长途跋涉，远渡重洋，需要轻装。因此，不仅是大件家具，就是一些自己心爱的生活用品，都一一变卖了。最令林兰英操心的，是那两个装有治肺病药的纸盒子，是都放在一个箱子里好呢，还是分别装入不同的箱子里好呢？她费了不少的脑筋。

一切都准备妥当了。新年一过，林兰英在托运完行李，买好从美国东部去西海岸的车票和横渡大洋的船票之后，又将身边的美元、存款，兑换成了6800美元的旅行支票。这笔钱，是她在美国的全部积蓄，主要来源于近一年在公司工作时的收入。

## 四、归途赤子心

1957年1月6日上午，林兰英身着紫砂色旗袍，披着御寒的褐色披风，肩挎锦绣小提包，来到了旧金山海岸的候船室。透过宽大的玻璃窗，可以看见一望无际的大洋，成群的海鸥在大洋上空翱翔；码头上堆放着各式货物和五颜六色的行李，搬运工人正驾着铲车，开着拖车，不停地往轮船上搬运行李。林兰英看了看表，正是10点，再过两个钟头，就要踏上归程了，内心充满了喜悦。她在临窗的一排沙发上坐下，静候开船时间的到来。

正在这时，有两男一女径直向林兰英走来。

“你是林兰英博士吗?”一人问。他口齿流利，很有外交风度。

“我就是。”林兰英一边回答，一边站起身来，打量着这三个陌生人。从穿着上看，向她问话的是海关人员。另外的一男一女，穿着入时，表情严肃，像是奉命来的。正当林兰英百思不得其解之时，这两人出示了证件，原来是美国联邦调查局的所谓调查员（特务）。那个男的说：“对不起，要检查一下你的行李，请跟我来。”

林兰英不得不跟随他们走出候船室，来到码头的栈台前。她发现，大批行李早已运到船上去了，只剩下她这两件还孤零零地躺在那里。这时，林兰英的心情开始紧张起来。

待林兰英打开一只箱子，他们就如恶狼扑食地俯身进行检查。在这只

---

① 王德禄，高颖，程宏，等.2013. 女性当自强——林兰英口述//1950年代归国留美科学家访谈录. 长沙：湖南教育出版社：347.

质地高贵的箱子中，装的是林兰英的衣物、证件、证书、纪念品、首饰等较为珍贵的东西。当特务从箱底拿出那个装药的纸盒子时，她忙抢过手来，说："先生，请轻一点，这是治肺病的药，别不小心把瓶给弄摔了。"她边说边拿出药瓶，打开瓶盖给特务们看。特务接过药瓶，见里面是紫黑色的液体，药名、制造厂家和出厂日期，瓶上都标得清清楚楚。他们又抽出另两瓶查看，也是如此，瓶口还用蜡质密封得好好的，也就没再开盖检查了。

当林兰英在开另一个箱锁时，心情有些紧张，手也有些不听使唤。因为她知道，在这个箱子中，药盒瓶内所装的东西，是不准携带出境的，如被查出来，还有犯法坐牢的风险。

箱子打开了，里面装的是书籍、图片和资料，还有一些其他杂物，没有什么贵重的东西。林兰英从这些杂物中，抱出那个纸盒子说："这里面装的也是药，你们已经检查过了。"在这千钧一发之际，林兰英又变得态度安详、平稳起来，甚至心跳也慢了许多。

对药物的倍加爱护和沉静稳重的态度，帮助了林兰英，那三个家伙没再注意林兰英手中的药盒子，而是注意检查箱子里的杂物，特别注意那些图片资料，几乎一页一页地翻，查找是否有窃密之嫌。尽管他们费尽心机，仍就一无所获，到底什么也没查出来。

"调查员"们对林兰英的行李的严密搜查就这样结束了。林兰英锁好箱子，站起身来，默默地舒了一口气。

出乎林兰英的意料，行李检查完毕，那个女"调查员"提出，要对林兰英搜身。

"你们这是侵犯人权，侵犯人身自由。"林兰英提出了严正的抗议。

但是，论理也好，抗议也好，都无济于事，因为这都是他们事先安排好了的，只得顺从。女"调查员"从林兰英身上搜出那本旅行支票，举起摇晃着说："这个我们要扣下。"

"这又是为什么？"林兰英气急了，怒目以对，嗓音也很高。因为这6800美元的旅行支票，是林兰英的劳动所得，是她平日节衣缩食攒下来的全部积蓄。她作为有博士头衔的学者，公司里的高级工程师，没有住过豪华的别墅，仅仅寄宿在一位老太太的家里；一日三餐，总是自己做饭吃，从不到饭店、餐馆去破费。这钱如给扣下了，空手还乡，又怎能对得起自己的生身父母呢！

"这是美国政府的规定，不准美钞流入共产党国家去。"

"我这是旅行支票，不是美钞。"

“旅行支票也不行。”

这时，林兰英的心绪被全搞乱了，不知道该怎么办才好。僵持之中，另一个酷似长官的男“调查员”说：“林女士，只要你能留下来，不回中国，我们将原物奉还。你看，你的行李还未装船，搬回去很方便，我们有车送你。”

“这是要挟，早有预谋的要挟。”林兰英心里这么想着。“他们是以扣留我的钱财为名，阻挠我回归祖国。”

林兰英气极了，又无言以对。开船的时间就要到了，不容林兰英有更多的犹豫与等待。她下定决心，愤愤地说：“支票我不要了，不让我回国不行，母亲正急切地等待着我呢。你们要扣，就开个收据吧。”

林兰英从海关检查员手中接过收据，装入提包，双手拎着箱子，昂首阔步地走出码头，登上了“威尔逊”轮的舷梯，离开了这块令她留恋又令她憎恶的土地。

这艘大型客轮，准时起航，伴随着一声长长的汽笛声，行驶在天水一色的茫茫太平洋上。这时的林兰英，在舱里放下行李后，无心坐下来休息。怀着愤懑的心情，步出舱外，来到甲板的尽头，向西遥望，向越来越近的大洋彼岸默默地呼唤着：祖国啊，长留异国他乡的女儿归来了！……

关于这段历史，林兰英在1988年接受采访时是这样回忆的：

> 我上船之前，美国搜查我的行李，甚至进行搜身，把我身上携带的仅有的6800美元旅行支票扣掉了。扣就扣吧，就是平民百姓，我也下决心回国了。[①]

经过23天22夜的航程，林兰英乘坐的“威尔逊”客轮，于1956年的1月29日，终于抵达中国香港，她回到了自己日思夜想的祖国。

香港，是中国的土地，可当时，还在英国的殖民统治之下。港英当局有过规定：凡是返回中华人民共和国的海外华人，户籍在福建与广东、广西的，船到码头，可以直接登港，从陆路去九龙；其他省籍的华人，待船在港外抛锚后，下船乘小艇直去九龙，不能入港。

林兰英乘坐的客轮，在缓缓驶入锚地后，同样停了下来，等候港英当局的领水员的到来。这时，一艘雪白的小艇高速向轮船驶来。小艇停靠在客轮的舷梯边，两名香港警察和海关人员从船舱里走出，径直攀上了客船的舷梯。

---

① 王德禄，高颖，程宏，等.2013.女性当自强——林兰英口述//1950年代归国留美科学家访谈录.长沙：湖南教育出版社：346.

他们来到林兰英所在的船舱，在做了自我介绍之后告诉林兰英：根据中国内地有关方面与港英当局的协议，特来迎接林兰英，并将专门护送她前往深圳罗湖桥。

听这一说，林兰英十分激动，特别是当听说这些安排是中国内地方面由于不久前有从海外归来的留学生被台湾当局强行劫走而采取的必要措施时，更是感动不已。未进国门，她已先期感受到祖国的温暖，她难以用简单的语言来表达自己的激动心情。

船到九龙上岸，马上换乘火车，直接开往深圳。

深圳的罗湖桥上，林兰英在步履深沉地慢慢前进着。她边向前观望桥的尽头，边在默默地念叹着：亲爱的祖国，我归来了，终于归来了！

## 五、喜迎学子归

在中国海关的办公室里，跟随护送林兰英的香港警察如释重负，对中国海关的官员说："先生，我们已经保护林女士安全抵达了这里，送交你们。我们的任务完成了，请签个字吧。"

这时，尽管祖国大地正值冬季，但海关办公室里却是暖融融的。祖国海关的官员，面对远道而来的贵宾，彬彬有礼，和蔼可亲，像迎接亲人一样热情地接待林兰英。

礼是礼，情是情，公事还得公办。海关人员照例打开林兰英随身携带的皮箱，进行例行检查。当他们在检查林兰英冒着极大的危险带回的那两瓶"药"时，很想亲眼看看这"药"，林兰英答应了，但叮嘱他们要格外小心，不要洒出哪怕一点点。

"这东西究竟有多贵重呢？"一位官员好奇地问道。

林兰英笑笑："多么贵重？告诉你吧，现在全中国只有这两瓶！"

一切手续办理妥当，海关的官员告诉林兰英："你的弟弟已经在外面等你多时了，他是专门来接你的，我们迎接他进来！"

林兰英站起身，目不转睛地注视着门外。不一会儿，在厦门大学当助教的小弟弟林文杰在海关官员的引领下出现在林兰英的面前，他们相互注视片刻，便彼此呼唤着拥抱在一起，在这一瞬间，林兰英深情地感到，这是亲情的拥抱，亲情的温暖。

林兰英拉着弟弟的手问长问短，弟弟抱着姐姐的肩泪如泉涌。姐姐离家的时候他才20岁出头，如今已经是干练的大人了。他急不可待地将家里的情况告诉姐姐，姐姐认真地听着。眼前的这一幕令在场的官员们颇为感动。不多一会儿，姐弟俩便搭乘火车前往广州。

对于林兰英来说，祖国的一切都是新鲜的。列车上的播音员音色亲切圆润，车厢里流动着舒缓轻松的民族歌曲，不一会儿，又响起了激情豪迈的广东器乐曲，林兰英尽情地欣赏着。在美国，林兰英是极少听到这样美妙的声音的，她喜爱自己的民族音乐。这时，她不知不觉地陶醉了。在这种陶醉的心情下，车窗外的景致令她倍感亲切，也更使她强烈地意识到：这是真正回到自己的祖国了。

在广州，有关部门的同志已经将宾馆安排妥当，正静静地等待着林兰英的到来。林兰英意识到，这是祖国有关部门领导人的特意安排。她在宾馆刚刚住下不久，房间里的电话响了。

电话是从国务院办公厅打来的，这位官员代表政府欢迎林女士的安全归来。在细心询问了她的身体状况和一路颠簸的情况之后，官员同她商量下一步的行程，他期望林兰英在此小憩之后北上，尽快赶到北京……

林兰英略略沉吟一下，对他说："我会尽快去北京的，这点请你们放心，今后的工作，我会听从政府的安排。不过，现在我还是想应该先回福建一趟，我已经这么多年没有见到自己的家人了，况且我的弟弟就在身边，他是专程来接我的，我应随他而行。"

北京方面当即同意了林兰英的请求。

第二天，1 月 30 日，是中国农历丙申年的最后一天，次日，就是丁酉年的大年初一，是中国传统的春节了。广州城里，到处洋溢着喜庆的节日气氛。鞭炮声此起彼伏，大街小巷里弥漫着硫黄硝烟的味道。这味道令林兰英感到无比的亲切，它使她无论走到哪里都嗅出浓烈的中国气味来。在美国，通常只有在唐人街上才能见到这样的景象。林兰英在祖国浓郁的节日气氛中，在广州，欢度着 8 年后在国土上迎来的第一个春节。这个春节虽然不是在自己家里和父母身边度过的，但是相比在长岛，在费城，在卡莱尔，她同样感到幸福和温馨了。

林兰英和小弟只在广州待了一天，就日夜兼程赶往家乡莆田。那时出行很不方便，他们搭乘的长途公共汽车，在凹凸不平的粤东土公路上颠簸地行进着。一路上，二人吃了不少的沙尘灰土。她和弟弟的座位恰好是最后一排，颠簸得格外厉害，天气又冷，弟弟见姐姐吃这样的苦于心不忍，便想去与司机商量帮助调换一下姐姐的座位。林兰英连忙阻止，她说不要这样，总是要有人坐在后面的。路上虽然颠簸，但是她心里却很畅快，虽然这道路没有国外的平整，这汽车没有国外的舒适，可由于它是通往家乡的，所以内心有着一种特殊的感受。

惠州、陆丰、汕头、漳州……一路颠簸，一路前行，离家越来越近了，最后来到了厦门。这时已是农历的正月初九。

在厦门，林兰英开始遇见朋友了，厦门大学物理系主任来接她，看望她的人们也络绎不绝。厦门大学专门请她来做报告，可是不巧，她由于连日奔波、疲劳，再加上感冒，连说话都很困难。于是，她便将自己要讲的内容先说给校长王亚南和副校长兼化学系主任卢嘉锡听，卢嘉锡在会上代替她做了报告。报告会吸引了不少好奇的人们，不时爆发出阵阵的笑声和掌声。

林兰英还专程去集美参观了由陈嘉庚先生主持兴建的鳌园，并拜见了陈嘉庚先生，这是她第一次见到这位著名爱国华侨。在陈嘉庚这位华侨巨富的一生中，为辛亥革命、民族教育、抗日战争、解放战争、新中国的建设做出了卓越的贡献。他曾被毛泽东誉为“华侨旗帜、民族光辉”。陈老先生将大量的财富投入到教育事业中，而他本人却过着极为平凡的生活，口碑颇佳；他的朴素与真诚，给林兰英留下了难忘的印象；他的爱国情怀、人格魅力，一直在人群中广为传诵。林兰英与时已83岁高龄的陈老一起谈了30多分钟，陈老最后真诚地对林兰英说：“你还是留在福建工作吧，福建这里很需要你这样的人才啊!”林兰英真诚地感谢了老人的厚爱和挽留。

在厦门，林兰英进行了参观访问。阔别八年的故土，已发生了翻天覆地的变化，令林兰英耳目一新，惊喜万分。后来，尽管厦门大学已经为林兰英安排了宽敞舒适的住所，但她还是觉得去中国科学院工作更合适。她谢绝了厦门大学的挽留，接受先期回国、已在中国科学院应用物理所工作的王守武、成众志的邀请，决意要去北京。

## 六、在母亲的怀抱里

2月12日，林兰英终于回到了家乡莆田。从林宅大院里涌出的人流里，她最先看见的是母亲。母亲双眼闪着泪光，口中喃喃地呼唤着她的小名：英子，英子，你回来了，你可回来了!

林兰英急切上前，用双手牢牢地扶住母亲前倾的身体，她与母亲拥抱着，颤动着。母亲老了，步履蹒跚了。此时此刻，此情此景，林兰英感受到：时间是多么的冷酷无情啊。

父亲林剑华跟随在母亲的身后，来到了林兰英的身旁，在一旁注视着她与母亲的倾情交谈，没有说话。父亲除了苍老，比从前显得清癯，他身上那农场的气息尚未完全褪尽，冤屈与苦难，使他的表情显得格外的专注与凝重。是女儿的归来，促成了他的归来。他因担任国民党莆田县党部书记，在1952年被判处十年徒刑。此刻的林剑华，在另一番思绪里，亦是百感交集。

大弟、弟妹、堂兄弟们，乃至侄辈们，将林兰英团团围住，看的看，讲的讲，大家七嘴八舌不停口，林兰英简直不知该如何应对了。

回到家宅，林兰英的第一印象是林宅大院已失却了往日的森严，居室显得矮小、阴暗，令她觉得不大习惯。然而，充溢着的融融亲情是永恒的，这是她感到最舒适、最平静、最安全的地方。林兰英此时的心情，就像一艘在远洋漂泊的航船，终于回到了自己的港湾，要尽情享受这种心灵上的舒适与平静。

她给每一个家人都送了礼物，大人们是手表，孩子们是毛衣，还有床单和衣料。家里回报她的是丰盛的家宴，其中的饺子极大地刺激着她的食欲。

父母执意要过第二个春节。第一个——12天前的那个不算，那一天全家人笼罩在一种不祥的气氛中。由于小弟的疏忽，在接到姐姐后高兴得竟忘了发一个电报给家里，以至于正在扳着指头盘算船期的一家老小陷入了忧思之中，他们以为兰英一定是出事了，因为船期已经过了数日竟然杳无音信。又过了两天，大弟从报纸上读到了一条消息："留美物理学家林兰英博士从美国顺利抵达广州。"全家人的心这才安定下来，为此，小弟尴尬地遭到了家人的"数落"。

林兰英回到家乡，像一个初来乍到的观光者，贪婪地饱览着莆田的秀色。一个十分强烈的愿望就是去看妈祖庙。她在弟弟和亲友的陪同下登上了湄洲岛，拜谒了妈祖。福建人远游四海，在他们的佑护者中，妈祖始终被排在首位。在海外，在那些普通的福建家庭里，举目皆可看见妈祖的神位，林兰英也因此对妈祖产生出更为强烈的仰慕之情。几天里，林兰英去了福建"四大名刹"之一的广化寺，去了有"梅林佛国"之誉的梅峰寺，也游历了云雾缭绕的石室岩，历史悠久的木兰陂等名胜古迹……家乡有如此美景，怎能不令林兰英流连忘返呢！

在林兰英的一生中，令她难以忘怀的还是她的童年时代，给了她启蒙文化的小学。因此，她还专门去了凤山寺。在砺青学校的旧址，她兴奋地回味起《砺青小学校歌》的旋律。这旋律，又一次促使她忆起了早年艰难求学、刻苦攻读的黄金岁月。

在莆田，林兰英与亲人团聚，畅叙久别离情，饱尝了父母之爱，尽情地享受了浓浓的亲情，贪婪地品尝了家乡的美味菜肴……

离家的时候到了，像当年离家时一样，林兰英仍由其大弟林文豪护送她经由上海去北京。在由莆田来到福州时，林兰英回访了母校协和大学。因母校多经更迭，已于1953年划归福建师范学院，这里已变得人地生疏，林兰英并未久留，便在福州坐上了北去上海的火车。

来到上海，市里的领导热情地接待了她。在一个晚上，邀请她看了新上映的国产故事影片《上甘岭》。林兰英万万没有想到，自己的情感竟被一部普通的电影激起了波涛。

影片中的志愿军战士前仆后继、英勇报国的激情深深地打动了她，郭兰英的"一条大河"让她热泪盈眶。她想起当年在宾夕法尼亚大学与那个美国青年的争执，想起朝鲜战争对新中国在世界上地位的确认，深感中国共产党的军队，是一支富有使命感和责任感的军队，是一支前仆后继、不怕牺牲的军队，是天下无敌的军队。在这支军队面前，美国人组成的军队又怎能不被打倒呢!

林兰英在上海没做过多停留，3月20日便和大弟到了北京。她早年在协和大学的老师林一先生专程到机场迎接她。林一先生这时已经就职于中国科学院化学研究所，他是1956年从美国返回祖国的。林兰英带回的科技书籍和资料，都是先行寄到了他处。当晚，林兰英和大弟，就住在了林一教授的家里。

第二天他们就赶到位于南河沿的归国留学生招待所，这是她在北京的第一个住处，也是海外留学生归来的第一个落脚点。这里是一个归国学者们的集散地，几乎所有的学者都是从这里被输送到不同的工作岗位上去的。在"文化大革命"前夕，这里还曾长留过"欧美同学会"的白底黑字的简易牌子。

3月22日，北京下了一场大雪。林兰英很惊奇，已经进入三月了，北方还能下这么大的雪。走在漫天飘舞的雪花里，她不断听到身边走过的北京人在感叹着这场春雪。此情此景，林兰英想，"瑞雪兆丰年"，这一中国传统的吉祥谚语，假如用在自己的身上，在这1957年，她生活中已经发生和将要发生的一切，是不是也能应验呢？她对此充满了信心。

4月，林兰英上班了。她被安排到中国科学院应用物理研究所工作。应用物理研究所设在东黄城根街甲42号，新中国成立以前那里是中央研究院所在地。林兰英初到北京，人生地不熟，在分给住房前，由南河沿到东黄城根街，每日只得乘坐三轮车上下班。

1958 年后的半导体研究所正门（东黄城根街大取灯胡同 9 号）

林兰英分在了我国唯一的半导体研究室。全室 20 余人，都是当时国家半导体专业人员中的佼佼者。半导体研究室有材料组，器件组，光、热、电学组 3 个组，鉴于林兰英对半导体材料不但了解，而且在美国有过辉煌的建树，经所领导认真研究，指派她到材料组做领导工作。在她上任之前，材料组的工作，是由半导体物理和低温物理学家洪朝生先生主持的。

关于这段历史，林兰英是这样说的：

> 回国之前，王守武和成众志给我写信，让我去中科院应用物理研究所半导体研究室。我是搞半导体的，当然愿意去半导体研究室。本来我想留在厦门大学，厦门大学也在搞半导体。但中国科学院应用物理研究所领导不同意。我在广州的时候，他们从北京给我打电话，执意让我来北京。我告诉他们，去北京之前，我不会把工作定下来，他们这才同意我先看广州后再回北京。我刚回国的时候，不会打电话，中文说不清楚。每次都是别人把电话接通我才讲话，这样不用问对方是谁。①

1956 年，随着生产资料私有制的社会主义改造基本完成，党中央从新形势、新任务出发，召开了知识分子会议，制订了科学技术发展的长远规划。这是中国共产党尊重知识、尊重人才、依靠科学技术推动社会进步和经济发展的具体体现。能在这时回归祖国，为祖国的经济发展奉献聪明才智，林兰英感到无比的高兴。

---

① 王德禄，高颖，程宏，等 . 2013. 女性当自强——林兰英口述//1950 年代归国留美科学家访谈录 . 长沙：湖南教育出版社：349-350.

林兰英投身到祖国的怀抱，和煦的阳光温暖着她。可是，这位曾有一笔可观积蓄的女博士，在旧金山码头被美国当局“洗劫”之后，随她一起来京的父母、侄儿、侄女，全凭她每月 207 元工资生活，还得接济外祖母家，真是入不敷出，只能靠向单位借钱过日子，堂堂的科学家成了无端的负债者。但令她高兴的是，她把自己冒险带回来的“药”——当时价值 20 多万元的近 500 克锗单晶和 100 克硅单晶，无偿地献给了中国科学院，成了我国半导体科学工作者的无价之宝。

关于在旧金山码头被扣的那笔钱，林兰英说：

> 全退回来了。当时有个收条，中美建交后，1980 年中国银行把收条拿走了，把 6800 美元全退回来了。如果有利息就更好了，因为旅行支票在哪儿开的，钱就属于哪儿的。如今，美元贬值得太厉害。经济上的损失，没办法衡量。如果我留在美国工作，30 多年拥有 100 多万美元没有问题。可是我在国内有什么呢？我已经回国 31 年了，我清贫，但我勇往直前，从来没后悔过。①

过去在记叙 20 世纪 50 年代回国服务的华侨科学家的文章里，常常会出现“舍弃海外优厚生活”的字句。其实这并非人为拔高，而是真实情况的写照。林兰英刚回国时的 207 元人民币月薪，这是专家、学者的待遇，当时来说算是比较高的。然而这大致只相当于她在美国月工资的 1/30 而已。对此，林兰英确实如她所说的那样，坦然面对，勇往直前，从来没有后悔过。

① 王德禄，高颖，程宏，等. 2013. 女性当自强——林兰英口述//1950 年代归国留美科学家访谈录. 长沙：湖南教育出版社：349.

# 第五章　在奉献的征途上

1957 年 4 月的一天，林兰英来到了中国科学院应用物理研究所，开始正式工作。

“天有不测风云”，林兰英上班刚一星期，一件意想不到的事情发生了。

一天下班回来，林兰英忽然腹部疼痛难忍。经来招待所拜访她的同乡挚友林华媛医生初检，疑是患了腹膜炎，马上报知招待所的工作人员，招待所迅速找来汽车，林医生与丈夫林汝良一起将林兰英送往离住处最近的位于交道口的第六人民医院。

从海外归来的林兰英（右二），于当年的 7 月在北京与林华媛（右一）等亲友团聚

经医生会诊，林兰英患上了急性腹膜炎，必须在 24 小时内做手术，否则有生命危险。

林兰英被抬上了手术台。那时的医疗条件较差，手术室里阴暗无光，给人以不太洁净的印象。主刀者是一位从香港地区归来的女大夫。林兰英躺在手术台上，一边歪过头来看她洗手消毒，一边轻松地跟她聊着天。这位大夫非常奇怪：这个人真有意思，马上就要开刀了，竟然一点也不紧张，还有心说笑！

手术进行得十分顺利。当林兰英醒来的时候，主治医生告诉她："林先生，你知道你的病都惊动谁了吗？"

林兰英眼睛里闪着迷惘的光，摇摇头，表示不知道。

那是个党和科学家血乳交融的年代。党和国家领导人，都非常关心从海外归来的科学家。主治医生告诉林兰英："你刚上手术台时，周恩来总理打来电话叮咛我们，你的病只能治好，不能出意外。这是一项政治任务。"

多么深切的关怀啊！这时，林兰英切身感受到共产党给她送来的温暖，内心荡起激情，一股暖流猛然涌上心头，无法抑制自己内心的波澜，眼眶里不由自主地盈满了感激的泪花。

林兰英难以想象，一个国家的总理，会对一个普通的科学工作者如此看重，他是如何晓得自己得病的？

林兰英不知道，自从她准备回国开始，办理签证，买船票，到航行、入境，一直到赶赴北京，去中国科学院应用物理研究所上班，这一切，始终在周恩来手下人关注之下。在她浑然无觉之中，党组织已经在悄悄地安排着一切，调动着一切可能的力量在为她服务。

这场病，使林兰英对党和人民的感情，产生了质的飞跃，增强了对伟大社会主义祖国的热爱，也增强了她把毕生精力奉献给新中国科学事业的决心。共产党的形象，是那么深刻地镌刻在她的脑海里。跟着共产党走，为党的事业服务、奋斗，绝不动摇。即使在"文化大革命"时期，她身处逆境，也没有动摇过对党的信念和对祖国的热爱。那时，国外友人劝她出国长住，被她婉言谢绝了。她爱党之心未减，报国之志未移。献身祖国的科学事业，她勇往直前，矢志不渝。林兰英说：

> 1981 年我在美国的一个朋友来中国。他告诉我："1978 年你带领固体物理组去法国和联邦德国的时候，美国联邦调查局曾试图让我动员你去美国。"我不清楚美国联邦调查局消息为何如此灵通，这么快就能知道我在慕尼黑。当时我已经回国 20 年了，美国联邦调查局还没有忘记我。我对这位朋友说，你到底还是我的朋友，没有去动员我，即便是你去了，也只能白跑一趟，我不会去美国工作的。
>
> 1986 年我去美国的时候，那位美国朋友又告诉我："美国联

> 邦调查局给我留下了电话号码和地址，一旦有你来美国的消息，让我立马通报。”后来我这位朋友告诉他们：“20 年后的林兰英比 20 年前的林兰英更加了解自己的国家，你们现在动员她会更困难。”我不会回美国的，“好马不吃回头草”[①]。

手术两天后就是“五一”节了，窗外敲锣打鼓喊口号，十分热闹。林兰英在刀口的疼痛中忍受着这种嘈杂，她感到非常奇怪：这是在干什么，这样吵吵嚷嚷一直不间断？

后来她才晓得，原来是“五一”节的游行。“每年的‘五一’节都是要游行的。”护士告诉她。“天安门上还要开会，晚上还要放烟花呢!”经护士这么一说，林兰英心里甜甜的。“五一”节能够如此热闹，这又是中国与美国不同的地方，这是个劳动者的国家，劳动人民当家做主的国家。

一周之后，林兰英的刀口拆线了。又过了 10 天，5 月 16 日，林兰英出院了，重又回到了南河沿的招待所。她在天津工作的一个表妹，赶来临时照顾她的起居生活。

林兰英是带着一种万分感激的心情离开医院的。这次动手术的经历给予她的不仅仅是一次康复，它几乎可以被视为一次现实的政治教育。事实就在眼前：“共产党对我们是多么的仁义和慷慨。”林兰英用自己的身体和心灵，深深地感受到了这一点。

6 月，林兰英从南河沿的留学生招待所搬到了交道口小三条的一个四合院里，研究所将这院子里的东西向三间房子分配给她居住。不久，她便将父母接到了北京，和她一起生活。再后来，在生活与居住条件都有了改善之后，又在莆田老家给刚满 10 岁的侄儿与 10 多岁的侄女办了收养手续，领来北京抚养。养女是大弟林文豪的女儿，名林如菊；养子名林守勋，是小弟林文杰的儿子[②]。这姐弟二人，跟随林兰英在北京长大成人，在北京工作，现在都已退休。

6 月，林兰英康复后正式上班时，又赶上了“反右”斗争。对政治运动毫无感触的她，身不由己地卷入了这场斗争的漩涡。她不知道，6 月 1 日，《光明日报》总编辑储安平在统战部部长李维汉主持的民主党派、无党派民主人士座谈会上做了“党天下”的发言后不久，6 月 8 日，中共中央发出由毛泽东起草的《组织力量反击右派分子的猖狂进攻》的指示。就

---

① 王德禄，高颖，程宏，等. 2013. 女性当自强——林兰英口述//1950 年代归国留美科学家访谈录. 长沙：湖南教育出版社：349.

② 为方便读者理解，在后续的表述中，仍将这姐弟二人以林兰英的侄女侄儿相称。

这样，一场轰轰烈烈的“反右”运动，开始席卷全国。林兰英在招待所的阅报橱窗里读到了当天的《人民日报》，那报纸上面行文严肃的社论《这是为什么?》使她感到震惊甚至气愤，她刚刚从党的关怀下走出医院就遇到这种奇怪的现象，她感到不可思议。

1957 年秋，在应用物理所工作的林兰英

然而，林兰英一回到到办公室，周围的一切又使她感到陌生和难以理解。领导动员她发言，反击“右派”分子对党的进攻。她感到十分为难，对于国内政治她完全是一张白纸啊。于是党组织便让她去大批判会“受教育”。坐在费孝通先生的面前看着他受批判，她心里很不是滋味。她没有也不会“批判”。

在那样的氛围里，她不得不从自己身上找问题，认认真真地批判了一下自己。那段时间，由于手术后饮食不正常，她必须经常带着几块桃酥在身上，可是一忙起来又常常忘记了吃。桃酥长了霉斑，只好扔掉。这事情被一位同志发现了，他捡起桃酥，严肃地指出这是剥削阶级的作风，希望她赶快写一张大字报检查自己。林兰英照办了。最后贴在墙上的检查使人们觉得她很能严格要求自己，而缺乏政治敏锐性的林兰英呢，则感到自己的毛笔字拿不出手。

再后来，随着斗争的深入，涉及社会主义制度的“好与不好”的问题，领导又让林兰英现身说法，讲讲美国。“讲就讲吧，”林兰英说，“美国各个阶层的生活是不一样的，高层的好得很，中层的一般化，低层的是比较苦的。”这一点是她亲眼所见，不会胡说。她讲了在费城的一家养老院的故事。那一年她租房租到了养老院的四层楼上，第三层住着老太太，第二层住老头儿，老人们在一层吃饭。那些老人们过的生活令她不能忍受。天冷的时候，管理人员苛刻得不供暖，老人们白天裹着薄薄的毯子坐在屋里发呆。每天两餐，摇铃铛呼唤，耳背的、下去晚了的、腿脚不麻利的下去就没有饭吃。一个英国移民老太太经常到留学生的宿舍来偷食饼干和冰箱里的食品。有的老人半身不遂，大小便没人管，就那样躺在床上。林兰英在那座楼里住了三个月，尽管房租非常便宜，但是她却没有勇气再住下去了……

故事是真实的，令在场听众动容，林兰英因此受到了表扬。

## 一、主持半导体锗硅单晶的研制

1957年，古老而年轻的中华大地，正激荡着一股全国规模的“向科学进军”的大潮。在这股大潮的席卷下，林兰英饱含爱党报国的激情，在“反右”斗争狂潮逐渐平息下来之后，开始了祖国半导体材料科学事业的征程。

何谓“半导体”？在我们所处的世界，物质存在的形式是多种多样的，有固体、液体、气体、等离子体等。我们通常把导电性和导热性差或不好的材料，如金刚石、人工晶体、琥珀、陶瓷等，称为绝缘体，而把导电、导热都比较好的金属，如金、银、铜、铁、锡、铝等称为导体。可以简单地把介于这两者之间的，即介于导体和绝缘体之间的材料称为“半导体”。与金属和绝缘体相比，半导体材料的发现是最晚的，直到20世纪30年代，当材料的提纯技术改进以后，半导体的存在才真正被学术界认可。

半导体的发现，可以追溯到19世纪80年代。我们知道，金属的电阻是随温度的升高而增加的。1833年，英国科学家发现硫化银的电阻随着温度的上升而下降。这是半导体特有的一种导电现象，是半导体的第一种特性。不久，法国科学家发现用这种有特殊导电现象的物质和电解质接触形成的结，在光照下会产生一个电压，这就是后来人们熟知的光生伏特效应，这是半导体的第二种特性。40年后，德国科学家观察到某些硫化物、氧化亚铜等物质的电导有方向性，在它两端加一个正向电压，它是导通的；如果把电压极性反过来，它就不导通，这就是半导体的整流效应，也是半导体特有的第三种特性。与此同时，英国又有人发现硒晶体材料在光照下电导会增加光电导效应，这是半导体的第四种特性。反之，有这四种特性的物质，统称为半导体材料或简称“半导体”。

进入20世纪，美国的物理学家研制成功晶体整流器、硒整流器和氧化亚铜整流器。到了20世纪30年代，又有人研制成功硒光伏电池，德国人先后又研制成功硫化铅、硒化铅和碲化铅等半导体红外探测器材料，在第二次世界大战中，用于侦察飞机和船舰。鉴于这样的原因，在20世纪50年代初期，自美国归来的王守武、汤定元等学者，在中国科学院应用物理研究所成立的电学组、光学组，就从事着这类整流器、红外探测器的研究。直到1956年以后，才开始锗、硅等元素半导体的探求。

那个年代，在中国说起半导体，许多人都会把半导体与收音机联系起来，甚至误认为半导体就是收音机。实际上，半导体收音机是用掺杂的锗或硅等半导体单晶材料制作成半导体器件后，再用这些器件组装成电子线路而生产出来的第一种民用电子产品。作为单质元素的半导体，最具代表性的半导体材料是锗和硅。到了20世纪后期，硅的优越性和应用，大大超过了锗。

在中国科学院应用物理研究所的半导体研究室，林兰英率领材料组的科研人员，致力于半导体材料的研究。她热爱科学，精力充沛，充满智慧与活力。她要在这片空白的科技领域，开始零的突破；她要用事实，向世界证明中华民族的不凡，显示我炎黄子孙生命的价值。

林兰英的到来让材料研究室的人们欣喜异常，对这位从异国归来的女科学家，人们都怀有敬仰的心情，报以尊重的态度。按照中国的习俗，无论领导和群众，不称她为“女士”，更不能称她为“太太”，都一律尊称她为“先生”。一般地说，“先生”这个称谓，是男性专门使用的名词，或者是专供男性使用的名词。女性能够得到这个称谓，一般意味着这个女性在地位与才能上已经与那些不寻常的男性比肩。这是个极为尊敬的称谓，不是随便哪个女性都能够享有的。在这两个字的后面，蕴藏着的不是一个人的物质财富，而是其身上的精神力量。这是一种集体的认可，这种认可超越了性别，也超越了旧时特指的老师。从某种意义上说，它是一个智慧的符号，把它送给一位女性，不啻对她的一个特别的嘉赏。

“林先生”，作为大家的一个心理支撑点存在于集体之中，她的思想和情绪对人们起着重要的影响作用，人们从她身上得到的不仅仅是知识，还有知识以外的很多很多东西。

### （一）掺杂锗单晶的拉制

新中国的成立，因政治对立，在西方国家对我国的严密封锁下，美国学者曾断言，依据中国的现状，即使有苏联的支援，也要到20世纪60年代才能着手于半导体单晶材料的研究。不仅如此，在1956年制订《十二年科学技术发展远景规划（1956～1967）》（简称《十二年规划》）时，参与制订工作的苏联专家也曾建议我们国家“不要把硅材料和器件的研制列入规划，因为硅材料的化学活性太强，难以提纯，应等苏联方面摸索出一套经验之后再列入我们的规划”①。

在林兰英看来，这个《十二年规划》太笼统，小看了中国人的志气，也小看了中国科学家的创新精神。她不以为然，信心满怀地创基立业，想尽快填补这一科学空白，突破苏联专家的保守，打破西方人的预言。

在新生祖国这块贫瘠的科学园地里，要干出有突破性的科研成果，并非一件轻而易举的事。那时的中国科学院应用物理研究所，是国民党时代遗留下来的中央研究院的小摊子，从事应用物理研究，多多少少还有点家底；要开创新业，致力于新兴学科的开拓研究，无可供借鉴的技术资料，缺必不可少的工艺设备，一切都得从头做起，困难重重。林兰英说：

> 中国科学院应用物理研究所的半导体研究室，就是半导体研究所的前身。应用物理研究所是在中央研究院的旧址扩建的，中央研究院的建筑面积大约只有中国科学院应用物理研究所的五分之一。国民党留下的是什么样的一个烂摊子就可想而知了。半导体研究室成立才一年多，全室20多人。我在半导体材料组。组里有七八个人，只有一个实验室，里面还摆着拉单晶的炉子。另有一间14平方米的办公室，里面放满了6张三屉桌，外加一个书柜，进出常常需要喊“劳驾”②。

在林兰英回国前，早她5年回国、在机械工程方面有相当造诣的王守武，与1956年前后大学毕业来所工作的廖德荣、姜文甫等人一起，完成了我国第一台单晶炉的自主设计，并由所里的金属加工厂的工人们用黄铜材料制作成功，在姜文甫、尤兴凯二人的通力合作下，于1957年11月间，拉制成功了我国第一根锗单晶。

锗单晶，是将高纯的锗材料放入单晶炉内的特殊容器里，经加温熔化后，再用是单晶的一小块籽晶引路，按一定晶格取向拉制而成的晶体。这种锗，是一种银灰色晶体，熔点为937.4℃。1886年，德国的文克勒在分析硫银锗矿时发现了它的存在；后由硫化锗与氢共热制出了锗；也可从高纯度的氧化锗还原，再经熔炼提取而得。后经实验证明，元素的锗单晶，

① 王守武．2006．我国半导体科学技术发展历史的回顾//夏建白，陈辰嘉，何春藩．自主创新之路——纪念中国半导体事业五十周年．北京：科学出版社：108.

② 林兰英．2006．我与半导体材料//夏建白，陈辰嘉，何春藩．自主创新之路——纪念中国半导体事业五十周年．北京：科学出版社：128.

具有半导体性质。

单纯的锗单晶，称为本征半导体，在半导体领域是派不上用场的。必须在工艺上采取措施，人为地进行掺杂，使之变成有电子导电的N型半导体或空穴导电的P型半导体，两者结合起来形成P-N结结构，进而形成电流通路，才得以构成电子元件之一的晶体管。如掺入三价元素（如铟、镓、硼），得到P型锗半导体；掺入五价元素（如锑、砷、磷），得到N型锗半导体。我们可以粗略地说，能为半导体提供空穴导电的杂质，叫做P型掺杂剂，如硼、铝等三族元素，把空穴导电的材料称为P型半导体；能为半导体提供电子导电的杂质，称为N型掺杂剂，如锑、磷等五族元素，称电子导电的材料为N型半导体。形成的P-N结结构，成了今天微电子技术的基础。

有了掺杂的半导体锗单晶，就可以制作晶体管。美国贝尔实验室的巴丁和布拉顿，他们在一块N型的锗晶体上，用两个非常细的金属针尖扎在锗的表面，在一个探针上加正电压，在另外一个探针上加负电压，后来人们分别将其称为发射极和集电极，N型锗晶体就变成了一个基极，这样就形成了一个有放大作用的PNP晶体管。1947年12月23日，他们正式公布了这一消息，这也就成了晶体管的正式发明日。巴丁和布拉顿当时在肖克莱领导的研究小组里工作。虽然肖克莱是组长，但是在发明晶体管的专利上没有他的名字。此后，在很短的时间内，即在晶体管发明不久后的1948年的1月23日，肖克莱提出了一个不是点接触而是面接触式晶体管结构，后来证明这种结构才是真正有用的。有鉴于此，在1956年他们三个人共同获得了诺贝尔物理学奖。

晶体管的发明，不仅引起了电子工业革命，而且彻底改变了人类的生产、生活方式。我们今天用的电器几乎没有一样不是用晶体管制作的。例如，最简单不过的收音机，家电中的电冰箱、电视机、电脑，通信领域的网络、移动通信、光通信，以及航空、航天等，都离不开它。晶体管的发明和应用，深刻地影响着世界的政治、经济、军事，以及人类的生产、生活方式。由此可见，巴丁、布拉顿和肖克莱等人的发明，对人类有巨大的贡献。

这时，林兰英在经过身体上的病痛与“反右”斗争这双重折磨之后，已正式开始了工作。由于她在国外已掌握了控制单晶导电类型及电阻率的掺杂工艺，在她的主持下，由周煌、尤兴凯、郁元桓等人直接操作，研制成了实用化的掺杂N型（掺锑）和P型（掺镓）的锗单晶。像这样掺有微量特定杂质的锗单晶，是我国第一代晶体管材料。这一重要研究成果，在我国半导体材料科学这张白纸上，写下了浓墨重彩的一笔。

同年 11 月，应电子工业部的要求，中国科学院要应用物理研究所的半导体研究室，为我国新建的北京电子管厂（774 厂）研制出制作锗晶体管用的 1 千克 P 型锗单晶和 1 千克 N 型锗单晶。已是半导体材料研究组组长的林兰英，率领组里的郁元桓、周煌、尤兴凯等十多名科研人员，不分白天黑夜，加班加点，经过一个多月的辛劳，在 1958 年年初，圆满完成了任务。

1958 年，林兰英（右）在指导周煌（左）等科研人员做实验

这些成功，给林兰英带来了喜悦，增强了她的信心，也给器件厂家带来了福音，给我国电子工业的发展，带来了动力，进而促进了我国第一件电子产品——半导体收音机的诞生。

### （二）第一根直拉硅单晶的诞生

在半导体锗的应用前景得到充分肯定，对半导体锗的研究迅速发展的同时，国际上对另一种资源储量远比锗丰富、器件性能比锗晶体管更优越的半导体材料硅，开始了研究和开发。

大概在 1955 年间，全世界锗晶体的产量只有 6 千克，虽然一个锗晶体管的锗用量非常少，但是这 6 千克的锗也不可能满足需求。后来美国跟英国分别从煤燃烧的煤烟中提取锗，使锗的产量有所增加。但是由于锗的提纯难，加上比较稀有，所以它的价格昂贵。然而硅这种元素在地壳中大量存在着，占地壳组成的 27%，其丰富程度仅次于氧而居第二位。虽然早在 1824 年瑞典化学家贝采利乌斯首先分离出硅，但是它难以制备，而且当时的提纯技术也不过关，直到 1958 年美国贝尔实验室解决了高温制备硅晶体技术之后，对它的利用才逐渐多了起来。因为硅的禁带宽度比锗大，室温锗大概只有 0.67 电子伏，而硅约为 1.12 电子伏，所以硅可以在更高的温度下工作，同时它的导热性能也比较好，强度也比较高。另外，硅一经加热，就很容易形成二氧化硅。二氧化硅本身又是绝缘体，在制作晶体管时正好可以用来做绝缘介质，所以硅技术的发展非常快，很快就取代了锗来制造晶体管。硅单晶，跟锗单晶的生成相同，也是采取特殊的手段，将元素体的硅材料，拉制成有一定晶格取向的单晶。

早在 1957 年年初，也就是在林兰英回国之时，王守武领导科技人员，就已开始致力于硅单晶研制的准备工作。当时，虽然在锗单晶的研究方面已积累了一些经验，但是硅的熔点比锗的高很多，达 1420℃，其化学性质也比锗活跃，与锗单晶相比，研制硅单晶的难度要大得多。首先，考虑到硅的熔点比锗高，原有的拉制锗单晶的炉体体积较小，如用来拉制硅单晶，温度超过拉锗单晶，炉身易受热，因此只有仿照原有的锗单晶炉，参考头年赴苏考察团从苏联带回的图纸，由所内金属加工厂加工了一台炉身较大的单晶炉。在这同时，让较有经验的尤兴凯与周煌，在原有的锗单晶炉上，进行硅单晶生长的模拟实验以积累经验。

要拉制硅单晶，还必须有工艺技术的改进和完善。首要的一条，是有装多晶硅的石英坩埚（不能再用石墨坩埚，因为温度高了后石墨会沾污硅）。当时，由于国家科技落后，还不能生产石英坩埚。怎么办呢？林兰英说：

> 我国不能生产石英坩埚，从国外买不到。一年以后，我想用在苏联讲学得来的报酬买几个石英坩埚，也没有办成。回来以后，我就去找聂荣臻副总理汇报工作，希望国家能大力支持北京玻璃厂，赶快把石英坩埚试制出来。没过多久，石英制品终于生产出来了。①

硅单晶的拉制过程与锗单晶基本相同，采用的也是直拉法，即在单晶炉内，放有装多晶硅的石英坩埚（坩埚的大小，根据所拉硅单晶的直径来定，有个比例关系：如果硅的直径是 1 的话，坩埚的直径至少是它的 2.5 倍）。在当时，受技术所限，要拉的硅单晶直径只有两英寸②，坩埚至少是 5 英寸。坩埚里装的就是粉末状的硅，将其加温成熔化硅，温度高到硅的



---

① 林兰英 . 2006. 我与半导体材料//夏建白，陈辰嘉，何春藩 . 自主创新之路——纪念中国半导体事业五十周年 . 北京：科学出版社：130.

② 1 英寸＝2.54 厘米。

熔点，即1420℃以上，使之熔化。上面是一个带有硅籽晶的籽晶杆，硅籽晶的尺寸为5毫米×5毫米×100毫米左右，籽晶必须是单晶。拉晶时，籽晶杆向下移动，使硅籽晶与熔体硅接触，在固液界面建立一个合适的温度梯度，控制坩埚的旋转、籽晶杆提拉的速度，就可以从坩埚中的熔体硅中拉出硅单晶。硅单晶炉上方中间开有一个观察窗，通过观察窗可保证拉出的是硅单晶。

生长硅单晶必须解决的另一个问题是制备硅的原始材料。当时国内已有一些单位在试制，但不是以后普遍采用的硅氯化物精馏氢还原法，而是最原始的粗硅酸洗法，其成品为粉末状且杂质多，虽然不是很合适，但别无选择。

具体拉制硅单晶的过程，并非是一帆风顺的，因为无自动控温设备，手动控温不准，温度偏高时，曾经常出现硅在加热熔化过程中有气体从石英坩埚（这时国家已能生产石英了，不用石墨了）底部冒出，从而把熔化了的硅也一起带出的现象，就好像锅中的开水，在高温加热中被溅出锅外一样。当时，周煌把这一现象称为“跳硅”。熔体硅的溅出，不但会影响单晶正常生长，还会损坏单晶炉中的石墨加热器及保温罩等。周煌向研究室主任王守武反映了这一问题。王守武在悉心观察后，发现熔体硅所处位置的温度过高，与石英坩埚起剧烈化学反应，从而产生大量气态反应物，它在炉内的真空状态下溢出，引起熔体硅的喷溅。按照他的意见，实验人员改进了加热器设计，熔化了的硅，就安安静静地在旋转的石英坩埚内不再“跳”了①。

还有一个难点是系统的振动问题。抽真空机离炉子很近，还有和炉子安装在一起的带动坩埚转动的马达、带动籽晶杆转动的马达及带动籽晶杆升降的马达等，都是在拉单晶时配套使用的。它们的振动很难消除，影响熔硅液面的稳定。

这些模拟实验中出现的问题，为后来的工作积累了经验。

在后来的日子里，林兰英和她的同事，在完成了拉制锗单晶的国家任务后，正式从王守武的手中，接过了硅单晶的研制任务。

在国外，制备硅单晶工艺，都是采用氩气充当炉膛的保护气体，以防氧化物等杂质在高温加热过程中，沾污提拉时的单晶，影响单晶的质量。可是，当时国家一穷二白，要什么没什么；用做炉膛保护气体的氩气，国

---

① 周煌．1991．拉制第一根硅单晶中印象深刻的一件事//朱葛青，何春藩．中国科学院半导体研究所三十年所庆筹委会．奋进的卅年（1960—1990）：68-69.

内不能生产，想从国外引进又遭到西方国家禁运。面对这一窘境林兰英再一次表现出了她的倔强性格，决心非要争这口气不可。她决定不使用氩气，而是在高真空下拉硅单晶。用机械抽气机加上油扩散泵来抽真空，让炉子处于高真空状态。她和同事们费尽周折，终于建成系统。随后用高真空测量仪来检测，系统的真空度只能达到$10^{-4}$托左右，达不到实际要求的$10^{-5}$托以上，只能凑合使用；另外，处在高温下的硅容易产生一氧化硅挥发出来，造成炉内污染，当时的条件也解决不了。

还有一个问题是加热系统问题。因硅的熔点高，施加的温度必须高于1420℃，需要采用5千瓦的大功率稳压器。林兰英就从其他课题组借来5千瓦的调压器调节炉子的温度，并让工作人员不间断地用肉眼观察电压表显示的电压的变化，保证硅的熔化。加热系统无自动控温设备，只能根据电压表的电压来控制温度，既累又看不准。

在拉单晶前，要做好一系列的准备工作。林兰英就按照她在协和大学任实验员时的工作态度，要求工作人员严格按照规定情况把坩埚、夹子，先用苯清洗掉油脂，再用蒸馏水冲洗，还要用硫酸泡洗一小时，再用蒸馏水冲洗干净并用吹风机吹干，以保证其清洁度，然后放在单晶炉内，将其安装在各自的部位：在真空炉内，再经1420℃高温处理，去掉部件中的杂质。新换部件也都要经过这样的处理过程才能使用，把熔点低的元素挥发掉，防止污染硅料和籽晶：同样，对于多晶硅材料、籽晶与石英坩埚，要先用苯擦洗表面，再用蒸馏水冲洗，然后用硫酸清除表面的污物并冲洗干净，然后放在烧杯中加蒸馏水煮沸；待擦干后，把石英坩埚放入炉内，再把多晶硅材料放在石英坩埚中；把籽晶夹子从籽晶杆上拆下来，把籽晶放在夹子上，再把夹子装在籽晶杆上，再把炉子安装好。这样，准备工作才算结束。一般情况下，当天拉单晶时间不够，需要连续加班。

在近一年的时间里，大家干得十分辛苦，常常夜以继日，困了就趴在桌上打个盹儿，三顿饭都在办公室吃。林兰英和同事叶式中、汪光川等人，经过了多少次失败和挫折，克服了上述重重困难，用这台参考苏联提供的图纸、自己工厂加工的拉单晶的炉子，用林兰英从国外带回的硅单晶做籽晶，于1958年12月拉制成功了我国第一根硅单晶，为国家填补了一项空白，并在1958年中国科学院举办的科研成果展览会上展出。

硅单晶的研制成功，使半导体研究室器件研制组，犹如在黑暗中见到了曙光。器件研究制组于1959年迅速转入硅器件的加工工艺的研究，以及硅晶体管和硅太阳能电池的试制。

林兰英的目标不是要制造而是要有广泛的应用价值，达到国际先进水平。她分析发现，虽然已用新的单晶炉拉制出了硅单晶，但新炉子与原来的锗单晶炉大同小异，受炉子原设计指标的制约，不能适应大直径高质量硅单晶生产的需要，而且拉出的硅单晶完整性差、位错密度高，制作的硅器件往往不合格，也不能满足制作高频段的硅器件的要求。要提高硅单晶的质量以满足上述器件制作的要求，有两个亟待解决的问题：一个是如何保证硅的原材料质量，即多晶硅的质量；另一个是要有能拉制无位错或低位错密度的硅单晶的加工设备。

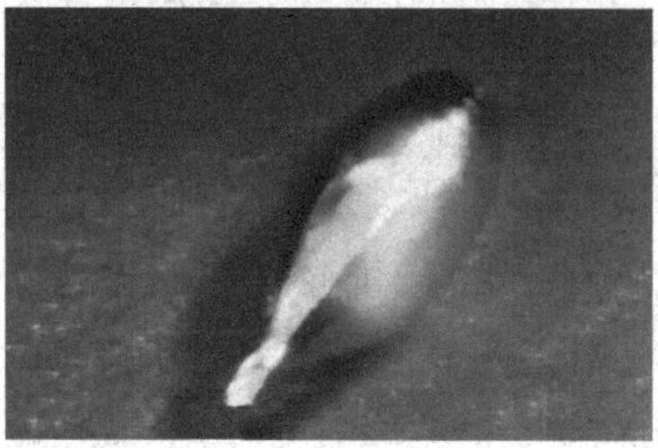
研制成功的第一根硅单晶（1958年）

林兰英认为，这次硅单晶的拉制工作，不能算成功，也不能叫失败，这只是科研道路上常有的现象。她鼓励科研人员不要泄气，从头再来。在她看来，问题出在炉子上。面对硅器件对硅材料质量的更高要求，必须另行设计制造单晶炉，以保证生产高质量的硅单晶。

### （三）第一台硅单晶炉的研制

拉制无位错或低位错密度的硅单晶的单晶炉，必须保证生长晶体的均匀热场和避免晶体生长过程中的机械振动。1959年1月，林兰英赴苏联科学院讲学，莫斯科冶金研究院送了一套单晶炉图纸给她。回国后，她得知有色金属研究院购买了一台苏联的单晶炉，亲自去参观该炉体的工作过程。事后觉得，这一密封式炉体太笨重，操作过程太烦琐，因把籽晶杆设计在炉子的顶盖上，在使用中籽晶杆经常受到碰撞使其“对准中心”度逐渐变坏。现实情况表明，不能依靠苏联图纸。林兰英决心自行设计制造更先进的单晶炉。怎样才能既满足生长无位错单晶的要求，又避免苏联单晶炉的缺点，一直是林兰英反复思考的问题。

1960年9月，半导体研究所成立，林兰英由材料组组长升任材料研究室主任。有了健全的组织管理机制、有了独立自主的科研项目和课题，林兰英对开展好自己喜爱的科研工作，更加有信心。

1961年9月，半导体研究所来了好几位清华大学毕业生，林兰英要了几位熟悉机械方面知识的人到材料研究室工作。林兰英把他们组织起来，成立设计研究小组，在硅单晶组负责人叶式中的具体带领下，由王圩代表半导体研究所，参与北京机械学院新硅单晶炉的研制。

在半导体研究所，参加硅单晶炉设计与制图的有周远、刘巽琅、田金法和郭安等。在设计过程中，经反复论证，在集思广益的基础上，他们采用了10月间刚从苏联学成归来并参加材料研究室工作的梁骏吾提出的“开门式”的设计方案。但门应是什么形状，怎么开，开门后又如何保证炉膛内的高真空度，还没有行之有效的办法。林兰英就率领设计组人员，前往在北京市设计和加工能力都较强的北京机械学院学习求教。他们邀请8级老工人座谈。工人师傅们的指点，解决了既要开门，又能保证炉体内有高真空度的难题，也顺利地解决了籽晶与坩埚的对中和热场分布等关键问题。经过近一年的辛苦工作，在工人师傅的帮助下，1962年5月，炉子终于研制成功了。

硅单晶炉的研制过程，林兰英在接受采访时说：

> 1958年，我们开始拉制硅单晶。我去苏联参观他们设计的封闭式硅单晶炉。这个炉子非常庞大，用油压机才能搬起来。当时苏联对我们很好，送给我们一套单晶炉设计图纸。这么笨重的东西我们怎么能用？从苏联回来之前，苏联科学家说单晶炉的盖子要经常换，因为拉单晶时有一个籽晶杆，即便籽晶杆是好的，总是碰来碰去也会变歪。当时，有色院从苏联进口了一台这样的硅单晶炉，没用几个月，籽晶杆不对正了，差了几毫米。这样不行啊。北京机械学院有金属加工工厂，工人的能力很强。1961年，我和他们商量说，我想做一个开门式的硅单晶炉。可以说，我做这件事情走的是“不自觉地和工人相结合”的道路。工人告诉我，炉子不能做成方方正正的，要后面做成圆筒的，前面做门。当时，我们派了6个大学生去他们的附属工厂做设计。加工工作也是在工厂进行的。我们1961年开始做，1962年5月末炉子做出来了。之后，我们拉出了无位错的硅单晶。北京机械学院按照我们设计的图纸生产炉子，卖给国内外用户，共卖了700多台。①

新单晶炉的主要特点是解决了籽晶与坩埚的对中和热场均匀分布等关键问题，其设计理念至今仍适用。目前，类似的单晶炉除了最初的加工单位——北京机械学院能制造外，西安机械学院经过改造升级后制造的单晶炉，已远销海外。新型单晶炉的研制成功，在我国半导体材料设备史上，

① 王德禄，高颖，程宏，等.2013.女性当自强——林兰英口述//1950年代归国留美科学家访谈录.长沙：湖南教育出版社：351-352.

是一项创新成就，荣获国家级新产品奖。1963 年，东京举办国际工业博览会，日本特邀这台硅单晶炉参展，吸引了世人的目光，受到同行的广泛好评。它的重要性在于具有创始意义，后来国内许多科研单位和工厂，都购买它或仿制它来拉制硅单晶。

## （四）无位错①硅单晶的研制

随着科学的发展，鉴于硅的许多优点，它的单晶体除了用以制作晶体管外，还用它来制作集成电路。

硅单晶是在石英坩埚中拉制的，石英就是 $SiO_2$，熔体的硅在同石英坩埚相互作用时会产生化学反应，将杂质氧带入硅晶体中，其浓度可高达 $10^{18}$/厘米$^3$以上。在制作集成电路时，硅中过饱和的氧会在热处理工艺过程中产生沉淀，因氧原子的直径比硅要大，它的聚集使该处体积膨胀，由体积膨胀而产生的大量硅间隙原子导致位错的产生。另外，随着拉制的硅棒直径的增大，杂质氧在硅锭和硅片中的分布也变得不均匀，这将严重影响集成电路的成品率，特别是对高集成度电路影响更大。我们要发展大规模集成电路，因为它的基础材料是硅单晶，这便是我们需要研制无位错硅单晶的原因。

要提高硅单晶的研制质量，除了要有先进的单晶炉外，还必须要有好的原始硅材料。当时，冶金部北京有色金属研究总院及北京玻璃总厂已经认识到提高多晶硅质量和产量对发展我国半导体工业的重要性，开始研制硅氯化物精馏及氢还原法生产多晶硅锭，并于 20 世纪 60 年代初建厂投产。其中北京玻璃总厂就从那时开始，与半导体研究所建立了关于硅材料的长期供求关系。

在当时，我国各工业、企业单位都处在起步阶段，科研工作需要的仪器设备，乃至某些原材料，也正是企业界正在研究试制的新产品。就连普通的示波器、显微镜，国内都还没有定型生产。许多关键设备要靠进口解决，但当时国内外汇短缺，还遭受外国封锁，难以得到。还有许多设备，不得不用非标准加工来自行解决，而更多的工艺设备是靠研究人员自己动手制作的。每当这时，林兰英也不得不和所里管器材的人员一道，亲自去找中国科学院领导和国家有关部门研究解决办法。②

---

① 位错，在材料科学中，指晶体材料的一种内部微观缺陷，即原子的局部不规则排列（晶体学缺陷）。其存在对材料的物理性能，尤其是力学性能，具有极大的影响。

② 张君宸．1991．回忆半导体所的初创时期//朱葛青，何春藩．中国科学院半导体研究所三十年所庆筹委会．奋进的卅年（1960—1990）：23.

此外，在拉制硅单晶时，为防止在熔化硅的过程中气态反应物淀积在相对较“冷”的籽晶上沾污籽晶，根据林兰英在索文尼亚公司提出过的方法，设计出的籽晶防护罩，也被新研制的单晶炉在拉制单晶时采用。

有了这样的研究设备，在叶式中组长的带领下，经直拉组的王圩等同志的加班加点工作，于1962年的秋天，一举拉制成功无位错的硅单晶。现已是中国科学院院士的王圩回忆说：“在林先生的安排下，我利用首台开门式单晶炉，主持了硅的完美晶体研究工作，与汪光川、李荣英一起，创建了排除位错的方法，率先在国内研制成功无位错硅单晶，为我国硅平面型晶体管和集成电路的发展做出了贡献。”后来，这一研究成果通过了“以梁骏吾为组长由林兰英、王启明、褚一鸣、肖忠业和朱文珍等同志组成的评审小组的严格审查鉴定”①。单晶质量接近当时国际先进水平。

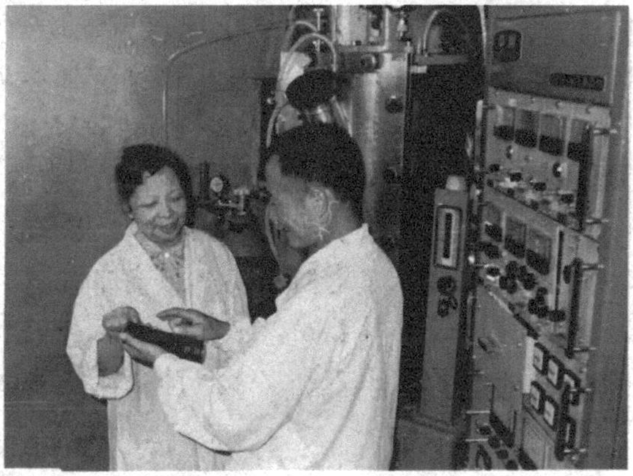

林兰英（左）在观察汪光川等人拉制的硅单晶

在制得无位错硅单晶后，为了验证单晶的质量，林兰英安排科研人员用腐蚀办法进行观察，证明单晶是无位错的。林兰英怕观察检查有误，又派人把样品送往中科院长春光机所，用X光检查，结论是肯定的，林兰英这才放心。

早在1961年11月中旬，在国防科委和中国科学院的安排下，半导体研究所与承担战略导弹研制任务的国防部五院二分院签订了合作协议书，承担了研制硅平面器件的国防任务。正因为有了这种高质量的硅单晶，1963～1964年，半导体研究所在王守觉研究员的组织领导下，才有以硅

① 黄瑛．2010．与所同长的王圩和他带领的团队//李晋闽，王占国，何春藩．拓荒者的足迹——建所初期科技人物事迹选．北京：科学出版社：103.

单晶为原材料的高频晶体管、高速开关器件、低反向电流二极管、PNPN高灵敏开关器件等五种硅平面晶体管的问世。

1964年4月，由半导体研究所与国防部五院二分院对研制成的硅平面器件进行了鉴定验收。不久，这些器件又在当年举办的“全国工业新产品展览会”上展出，并以“硅平面晶体管”的名称获展览会一等奖。到了1965年4月，又由中国科学院组织了一次硅平面器件鉴定会，半导体研究所除提供鉴定样品外，还向鉴定会提交了整套硅平面工艺资料。后经国家科委评定，以“微小型硅扩散平面管制造工艺”为名称，获得国家科委首次颁发的一等发明创造奖。① 这些硅器件的研制成功，对我国电子工业的大发展，起着举足轻重的推动作用。

在回顾这一硅单晶研制过程时，林兰英说：

> 一开始，用的是粉状硅，在硅熔化过程中，要“跳硅”，就不得不降温，待它熔化完后，坩埚、加热器保护罩全废了。后来用块状硅，情况好些，但也经常出问题。1963年有个国防任务，叫掺砷，炉体内用真空没法拉，改用氩气保护，就不“跳”了。总结出经验后，一天可拉30克。单晶拉成了，对参数“电阻率”有一定要求，就掺杂。掺低了电阻率高，掺高了就低。很难满足任务的要求。后来重新设计单晶炉，做出了低位错的硅单晶，位错密度由原来的1平方厘米上万个以上，降低到1平方厘米只有几百个，获得了国家的奖励。②

### （五）区熔硅单晶的研制

1960年，半导体研究所刚刚成立，材料研究室就接到了国家科委下达的重要任务——研制电阻率高达$10^4$欧姆1厘米的高纯硅单晶。这种高纯半导体硅单晶材料，是制作核探测器及功率器件的原始材料。有着强烈爱国心和报国志的林兰英，对这种强军强国的研制任务，总是勇于承担，从不退缩，并积极筹划。

在这期间，我国生产的多晶硅及石英坩埚的纯度都较低，为研制硅器件提供的掺杂直拉硅单晶的电阻率，仅在$10^7$欧姆/厘米左右。这既有硅原

---

① 卢纪：硅平面晶体管研制过程的回顾//朱葛青，何春藩．中国科学院半导体研究所三十年所庆筹委会．奋进的卅年（1960—1990）：28-34.

② 何春藩．1993. 林兰英教授的人生路//吴秉修，黄小宁．福建省政协文史资料委员会福建文史资料．三十一辑．敬业路上—人物述林．福州：福建省政协文史资料委员会编印．122.

材料的问题，也有设备的问题。如果需要生产更高电阻率的硅单晶，从工艺上讲，必须采用无坩埚区熔法。为此，林兰英安排尹永龙、王启明带领高中毕业生万寿科等人，开展了高频炉的改装和硅棒的制备工作，为区熔设备做好准备。

1960年10月，留学苏联的梁骏吾回国。求才心切的林兰英，任命他为课题组组长，要他从事区熔硅单晶炉和区熔硅单晶的研制工作。

在新中国贫瘠的科学园地里，致力于新兴学科的开拓性研究，不仅没有可供借鉴的工艺技术，而且缺少必不可少的工艺设备，一切都得从头做起，困难重重。

同样满怀报国热情的梁骏吾，他在思考中认识到，科学工作者的可贵品质，就是探索的勇气。只要有对科学事业一往无前的拼搏精神，条件再差也会出成果。梁骏吾没有被困难吓倒，他牢记林兰英对他的鼓励："要么就现在干，要么就永远不干。"他暗下决心，在攻读中实践，在实践中摸索，开始进行区熔炉的设计与区熔硅单晶的研制工作。

1961年年初，梁骏吾和他领导的由许岳五、郭钟光、唐淑珠、尹永龙、林耀望、胡铁铮等多人组成的研制小组，开始了研究工作。那是一个寒冷的冬天，实验室正在翻修，他们挤在一间没有暖气的平房里工作，上班的路上还要拾一些柴火来生炉子。住的宿舍是一个大礼堂，上下铺，上百人住在一起。那时，物资短缺，粮食定量低，物质生活条件差。可是，这样的一个集体，充满了为国争光的热情，同心协力，干劲十足，自力更生，勤俭为科学。

他们的这种吃苦耐劳的精神，让林兰英非常感动，在给研究所领导的汇报会上，在研究室的群众大会上，她都对他们给予了宣传和表扬。她说："大家吃苦耐劳的精神，令我感动，也深受启发，那就是，只要国家需要，困难再大也要干。"

才思敏捷、精明强干的梁骏吾凭借创造拼搏的激情、在苏联留学期间研究经验的积累、扎扎实实的科学实践工作，终于闯过了难关，做出了成绩。在经历了300多个日日夜夜之后，成功地解决了高频感应加热主回路的设计与制作问题，改善了设备操作的稳定性，防止沾污出现，保证了超高纯单晶的成功制备，完成了单晶炉的研制。

林兰英对梁骏吾的才华非常赏识，对他的工作非常满意，夸奖他是"难得的人才"，称赞他的工作是"科学态度与忘我精神"完美结合的具体体现，并在研究室里多次给予表扬。

功夫不负有心人，硅的区域熔化提纯组全体人员通过不懈努力，于

1963年5月，终于在我国首次研制成功了“头部纯度几乎达到理论数值的超高纯度硅单晶棒”。因为它的纯度高、含氧量低，可广泛用于制作核探测器及功率器件，为国防建设提供了有力的支持。

后来，通过改进感应线圈，大大提高了熔区的稳定性，将硅单晶的直径由最初的10毫米扩大到22毫米。这一大直径区熔硅单晶的研制成功，对当时半导体研究所首次承担的国防科研任务——5种硅平面晶体管中的一种急需高电阻率硅单晶的PNPN闸流管的研制，犹如雪中送炭，保证了任务的圆满完成。①“高阻硅单晶”及“大直径区熔硅单晶”研制成果，是当时国际上最高的水平，与美国的产品质量相当，荣获国家科委1964年科技成果奖二等奖。半导体研究所自行设计研制成功的高频区熔硅单晶炉，填补了国内的空白，也于1964年荣获国家科委全国新产品奖。

### （六）提高硅单晶质量的研究

1977年10月，半导体研究所承担了研制4千位（k）的大规模集成电路（LSI）的研制任务。为此，需要一种高质量的直拉硅单晶及其晶片。从1978年的上半年开始，作为副所长的林兰英，接受了国家科委下达的“大规模集成电路用硅单晶质量提高的研究”任务。

20世纪70年代初，材料研究室的研究重点，已经转向了砷化镓材料，基本上不进行硅单晶的研究，大部分研究人员也转向本室或外室的其他研究工作去了，要完成这项任务必须从头再来。林兰英认为，能否完成大规模集成电路的研制任务，既关系到国家的科学发展水平，也关系到研究所的精神面貌、形象与声望，必须下大力气来完成。在此情况下，林兰英当机立断，调回了当时已从事测试工作的原直拉硅单晶组的一位骨干林汝淦及其他一些技术人员，任命林汝淦为硅单晶组组长。林兰英还认为，这是一项前沿性的探索研究工作，要完成这一重要课题的研究，没有专业基础知识扎实的人是不行的。1961年留苏归来的梁骏吾，正是能够能胜任这一工作的人才。在全国科学大会后，根据中央的精神，在中央组织部的关怀下，以重点科技攻关项目的名义，经过半导体研究所所长刘再生和林兰英的努力，于1978年5月，将材料研究室原副主任梁骏吾，从湖北半导体厂调回到了中国科学院的半导体研究所。

梁骏吾也深知任务的艰巨、责任的重大。为了不辜负半导体研究所对

---

① 郁元桓．2000. 从第一根硅单晶到“两弹一星”//中国科学院半导体研究所．建所四十周年（1960—2000）纪念文集：58.

他的关怀和信任，他一到北京，顾不上安置家庭生活，来不及料理孩子们的上学事宜，更无心串亲访友，马上率领郭钟光、黄大定、邓礼生、钱家骏、汪光川、张金福、郑红军等人，拟订研究计划，制订实验方案，查阅资料，制备样品。夜以继日地投入工作，潜心于这一重要课题的研究。

有高度独立钻研能力和灵活思考能力的梁骏吾，在与林兰英商量后，决定采用化学择优腐蚀显示方法、红外光谱测量分析方法及透射电子显微镜观察等现代研究手段，开始对硅单晶质量的研究。

要解决硅单晶的质量问题，必须首先解决硅单晶中存在的“微缺陷”问题。

硅单晶中尺度在微米或亚微米量级的“微缺陷”，虽然对集成度较小的集成电路影响不大，但对于大规模及超大规模集成电路而言，因为“缺陷”尺度与电路线条尺度处于同等量级，就会对集成电路的性能、成品率等产生很大的影响。因此，对硅单晶材料中的这种微小尺度缺陷的研究，已成为半导体材料科学工作者面临的十分重要的课题。对此，林兰英早已熟知，也更为关切和重视。这就是她不得不花大力气组织人力投入这一工作的根本原因。

这是一项需要有极大的耐心和毅力才能进行的事业，在300多个日日夜夜里，林兰英与梁骏吾领导的研究小组，根据上述要求及在集成电路研制中反馈出的问题，有步骤地安排了相应的研究内容：①漩涡缺陷的研究；②关于热处理硅中的氧、碳沉淀研究；③关于碳沾污机制和碳在硅中行为的研究；④直拉硅中新施主的研究；⑤关于硅中体层错的研究。

硅单晶是从熔体中生长的，当晶体以较快的速率冷却时，会出现过饱和的热点缺陷——空穴和间隙原子，在有位错的硅单晶中，非平衡点缺陷易于为位错所吸收。但在大规模集成电路所需的无位错硅单晶中，它们本身或它们与杂质的络合物凝聚，形成了尺寸在微米或小于微米量级的缺陷，即微缺陷。通过腐蚀显示，微缺陷往往为浅的蚀坑，以漩涡状态分布在硅单晶的横截面上，通常又被称为漩涡缺陷。因此，人们往往把满足大规模集成电路需要的硅单晶，归结为生长无位错无漩涡缺陷的硅单晶。因为漩涡缺陷与硅单晶中的热点缺陷及在直拉硅单晶中非故意引入的氧、碳等杂质有关，所以就必须搞清楚硅单晶生长过程中微缺陷的起源和杂质进入硅单晶的机制，揭示微缺陷的物理和化学本质，最终达到对它们的控制和利用，从而提高大规模集成电路用的硅材料质量。

通过上述比较系统的研究，研究组较好地掌握了用于大规模集成电路的直拉硅单晶的生长参数和晶体质量的关系，并且通过电路研制结果的反

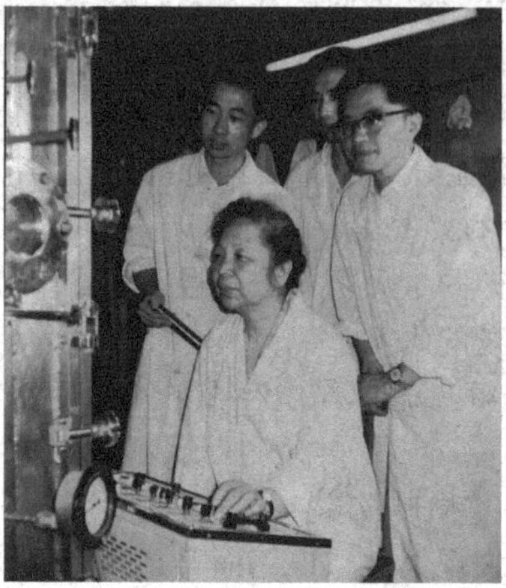

1979年，林兰英（前）与梁骏吾（右一）等科研人员在进行硅单晶缺陷研究

馈，掌握了晶体质量对大规模集成电路性能的影响。为了确保4千位和16千位存储器的成品率，材料研制和电路研制双方，共同制定了所用的直拉硅单晶必须分别满足的技术指标，如漩涡缺陷（规定了缺陷检验条件）、表面层错和体层错密度、晶片表面形貌、少数载流子寿命等可容许的技术指标。他们一步步解决了消除漩涡缺陷的难题，使直拉无位错、无漩涡缺陷硅单晶的成品率达到了80%。在此基础上，他们采取某些独特的技术手段，又降低了表面层错和体层错密度，改善晶片表面形貌，提高了少数载流子的寿命。

在林兰英的直接领导下，经梁骏吾等人的辛勤操劳，直拉硅单晶质量有了突破。到1979年，研究组拉制P型无位错硅单晶，制得了供大规模集成电路用的无漩涡缺陷、低体层错密度、适度氧含量、低碳含量、高少子寿命的硅单晶材料，还相应地研究了热处理工艺，使经过热处理后的单晶电阻率和少子寿命都能保持稳定。20世纪80年代初，半导体研究所采用这种无漩涡缺陷、低氧化层错密度的硅单晶，终于在我国首次研制成功了4千位的大规模集成电路——N沟硅栅MOS随机存储器，并于1980年获得中国科学院重大科技成果一等奖。“提高硅单晶质量的研究”获中国科学院“六五”项目攻关奖。

1980年，对硅材料的要求是针对16千位的N沟硅栅MOS随机存储器的研制的，它的元件总数为37 000多个，约为4千位随机存储器元件总数的4倍，所以对硅材料的完整性、均匀性和纯度的要求更严格。为此，研究组对降低微缺陷的方法、有害杂质，如碳的沾污机理和清除方法、少子寿命和热处理工艺等，又再次进行了更深入的研究，规定了较4千位随机存储器研制用硅材料更高的技术指标。材料提供大规模集成电路工艺线后成功地研制出了16千位随机存储器，并于1981年将16千位随机存储器的工艺推广到上海元件五厂。

1982年，研究组的目标为进一步提供更高集成度64千位随机存储器用的硅材料。在相应扩大直拉硅单晶直径的基础上，研究了晶体生长条件、热场分布与微缺陷的关系、氧沉淀的内吸除机制、晶片的热处理规范等。同时为超大规模集成电路（VLSI）用硅材料作了一些初步探索，如防止硅片在工艺过程中的弯曲和二次缺陷的引入等。但是，由于牵涉到未来半导体研究所发展方向等，以及国内有关产业部门已陆续生产用于大规模集成电路或超大规模集成电路的硅单晶，研究组于20世纪80年代中期，基本上结束了直拉硅单晶的研究，开始转向超大规模集成电路需要的CMOS硅外延片和薄层硅外延的研究，至此完成了为我国大规模集成电路和超大规模集成电路研制所需的硅晶片提高质量进行探路的历史使命。[①]

## 二、主持化合物半导体单晶的研制

自1947年发明晶体管后，国际上掀起了研究锗、硅等单质元素的第一代半导体材料的高潮。这期间，硅已经成为现代微电子技术的基础材料，虽说半导体行业90％的晶体材料，90％以上的器件都是用硅材料制备的，但硅不能制造发光器件的缺点，使人们自然想到寻找比锗、硅更优越的半导体材料。1952年，H. Weiker发现了Ⅲ-Ⅴ族化合物半导体。[②] 第二代半导体材料的研究，在许多国家蓬勃发展起来，成了一个热门的领域。

Ⅲ-Ⅴ族、Ⅱ-Ⅵ族化合物半导体材料（如砷化镓（GaAs）、硒化锌等）都是很好的发光材料，发光的效率要比硅高得多，而且它的电子迁移率高，有些材料的禁带宽度也比较大，工作的温度范围比较广，可在较高温度下和恶劣的环境下工作，特别适合于制作超高速、超高频、低噪声的电路，但是这种晶体生长比较难以控制，因为它们是两元或是三元的材料。

到20世纪50年代中后期，我国的科学工作者们在林兰英的率领下，也不甘落后，积极行动起来，开始了这方面的研究。

那时，除了位于北京中关村的中国科学院物理研究所[③]以许振嘉为首的研究组开展了Ⅲ-Ⅴ族化合物半导体材料的研究外，北京有色金属研究院和上海的中科院冶金研究所等单位，也开展了这方面的奠基性研究工

① 郁元桓．2006．用于大规模集成电路的硅单晶//夏建白，陈辰嘉，何春藩．自主创新之路——纪念中国半导体事业五十周年．北京：科学出版社：204-206.

② 许振嘉．2010．我的研究生涯//李晋闽，王占国，何春藩．拓荒者的足迹——建所初期科技人物事迹选．北京：科学出版社：120.

③ 1958年10月8日，经中国科学院院务会议批准，成立中国科学院物理研究所。中关村物理大楼竣工后，原应用物理研究所中的晶体学室、光谱学室、磁学室、金属物理室和物理化学分析组等开始自城内迁往中关村的物理所。半导体研究室仍留在应用物理所内，在原址办公，准备建立半导体研究所。

作，取得了一些成绩，为开创我国第二代半导体材料做出了贡献。

自1960年9月半导体研究所成立后，半导体材料的研究和开发，一直是半导体研究所的重要研究方向，获得了较大的发展。鉴于砷化镓、磷化铟（InP）、镓铝砷（GaAlAs）、铟镓砷磷（InGaAsP）等材料具有高电子迁移率及光电特性，在国际上受到普遍重视，特别是Ⅲ-Ⅴ族化合物的砷化镓、磷化镓（GaP）、磷化铟、锑化铟（InSb）的研究工作，取得了可喜的成绩。因此，林兰英决定，半导体材料研究室的任务，是从单一元素半导体材料的研究逐步扩展到两元或两元以上的化合物半导体材料的研究。研究的品种结构，由化合物到外延层，由一层外延逐步扩展到多层外延，由同质外延逐步扩展到异质外延。作为第一步，开始了对锑化铟、砷化镓、砷化铟（InAs）和锑化镓（GaSb）材料的全方位研究。

在林兰英的指导下，Ⅲ-Ⅴ族化合物半导体材料的研制，经历了一个自力更生、艰苦奋斗的创业和发展历程，工作相当困难。从设计制造研制用设备开始，到研制出高质量的化合物半导体材料，都凝结着半导体材料研究室科技人员的心血和艰苦的劳动。他们一直紧追着国际半导体材料的发展方向，兢兢业业地工作，为国家做出了重大的贡献。他们的创业精神十分宝贵，他们的敬业精神令人赞叹。

### （一）高纯锑化铟单晶的研究

1961年，在半导体材料研究室，林兰英任命1958年毕业于南京大学物理系的徐鸿达，为材料研究室的化合物半导体研究组（104组）这一大组中的高纯锑化铟研制课题组组长，研制Ⅲ-Ⅴ族化合物半导体锑化铟。当时，这种高纯度的锑化铟材料，是国际上积极研究的新型化合物半导体材料，是军事上急需的制造高性能红外探测器的必备材料，如用于夜视成像、导弹寻找目标的探测器等。

为了开展这一研究工作，林兰英亲自写信与有关研究院、所的领导联系，寻求解决高纯度的铟和锑的供应问题，用兄弟研究所提供的铟和锑，自行设计制造提纯的设备，用物理方法进行提纯，纯度得到进一步提高后进行合成。

生长锑化铟单晶和研制高纯度锑化铟单晶，是个重复、繁杂的过程，一个周期为20～30天，需要日夜倒班才能完成。那时，虽然生活条件较为艰苦，但在晚上，实验室和办公室里，都是灯火通明，大家不是在努力工作，就是在埋头学习，增长业务知识。工作条件更为艰苦，没有工作台，就用砖头砌两个支撑点，上面放床板当工作台，就这样开始工作。在这样艰苦的生活、工作条件下，在林兰英的嘘寒问暖下，研制组的彭祖黔、高凤升等人工作热情高涨，在每周的业务例会上，讨论实验方案，讨论解决问题的办法。大家日夜奋战，共同努力，在解决了保证区熔宽度稳定不变、石英管里的高真空在高温下不致降低等关键问题后，于 1961 年首次生长出了锑化铟单晶，并于 1962 年，制成了中国第一根高纯度的锑化铟单晶，这种高纯锑化铟单晶，在 77 开下，电子迁移率达到 $10^6$ 厘米$^2$/(伏·秒)。通过成果鉴定，专家们认为，纯度达到当时只有英国才报道过的最高水平。有关技术资料，曾由国家科委保存，并提供给了朝鲜的有关部门。当时所里的光电器件研究室，就用这材料制成了具有高探测率的红外器件。

结合高纯锑化铟的研制，徐鸿达领导的研制组同时还进行了高纯锑化铟性能的研究。在林兰英的组织下，供测量高纯锑化铟电学性质的低温装置，迅速建立起来。由于锑化铟的纯度是用它在液态氮的温度下测得的电学参数来表征的，因此在测量时，在锑化铟上制作的电极的相容性，是必须考虑的重要因素。当时发现用锗晶体管的电极材料在液态氮温度下要脱落，而且还破坏被测锑化铟的性质。经过科研人员的努力，探索到了新的电极材料和制作工艺，解决了难题。还有一个发现是，锑化铟可在热处理后由电子导电转变为空穴导电，可以做成 P-N 结。

在研究高纯锑化铟的过程中，林兰英经常来到测量实验室，观看锑化铟测试电极的制作和测量的过程，有时她还帮助记录实验数据；有时因低温测量的连续性，午餐时间她也不能脱身，就请去食堂吃饭的同志替她带个糖火烧充饥；她中午不回家，就自己带午餐或请人从食堂带点面点回来吃。林兰英对研究人员在研究工作中的新发现总是很兴奋，鼓励他们继续深入探索，做出结果，写出论文。

通过对锑化铟性能的研究，研究人员写成了《锑化铟单晶中位错的散射机理的研究》《锑化铟的机械损伤》和《锑化铟的热处理》等多篇论文，由林兰英分别在 1963 年苏联莫斯科国际半导体会议和 1964 年捷克斯洛伐克的布拉格国际半导体会议上宣读，并分别在《物理学报》1964 年第 12 期和 1966 年第 6 期上发表。①

关于锑化铟的研究，还有过这样一段插曲。

林兰英去布拉格参加国际半导体会议期间，她与英国科学家西尔索相

① 徐鸿达．2010．我的多彩人生//李晋闽，王占国，何春藩．拓荒者的足迹——建所初期科技人物事迹选．北京：科学出版社：163.

遇了。在这次会议之前，林兰英在莫斯科讲学时见过他，两人有过一面之缘。西尔索极为傲慢，在这次国际会议的头一天，林兰英做了有关锑化铟的电子迁移率研究的报告。第二天，他们一起共餐，西尔索向林兰英问道："你们研究用的锑化铟样品，是不是苏联给的？"

西尔索的问话大伤林兰英的自尊心，她反驳道："这都是我们自己做的。作为科学家，你怎么可以信口雌黄，问出这样的话来?!"

这事一直让林兰英耿耿于怀，总想有机会以事实回击西尔索，"报复"他一下。1979年，西尔索来中国参观半导体材料砷化镓，林兰英有意避而不见，只将材料样品摆出来让他看，西尔索这才惊讶中国有世界领先水平的砷化镓。他似乎觉得15年前冒犯了林兰英，便向黄昆所长问及她，所长以"林博士很忙"作为搪塞。也许，西尔索会悟出林兰英的用意；也许，这事会让他牢记终生。

后来，经过研究室里彭祖铃、赵玉玮、高翠华等人的努力，又在"文化大革命"前的两三年里，先后研制成功了锑化镓（GaSb）和砷化铟（InAs）等化合物半导体材料。

"文化大革命"剥夺了林兰英在材料研究室的领导职务，她被安排在室里做具体的测量材料特性的工作，并随时接受"批判"。在逆境中，她没有沉沦，没有埋怨，除潜心于分配给自己的实验工作外，仍静心地关注着国际半导体材料科学的发展，念挂着研究室里科研工作的未来。

### （二）砷化镓单晶的研制

在Ⅲ-Ⅴ族化合物半导体中，砷化镓是继硅单晶之后发展起来的第二代半导体材料，也是最为重要的半导体新材料。与硅材料相比，它具有电子迁移率高、禁带宽等特点，因而在微电子应用中，相比于硅，它可以在更高频段、更高温度下工作，并更能抗辐照。在微波通信、全球定位系统和超高速计算机等领域，具有广泛的应用前景。它利于制作微波器件与微波集成电路、高速数字集成电路、光电器件及其集成电路。在光电子应用中，可以制作发光二极管，红外、橙光和红光激光器及大功率激光器，是高技术领域不可缺少的重要基础材料，在未来的国防工业中起着至关重要的作用。另外，与单质的硅相比，由于砷化镓是二元化合物，其中的砷是高挥发性元素，而且各种砷化物都具有毒性，所以，砷化镓材料的合成、提纯、单晶生长、缺陷控制及品质控制等，都比硅单晶要复杂得多，也就困难得多。

从20世纪50年代至今，制备砷化镓单晶，已发展出布里奇曼

(Bridgeman) 法、常压直拉法、高压合成直拉法等多种生长技术。在20世纪50年代初，国际上有人首次采用布里奇曼法制得砷化镓单晶。1957年回国的林兰英，作为半导体材料科学的学术带头人，以她的洞察力和预见力，在1960年半导体研究所成立后，就把注意力从元素半导体材料转向了化合物半导体材料。在注意硅材料研究的同时，着手致力于砷化镓单晶材料的研究。

早在1958年，在位于中关村的物理研究所的晶体学研究室，已有人在做Ⅲ-Ⅴ族化合物材料研究的奠基工作。他们经过一些调研后，自己动手绕电阻炉，建起防毒柜，采用最简单的垂直布里奇曼法，开始生长砷化镓单晶。当时没有工作经验，又没有很好的温控设备，在生长砷化镓单晶的过程中，经常发生爆炸。事故发生后，不仅要清洗氧化砷这类有毒残余物，而且要重新制作电炉，因为电炉全被炸坏了。他们一直重复着这样的工作。

后来，林兰英得到这一消息，决定从物理研究所把许振嘉调到半导体研究所继续参与主持化合物半导体的研究工作。关于这段历史，许振嘉研究员回忆说："1960年，物理所施汝为所长找我谈话，说'半导体研究室要扩建为半导体研究所，领导决定调你到半导体研究所去从事化合物半导体研究工作'。1960年10月，我参加完同志们为我举行的欢送会，带了一些设备，如移动轨道、炉管等，到城内的半导体研究所报到。新所领导很重视，让我进材料室，专门研究砷化镓化合物半导体。"①

1）砷化镓材料的合成

研究砷化镓单晶材料，首先要对高纯镓与高纯砷等起始元素材料进行研制。它们的纯度，严重影响着砷化镓单晶的质量。

为了得到高纯的砷，科技人员去北京化工厂买来砷后，林兰英安排专人采用化学方法进行纯化，即先将其变成三氯化砷（$AsCl_3$），然后再加氢气（$H_2$）生成氯化氢（HCl）还原出砷，这就去除了原始砷中的杂质，保证了砷的纯洁性。林兰英同样安排专人，对从四川的峨嵋半导体厂购得的镓，采用物理方法进行区熔提炼。随着时间的推移，到了20世纪70年代，由于社会科学的进步，单质元素砷和镓，都从四川的峨嵋半导体厂购买，保证了原始材料来源的可靠性。

那时，正值国民经济困难时期，人们生活很困难，粮食短缺，副食供

① 许振嘉．2006．忆我国第二代半导体材料砷化镓的创始工作//夏建白，陈辰嘉，何春藩．自主创新之路——纪念中国半导体事业五十周年．北京：科学出版社：166.

应紧张，粗粮多，细粮少，加上北方的严寒，还有狂风、伤冻，这对于多数来自南方的人来说，是一个严峻的考验。科研人员在一间没有暖气的平房里工作，上班的路上还得拾柴火生炉子。平房里冬天没有暖气，寒气袭人；夏天没有电风扇，更不用说空调，屋里闷热难当，再加上高温的工作炉子的烘烤，热流袭人，工作异常辛苦。有一次，一位正在工作的同志突然感到头重脚轻，头晕目眩，一时站立不稳，晕倒在实验室里。褚一鸣和他的同事们，没有在困难面前低头，而是兢兢业业地夜以继日地工作。

科学之路，布满荆棘。科学工作者的可贵品质，是探索的勇气，是一往无前的精神。林兰英和她的同事们，怀着为国争光、为民族争气的雄心壮志，不畏艰险，在科学之路上执著地探求。

许振嘉到任后，林兰英要他负责代号为104的化合物半导体研究组，任命他为104组组长，并与他长谈，既交代了任务，也预见了困难，并给予了热情的鼓励。

当时的104组，是一个较大的组，除制备锑化铟和砷化镓单晶外，还有材料参数测试和材料的X射线衍射测量工作。在极端困难的条件下，同志们的心是火热的，干劲是十足的，不分白天黑夜，总是加班加点。不怕困难，团结互助，协力攻关。这就是中华民族的传统，中国人的真正本色。林兰英也激励科研人员说："我们科学工作者，不怕条件差，不怕起点低，只要有信心、有毅力去做，以科学的态度对待科学问题，大都能如愿以偿，搞出高水平的研究成果来。"

在起步阶段，他们也是试着把镓和砷直接放在石英管中，待将石英管抽成真空后，密封起来，进行加热，希望通过控制反应管的温度来合成砷化镓。随着温度的升高，未曾料到，石英管爆炸了，碎片乱飞。整个实验室里，弥漫着刺鼻的大蒜味。砷有剧毒，还会危及人的健康。这样的实验虽然危险，但报国心切的科研人员，仍摸索着进行过多次。

实验失败后，林兰英组织科研人员讨论，让他们各抒己见，畅所欲言，查找原因。林兰英是一位有名望的科学家，但在研究集体内却是提倡和发扬学术民主的楷模。讨论问题时从不以权威自居，即使与初出茅庐的年轻人讨论问题，也虚怀若谷、平等待人。大家经过分析，认为由于化合物材料的特殊性，单质元素间的熔点不一样，随着温度的升高，砷的蒸气压会急剧增大，这就引起了爆炸。经过总结，林兰英决定，克服困难，重新研制设备，改用新的方法继续进行实验。将石英管分为两个不同的温区，用不同的加温方法来进行。他们将镓放于密封管一端的石英舟内，砷放在石英管另一端。将砷端温度控制在610℃，此时砷的气压是一个大气压；镓端温度逐步升到 1238℃，既没发生爆炸，砷化镓也逐渐合成了。

经过诸多磨难，砷化镓总算是合成了，但是，仍形成不了单晶。链条状的砷化镓，犹如一团紧密结合在一起的杂物，派不上用场。要发挥它的使用价值，还得对这样的固熔体另行加工，进而再生长成单晶。

2）水平法生长砷化镓单晶

林兰英又与研究人员一起开会，对如何使砷化镓熔体形成单晶的问题进行了研究。有人认为：因为在加温后，砷化镓的熔体和石英舟浸润，形成多个晶核，长成多晶，而已结晶的多晶材料，又与石英舟紧紧粘连，无法分离；另有人指出，在生长砷化镓单晶时，产生了位错，长不成单晶，这与石英舟的加工质量有关。还有人提出要不要用籽晶为熔融的砷化镓“引路”，等等。倾向性的意见是：在当前，“粘舟”是生长砷化镓单晶的主要障碍。

为了解决砷化镓“粘舟”问题，曾采用过国内外流行的“石英舟涂碳”、“石英舟喷砂打毛”等方法。“涂碳”虽然可以使石英舟不与砷化镓浸润，但浮游的“碳”却漂浮在砷化镓熔体的表面，产生了新的沾污。形成的众多晶核使生长单晶变得异常困难；用超声喷砂打毛石英舟表面，虽然使砷化镓与石英舟浸润减少，但浸润仍不能完全消除，单晶仍长不好。

困难再出，矛盾重重。林兰英要求大家，开动脑筋，多想办法，多做实验，经过高温淬火后的镓，可以像水银一样十分自由地滚动。组里同志经过仔细观察，发现砷化镓表面自然生成的氧化膜，是引起浸润和粘舟的主要原因。这氧化膜又来源于镓和砷元素表面存在的氧化层。于是，他们在生长单晶的工序中，加入了“脱氧”工艺，即在对镓和砷分别用 680℃和 280℃的真空热处理之后，由于去除了氧化膜，闪亮的镓熔体可在“打毛”后的石英舟内自由滚动，不再粘连。而砷块也呈现出银灰色的金属光泽。辛勤的砷化镓组人，在采用了石英舟喷砂“打毛”及镓和砷的真空脱氧这两道关键工艺之后，使得砷化镓单晶的生长有了重大的突破。

辛勤的汗水，浇灌出了丰硕的果实。林兰英领导的研制组，克服重重困难，多次变换实验方法，历经反复实验，经过一年多的努力，在 1962 年，生产出了中国第一根用水平布里奇曼方法生长的砷化镓单晶。电子迁移率达到当时的国际先进水平。该项研究课题，曾在国家还无命名奖励制度的情况下，被国家科委评为部委级水平的科学技术成果。这段历史，林兰英在参加《奋斗者的足迹》报告团做报告时说：

> 我们从1960年起研制砷化镓。开始的时候，由于砷产生的气压引起爆炸，石英管炸了，炉子也炸了，每次失败都惨极了。接着，我们就采用了另一种方法进行实验。开始实验都用石墨舟，但是不理想，于是就改用石英舟。经过多次努力，终于获得了成功。

达·芬奇有句名言：才智是实验的女儿。林兰英领导的砷化镓研制小组，能持之以恒地把砷化镓单晶研制出来，正是这句名言的真实写照。

在锗、硅晶体中掺入某一种杂质，就能使锗、硅半导体具有实用价值。砷化镓单晶也是如此。拉制砷化镓单晶，是为了使其晶态完整，纯度高，杂质少。但是，在提纯到一定程度后，就需要人为地掺入某一杂质，以使其具有这一半导体的型号要求，才能具有实用的价值。为实现在电注入下发光区中粒子数反转分布，对砷化镓材料的掺杂浓度，需要高达$10^{18}$/厘米$^3$以上。

1960年，美国的贝尔实验室和无线电公司（RCA）的实验室首先将砷化镓电注入激光器研制成功，为半导体光电领域的发展开辟了一条光辉的道路。

出于研制半导体激光器的需要，砷化镓课题组又开展了重掺N型和重掺P型杂质的砷化镓单晶的研制工作。所谓的“重掺”，就是要使生长的砷化镓单晶，掺锌的P型载流子浓度大于$10^{19}$/厘米$^3$和掺碲的N型载流子浓度大于$2\times10^{18}$/厘米$^3$，以适应研制激光器时对砷化镓单晶的型号（P或是N）要求。砷化镓组同志经过实验研究，考虑到掺杂元素锌和碲都是挥发性元素，因而采用定量砷和提高低温端温度至850℃的方法，终于生长出了载流子浓度达到$10^{19}$/厘米$^3$量级的重掺P型Zn-GaAs单晶和载流子浓度达$5\times10^{18}$/厘米$^3$量级的重掺N型Te-GaAs单晶。激光器件研究室的同志们，采用这种重掺砷化镓单晶，于1963年年底，在王守武领导和庄蔚华、庄婉如努力工作下，研制成功了我国第一支同质结，在低温（4开）环境下工作的半导体激光器，为祖国争了光。我国第一只砷化镓二极管激光器的问世，标志着我国半导体科学技术的发展，又迈上了一个新台阶。

3）无位错（重掺硅）砷化镓单晶诞生

砷化镓课题组人员，已生长出了重掺P型和重掺N型的砷化镓单晶，也用它制得了激光器。但是，其位错密度比较大。半导体砷化镓激光器的寿命、效率及其失效机制，均与砷化镓材料中的位错密切相关。因此，为了提高激光器的寿命和效率，急需采用低位错或无位错密度的砷化镓单晶做激光器的衬底材料。

1963 年年底，许振嘉被公派出国进行学术访问和进修（这是新中国成立后第一批赴英国皇家学会访问的学者），经林兰英推荐，1961 年来自南京大学的褚一鸣接替许振嘉任 104 组组长。在林兰英的指导下，他组织砷化镓课题组人员，研讨如何进一步减少位错密度以提高单晶质量的问题。

砷化镓课题组的同志们，开展了低位错无位错掺碲掺硅砷化镓单晶的研究。鉴于用水平法生长的砷化镓单晶，是自然结晶生长的，晶向不能控制，而且晶体中的位错密度较大，晶片截面均匀性不好。他们在与林兰英商讨后决定，第一步，采用籽晶“引路”的方法来生长单晶，并设计了带有籽晶槽的石英舟，解决了籽晶晶体和籽晶槽紧密配合的工艺技术问题；严格控制每炉的砷化镓晶体的重量，做到不多不少，使熔体能自然地融合籽晶。经过多次实验，用水平区熔法定向生长了砷化镓单晶。在这一工艺过程中，据王占国院士回忆，林兰英发挥了极大的聪明才智，解决了一个又一个的工艺难题。

此外，研究人员对砷化镓晶体位错产生的原因，也进行了深入的分析，认为晶体的位错来自于籽晶部分位错的延伸；砷化镓表面与石英舟的沾润产生了大量的位错；因生长速度过快和界面温度梯度的不合适而产生了位错。另外，为了增强砷化镓晶体抗应变的强度，也选择硅作为 N 型砷化镓单晶的掺杂剂。但因硅不具挥发性，掺杂剂硅只能放在籽晶槽内，才能保证镓脱氧时表面光亮无氧化膜；硅和砷化镓熔体与石英舟，这三者之间会发生化学反应，影响晶体的电子浓度并造成粘舟。课题组研制了提高中温区对三温区控温法抑制三者间的化学反应，成功提高了掺杂浓度和单晶率。

寒来暑往，一年又一年，课题组针对上述这些因素，采取了一系列技术措施，并选取了位错密度低的籽晶，终于在 1973 年研制成功了我国第一根掺碲和掺硅的低位错无位错砷化镓单晶，位错密度仅为 100～500 个/厘米$^2$，达到当时的国际先进水平。

当时，国际上只有日本的住友公司宣告有此无位错产品。1974 年，日本著名专家西泽润一来中国讲学时，大谈日本无位错布里奇曼 GoAs 单晶的重大意义。来半导体研究所参观后，对这里的研究成果持怀疑态度，当他在显微镜下观察到无位错砷化镓样品和单晶后，吃惊地表示赞同。1974 年，第一个美国固体物理代表团访问中国，他们参观半导体研究所时，对该项研究成果给予了好评。砷化镓组还研究了用水平方法生长低位错无位错砷化镓单晶的机制，建立了生长模型，做出了科学的解释。所写的论文，曾在 1981 年的《半导体学报》上发表。这一研究成果，荣获 1978 年中国科学院重大成果奖和全国科学大会奖

在砷化镓激光器件和发光器件使用了低位错无位错砷化镓单晶后，器件性能有了很大的提高，但仍受到重掺 N 型（掺碲或掺硅）砷化镓中微沉淀物的影响。课题组使用阴极荧光、透射电镜和化学腐蚀等方法，研究了掺碲与掺硅砷化镓单晶中的微沉淀物和微缺陷，发现掺硅晶体比掺碲晶体好得多，得出了硅是砷化镓单晶最好 N 型掺杂剂的结论，为砷化镓激光发光器件的研制选择合适的基体材料指出了方向。激光器件研究室在采用了重掺硅低位错无位错砷化镓做衬底后，研制的 A1GaAs/GaAs 双异质结激光器的寿命，从几百小时突破到 10 万小时，达到了实用化水平。

为了使水平法生长的砷化镓单晶能广泛用于国防和国民经济建设。课题组毫无保留地向长春半导体厂、辽河电子材料厂和新乡 542 厂推广低位错无位错掺碲、掺硅 GaAs 单晶生长技术。辽河电子材料厂和新乡 542 厂生产的优质单晶，广泛用于国防任务和国家建设。由褚一鸣、何宏家、周伯骏、曹福年、白玉珂等合作完成的“水平法低位错砷化镓单晶”研制，曾获 1986 年中科院科技进步奖二等奖。

4）非掺半绝缘砷化镓单晶问世

20 世纪 80 年代初，砷化镓场效应器件（FET）① 和电路，已应用于 L 波段和 C 波段的军事装备中。国际上采用一种特殊的砷化镓单晶材料作为基体，用离子注入工艺来制作砷化镓场效应器件。这种器件，由于具有好的抗辐照能力，多用于航空航天工程的制作中。电子工业部第十三研究所和第五十五研究所，相继开展了这些工程的研究工作。因此，他们对砷化镓单晶材料，又提出了更为特殊的需求。

我们知道，在制作硅器件和集成电路时，硅材料的隔离工艺，是采用硅被氧化而形成的氧化硅作为隔离层，而在制作砷化镓微波器件与电路的隔离时，没这么复杂，能够依靠砷化镓本身的半绝缘性能来实现隔离。因此，在用砷化镓材料制作电子电路和 FET 器件时，必须用非掺半绝缘砷化镓（SI-GaAs）单晶材料来实现。这一材料的制作，理所当然地落到了半导体研究所的材料研究室人员的身上。

---

① 场效应晶体管（Field Effect Transistor），简称 FET 器件。它是由多数载流子参与导电，属于电压控制型半导体器件，具有输入电阻高、噪声小、功耗低、易于集成和抗辐照能力强等优点。

这时的林兰英，已经担任半导体研究所的副所长。这位爱国心切的科学家，知道国防部门的需求就是强军强国。她对这一材料的研制，非常重视，对材料研究室的新领导，砷化镓材料研制组的同志们，再三叮嘱，一再要求："就是千难万险，赴汤蹈火，也要啃下这块硬骨头。"

任务就是命令，在 1983 年，课题组在何宏家组长的领导下，决定直接采用国际上最先进的制作技术，即在高压炉体内，在高纯热解氮化硼（BN）坩埚中放入镓和砷，用高纯透明的氧化硼（$B_2O_3$）密封覆盖，实现"原位合成"砷化镓多晶，然后，用刘巽琅自主设计加工成的直拉单晶炉，用液封直拉方法生长成非掺 SI-GaAs 单晶。

在单晶研制过程中，因为要首先解决升温过程中砷的逃逸问题，所以采用高纯透明的氧化硼来密封覆盖。这就是液封直拉法（LEC）。液封直拉法实际上和直拉硅方法相似，但有差别。它们之间的差别就在于"液封"，因为Ⅲ-Ⅴ族材料的镓和砷的蒸气压是很高的（而硅是不挥发的，故不用"液封"）。对于这种材料，你怎么来保证镓和砷的化学配比是一比一呢？人们在熔融的砷化镓液面之上，加上一层熔点比砷化镓低很多的三氧化二硼材料。熔化的三氧化二硼将砷化镓熔体包封起来，单晶炉内充有高压气体，把它们压起来，使砷无法从砷化镓熔体中跑出来。在这种情况下，就可以拉制正化学配比的砷化镓了。拉制方法与硅相似，即用一个籽晶通过透明的氧化硼与砷化镓熔体接触，设定合适的固液界面的温度梯度，就可拉出砷化镓单晶了。这就是说，非掺半绝缘砷化镓单晶的研制的前提是，必须在高压下进行，必须是液封直拉的方法。

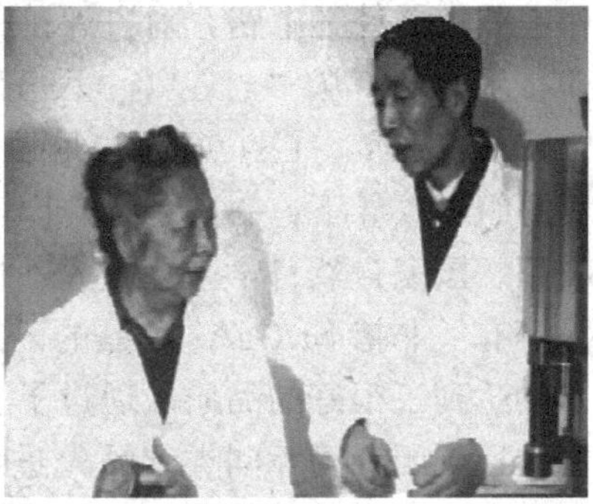

林兰英（左）与课题组长何宏家交流单晶生长问题

另外，必须让多晶体的砷化镓的熔体表面光洁，在熔体中没有氧化物浮渣，这就要求镓和砷是高纯元素，表面要光亮，无氧化物，还要有高纯的氩气；要设计加热器和保温系统，能够提供一个合适的热场，既要有利于晶体生长的温度梯度，又能保持升温过程中砷的升华最少；需要保持生长后的砷化镓单晶经受最小的热应力以降低位错密度，要防止砷从生长单晶表面离解造成材料的损耗；为了提高 SI-GaAs 晶体的电子迁移率、热稳定性和截面电阻率均匀性，降低热应力，还要研究 SI-GaAs 单晶的后退火工艺；研究控制晶体的化学配比和有害杂质污染的工艺技术。总之，包括对单晶生长的热场设计、生长工艺技术、控制单晶化学配比和有害杂质污染，以及降低单晶缺陷的工艺技术等。

为了解决上述一系列问题，必须进行多方面的深入研究，做多方面的实验。面对这样复杂的问题，林兰英要求科研人员不要急于求成，“步子要稳，工作要漂亮”。经过科研人员的努力，通过多种实验，最终确定了一整套生长单晶的最佳工艺方案。在这一研制过程中，林兰英还经常深入研究组里，协助科研人员设计实验方案，确定实验程序。她去的最多的还是测量组，查看数据指标，时刻关注着这一工作的进展。

岁月蹉跎，经过近两年的艰苦努力，研制成功一批从 $\phi$30 毫米到 $\phi$2 英寸的热稳定性和均匀性好、迁移率高和位错密度低的非掺 SI-GaAs 单晶，完成了“六五”计划攻关任务，保质保量地为电子工业部第十三研究所和第五十五研究所提供了所需的单晶材料。1985 年，这一重大科研项目正式通过了中国科学院院级技术鉴定。

1987 年，课题组研制的 $\phi$2 英寸非掺 SI-GaAs 单晶，送往联邦德国制作砷化镓器件和电路，对方评价称，完全达到联邦德国 SI-GaAs 材料的工业技术标准。从“七五”、“八五”到“九五”的 10 多年间，课题组的何宏家、曹福年、白玉珂、方兆强、惠峰、吴让元等近 10 位同志，在林兰英的组织领导下，一直承担着国家计委的重点攻关专题、中国科学院重大项目、国家自然科学基金重大项目、国防科工委和总装备部的军工研制项目等有关非掺 SI-GaAs 单晶的研究任务。单晶直径从 $\phi$30 毫米到 $\phi$4 英寸，单晶达到了很好的品质，通过了多次技术鉴定，SI-GaAs 单晶质量国内领先、达到同期国际同类产品先进水平。半绝缘砷化镓课题组获国家计委、国家科委和财政部的嘉奖；这一系列研究成果，于 1990 年获中科院科技进步奖三等奖。1996 年，“$\phi$2 英寸和 $\phi$3 英寸非掺 SI-GaAs 单晶片（片）研究”，获中科院科技进步奖二等奖；1990 年夺得国防科工委军用砷化镓材料评比第一名；2002 年中标夺得国防科工委专项技术改造经费 5000 万元，为半导体研究所争得了荣誉。

林兰英一直关怀和直接指导课题组的多项研究。鉴于这一科研项目的重要性，是国防建设的急需，林兰英又要求课题组对 SI-GaAs 材料的实用化进行深入研究。

1991 年，第八个“五年计划”开始。课题组在解决了一系列 SI-GaAs 晶片实用化生产的关键工艺问题之后，着手准备批量生产工作，以实现优质 $\phi$2 英寸和 $\phi$3 英寸的 SI-GaAs 晶片的小批量生产，然后提供给中国电子科技集团所属的南京第五十五所（55所）、石家庄第十三所（13所）、北京第十一所（11所），西安微电子技术研究所（航天771所）等单位，让他们拿去采用直接离子注入工艺，研制各种砷化镓功率单片电路、大功率器件、高速模拟开关电路、高速分频器、门阵列电路、低噪声电路和功率模块等，有的单位还用它来作为衬底，用于研制远红外器件；还提供给物理研究所和半导体研究所用分子束外延生长铝镓砷/砷化镓、铟镓砷/砷化镓等异质结结构器件，用于微电子电路器件研制。这些电路器件已用于“东三卫星”、“十号工程”、“052舰”和“海红旗”等多项军工重点工程。

在完成任务的过程中，砷化镓组的同志们，怀着一腔富国强军的热情，不惧怕砷有剧毒，不计较个人安危，齐心合力，完成一项又一项承担的重要任务。

在研制成功SI-GaAs单晶材料的进程中，一直困扰科研人员的一个重要问题是怎样获得高质量的抛光晶片。在“六五”和“七五”期间，组内同志设计加工了抛光机，并研制出一套抛光工艺，摸索找到了抛光砷化镓晶片的最佳化学腐蚀方法，完成了小批量提供$\phi2$英寸SI-GaAs抛光晶片的各项任务；在“八五”期间，在科研经费逐渐充裕的情况下，课题组逐渐添置了小型的磨片机和抛光机，晶片的平整度和平行度得到了改善，为各用户单位提供了需要的$\phi2$英寸和$\phi3$英寸的SI-GaAs材料。[①]

5）开启非掺半绝缘砷化镓单晶产业

林兰英一直关心和支持SI-GaAs单晶的研究和开发，使SI-GaAs单晶从样品到产品，晶片尺寸从$\phi2$英寸到$\phi4$英寸打下了产业化的基础，为我国发展高频、高速和大功率电路和器件提供了优质材料。林兰英说：

> “文化大革命”期间，手都被“捆”起来了，什么也干不了。“文化大革命”结束后，我们什么都可以做，但是科研经费非常紧张。做材料研究花费很大。从1986年开始，我把砷化镓卖给国际上很多国家，养活自己，做科研。我们拉砷化镓单晶，一年拉50次，一个星期拉一次，这就是200万元。我不去卖砷化镓，谁养我！当然这是气话。我自己不挣钱，就没办法买设备，没办法搞半导体，材料事业就发展不起来。
>
> 尽管我们为半导体事业做了很大贡献，但没有人给钱。技术

① 何宏家．2010．与砷共舞，相伴一生//李晋闽，王占国，何春藩．拓荒者的足迹——建所初期科技人物事迹选．北京：科学出版社：245-250.

也不值钱。以前帮别人做的事情，一共才赚了 2 万块钱。[①]

到了 1996 年，“九五”计划期间，“开盒即用”的 SI-GaAs 抛光晶片，成为国内外广大用户的迫切需求，也成为我国高质量抛光晶片生产的瓶颈。“开盒即用”抛光晶片应具备的三个要素是：①必须具有高的晶片平行度和平整度；②抛光晶片的亚表面损伤层厚度必须很低；③晶片表面的灰尘颗粒和金属微粒子必须很少。要达到这些需求，必须有一整套的高精度磨片机和清洗机；必须要有洁净度为 10 级的洁净室；还需要有高纯水和高纯气体的净化系统。要满足这些要素，需要有相当数额专项经费的投入才能实现。在这时期，在国家科研经费支持下，课题组已添置了相应的设备和 10 级洁净室，并指派卜俊鹏、吴让元和郑红军等深入研究低亚表面损伤层的晶片加工工艺，研制出了小批量的 $\phi$2 英寸、$\phi$3 英寸、$\phi$4 英寸的低亚表面损伤层的抛光晶片，初步满足了器件研制、分子束外延和有机金属气相淀积生长等对 SI-GaAs 晶片的需求。由于半绝缘砷化镓课题组出色完成“九五”的各项任务，并在 SI-GaAs 材料生长、低亚表面损伤层抛光晶片制备、材料物理及材料器件关系研究中成绩优异，因而在 21 世纪初，国防科工委“半绝缘 GaAs 材料及开盒即用 GaAs 抛光晶片小批量生产”的公开招标中，半导体研究所一举中标，获得国防科工委 5000 万元的专项经费，用于购置生产“开盒即用”抛光晶片的专项设备。

大直径砷化镓抛光晶片

经过全所的努力，半导体研究所的砷化镓事业迈出了坚实的步伐，已年产出“开盒即用”的 GaAs 抛光晶片 10 万多片，突破了我国砷化镓材料不能生产高质量抛光晶片的瓶颈。[②]

对于砷化镓这一半导体材料科学事业，林兰英耗费的精力最多，从事的研究工作时间最长，几乎倾注了毕生的热情。她一生，高瞻远瞩，一直强调科研与经济不能分开，科研成果要尽快地转化为生产力。直到晚年，林兰英还经常跑基层、下工厂，探索科研与生产相结合的最佳方案。她在生命的最后几年里，仍致力于半导体材料的市场化应用，经过不懈努力，

---

① 王德禄，高颖，程宏，等．2013．女性当自强——林兰英口述//1950 年代归国留美科学家访谈录．长沙：湖南教育出版社：354-355.

② 何宏家．2010．与砷共舞，相伴一生//李晋闽，王占国，何春藩．拓荒者的足迹——建所初期科技人物事迹选．北京：科学出版社：248-250.

《开发化合物半导体材料的高技术产业，创办中国化合物半导体材料公司的设想》得到了所领导和中国科学院领导的支持，实现了成立“公司”的梦想。

在国防科工委的大力支持下，2001年12月26日，由中国科学院半导体研究所控股，北京有色金属工业总公司及其他股东共同投资组建的中科镓英半导体有限公司成立，次年4月28日在北京通州区的北京市光机电一体化产业基地，举行了隆重的奠基仪式，它标志着我国首家生产化合物半导体材料的高科技公司的诞生。“中科镓英”的“英”，就是中国科学院院士林兰英。她的外孙女王琳，为了纪念林兰英在这一事业上的著着追求，便为自己后来所生的女儿起了“镓英”这个名字。林兰英是在病床上看中国科学院半导体研究所研究员、中科镓英半导体有限公司总经理李晋闽用手机拍摄的介绍现场情况的。她虽然不能亲临现场，仍颇感欣慰，她毕生为之奋斗的事业，已经有了一个辉煌的新起点。随着国民经济的高速发展，随着改革进程的深入，我国的砷化镓材料产业必将迎来更加辉煌的明天。

### （三）磷化物半导体材料的诞生

在Ⅲ-Ⅴ族化合物半导体材料中，磷化物半导体，如磷化镓和磷化铟，虽在光电子和微电子领域有着重要的用途，但由于磷的离解压较高，制备比较困难，所以磷化物半导体的研制和应用，都滞后于砷化镓材料的研制。

1968年，英国首先发表制造了实验室用的高压单晶炉，从此开创了利用高压液封技术研究和制备Ⅲ-Ⅴ族磷化物半导体单晶的历史。这一开创性的工作，引起了世界各国半导体材料科学工作者的关注，也引起了中国半导体材料科技人员的关注。在材料研究室拥有一台高压单晶炉，是他们梦寐以求的愿望。

1970年，林兰英刚恢复工作不久，材料研究室的科研人员刘巽琅、叶式中等人，向她提出研制一台高压单晶炉的设想。但由于当时正处于“文化大革命”时期，研究所处于“军管”状态，科学技术缺乏全面规划，科研经费难以到位。林兰英心有余而力不足，感到为难。再加上科研人员自己对高压单晶炉的关键技术——高压气体的动密封技术缺乏经验，对其难度估计过高，思想受到束缚。经过商量，决定待我国工业部门有朝一日帮助解决了这一难题之后再行开展研制高压单晶炉的工作。这一等就是四年过去了。在这段等待的日子里，英国已完成了高压单晶炉从实验室到商品的转变，高压单晶炉成为商品，成为研究高离解压的Ⅲ-Ⅴ族化合物半导体单晶的必备手段。

商品化的高压单晶炉一出现，西方国家马上把它列为对我国的禁运物资。这就意味着如果我们自己不去设计制造高压单晶炉，就会在一段很长的时间内得不到这种设备，磷化物半导体材料的研究就不能开展，科研工作水平又会落下一大截。科研人员认为，在西方国家禁运面前不能等待，必须打破他们的技术封锁，尽快开展这一课题的研究。

科技人员的这一不懈追求，得到了林兰英的鼓励与支持，她说："现在看来，高压单晶炉已经成了研究Ⅲ-Ⅴ族化合物半导体的必备设备。洋人需要，我们也需要；洋人有的，我们也要有。""我老说，不能总在洋人的屁股后面爬行，要勇于走自己的路，要敢于攀登。我们有社会主义制度的优越性，有大协作的好传统，有科技人员爱党爱国、勇于奉献的精神，什么事都能办成。不能再拖，再拖就晚了。"

在林兰英的鼓励与支持下，经驻室军代表和驻所军管小组的批准，1974年的下半年，半导体研究所成立了高压单晶炉的设计小组和制造小组。设计小组成员有刘巽琅、叶式中、周煌、焦景华、赵建群、柴喜云、曹惠梅、孙文荣；制造小组成员有张立宝、齐宝忠、温吉耀、傅峥荣、李培泉、李学超、蔡文玉、荣文歧等。两个小组通力协作，经过三年的努力，克服了很多技术难题，于1977年年底全部完成了设备的安装和调试，并交付实验室投入使用。经过多次的拉单晶实验，证明研制的设备气密性更好、运行更可靠。在这期间，林兰英多次召开会议，为科研人员排忧解难，向金工厂的工人师傅表示感谢和慰问，也向同期独立完成这一研制工作的电子工业部第十三研究所表示祝贺。

高压单晶炉的研制成功，为我国开辟了高离解压Ⅲ-Ⅴ族化合物材料生长的新领域，其意义不仅仅在生长磷化物半导体材料本身，而是造就了一代人才，打破了西方国家的技术封锁，使我们在磷化物半导体单晶的研制方面，在国际上占有了一席之地。

1977年年底，高压单晶炉正式投入使用。科研人员首要的目标是离解压较高的磷化镓（GaP）单晶，因为它在制造红色和绿色发光二极管方面有重要作用。首先是培育单晶体的籽晶，经过多次实验终于培育出晶向为＜100＞的GaP籽晶。有了单晶籽晶，很快就制备出全国第一锭＜100＞GaP单晶，向全国科学大会献礼。林兰英观赏了弟子们送来的样品，欣喜万分，向他们表达了由衷的感激和谢意。

为了让GaP单晶生长在全国尽快开展，科研人员为北京有色金属稀土研究所制备了一锭＜100＞GaP 籽晶。后来北京有色金属稀土研究所又把 GaP 的单晶籽晶提供给其他单位。这样促进了国内 GaP 单晶的研制和生产，使我国 GaP 单晶达到批量生产的能力。

到了 20 世纪 70 年代后期，半导体研究所的科学工作者们，认识到磷化铟（InP）单晶的某些物理性质胜过 GaP，在光电子和微电子领域有重要应用，国际上十分重视，林兰英要求科研人员积极准备，自 1979 年开始，立即转入 InP 单晶的制备及其性质研究，以便为光电子器件研究提供基础材料。因为 InP 单晶被西方国家列为对我国的禁运物资，不可能从国外得到 InP 单晶材料。

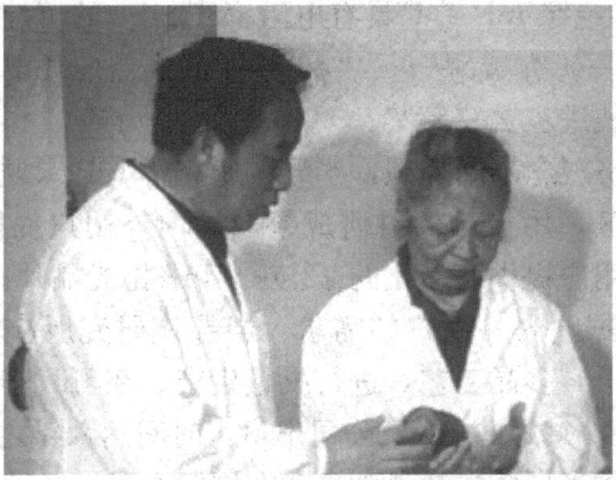

林兰英（右）观赏刘巽琅等人研制出的磷化镓单晶

经过一年的努力，材料研究室的科学工作者们，克服了 InP 容易出现孪晶的困难，在 1979 年年底 InP 单晶生长有所突破。1980 年在提高单晶率的同时，进行 InP 的掺杂研究，能制备 $\phi$15 毫米的不掺杂 InP 单晶和掺 Te-InP 单晶。从 1981 年开始先后研制了掺 Sn-InP 单晶、掺 S-InP 单晶和掺 Zn-InP 单晶，为半导体研究所 InGaAsP/InP 激光器和 InGaAsP/InP 探测器研制开发，提供了晶片。

1983 年，英国著名Ⅲ-Ⅴ族化合物半导体专家 Cyril Hilsum 来半导体研究所访问，参观了材料实验室，看到了科技人员自己设计制造的高压单晶炉和 InP 单晶，感到十分意外和震惊。在他们西方人的印象里，中国在 InP 领域应该是一片空白。他对我们在十分简陋的科研条件下，取得 InP 单晶生长的突破，给予了积极的评价。

降低 InP 中的位错密度，是提高 InP 质量的一个重要方面。1984 年，叶式中和刘巽琅提出了掺入等电子杂质（掺入Ⅲ族或Ⅴ族元素）以降低 InP 中位错密度的设想，并进行实验研究，取得重要结果。这种既掺入 N

型杂质或P型杂质，又掺入等电子杂质的方法，可以得到电学参数可控的低位错密度的InP单晶。“可控电参数低位错InP单晶的制备”研究成果，获得1985年国家科技进步奖三等奖。

20世纪80年代中后期，化学束外延（CBE）技术的发展，为高蒸气压的P系Ⅲ-Ⅴ族化合物的超薄层外延生长，注入了新的活力，从此InP超高速微电子器件及其集成电路的研究得到了迅速发展。这要求提高ϕ2英寸InP单晶的品种，如掺S-InP、掺Zn-InP和掺铁（Fe）半绝缘InP单晶。后来，又重点研制ϕ2英寸掺Fe半绝缘InP单晶，以适应InP超高速集成电路和光电集成电路对半绝缘衬底的需求。经过两年多的努力，研制的ϕ2英寸掺铁半绝缘InP单晶具有电阻率高、Fe的沉淀物可控、热稳定性好的特点。这一研究成果——“ϕ2英寸的半绝缘InP单晶”，获1992年中国科学院科技进步奖三等奖。

随着市场经济观念不断加强，半导体研究所InP课题组走出了只搞科研不出产品的误区，用自己的科研成果向国内外用户提供产品。从1996年开始向国内外用户提供商品化的ϕ2英寸InP抛光晶片。

1995年，根据国内外用户的需求，半导体研究所决定用已经成熟的注入式直接合成InP多晶工艺，进行批量生产。在InP多晶质量获得美国AXT公司认可后，每月向AXT公司出口，时间达六年之久，每年为国家创汇，也为我国的半导体材料科学事业在国际上赢得了荣誉。①

### （四）催生半导体致冷产业

1960年，中国科学院半导体研究所成立时，有个与材料、器件等研究室平行的第七研究组，实名为温差电学组，是利用温差电效应中的珀耳贴效应来研制致冷器的一个组。由于实用的温差电致冷器，均由半导体材料制成，所以我国把温差电致冷器也称为半导体致冷器，温差电学组就俗称为半导体致冷组。

这个温差电学组，是专门从事半导体致冷材料与器件研究的小组。它是在林兰英等归国专家的积极倡导与支持下，在汤定元院士当年领导的光热电组的基础上成立起来的。组长是1961年留苏归国的殷士端和1957年北京大学五校联办半导体物理专业毕业的陈廷杰。组内成员有孔光临、秦复光、范缇文等。他们在经历了一系列的艰辛曲折之后，于1965年研制成$Be_2Te_3$-

① 刘巽琅．2010. 高压单晶炉与磷化物半导体的诞生//李晋闽，王占国，何春藩．拓荒者的足迹——建所初期科技人物事迹选．北京：科学出版社：208-211.

$Be_2Se_3$（N 型）和 $Be_2Te_3$-$Sb_2Te_3$（P 型）组成的温差电偶，最大温差达到 81 开，达到国际先进水平，获 1978 年全国科学大会重大成果奖。

致冷组在林兰英的积极支持下，与北京医疗器械厂（后来改名为北京冰箱厂）合作，研制成功我国第一台半导体冰箱。它无机械转动，无噪声，无污染，其致冷性能达到国际先进水平。1963 年在全国第一届工业新技术与新产品展览会上，致冷组的“温差电材料取向单晶”和 50 立升的“63-2 型半导体冰箱”，均获得国家科委评定的科研成果三等奖。

1963 年，国家在筹办全国第一届工业新技术新产品展览会期间，致冷组要把他们研究成功的我国第一台半导体冰箱申报参展。组长陈廷杰研究员回忆说：“在所学术委员会讨论时，有位老专家反对，形不成统一意见。”由于林兰英是学术委员会主任，又经常下实验室，很了解情况，她就与学术委员会的其他老科学家们商量，让陈廷杰就半导体冰箱研制成果，申请召开一次鉴定会，组织专家评定。在后来的成果鉴定会上，与会的专家们听了这一研制工作的全面介绍，得知“致冷材料最大温差达到国际最高水平，半导体冰箱性能也与国际水平相当，一致通过了鉴定，让该半导体冰箱得以参展，并获得国家科技成果奖三等奖”。是林兰英的热情指点，使得这一科研成果得以参展。由此看出，林兰英非常珍惜科研人员的劳动成果，非常支持科技人员的创新精神。

把自己的科学技术成果转化为生产力，服务社会，造福人类，这既是林兰英的指导思想，也是致冷组同志们的研究目的。在 20 世纪 60 年代，人们对半导体致冷还不大了解，组内人员就发扬科学“背篓”精神，带着自己研制成功的致冷器，深入北京的一些大医院、部队和工厂，做报告并演示致冷器功能，积极进行科研成果的推广。1963 年后，他们就把这一技术无偿地推广到天津的一个街道小工厂，这工厂后来改名为天津致冷器厂，它是我国第一个生产半导体致冷器及应用整机的专业厂，产品多次应用于导弹、激光、卫星地面站等重大科研项目，曾为毛主席纪念堂提供致冷部件，获国务院、中央军委及有关部门嘉奖，并多次荣获国家机械工业部、电子工业部、天津市政府的奖励，被评为天津市“一流产品”。由于半导体致冷器件需求的增长，后来，天津致冷器厂的一些技术人员，应聘到许多新建的半导体致冷器厂，成为这些厂里挑大梁的技术骨干，对中国的半导体致冷产业的发展，起了重大的推动作用。

1986 年，由于改革形势的需要，半导体研究所成立科半公司。鉴于半导体致冷组在后来的科研体制改革中已经撤销，为了把半导体致冷技术进一步开发应用，遍布全国，就在公司中组成了一个致冷组，组长是陈廷杰、彭少近，组员有张韵琴、唐代维、李瑞云、郑秉茹和孙国胜等。新的致冷组进一步与天津致冷器厂合作，帮助该厂进行深层次的技术改造。由于该厂成绩优异，1990 年，天津市人民政府授予了由科半公司和天津致冷器厂合作的项目——“工业科技协作优秀项目”一等奖。致冷组在这一开发应用工作中，天津致冷器厂的成长与壮大，自始至终得到林兰英院士的支持和鼓励。鉴于林兰英的功绩，1987 年 5 月 28 日，天津致冷器厂与半导体研究所科半公司致冷组联合组成了“津科电子致冷联合有限公司”，一致推选林兰英为公司董事长。

林兰英（右二）赴天津参加津科致冷公司的成立大会

20 世纪 90 年代，在秦皇岛、珠海、江苏太仓和广东汕头等地，建起了一些新的半导体致冷器厂，致冷组的工作重点，转向了开发新技术，创造新设备和新仪器，包括熔炼炉、区熔炉、致冷器件老化台、材料电导率和温差电动势率测试仪等，进行技术转让，催生我国半导体工业的快速发展。在这期间，他们还研究成功致冷组件最大温差 $\Delta T_{max}$ 测试仪，基于哈尔曼原理，只需通小电流，大大缩短了测试时间，深受各生产厂家的欢迎。

当时，我国生产半导体致冷材料和器件的工厂有十多家，除了国外独资的工厂外，其他各厂的生产技术，基本上是由半导体研究所直接或间接传授出去的，或者是参考《半导体致冷》一书中的技术知识进行生产的。如今，我国已是生产半导体致冷材料、器件和应用产品的大国，产量居世界首位，产品远销世界各国。

半导体研究所是我国半导体致冷技术的开创者，是我国半导体致冷工业的摇篮，它为国家创造了很好的社会效益和经济效益。由于在坦克驾驶员的头盔上得到应用，也促进了国防工业的建设。如今，我国每年出口致冷组件和整机数百万个，虽然它们不再是由半导体研究所直接参与生产的，但却渗透着半导体研究所致冷组全组同志的心血、汗水和智能，也自始至终渗透着林兰英院士对发展我国半导体制冷工业的关怀、支持与鼓励。①

## 三、主持外延工艺的开拓

### （一）开创硅外延工艺

在第五章第一节中，我们知道氧在硅中的沉积，是硅单晶产生位错缺陷的根源之一。从提高硅集成电路的速度和集成度方面看，发展适用于深亚微米乃至纳米电路的硅外延技术，是制备高质量硅外延材料的关键。如果集成电路的线条宽度达到 0.1 微米以下，而缺陷分布的直径为 1 微米或 0.5 微米，那么一个电路片上有一个缺陷就会导致整个片子失效，这对集成电路的成品率将带来严重影响。为了避免氧的沉淀给硅单晶带来的质量问题，可采用外延的办法。“外延”是什么意思呢？就是用硅单晶片作为衬底，然后在其上通过气相反应方法再生长一层微米量级的硅，在这层硅膜中的氧含量就大大减少，器件和电路就做在这层外延硅上，而不是原来的硅单晶上，这样就可解决由氧杂质带来的问题。尽管成本有所提高，但集成电路的集成度和运算速度都将有极大的改进。

概括地讲，晶体的外延生长，是指在由一种晶体制备的晶片（衬底）上，利用化学或物理的方法淀积一层同质的或异质的薄膜晶体材料。对于半导体硅来讲，这种同质的外延材料的制得是一个飞跃，使得电子器件的制作又迈上了新的台阶，促进了电子工业的飞速发展。

20 世纪 60 年代中期以来，国际上采用氢还原四氯化硅（$SiCl_4$）的方法，在作为低阻衬底的硅片上，大面积生长高阻的硅单晶薄膜获得成功。这一工艺上的创新，使得硅器件的性能，有了很大的提高，而且也推动了集成电路的发展。

这种称为硅的“外延”生长研究，作为半导体技术的一个重要部分，在国际上发展迅猛，几年间就达到高潮。1964 年以后，对硅外延技术的

① 陈廷杰．2006. 我国半导体制冷工业的诞生//夏建白，陈辰嘉，何春藩．自主创新之路——纪念中国半导体事业五十周年．北京：科学出版社：145-149.

几个基本问题，如硅源的选择、掺杂控制及硅膜参数测量等，研究人员均已做了较为详尽的研究。硅的外延生长，成为一项比较成熟的工艺在半导体电子工业中得到广泛的应用。

在这样的历史背景下，随着硅平面晶体管提高性能的需求，作为材料研究室主任的林兰英，高瞻远瞩，于1963年组建硅外延组，指派研究室里早期来所的科研骨干，研究室的领导小组成员金成财、赵玉玮、蔡田海等人，开始从事硅外延材料的研制，在半导体研究所开创了硅外延工艺。这位有远大抱负的女科学家，有敏锐的洞察力和超越常人的前瞻思想。在国际同行有新苗头或新发现时，尽管条件简陋，困难重重，她也不甘示弱，勇敢地向前冲，并赶在他人的前面。

早期的硅外延材料，是利用化学气相淀积的方法，在硅单晶的衬底上，生长一层硅薄膜单晶。这种化学气相淀积的方法，是最早进入半导体技术领域的外延生长工艺，它的一个具体成就是在应用于硅平面晶体管的制造时，提高了硅平面晶体管的功率和频率。这既保证了集电极的高击穿电压，又减小了集电极串联电阻而降低了饱和压降。

相对于硅单晶炉，初期的硅外延生长系统，比较简单。当时国内已有质量较高的四氯化硅，所以半导体研究所在较短的时间内，率先研制成功硅外延薄膜，并开始为提高硅平面管性能及集成电路的试制提供所需的硅外延材料。

1966年年初，半导体研究所的器件研究室，承担了为“156工程”提供集成电路的研究任务。因此，外延组承担了为器件研究室提供相当数量的硅外延片的协作任务。这期间，林兰英鼓励科研人员，积极努力，加班加点，为早日完成这一光荣的国防科研任务奋发努力。

硅外延组的科研人员，不负林兰英主任的重托，虽在不断地一批批地生产硅外延薄膜，但硅外延薄膜的质量与硅体单晶的质量相比，有着较大的差距，集中表现为位错和层错密度高，衬底与外延层界面有时出现高阻夹层及表面宏观缺陷多。产生这些质量问题的原因，是载气、石墨舟、夹持工具和衬底清洗过程引入的沾污及系统的泄漏等。但在当时，由于上述诸多因素混在一起而难以区分，加之工作刚起步，还未进入深入的研究，更多的是凭借直观的判断，所以在相当一段时间内，不仅在半导体研究所，而且国内一些主要的半导体材料和器件研究所和工厂，也都不同程度地存在着硅外延片的质量不好的问题。

后来，针对硅外延片质量问题，林兰英又组织专人开展了对硅外延层晶体缺陷的研究，找出了缺陷的成因并掌握了克服的办法。

1968～1969 年，材料研究室的硅外延组，以自己研制的无位错硅单晶作为“衬底”，成功研制了高质量的硅外延材料。半导体研究所的微波器件研究室，用外延组提供的 $P/P^+$ 外延片，研制成了多种频段用的硅雪崩二极管及其振荡器。这些器件，在现代雷达、微波通信和遥感遥测等方面，发挥着重要作用。用这一新型材料研制成的阶跃管，是我国第一颗人造地球卫星微波信标机中的关键器件。从 20 世纪 70 年代初期至中期，外延组对控制外延生长时的自掺杂、抑制重金属沾污、防止系统泄漏、减小界面过渡区宽度等进行了研究，使外延硅的质量和稳定性、重复性，都有了显著的提高。由此保证了 1975～1981 年，为微波器件研究室 4 毫米和 3 毫米雪崩管研制所需的亚微米薄层外延，以及为表面器件研究室研制结型场效应晶体管所需的薄层外延片的质量，使上述器件的研制获得较好的成果，其中 4 毫米雪崩管的性能指标接近当时的国际水平，填补了国内空白，并获中国科学院科技成果奖二等奖。

在 20 世纪 80 年代以前，MOS① 集成电路都是用硅单晶材料制作的，但随着大规模集成电路的发展，80 年代初，国际上开始研究用硅外延片取代硅抛光片制造 CMOS② 集成电路，因而提出了 CMOS 硅外延的新概念。与以往的硅外延工艺相比，CMOS 硅外延技术在扩大衬底直径、提高外延层质量及对工艺过程（包括器件工艺）中杂质沾污的吸除效应等方面，都提出了更高的要求。

就在国际上刚提出这一新概念而国内还远未意识到其意义的时候，当时是研究所副所长的林兰英，敏锐地捕捉到这一新的动向，并及时组织了连续三个关于 CMOS 硅外延研究的国家重点科技攻关项目（其中“七五”、“八五”项目由半导体研究所独立承担，“九五”项目与中国科学院微电子中心共同承担）。从“七五”项目的 $\phi 2$ 英寸硅外延片至“八五”项目的 $\phi 3$～4 英寸和“九五”项目的 $\phi 5$～6 英寸 CMOS 硅外延片，使我国 CMOS 硅外延技术达到了实用化并逐步接近国际水平。研制的 $\phi 4$～6 英寸硅外延片经国内“贝岭”和“先进”两个合资的集成电路企业试用后，认为质量与进口的同类产品相当，愿意批量试用，并取得了很好的效果。这些举措，推动了我国微电子产业的国产化进程，逐步摆脱只能靠进口的 CMOS 硅外延片的被动局面，为我国自主开发亚微米、深亚微米集成电路

① MOS 电路为单极型集成电路，它采用金属-氧化物半导体场效应管制造。其主要特点是：制造工艺比较简单、成品率较高、功耗低、集成度高、抗干扰能力强，特别适合于大规模集成。

② CMOS（complementary metal oxide semiconductor，互补金属氧化物半导体），为电压控制的一种放大器件，是组成 CMOS 数字集成电路的基本单元。

奠定了良好的基础。[①]

## （二）开创SOS外延硅工艺

20世纪60年代中期，美国人首先研制成功了一种微电子领域的新材料，这种材料是以蓝宝石（$\alpha$-$Al_2O_3$）为衬底，在其上外延生长硅单晶薄膜的材料，即SOS（silicon on sapphire）材料，这一工艺，是一种崭新的技术。用这种工艺制作的集成电路，称为在蓝宝石上外延硅的互补MOS集成电路（SOS-CMOS），它具有高运算速度、高集成度及高抗辐照能力等优点，在航天技术领域有着广阔的用途。

20世纪60年代初发展的硅同质外延（硅片上外延生长硅薄膜），给硅平面晶体管及集成电路的发展做出了重要贡献；现在的这种SOS异质外延工艺，由于SOS材料质量及蓝宝石衬底价格等因素，发展受到限制。随着国际上SOS工艺技术的进展及SOS-CMOS高速低功耗集成电路的问世，60年代末70年代初，SOS技术在微电子领域中开始受到重视，被认为是提高集成电路的速度、集成度及抗辐射能力的一个有效途径。

这一情况，得到林兰英的密切关注。1970年，她刚刚结束被审查的厄运，刚恢复材料研究室领导职位不久，便任命1956年北京大学毕业的研究生郁元桓，筹建了SOS材料研制组，组织曹友琦等人，在国内首先开展这一新型材料的研制。当时，由于这一外延材料生长工艺较为复杂，而且研究室的各方面条件都很差，加之蓝宝石晶体是火焰法生长的，本身晶体完整性就较差，加上它的硬度仅次于金刚石，切片及衬底表面加工都很困难。在当时的历史条件下，这项工作进展缓慢，几乎陷入停顿状态。

自1974年起，由研究组提供SOS材料，由四室刚成立的CMOS电路研究小组进行MOS单管和倒相器试制。但试制出的器件性能，与体型的硅MOS器件的性能有很大差距，而且重复性差。这就表明，除了在材料的研制上没过关外，器件制作工艺上也有问题，因而SOS-CMOS集成电路的研究，也处于停滞不前的局面。就这样，一直延续到1976年粉碎“四人帮”以后。

就在当时，国际与国内，对SOS的研制前途，曾有过不同的看法，课题组处于下马的边缘。林兰英鼓励研究人员要勇于坚持，用实践去发现真理。“结合攻关，勇于探索，稳步前进，持之以恒”，这是林兰英最为突出的工作方法。

① 郁元桓．2000．我所硅外延材料的发展史//中国科学院半导体研究所．建所四十周年纪念文集：73-74．

林兰英（右三）与郁元桓（右二）在一起

1977年，林兰英任副所长以后，经过课题论证，在林兰英的支持下，在郁元桓、呰育德、曹大年等人的积极努力下，经过13年的沟沟坎坎，研制成功的SOS材料的质量，达到了当时国际上同类产品的水平，为研制SOS-CMOS集成电路打下了坚实基础。林兰英对此非常满意，并给予了热情的鼓励，还在不同的场合表扬了研究组的同志们。为了不失时机地将SOS材料推向实际应用，1983年，林兰英趁着各行各业大干快上的形势，抓住时机，及时将以蓝宝石为衬底的外延生长硅材料研制组与器件研制室从事硅CMOS电路研究的部分同志集结起来，跨室组成SOS-CMOS电路联合研制组，由CMOS电路组的刘忠立总负责，和致经具体负责芯片加工工艺，材料室的郁元桓负责SOS材料研究，全面开展联合攻关工作。

在取得了阶段性成果的基础上，联合研制小组派出代表，带着林兰英的自荐信，去找国防科工委有关部门的负责同志，介绍这项研究工作，力陈这一研究工作的重要意义与应用前景，期望得到支持。这封真诚恳切、凝聚着林兰英拳拳爱国之心的信件，被转到了时任中央军委副秘书长、国防部部长张爱萍手中，张爱萍被林兰英的责任感打动了。他在信上做出了批示，认为应该给予这项工作支持。

国防科工委派出专门人员到半导体研究所进行调查研究。经过严密论证，有关专家充分肯定了林兰英所取得的工作成效。紧接着，由联合组出面与正急需用抗辐射SOS-CMOS集成电路装备人造卫星的航天部某所挂钩，正式明确了服务对象：联合研究组承接了航天部某所用于长寿命卫星上的五种抗辐射SOS-CMOS集成电路研制项目，获得了应有的科研经费。

林兰英在其中发挥了非同小可的作用。

有了任务，有了研制经费，一些关键设备得以添置或改进，促进了研制工作工艺水平的提高。林兰英还将争取到的一部分经费，拨给一直为研制组提供蓝宝石粗加工衬底片的四川师范学院固体研究所的晶体组，由该单位研制和提供具有定向参考边的直径 1.5 英寸蓝宝石粗加工衬底圆片，使 SOS 工艺得以与硅圆片工艺兼容。

事实证明，正因为采取了联合攻关的组织形式，克服了以往材料与器件两个研制单位经常发生的互相指责对方存在问题的情况，有了问题共同讨论，积极解决，大大提高了工作效率。SOS 材料于 1985 年通过技术鉴定。1986 年，“抗辐射 SOS-CMOS 集成电路”研制成功，并通过了技术鉴定，其电学参数符合体硅 4000 系列 CMOS 电路的要求，抗 γ 射线的总剂量及抗 γ 瞬态剂量均达到国际同类产品的水平。这项研究成果，获 1986 年中国科学院科技进步奖二等奖。

在获得这一可喜成果的基础之上，林兰英又指示研制组人员协同器件组，对新研制成的 SOS-CMOS 集成电路进行老化实验，将其尽快组装成产品，提供给国家的“卫星工程”急用。通过与北京器件三厂的通力合作，由该厂为其进行老化实验和封装，完成器件研制的后步工序，圆满完成了“长寿命卫星用 SOS-CMOS 集成电路 5 种电路研制”任务，并于 1988 年通过了技术鉴定。这项研究成果，也于 1991 年获得了中国科学院科技进步奖二等奖。

在鉴定会后的三个月后，由半导体研究所提供的 SOS-CMOS 集成电路，组装于“东方红二号甲”长寿命通信卫星上的姿态控制电路及月球鉴别电路板上，通过了一系列严格的整机可靠性实验。1990 年 2 月，“东方红二号甲”卫星成功发射，星上所用全部 SOS-CMOS 集成电路一直工作正常，从而迈出了我国 SOS-CMOS 集成电路抗辐射应用的第一步。

由林兰英倡导组成的联合研制组，在研制卫星用 SOS-CMOS 集成电路成功之后，又继续与北京器件三厂紧密合作，研制用于导弹上的 SOS-CMOS 抗辐射集成电路的任务。1988～1993 年，用 5 年时间，完成了共有八个品种的国际系列电路的研制，并最终经受住了两次现场试验。这些电路均已通过验收和鉴定，达到了设计定型的水平。

在积极开展 SOS 材料研究的同时，国际国内都已开展了对除 SOS 之外的其他绝缘体上外延硅技术的研究。作为对 SOS 研究的延续，林兰英没有加入那些国内外已有很多人进行的研究（如氧注入隔离或硅片键合）中去，而是选择了可充分发挥原来 SOS 研究形成的薄膜晶体生长技术的优势，又可能显著降低成本及未来很有发展潜力的三维集成电路的 Sl/Y-$Al_2O_3$/Si 双异质外延 SOI 技术，研制工作于 20 世纪 90 年代初开始，从自行设计加工研制工作所需的关键设备——超低压 MOCVD 系统开始，进而开展多层外延的工艺实验直至试制成功 CMOS 集成电路。可以说，联合研制组的每一步工作都是在林兰英的直接领导和组织下进行的。在此项研究已取得成果的基础上，正朝着进一步提高材料质量和实用化的目标稳步前进。

“九五”期间，为了适应不断发展的新形势，林兰英又对 SOS 材料的研制做了新的部署，尽力减少硅膜厚度，努力提高硅膜质量。因为在以上提到的 SOS-CMOS 集成电路中，都是采用厚度为 0.5 微米的硅膜。但随着电路集成度的增加，以及考虑到深耗尽层 MOS 器件的研制，需要将硅膜厚度减小至 0.2 微米或更薄。而用常规工艺制备的 SOS 材料，随着硅膜厚度的减小，硅膜的质量也下降。为此，研究了利用离子自注入及固相外延的方法，消除了存在于硅膜中的层错，保证了薄硅膜的质量，为新的器件应用打下了良好的基础。[①]

### （三）用外延法制取砷化镓单晶

在 20 世纪 60～70 年代，化合物半导体的研究对象主要为砷化镓。砷化镓材料优于硅材料的主要方面就是迁移率高。迁移率高，表征材料纯度高，即材料的质量好。虽然砷化镓中电子的理论迁移率为 9000 厘米$^2$/（伏·秒），然而，当时国内外的体单晶砷化镓的迁移率总上不去，甚至还出现了“迁移率刽子手”的名词。因此，能否利用气相和液相外延技术生长出高迁移率的砷化镓材料，是能否使砷化镓走向应用的关键。当时，国内外都很重视如何得到高迁移率样品。在经过了初步的探索后，林兰英提出气相和液相外延首先要过纯度关，在标志化合物半导体纯度的低温迁移率上要与世界领先水平一争高低。

1）砷化镓纯度的探索

高纯度、高完整性，是标志半导体材料质量好的两个主要指标。

晶体的纯度问题，现在硅单晶已经过关。它的杂质含量少，均匀性很高。而半绝缘砷化镓的纯度，远比硅差。所以怎么去提高它的均匀性，是个很重要的课题。

① 郁元桓．2010. SOS 材料及我国抗辐射 SOS-CMOS 电路问世//李晋闽，王占国，何春藩．拓荒者的足迹—建所初期科技人物事迹选．北京：科学出版社：144-147.

对于GaAs材料而言，标志材料质量的主要指标是本征载流子浓度$n$和迁移率$\mu$，特别是温度为77K时的载流子迁移率。本征载流子浓度越低越好，迁移率越高越好。由于技术本身的限制，水平布里奇曼法和直拉单晶法制备出的GaAs单晶材料的纯度和完整性都不够高，也就是说，材料的本征载流子浓度不够低，而迁移率不够高，因而GaAs体材料一般不能直接用于制备半导体器件。

随着岁月的流逝，实践证明，采用水平布里奇曼法生长砷化镓单晶的方法，在这一高熔点的二元化合物再进行高温熔解时，由于坩埚的沾污和大量晶格缺陷的客观存在，难以制得更高纯度的砷化镓单晶，所以也就难以满足器件发展的需求。这一直困扰着林兰英和她的同事们。

后来，"文化大革命"开始了。在这期间，林兰英的研究室，由于系统的简陋，有害化学气体泄漏严重，有的科研人员身体的砷含量都大大超标。在提高砷化镓质量研究工作方面，力不从心，工作进展缓慢，到1967年秋，这一研究工作，几乎处于瘫痪状态。

1970年，林兰英被恢复了研究室的领导职务。为了解决这一问题，她在研究室里，亲自指导过多次实验，并进行实地调查，分别找了40多人进行讨论，分析结果，查找原因。

1970年年底，半导体研究所微波器件研究室的各个课题组，承接了多项国防科研任务，特别是权威性的"696"国防科研任务（国防科委下达的制作固体微波源中用的大功率器件的研制）的下达，给工作带来了生机。接着，国防科委钱学森主任亲自到半导体研究所材料实验室视察，要求所里群策群力，在砷化镓材料质量研究方面取得突破，能为研制出限垒二极管等大功率微波器件，为火箭发射源、雷达等设备的构件的小型化、固体化做出贡献。

在过去，雷达上的微波源，用的是电子管，体积大，耗电量也大。自1966年开始，半导体研究所的微波器件研究室就开始致力于在世界上迅猛发展的耿氏器件、限垒器件的研究工作。这些器件是使雷达更新换代的重要元件。这种器件的研制，需要高质量的砷化镓外延材料。砷化镓外延材料的纯度研究，又提到了议事日程上来。

林兰英领导的材料研究室拉制的砷化镓单晶材料，虽然已能达到制作半导体激光器的要求，但纯度指标不能满足制作微波器件的需要。因为制出的微波器件的稳定性、可靠性差，温度一高，器件就不能工作，而且制得的器件成品率也差，这就成了摆在林兰英面前的难题。

林兰英又与微波器件研究室主任成众志商议，组成材料与器件联合研究组，协同查找原因。经过模拟实验，证明是材料的纯度达不到要求。因此，林兰英决定，制作耿氏器件的材料不用体型砷化镓单晶材料，改用外延工艺制作的砷化镓单晶薄膜材料。

在单晶片上，沿着原来的结晶轴方向，再生长一层或多层厚度和电阻率符合设计要求的新的单晶薄膜，就好像是原单晶片向外延拓一样，这样的晶体生长工艺被称为“外延”。外延生长的特点是，外延层点阵完整，而且可以具有不同的杂质浓度和厚度；外延层可与原单晶片具有不同的导电类型，外延层可与原单晶片同质，亦可以异质。

这种半导体薄膜材料，是当代信息科学领域中极为重要的核心材料。它能提供的材料难以满足的半导体器件和电路要求的纯度、晶体完整性及特定结构，是半导体材料与器件得以迅速发展的基础。

要进行砷化镓材料的外延单晶生长，必须建立起相应的实验系统。林兰英吸取国外经验，建立三氯化砷-镓-氢（$AsCl_3$-Ga-$H_2$）系统进行研制。

这一工作，经常要接触到有剧毒和强腐蚀性的三氯化砷等化工产品，对身体健康有危害，有的同事离开了，或者出国了。高纯砷化镓的研究工作，处于一种艰难的境地。但是，十多年来，留下的科研人员，全身心地投入这项科研工作，经常达到废寝忘食的地步。

用制得的外延砷化镓材料制作微波器件，结果仍不理想。林兰英便对影响材料质量的多方面原因进行梳理。她首先对外延砷化镓单晶材料的热学、场强稳定性等因素，分别进行系统的分析研究，以探索材料的纯度、均匀性、完整性等表征材料质量的指标要素不过关的根本原因。此外，林兰英还要求制作砷化镓单晶材料的原始材料 $AsCl_3$和 Ga、研制工作中的器皿等，要有高的纯度。其中，最大的困难是 $AsCl_3$的蒸馏提纯问题。这是因为，$AsCl_3$的毒性和化学腐蚀性都十分强烈，尤其它与氢气化合生成 $AsH_3$，微量即可致人死亡。对它的生产，安全非常重要，所以生产厂家极少。材料研究室的科研人员，想方设法寻求合作者。经林兰英的不懈努力，最后找到了北京化学试剂三厂，他们答应为材料研究室蒸馏提纯 $AsCl_3$。

林兰英还以国防科研任务的名义，要求协作单位提高原始材料的纯度水平，以满足外延生长砷化镓单晶的需要。由北京有色金属研究院提供高纯的 $AsCl_3$，四川峨嵋半导体材料厂提供高纯镓，上海化工厂提供高纯聚四氟材料和北京玻璃总厂提供高纯石英管材等。在集思广益、博采众长的基础上，重新调整了实验方案。在各方面力量的支持下，科研人员群策群力，采用砷化镓的外延单晶生长方法，经过一年多的试制工作，使砷化镓材料纯度水平有了新的突破。终于生长出可用于耿氏器件的砷化镓材料。由于砷化镓材料组向微波器件室提供了大量的砷化镓外延片，研制成功了耿氏器件、肖特基势垒二极管等，后来获得中国科学院成果奖二等奖和北京市政府的奖励。

2）气相外延砷化镓单晶的研制

砷化镓材料，既是制作光电子器件的重要材料，又是在微波器件应用中最主要的半导体材料。而微波器件的研制，对材料纯度的要求更高。事实表明，由于气相外延与液相外延工艺的出现，砷化镓材料质量获得了大幅度的提高。

在国际科技领域，较为成熟的外延工艺是气相外延（VPE），即在气相条件下，将半导体材料淀积在单晶片上，使其沿着单晶片的结晶轴生长薄膜，通称为“从气相中生长半导体晶体薄膜”。生长出的外延层的晶向，与砷化镓衬底材料的晶向相同，但材料质量比衬底材料要好很多。因此，气相外延是提高砷化镓材料纯度和完整性的关键工艺。

气相外延的研究工作，国际上始于20世纪50年代末期。20世纪60年代初，半导体研究所的林兰英，就开始关注半导体薄膜生长工作。

半导体研究所材料研究室的气相外延研究对象始于硅。到20世纪60年代初，才开展了砷化镓的气相外延研究，起因于要为微波器件和霍尔器件的研制提供合格的材料。

回顾历史，砷化镓的气相外延研究，从建立到取得研究成果，是在国外对我国进行技术封锁的条件下进行的，是依靠国内的设备和材料，历经艰难曲折的漫长道路之后才取得成功的。1967～1980年的13年里大部分时间，都处在“文化大革命”时期。由于当时工作条件艰难，研究环境恶劣，社会无序，人心浮动，研制工作进展不大。

当时，由于研究所的微波器件研究室不断地接到国防科研任务，对微波器件品种的要求增多，器件的发展又对薄膜材料提出了更高的要求，所以，在1973年，林兰英再次提出，自己兼任组长，又重新组建了气相外延生长研制组，继续从事砷化镓的气相外延的研究工作。

当时，国内外最广泛使用的气相外延生长方法，是以三氯化砷和镓为原料，用高纯氢气作为载气，即采用“镓-三氯化砷-氢”系统，来开展砷化镓的外延研制工作。限于当时的条件，只能自力更生，土法上马，同时单位之间互相协作。为了攻克纯度关，经过多次反复实验和改进，最后采用聚四氟乙烯和石英两种材料的“硬接”，并采用聚四氟乙烯组合阀门，大大提高了系统的气密性。历经两年，在1976年6月，一套高气密性、抗强腐蚀的外延生长系统研制成功。在设备“硬接”问题解决后，为了再进一步提高砷化镓纯度，用氮气代替氢气做运载气体。1979 年 9 月，林兰英冒“崇洋媚外”风险，从日本定购了“惰性气体纯化器”，使系统所用氮气的纯度有了保证。在对这一外延生长系统的物理化学过程进行的研究中，林兰英了解到对砷化镓纯度有很大影响的某些热力学因素和反应动力学因素，解决了热处理过程中氧的沾污问题。增大镓舟的尺寸，确定了必须在富镓条件下进行生长，使三氯化砷中的氯有足够的时间与镓充分反应才能得到高电子迁移率的外延层的实验规律。光致发光研究表明，影响其纯度的主要因素是残存的受主杂质硅。进而采取了抑制石英器皿（含硅）对砷化镓材料沾污的工艺措施，终于在 1981 年，得到了高质量的砷化镓外延片，其迁移率高达 $2.1\times10^5$ 厘米$^2$/（伏·秒）。这个数字不仅在国内领先，在国际上能做出这样高的迁移率的实验室也不多。随着国内原始材料砷与镓的研制工作的进展，砷化镓质量有了提高，运载气体又用纯度更高的氩气代替氮气，也取得了更大的成功。从 1982 年起的三年间，一直可以制得迁移率为 $1.7\times10^5$～$2.1\times10^5$ 厘米$^2$/（伏·秒）的样品。这些迁移率数据，还被收录在 1990 年出版的 *Properties of Gallium Arsenide* 上。

20 世纪 60 年代，半导体研究所开始研究砷化镓的气相外延，就是针对微波器件与霍尔器件的研制进行的。70～80 年代，材料研究室还向微波器件研究室提供大量 N-GaAs 外延片，合作研制砷化镓肖特基混频二极管。3 毫米砷化镓肖特基势垒二极管的研究，获中科院 1982 年重大科技成果奖二等奖。1987 年，又合作研制砷化镓霍尔器件，器件质量达到国际先进水平，获得中科院科技进步奖三等奖和北京市的奖励，这证明砷化镓气相外延材料，已达到了高质量的水平。几乎在同时，高纯液相外延砷化镓材料也达到了国际最高水平。

3）液相外延砷化镓单晶的研制

在当时，世界上用外延法制取砷化镓单晶薄膜有两条途径：一是气相外延生长法，二是液相外延生长法。在光电子领域，异质结激光器的研制，主要采用液相外延技术。

液相外延工艺，即把半导体材料溶解在溶液中，然后把溶液覆盖在单晶衬底上，使溶液中的半导体材料不断地在衬底上析出，并沿着衬底的方向再结晶。这种工艺技术，对设备的要求比较简单，安全系数大，而且成本低廉，在半导体器件的制造中，同样起着非常着重要的作用。

自从美国无线电公司的砷化镓液相外延的工作成绩发表后，林兰英领导的材料研究室，于 1964 年也建起了液相外延小组，从事砷化镓材料的

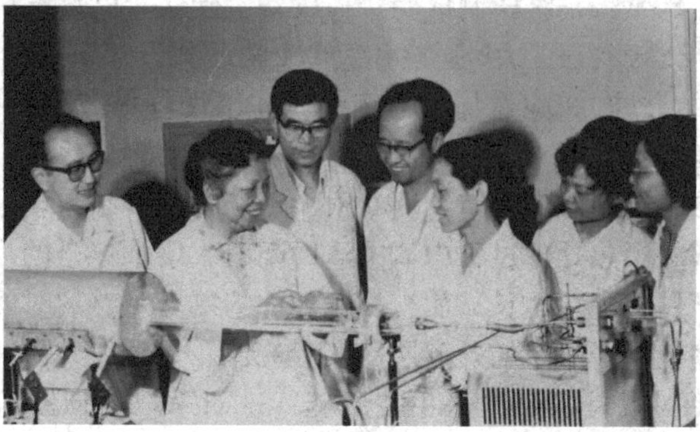

1978 年，林兰英（左二）与液相外延组人员在一起

液相外延的研究。组长梁俊吾领导王圩、蒋厚基、石志文等人，率先在国内建起了砷化镓化合物液相外延系统，用液相外延法生长砷化镓材料成功，为研究所内的短波长砷化镓脉冲激光器件研制组提供了砷化镓外延片，提高了材料的荧光效率。1965 年，经王守武领导的庄婉如等人的努力，在国内首次研制成功室温相干半导体激光器，为半导体激光器件的应用提供了可能性。随后，梁骏吾调出研究组承担其他任务，王圩作为组长，又和蒋厚基、石志文、马国荣等人一起，研制成功了 GaAs/GaAlAs 液相外延技术。到 20 世纪 60 年代末期，随着砷化镓激光器研究的迅速发展，作为激光器材料生长主要手段的液相外延技术也得到了很大的发展。为了加快激光器的研究步伐，使材料和器件的研究结合得更为紧密，融为一体，在 1975 年，王圩、石志文和马国荣三人，调到了七室（半导体光电子器件研究室），继续从事激光器材料的研究。在分子束外延和金属有机化合物气相外延技术在半导体研究所建立起来之前，液相外延技术一直是光电子领域为光电器件研究提供材料的主要技术手段。

1977 年，当时的材料研究室主任林兰英，又成立了液相外延研制组，同样为提高砷化镓材料的纯度进行攻关研究。小组成员主要有方兆强、周伯骏、向贤碧、朱素珍、吴让元、焦景华、郑红军等人。在林兰英的领导下，液相外延小组的全体成员齐心协力，从零开始，自己动手建立了全套的硬接管路液相外延系统，并购买和安装了一间小超净间，以保证装片和取片的清洁度。不到一年，一套密封可靠的高纯液相外延硬接系统便建成了。

林兰英鼓励学术民主、充分调动组员的积极性，终于建成了与物理测试相配合、进行外延生长条件对外延层的质量有何影响的研究。她经常参加小组讨论会，和科研人员一起讨论实验方案，制订具体措施。在近三年的研究中，科研人员一直是三班倒，日夜不停地进行各种方案的实验。弄清了工艺中的主要残留杂质是氧、硅、碳，摸索出了一套有利于减少杂质沾污的外延工艺，终能重复制得高纯度、高迁移率、低补偿度的液相外延砷化镓单晶薄膜，最终在1980年年底之前，研制出了具有国际先进水平的高纯LPE-GaAs外延材料。材料的载流子浓度大大降低，室温迁移率和低温迁移率都有大幅度的提高。这些指标均达到了国际最高水平。高纯LPE-GaAs的研究成果在1981年的《晶体生长》（*Journal of Crystal Growth*）杂志上发表后，在国际上获得好评。

1980年10月，有一位来自美国贝尔实验室的学者，两度到这一实验室参观。他自称是Dilorenzo的朋友，他发现，从外延生长设备，到外延生长过程都与美国不同，因此对两种外延片测量数据的可信度表示怀疑，要求将具有代表性的高纯砷化镓样品给他，让他带回美国做进一步的测量，以确证数据的准确性和可靠性。这位学者的要求，被接待者反映到了林兰英那里。林兰英说："真金不怕火炼，让他们检查去吧。科学就是这样，应该经得起考验。"

美国伊利诺伊大学电机系，拥有测量分析高纯砷化镓最现代化的仪器，可以给出准确、可靠且具有权威性的砷化镓测量数据与信息。主持工作的是半导体材料著名专家斯蒂尔曼（Stillman）教授。1984年6月，样品送到了美国，伊利诺伊大学Stillman实验室的学者们，在他们对我们气相外延的砷化镓单晶样品做了全面的测量与分析之后，并且与美国和日本的样品做了对比，印证了中国样品的纯度与质量为当时国际上报道的最好结果，给予了高度评价，也证实了中国学者们所取得的可喜成就。

在当时，这项令世人瞩目的科研成果，体现了我国半导体科学与技术的应用基础研究是相当扎实的，是经得起检验的；中国科学院半导体研究所的综合实力是十分雄厚的。这项成果不仅为信息产业的发展奠定了坚实的基础，而且有力地推动了冶金、化工等产品纯度质量的提高。[①]

林兰英及时组织液相外延小组的研究人员进行总结，在1981年年初，和气相外延小组一道举办了成果鉴定会。这两项统称为"提高砷化镓材料质量的研究"成果，获得了当年中国科学院科技成果一等奖，后又获得1985年刚刚设立的国家科技进步奖二等奖。

① 凌维远．2010．历史的回顾，时代的足迹//李晋闽，王占国，何春藩．拓荒者的足迹—建所初期科技人物事迹选．北京：科学出版社：226.

高纯 LPE-GaAs 的研究通过成果鉴定后，提高 LPE-GaAs 材料纯度的工作告一段落。按照林兰英的部署，液相外延小组的工作转向了材料物理的研究。林兰英又安排小组里的向贤碧负责氧在 LPE-GaAs 材料中的行为的研究工作。向贤碧和组里的吴让元一起，在近三年的时间里，同材料物理组的杨锡铨合作，对 LPE-GaAs 材料中的深能级进行了仔细研究，确认了氧杂质与 LPE-GaAs 材料中的深能级有关；经与物理部的韩和相、庄蔚华合作，还对 LPE-GaAs 中的氧杂质的拉曼光谱进行了研究，同样取得了理想的成果。这些研究成果的相关论文，有的发表在《半导体学报》杂志上，有的发表在国内及国际的学术会议上。在林兰英的安排下，向贤碧还在 1983 年 11 月在上海举办的Ⅲ-Ⅴ族化合物材料国际学术会议上，做了“氧在 LPE-GaAs 材料中的行为的研究”报告。

4）P 型砷化镓单晶备受青睐

国际半导体材料物理学界，对中国不但能用液相外延研制高纯的 N 型砷化镓材料，还能自如地制备高纯 P 型的砷化镓材料，给予了很高的评价。

1980 年 10 月，还是助理研究员的王占国，经世界著名固体物理学家、半导体研究所所长黄昆和副所长林兰英的推荐，来到了瑞典南部的隆德城。在隆德大学固体物理系主任哥尔马斯教授带领下，致力于半导体材料的深能级课题的研究。这种深能级的研究，是半导体杂质行为研究的一个重要方面，成为当今世界上的固体物理学者们广为关注的大课题。王占国接手的工作是进行半导体材料中杂质和缺陷行为的研究。具体地讲，是研究液相外延砷化镓材料中 A、B 两个能级的性质，这对进一步提高半导体材料的质量、制备完美晶体及提高半导体器件的稳定性和成品率方面，都起着关键性的作用。这个题目，这儿的一些研究生也曾涉猎过，但都是半途而废。一些有名望的学者对此也甚感头疼，因而被搁置了多年。这不仅因为 A、B 系统自身的关系甚为复杂，很难理清眉目。同时，在不具备 P 型砷化镓材料样品的情况下，要利用 N 型样品来研究少数载流子的行为规律，更是件极为困难的事。因为要在多数载流子的系统中，研究少数载流子的行为，这本身就是个有待解决的课题，否则，就谈不上对 A、B 中心做深入了解，开展所需要的正常研究工作了。

起步阶段，王占国遇到了困难，不得不给林兰英写信，提出了要 P 型液相外延砷化镓材料样品的需求，隆德大学也提出为他制备在 $n^+$ 砷化镓衬底上生长不掺杂的 P 型液相外延砷化镓材料，以供他在深能级课题研究方面的需要。林兰英在接到王占国的来信后，马上安排液相外延组的科技人员进行研制。组里同志日夜奋战，在经历了三周左右的时间后，这一样品漂洋过海，送到了王占国手中，使王占国能顺利地开展工作；P型样品的到来，在隆德大学里，瑞典人很惊讶，因为连他们长期依靠的美国贝尔实验室都制不出来；P型样品的出现，受到了从事半导体材料物理研究特别是材料深能级物理研究的学者们的青睐。中国科学院半导体研究所通过真空脱氧等工艺手段的控制，能随意得到N型和P型这两种液相外延砷化镓单晶材料，证明半导体研究所研制的砷化镓材料的纯度，已达到国际领先水平。这一现实，振奋了半导体物理学界，令他们甚感意外。1982年黄昆自法国开会归来，当着林兰英面夸奖说："法国人用了你的材料，绝口叫好；你的高纯材料，传遍了欧洲。"1993年10月，《经济日报》报道说："瑞典隆德大学深能级中心需要一批高纯度的P型砷化镓单晶来研究空穴的本质。这P型砷化镓单晶本来是由美国的贝尔实验室提供的，但因纯度不高，不能满足要求。林兰英的研究室在一个月不到的时间内就干净利落地制了出来。固体物理学家黄昆从欧洲开会回来，兴奋地对她说：'林兰英，你的高纯度震惊了世界。'这是她心情最为愉快的时刻。"

关于提高砷化镓单晶纯度的研究工作，开创外延生长工艺，林兰英是这样回忆的：

> 砷化镓单晶非常有用。但是，用它制作的器件成品率极低，这与材料质量有关，即纯度低。1973年，我决定要突破砷化镓纯度，将研究方法转向气相外延和液相外延。粉碎"四人帮"后，才得以专心致志地攻关。我们从基础做起，研制高水平的外延生长系统，从机制上弄清影响纯度的科学问题。由于工作的进度比兄弟单位稍慢一点，纯度攻关任务的争取受到影响。我想在任何情况下，我都肩负着攀登科学高峰、为国争光的任务。经过了八九年的努力，气相外延和液相外延同时达到了国际先进水平。我们气相外延的结果被收入了美国出版的《砷化镓手册》，至今保持着这方面研究的最高水平。我们研制出了美国贝尔实验室不能提供的高纯P型液相外延材料，被国际半导体学术界的许多科学家誉为国际最高水平。1981年，这项成果获中国科学院科技进步奖一等奖；几年后，又获得国家科技进步奖二等奖。[①]

---

① 林兰英.2006.我与半导体材料//夏建白，陈辰嘉，何春藩.自主创新之路——纪念中国半导体事业五十周年.北京：科学出版社：131.

### （四）砷化镓太阳电池的研制

1981年年初，高纯LPE-GaAs的研究获得了具有国际先进水平的成果，并通过成果鉴定之后，提高LPE-GaAs材料纯度的工作告一段落。按照林兰英的部署，液相外延小组的工作转向了材料物理的研究。后来，LPE-GaAs研制组人员有的去了其他研究组，有的到研究所里担任了管理职务。新恢复起来的研究组，研究的目标是多片液相外延技术。实验室已购买了一台新的液相外延炉，条件已粗具规模。但由于缺乏科研经费的支持，这项研究工作未能正式开展起来。次年，组长杨雄风又被调到研究所里的科技处工作，离开了材料研究室。

在这骑虎难下的时刻，室主任王占国让刚从国外归来的向贤碧担任液相外延小组的组长，挑起这个大梁，继续开展原有的科研项目。向贤碧经过调研，认为液相外延砷化镓材料的研究，必须与器件研究相结合，才有发展前途。液相外延砷化镓材料的器件应用，在光电子领域，主要是半导体激光器的应用。当时的半导体研究所七室，已有多个研究组在从事激光器的研究，范围涵盖了各种Ⅲ-Ⅴ族材料。这对向贤碧说来，已无多大生存空间，不愿再去做这些重复性的劳动。因为林兰英早就给科研人员讲过一句名言："不与人雷同，做出自己的特色。"

正在这时，国际上已兴起另一类型光电器件的研究，即砷化镓太阳电池的研究。这种空间能源，比硅太阳电池有许多优点。于是，她向领导提出，用液相外延砷化镓生长技术，来开展砷化镓太阳电池的研究。

向贤碧的建议，得到了林兰英的支持。林兰英说："砷化镓空间能源，有抗辐照、耐高温的优点。对它的研究，搞好了会成气候的，你就放心去搞吧。"从1987年开始，向贤碧组织人员，开始了这个新课题的研究，成为了国内最早研究砷化镓太阳电池的小组之一。

在研究工作初期，室主任从材料研究室的经费中给予了支持。逐步建立和完善了砷化镓太阳电池的液相外延材料生长和器件制备的主要设备和工艺技术，建成了一个较为完整的研究小组，其中主要成员有汪度、杜文会、费雪英、常秀兰等。表面物理室非晶硅小组的廖显伯、刁宏伟等人，光电子开放实验室的石志文、高俊华等，也都参加了太阳电池制作的器件工艺和测量工作。

手头有经费，是开展研究工作的前提。林兰英利用她本人在学术界的威望和影响力，给这个课题组申请到了4个国家自然科学基金，一个国防预研基金，2个空间领域的"863"计划项目。另外，林兰英还向航天部的领导介绍这个小组的工作，给小组与航天部的相关单位的合作牵线搭桥。后来，小组与航天部梅岭化工厂和航天部新宇电源厂，即后来改名为航天部第八研究院上海空间电源研究所（811所），建立了合作关系。后来，又与电子工业部天津电源研究所签订了合作研究协议。

工作在有序地进行，也有了一些起色。林兰英甚为高兴，积极支持小组开展国际合作，促进研究工作取得新进展。在20世纪80年代末到90年代初，这种器件的研究和应用，国际上都处于初期阶段，国内也只有上海冶金研究所，云南师范大学太阳能研究所这两家，并且都处于起步阶段，难得见到公开发表的文章，几乎找不到可供借鉴的资料，给研究工作带来了一定的困难。因此，他们不得不寻找国际合作，以加快研究工作步伐。在林兰英的帮助下，通过中国科学院国际合作局和国家自然科学基金委员会的支持，小组得以与俄罗斯科学院约飞技术物理研究所和德国弗朗霍夫学会太阳能研究所合作，他们的研究工作都处于世界前列。研究小组曾多次派人到这两个单位去访问、学习，你来我往，时间一长，双方建立了友谊。林兰英还于1990年亲自访问了约飞技术物理所，与之进行了学术交流。这些国际合作项目的实施，对小组的研究工作起了重要的促进作用，提高了小组的学术水平，推动了小组的研究工作的开展。

经过小组人员的辛勤耕耘，到了1993年，小组采用多片液相外延技术研制的液相外延砷化镓太阳电池的效率，达到18.78%的国内最高水平，与国际同类型电池的先进水平相近。这一研究成果，在1993年11月通过了技术鉴定。鉴定会由当时的国家自然科学基金委员会信息学部主任许振嘉主持，林兰英也亲自参加。这项研究成果，获得了自然科学基金委员会的好评；这一最新成果，1994年元月22日的《科技日报》还给予了宣传报道。

1994年，小组承担了一项航天领域“863”计划项目——“空间GaAs太阳电池”的研制任务。到了1996年夏，研究工作取得了大的进展。液相外延的规模，达到每炉生长20片外延片，太阳电池的效率达到了19.34%（AM0，4.4厘米$^2$，25°C），居国内领先水平，并已达到国际同类电池的先进水平。器件成品率也大为提高，达到40%。小组承担的这一“多片液相外延技术研制砷化镓太阳电池”项目圆满完成，并于1996年8月20日通过了“863”专家组的验收，获得了专家们的好评。1998年，经该小组和上海冶金所联合申请，这一“液相外延法制备的高效砷化镓太阳电池”项目，获得了中国科学院科技进步奖二等奖。

在这一成果通过专家组验收后不到两月，即1996年10月17日，喜讯传来，林兰英获得何梁何利基金1996年度“科学与技术进步奖”。这个奖项，是由香港地区几位金融家于1994年年初捐资设立的一项科技奖励基金。基金的宗旨是：促进中国的科学与技术发展，奖励取得杰出成就的科学技术工作者，分“科学与技术成就奖”和“科学与技术进步奖”两项。前者奖励长期致力于推进国家科技进步、贡献卓著，取得国际高水平科技成就者；后者是奖励在特定学科领域取得重大发明、发现和科技成果者。每年评奖一次，今年这是第三届。

两年后，即1998年11月底，林兰英又荣获了首届“霍英东科技成就奖”。这一奖项是中国香港富商霍英东于1997年创设的，旨在奖励那些对中国地区和东南亚十国各地区民族的文明及社会发展有成就、有贡献的人士，特别是有发展潜质的年轻人，包括“霍英东杰出奖”、“霍英东成就奖”、“霍英东贡献奖”等奖项。

1998年11月，林兰英（右三）获首届霍英东科技成就奖

1997～1999年，在林兰英的热情鼓励与积极支持下，砷化镓太阳电池研制小组继续承担了研制高效砷化镓太阳电池的空间领域“863”任务，进一步提高电池的质量。为了跟上国际发展趋势，项目组的经管领导下发规定：砷化镓太阳电池必须改用MOCVD技术来生长。经林兰英与材料研究室里同志的努力，同中国电子科技集团公司第五十五研究所建立了用MOCVD技术生长砷化镓外延片的合作关系。到了1999年，太阳电池的效率提高到了21.95%，又于1999年12月通过了“863”专家组的验收。专家们认为，超额完成了项目协议书的原定指标，胜利完成了任务。随后，又向上海空间电源研究所推广了这项研究成果，并促成了他们与南京第五十五研究所、厦门三安公司、厦门乾照光电股份公司的长期研究

合作。

随着航天事业的飞速发展，对空间能源的要求越来越高。单结砷化镓太阳电池的效率，已不能满足各种飞行器越来越大的能源需求。从20世纪90年代初开始，国际上开始转向研究多结叠层砷化镓基系太阳电池。因为多结叠层电池能更充分地吸收各个波段的太阳光，可获得更高的转换效率。自1999年申请到了多结叠层砷化镓基系太阳电池的基金后，2000年便开始了 AlGaAs/GaAs 叠层电池的研究。鉴于某些难以克服的原因，不得不于2003年结题，终止了研究。

正是由于砷化镓太阳电池研究组全体同志的坚持和努力，这个新兴课题组才能在十分困难的条件下，坚持进行了十几年的科研工作，并取得了多项研究成果，成长为在国内具有较大影响力的砷化镓太阳电池研究小组。向贤碧本人，也多届被选为中国太阳能学会理事。

目前，我国上海811所和天津电源研究所（18所）研制的、以锗为衬底的三结叠层砷化镓基系太阳电池，批产效率达到28%（AM0，24厘米$^2$），已成为我国空间能源的主流。在我国的航天器上，90%的空间能源已采用三结叠层砷化镓基系太阳电池。包括近年发射的“天宫一号”实验舱与“神舟九号”宇宙飞船等。

砷化镓太阳电池现在的发展趋势和应用前景，印证了林兰英当初的预言：“砷化镓太阳电池能成气候。”向贤碧回忆说：“电池小组近10年来的艰苦努力所获得的成果，也可以告慰林兰英先生的在天之灵了。”①

### （五）分子束外延技术的创建

分子束外延（MBE）技术，是生长制备各种不同结构的低维半导体材料的关键技术。20世纪70年代初，美国贝尔实验室首先开创了这一半导体材料生长的新技术。接着，美国的国际商业机器公司（IBM）、英国的飞利浦公司（Phillips）和日本富士通（FuJitsu）等少数大公司的实验室，自制了MBE设备，用以生长各种不同结构的低维半导体材料。后来虽然有了商品化的MBE设备，但因MBE技术是当时带有革命性的尖端半导体技术，它对发展超高速、超高频、超小型的新型半导体器件，探索新的半导体物理效应，具有重要意义。因此，西方国家都对我国封锁禁运。要突破封锁，要在我国半导体材料领域开展这一前沿研究课题，首要的问题就是要有分子束外延设备。

① 向贤碧：GaAs太阳电池的研究历程（手稿）.

林兰英十分关注半导体薄膜和超薄层材料的生长工作。因此她特别重视并积极倡导在中国科学院联合开展这一创新技术设备的研制。

鉴于物理研究所和半导体研究所均提出了要研制 MBE 设备的要求，在 1975 年，由中国科学院装备处牵头，组织了物理研究所、半导体研究所、沈阳科学仪器厂等单位与兰州物理研究所合作，联合开展我国第一代的两种型号的 MBE 设备的研制。根据协议，由这两个所各负责研制一台不同结构的 MBE 设备。对此，林兰英喜出望外。作为副所长的她，对这一工作，给予了热情的支持。

MBE 设备，综合了超高真空、精密机械、高精度的自动控制、电子光学、电子能谱、质谱等一系列高新技术，并要能承受苛刻的工作条件，如有的部件的工作温度近 1000℃，而有的又要求同时通以 77 开温度下的液氮，要有通氮系统。因此对系统各部件所用原材料的选择、结构设计到加工工艺，都有十分严格和特殊的要求。这样一台技术复杂的 MBE 设备，能否独立自主地研制出来，关系到我国能否及时开展这一重要新兴前沿科学领域课题研究的大问题。

当时，半导体研究所领导对 MBE 设备研制工作十分重视，将它列为所里研制的三大设备之一。王守武副所长当时主管业务，亲自审定了研究方案和图纸设计。刘大明副所长负责组织协调。在由王守武兼主任的第三研究室成立了由孔梅影负责的 MBE 研究组，专门开展设备的研制。1975 年，邓小平同志主持中央工作时，提名从北京大学选派黄昆教授任半导体研究所所长。黄昆到所后，组建了半导体物理研究室，决定将 MBE 组从第三研究室调到由黄昆领导的物理研究室。

鉴于 MBE 设备研制的难度很大，有些好心人劝告研制人员，不要去冒这么大的风险。还有人说："搞不好会'生产出'一堆废铜烂铁。"

林兰英不信邪，也不计较这些风言风语，她作为副所长，全力支持黄昆的工作，积极为研制工作开绿灯，鼓励他们持之以恒，不怕困难。如果遇到了困难，她就积极主动与黄昆所长商量对策，克服困难。自 1975 年开始，孔梅影、黄运衡、梁基本等人，起步开始了 MBE 设备的研究工作。后来，孙殿照、周增圻回国后，也参与了这一新型设备的研制。历经多年的风风雨雨，终于完成了任务。

那是 1981 年年初，MBE 设备在沈阳验收鉴定，林兰英冒着东北的严寒，长途跋涉，亲自去主持鉴定会。委员们认为，"分子束源设计精巧可靠，消耗功率小，具有我国民族独立特色"。这台合作研制的 MBE 设备，获 1984 年中科院科技成果奖二等奖。后来，又与物理研究所联合申报

“分子束外延技术”科技成果，获1985年国家科技进步奖二等奖。

林兰英（右）观察分子束外延设备

我国自立更生研制分子束外延设备的成功，使低维半导体材料（即纳米材料）这一新兴、前沿、有重要应用前景的研究领域，得以在我国起步和发展，促使西方国家于1992年解除了对我国MBE设备的禁运。

1991年，林兰英在得知西方国家将要解除MBE设备对我国的禁运消息后，积极支持引进国际一流的MBE设备，以加速发展我国半导体量子微结构材料及其应用研究领域。设备进来后，在林兰英的指导下，用此设备很快研制出了性能达到国际领先水平的、低温迁移率高达$10^6$厘米$^2$/（伏·秒）的二维电子气材料。用该设备所生长的材料，研制出了一系列性能优良的量子阱光电子器件和新型微电子器件，如850纳米、980纳米的低阈值量子阱激光器，808纳米大功率激光器和可工作于8毫米频段的赝配高电子迁移率晶体管（P-HEMT）、异质结双级晶体管（HBT）等，使我国量子微结构材料和器件的研制，在“八五”计划期间迈上了一个新台阶。

根据邓小平同志“科学技术是第一生产力”的指示精神，林兰英十分重视科研要为国民经济和国防建设服务，她经常强调研究成果要转化为生产力。“九五”期间，林兰英狠抓了MBE砷化镓基材料的实用化研究，她常常给科研人员讲，要做好材料的实用化研制工作，必须要有高水平、有经验的科研技术人才队伍和有稳定可靠的高性能的研制设备。为此，她一方面大力关心、支持和培养青年研究骨干人才；另一方面亲自决策，筹集资金，又引进了一台性能优良适于砷化镓基MBE材料实用化研究和小批量生产的MBE设备。用此设备研制的材料，不仅出色地完成了国家“九五”计划 MBE 砷化镓基材料实用化研究的任务，还促进和保证了国内有关器件研制合作单位一些重大国家任务的完成。在此基础上，林兰英还进一步提出要抓好材料的工程化研制，为下一步的产业化打好基础。

### （六）新型材料的分子束外延生长研究

林兰英还十分关注半导体材料的新发展。在“八五”期间，她大力支持发展在微电子方面有重要应用前景的锗化硅材料，“九五”期间，又提出要加速发展在光电子和微电子器件领域都有十分重要应用前景的宽禁带半导体材料氮化镓（GaN）、碳化硅（SiC）等。因此，半导体研究所在“九五”期间对一些新型材料，如锗硅合金（SiGe）、GaN、SiC 的 MBE 生长研究，也在林兰英的关怀下迅速地开展起来。[1]

1995 年，半导体材料科学中心成立后，林兰英积极组织新型半导体材料的研究。她安排黄大定、刘学锋、刘金平、李建平等人，在国产气源分子束外延（GS-MBE）设备上，采用 N 型重掺杂 Sb 直拉硅单晶片，原位生长锗硅合金的双异质结晶体管（HBT）结构的单晶材料。该材料经 X 射线双晶衍射，透射电镜和扩展电阻深度分布测量说明：晶体完整性好，无应力弛豫，界面平整、陡峭，已具有了根据器件制备设计要求来生长 SiGe HBT 材料的条件。

随着材料科学的发展，已得知氮化镓、碳化硅、氧化锌等，都是宽带隙半导体材料，因为它们的禁带宽度大，热导率高，所以器件的工作温度都非常高。比如碳化硅，可以工作到 600℃。金刚石如果做成半导体的话，应用温度可以更高，器件可安装在石油钻探机的钻头上用以收集相关需要的信息，钻头工作时的温度是很高的。它们还在航空、航天等恶劣环境中有重要应用。我们现在的广播电台、电视台，唯一的大功率发射管，还都是电子管，没能被半导体器件代替。这种电子管的寿命也只有两三千个小时，体积大又非常耗电。如果用碳化硅的高功率发射器件，体积至少可以减少 100 倍，它的寿命也会大大地增加，所以高温宽带隙半导体材料是非常重要的新型半导体材料。问题在于，如碳化硅的体材料缺陷多，不能用于电子器件，只能采用 MBE、LPE、CVD 等方法生长。而这些外延法的生长也较为困难。在硅上生长硅，在砷化镓上生长砷化镓，它可以长得很好；但宽带隙材料大多都没有体材料，只得用其他材料做衬底来生

---

① 孔梅影．2000．分子束外延（MBE）材料//郑厚植，姚振钰，孔梅影．林兰英院士科研活动论著选集．北京：科学出版社：288．

长。比如说，氮化镓是在蓝宝石衬底上生长的，蓝宝石跟氮化镓的热膨胀系数和晶格常数相差都很大，长出来的外延层的缺陷非常多，这是最大的问题。另外，这种材料的化学稳定性很好，加工、刻蚀起来就比较困难，这是需要科学工作者们进一步努力来解决的问题。在半导体研究所，自“九五”时期开始，林兰英又安排王引书、李晋闽等人，对这类材料进行着开拓性的研究。

### （七）金属有机化学气相外延的开拓

金属有机化学气相淀积（MOCVD）技术，是20世纪70年代末逐渐受到人们重视的另一项气相外延生长技术。虽然我国早在1972年位于四川原四机部1424研究所的一个研究小组，在极其艰苦的条件下，开始利用易燃的三甲基镓和剧毒的砷烷，进行合成和提纯，并搭建起MOCVD设备，进行GaAs外延生长研究，于1981年报告了MOCVD生长GaAs及MESFET的初步结果。但是那时我国的MOCVD水平与国际水平存在着较大的差距。

进入20世纪80年代，林兰英在审视了国内外的发展形势后，预见到这项技术的重要性，很看重这项研究工作。在1982年，她积极支持在半导体研究所光电子器件物理研究室着手组织MOCVD的研究，并从全局的角度考虑如何发展我国的MOCVD事业问题。

1982年，林兰英依据由黄昆所长主持召开的全所MOCVD工作协调会议精神，一方面安排段树坤负责MOCVD工作的创建，从研究所的材料、光电和器材等部门抽人组成调查组，对MOCVD所需要的原材料、设备及实验室筹建等进行调研，并先后派出多人到国外学习MOCVD技术；另一方面，向国家有关部门提出建议，安排金属有机化合物（MO）源和特种气体的研究和生产。

在当时，无论是MOCVD设备、金属有机源，还是砷烷和磷烷等，都在“巴黎统筹委员会”禁运之列，禁止对我国出口。那时的半导体研究所，场地狭小，对安装这种安全指数高的MOCVD设备的选址问题，林兰英也伤透了脑筋。1986年迁所后，场地宽敞了，便于1987年年底，从中立的瑞典一家小公司引进了第一台MOCVD设备，建成了半导体研究所第一个MOCVD实验室。此后不久，段树坤等人就用这台设备做出当时国内最好的砷化镓材料，同时还接待了国内很多同行的参观访问，对国内MOCVD研究工作的开展和MOCVD设备的研制，都起了重要的推动作用。

进入1988年，林兰英又指导陆大成、段树坤等人，参照国际先进技术，将这台设备改造成适于生长InP系材料的设备，在国内首先生长出高纯InP材料，1989年又生长出InGaAs/InP量子阱材料，进而于1992年用它研制出国内第一个用MOCVD方法制作的InGaAsP/InP量子阱激光器。1994年，由于发展蓝光器件工作的需要，又将此设备改造成适于制备GaN系材料的设备，并获得国家专利。在1996年年底，用MOCVD方法不但在蓝宝石衬底上研制成功GaN基LED，而且首次在国内实现在尖晶石上生长出蓝光LED。多年来，利用这台设备完成了“863”计划、“中科院重大项目”等多项国家任务。

林兰英并不满足于此，她积极支持自己动手研制国产设备，并于1989年组织材料研究室的陆大成等人，在仅有10万元的启动经费条件下，开始了MOCVD设备的研制。他们采用分阶段、逐渐完善的办法，于1991年研制成功了第一台MOCVD设备。它能在常压下生长出最小阱宽为10安的GaAs/AlGaAs量子阱材料。在“八五”计划期间，还承担了“863”计划的《金属有机源MOCVD鉴定》项目。在研究所里，至今已有2台自己研制的具有鲜明特色的MOCVD设备在工作着。

我国MO源的研制工作，也是在林兰英的关怀下起步的。林兰英指出，发展我国MO源要过好纯度关和稳定性关，并从全局出发安排一台MOCVD设备，花了5年时间配合南京大学和化工部大连光明化工研究所，专门从事国产MO源纯度检验研究，为他们提高纯度提供了可靠依据。我国MO源已有20余个品种，重要MO源和部分特种气体已经能大量生产，质量不断提高，不但有力地支持了我国MOCVD事业的发展，而且还有小量出口。研究人员还利用国产MO源生长出高质量GaSb、InP外延层，均与国际报道的最高水平接近，证明我国有能力解决MO源的国产化问题。

在林兰英的关怀和指导下，MOCVD的理论和实验研究也都取得了显著的进展。在理论方面，陆大成和段树坤等先后开展了锑化物和Ⅱ-Ⅵ族化合物MOCVD生长相图和气-固分配关系的热力学模型。1995年，美国惠普公司来所考察后，盛赞我国的MOCVD工作水平，提议开展合作。1996～1998年，惠普公司与国家科委合作研究“Thermodynamic Modeling of MOCVD GaN and its alloy”项目，发展了准热力学模型，圆满地完成了合同规定的任务，促进了我国MOCVD的理论研究。此外，还开展了MOCVD生长GaSb热力学和GaN生长动力学等方面的研究，也都取得了可喜的成绩；在实验研究方面，研制了诸如半导体激光器、发光二级管和太阳能电池等光电器件，新型$Si/Al_2O_3/Si$材料，双异质外延

CMOS/SOI 集成电路。1996 年承担了“863”计划中的“GaN 材料生长和蓝光 LED 研制”项目，不仅研制出发蓝光的发光二极管（LED），并于 1999 年在国内首次研制出高 In 含量的 InGaN 绿光 LED 和量子阱结构的 LED 样管。1991 年半导体材料室在昝育德等人研制的 MOCVD 设备上，开展了氧化物的工作，先后研制了 $Al_2O_3$ 和 ZnO 等。

截至 2006 年，国内已有 37 所大学和 18 个研究所开展 MOVPE 方面的研究工作，生产 MOVPE 外延片和 MO 源的国内企业也达十余家。我国已经有几十台 MOCVD 在运转，我国 MOCVD 正在逐步迈向产业化。这些成绩，都直接和间接地凝聚着林兰英的心血。

## 四、开展半导体材料物理研究

林兰英经常告诫她的学子们：半导体材料的物理研究，是一个比纯物理研究更难但又十分重要的研究课题。材料物理的研究成果，直接为改进和提高半导体材料的质量提供依据。材料物理的研究，是提高材料质量和探索新材料的眼睛。

### （一）材料物理测试组的建立

林兰英深知，对材料物理的洞察及其变化规律的认识，需要借助各种先进的物理测试手段。它是开展材料研究的眼睛。

半导体研究室刚成立时，唯一的检测手段就是测量电阻率的四探针法。对测量材料中含有的杂质浓度的霍尔效应法，则需从城区的半导体研究室跑到中关村去找物理研究所的磁学研究室帮助测量。

然而，当时初建的半导体材料组，只有周煌、姜文甫和王启明三名刚从大学毕业的研究实习员，加上尤兴凯、许岳五、张华荣三名高中毕业的见习员，他们都分别着力于材料的提纯和单晶的拉制，既无条件也无力量去开展材料测试方法的建设。林兰英刚接任材料组长时，正当王启明患肝炎初愈，不能上全天班，于是林兰英就特意安排他建立高电场迁移率的测试方法。在 1960 年半导体研究所成立后，建立了以林兰英为主任的材料研究室，室内建有若干个研究小组，其中成立了由王启明负责的材料测试组。在林兰英的悉心指导与安排下，从物理所调来了一台电磁铁，建立了霍尔效应法，从而能够获知研制材料中的剩余杂质浓度和电子迁移率、空穴迁移率，这对材料的质量有了判断的依据。

迁移率数值的大小，决定着材料内部的散射中心种类和数量，诸如离化杂质的散射、中性杂质的散射、缺陷的散射或晶格振动的本征散射等，都需要从迁移率的温度依赖行为来判断，尤其是电离杂质散射的温度依赖特性，只有在低温下才能观察到。林兰英会同前任材料组长洪朝生，共同指导王启明在材料测试组里，最先在国内建立了从液态氢（10K）到室温的变温霍尔系数和电阻率的测试方法系统（注：用液态氢危险，但当时国内尚无液态氦供用），并对锗和锑化铟材料进行了初步的测试研究。林兰英还指导测试组，进一步建立从室温到高温（600 开）的变温测试系统，为对新材料的带隙测试做好准备。液态氢温度下的变温测试，需要有加热装置。而氢气的逸出极容易发生爆炸危险，林兰英对测试组再三叮咛注意安全，采取了种种措施，杜绝了危险。

1961 年年初，刚建不久的半导体研究所，接受了国家计委和中科院下达的建立半导体测试中心的任务。为此，成立了由业务副所长王守武兼任主任的半导体材料与器件测试中心（简称测试中心）。作为材料物理测试的主体部分，材料研究室的测试组，划归到了测试中心。从此，王启明也就离开了林兰英领导的材料研究室。

林兰英深知，材料研究离不开常规测试的检验与指导。测试中心只是一个评判机构，常规测试还得靠自己动手去做。于是，在 20 世纪 60 年代初，林兰英又在材料研究室重新建立了材料测试组。1962 年王占国、佘觉觉来所，林兰英派他两人到周洁任组长的材料测试组，研制光电导寿命测试仪。当时在测试组里还有王万年、刘志刚和尤兴凯，1964 年马金泉也加入这个组。理化中心成立后，周洁等人调入理化室；材料测试组的王占国与尹永龙、何良一起开展半导体硅材料辐照效应的研究，1965 年李永常和彭万华也加入这个小组，又共同筹建半导体光学、电学测量设备，如红外光谱仪和 4.2～350 开 变温霍尔测量系统等。“文化大革命”期间，此项工作被迫停止，小组转向半导体太阳能电池的电子和质子辐照效应研究。1970 年，王占国被分配到褚一鸣任组长的砷化镓组，与徐寿定、向贤碧和万寿科一起，组建了光致发光组和以周远研制的小型制冷机为基础的变温霍尔测量系统，紧密配合材料物理分析和物理研究的需要，在Ⅲ-Ⅴ族化合物半导体材料的光、电性质研究中，特别是在砷化镓体材料的强场特性和热学稳定性的研究方面，取得了一系列的成果。到了 1978 年，林兰英选派王占国脱产学英语并到瑞典学习深造，她又抽调曾领导半导体制冷材料与器件研究的半导体研究所第七研究组原组长陈廷杰接任材料测试组组长，主要从事Ⅲ-Ⅴ族半导体材料和硅材料的低温光致发光研究。1983 年年底，王占国回国后，续任材料测试组组长，他又拓展一些新的测试方法，诸如DLTS深能级谱仪和变温光电容测量系统等，使半导体材料物理的研究进入新阶段。这就是今天的中科院材料科学重点实验室的发展源头，它从一开始就倾注了林兰英的一番心血。

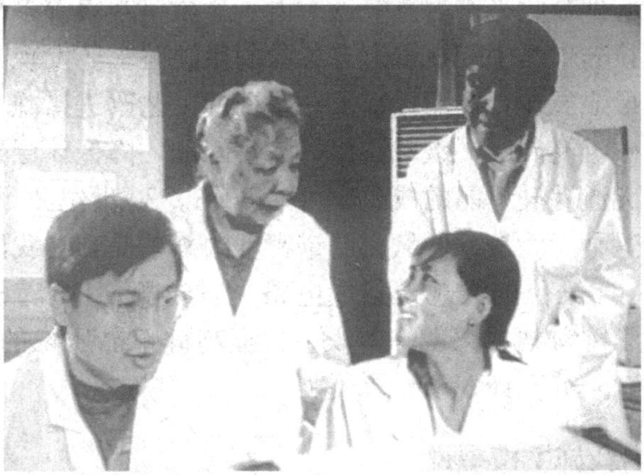

林兰英（左二）与科研人员在进行半导体材料质量分析

半导体材料物理的研究内容，与假定已知初始条件求解的纯物理问题完全不同。它是利用物理或化学的测试分析方法，对材料组成、结构性能和光、电等性质的实验研究，来捕捉和获取影响材料质量的关键物理问题，并以此为基础，进而系统地作出理论分析并反复地试验验证，直至弄清物理问题的实质和找到改进材料质量的措施的这样一个全过程。

### （二）消除漩涡缺陷的研究

在20世纪70年代末，林兰英与同事梁骏吾在提高硅单晶的质量的研究中，认为要解决硅单晶的质量问题，必须首先解决硅单晶中存在的缺陷问题。林兰英的主攻方向，就是掌握这种缺陷的形成机制及消除的办法，即所说的对材料组成、结构的研究，弄清物理问题的实质，进而找到改进材料质量的措施。

随着集成技术的迅猛发展，对硅单晶质量提出了越来越高的要求。硅单晶中尺度在微米或亚微米量级的“微缺陷”，虽然对集成度较小的集成电路影响不大，但对于大规模、超大规模集成电路来讲，因为与电路线条尺度处于同等量级，就会对集成电路的性能、成品率等有很大的影响。因此，对这种微小尺度缺陷的研究，已成为半导体材料科学工作者面临的十分重要的课题。

为了促进我国大规模集成电路的发展，1978年，林兰英接受国家科委下达的“提高硅单晶质量的研究”任务，并担任这一联合研究组的组长。她率领研制小组，着力于硅单晶中微缺陷——主要是漩涡缺陷的本质、形成机制及消除办法的研究。经过两年多的摸索和探求，采用化学择优腐蚀显示、红外吸收光谱测量及透射电子显微镜观察等多种方法，终于验证了原生直拉硅单晶中存在着形态各异的微缺陷，还发现了它们在不同温度梯度下的形成规律，进而提出了一系列的工艺改进措施，如设法解决直拉硅中氧、碳沉淀问题，碳对器皿的沾污问题，降低体层错密度等，使直拉无位错、无漩涡硅单晶的成品率可达80%。20世纪80年代初，半导体研究所使用这种无漩涡、低氧化层错密度的硅单晶，在我国首次研制成功了16千位、64千位的大规模集成电路——硅栅MOS随机存储器，相继获得中国科学院科技成果奖一等奖。“提高硅单晶质量的研究”课题，获中国科学院“六五”计划项目攻关奖。

### （三）提出新施主模型说

在集成电路工艺中，随着集成度的增大，电路线条尺度越来越小。为了不致损伤线条，就得由高温工艺改成低温工艺。而硅材料有个致命缺点，即在低温条件下很容易产生新的“施主”，影响材料的电阻率，进而影响到集成电路的成品率。这一问题，已经引起国际同行的高度重视。同行们通过对新施主的本质、形成机制等问题的多方面研究，提出了不少“新施主模型”。学者们大都认为，新施主是“硅-氧络合物”，与氧、碳有关。林兰英与合作者王占国对这一问题也非常重视，她们研究了硅中微缺陷的形成原因，以及与氧、碳含量在热处理过程中的沉淀间的关系之后，林兰英提出了自己的“新施主模型说”，认为新施主不仅仅跟氧碳有关，而且和微缺陷有着直接的关系。是碳促使氧沉淀，由于氧沉淀而促使小位错环（100埃左右）的形成。经实践证明，有小位错环的样品，就存在新施主；无小位错环的样品，就没有新施主。因而只要在拉制硅单晶时，控制氧浓度低于一定的水平，就可以避免新施主的产生。林兰英等的这一“新施主模型说”，在美国《应用物理》学刊上发表后，受到国内外同行们的高度重视。

### （四）材料物理和材料器件关系的研究

还应该特别指出的是，林兰英十分重视材料物理和材料器件关系的研究。此项工作在“七五”期间她就提出，“八五”期间得到国家计委的重视，列入了科技攻关计划。此项目的研究目的在于，探索器件参数和材料特性间的有机联系，这对器件性能的改进和成品率的提高，有着很大的促进作用。

林兰英非常重视Ⅲ-Ⅴ族化合物的化学配比，特别是对于砷化镓材料，因为材料的化学比直接影响材料的性质，但由于条件不具备，一直未能精确测定过。直到1996年，在林兰英的指导下，研究组利用王占国院士领导的材料科学重点实验室的有利条件，与电子部第五十五研究所和第十三研究所紧密合作，并与博士生陈诺夫配合，提出用X射线Band方法精密测定晶格常数，并独自提出了阐明晶格常数与化学配比关系的数学模型，最终既能定量地测量半绝缘砷化镓晶体的化学配比，又对晶体无损伤。这一研究成果得到国内外的高度评价。另外，还通过用X射线双晶衍射技术两次测量抛光晶片表面参数，从而测定抛光晶片亚表面损伤层厚度，需要特别指出的是找出了表征GaAs微波功率器件用SI-GaAs材料的特征参数及其与材料生长和品质控制的相关因素。这些研究和技术，都具有独创性或创新性，极大提高了半绝缘砷化镓材料的研制品质，有力地促进和提高了砷化镓器件的性能和成品率。

回顾历史，在20世纪的中后期我国半导体材料科学事业发展的各个重要历史关头，林兰英指导的半导体材料物理的研究，都为半导体材料与器件的发展，做出了重要的贡献。在20世纪60年代的初中期，硅材料和硅太阳电池辐照效应的研究结果，对我国航天用硅太阳电池的定型和投产，起了决定性作用；她在指导研制区熔硅单晶时，指导科研人员专门研究了区熔硅单晶中位错密度与生长条件的依赖关系，提出了降低高阻硅单晶位错密度的优化生长条件；在提高砷化镓体材料质量的研究中，她对外延砷化镓单晶材料的热学稳定性、强场性质、位错、微缺陷及离子注入层性质等方面的因素，进行了系统的分析研究，以探索材料的纯度、均匀性、完整性等表征材料质量指标要素不过关的根本原因，特别是对外延材料的杂质控制学术观点的提出，对在20世纪80年代初我国外延材料纯度达到国际先进水平起了关键作用；80年代初中期，半导体材料深能级物理和光谱物理的研究成果，半绝缘砷化镓多能级补偿模型及补偿度的新判据的提出，以及GaAlAs/GaAs 2DEG散射机制的研究成果，都为我国半导体材料质量的提高和达到国际先进水平做出了重要贡献。①

① 王占国，姚振钰，孔梅影等．2000. 半导体材料物理//郑厚植，姚振钰，孔梅影．林兰英院士科研活动论著选集．北京：科学出版社：396.

## 五、开创提高半导体材料质量的新技术

### （一）半导体材料的透射电镜研究

在某些半导体晶体材料中，常常存在着许多晶格缺陷，如位错、层错及微缺陷等。这些缺陷的存在，对材料的质量影响极大，进而影响到电子器件的质量。

随着近代电子显微理论和电子光学技术的高度发展，人类对材料微观世界的认识，也不断地走向深入，分辨率已达到原子尺度。在开阔人类视野的征途中，林兰英这位不懈的跋涉者，又开始涉猎这一微观的研究领域。

1978年的一天，林兰英找范缇文谈话。她说：随着单晶硅和砷化镓材料的完整性的提高，一种比位错更小的缺陷（即微缺陷）成了半导体集成电路技术发展过程中的主要障碍。所以，国际上都着手用透射电子显微镜的方法，对微缺陷的性质、成因及消除途径等，进行了广泛而深入的研究，进一步提高了材料的完整性。可是在中国，还没有人开展这方面的工作。她告诉范缇文，要在半导体研究所填补这一空白。她和黄昆所长研究决定，由褚一鸣和范缇文牵头组建课题组。她还要求二人兵分两路：褚一鸣去英国学习，范缇文利用国内现有的资源，铺开摊子，着手开展研究工作。

电子显微技术能在微米甚至纳米量级的范围内，同时得到形貌、结构和化学成分三方面的信息。这是其他任何测试技术所不能达到的。而这种微观分析的能力，正好满足了半导体材料科学中关于微观结构研究的急切需求。因此，国际上有关这方面的研究文章，如雨后春笋般出现。这使范缇文心中泛起了强烈地走进透射电镜领域的渴望。她希望能在这块崭新的科学领地里，辛勤耕耘，干出点有特色的科研成果来，绝不辜负林兰英对她的重托和希望。

要研究半导体材料的微观世界，就必须有手段，这就是透射电子显微镜。当时，中科院的科学仪器公司，刚从国外进口一台国际先进的菲利浦EM400型透射电子显微镜（TEM），这引起了相关单位的兴趣。但由于外汇的限制，国家只许进口一台。在各家争执不下的情况下，上级决定将其安放在中科院科学仪器公司的院里，各家共用。

当时的半导体研究所，位于城内，离科学仪器公司只有三站路程，可谓近水楼台。范缇文每天都到公司去上班，她很快就融入了这个团队，和

他们建立了良好的合作关系。在公司的实验室里，她从开包装箱干起，寒来暑往，直到能熟练掌握各种测量分析技术为止。正是在这台当时国内最先进的仪器上，范缇文走上了探索半导体材料微观世界的征途。

1988 年 7 月，林兰英（右二）与范缇文（右一）在一起

1979 年年初，林兰英决定让范缇文与研究所里的砷化镓单晶研制小组合作，共同开展材料中的微缺陷研究。当时的技术难点是样品的制备。要将几百微米厚的砷化镓单晶片制成 0.1 微米的电子透明薄膜，要经过切、磨、抛、化学腐蚀等工艺。不合格的，只有用手指拈着耐心地磨。有时，手磨破了，样品上、砂纸上都是血。只得在指头上缠块纱布，换块样品重新开始。样品极脆，很容易磨碎，成功率极低。后来，在何宏家等同志自制的设备上，坚持不懈地克服各种困难，才得以制得可供研究的样品。由于材料的完整性高，而电子透明区域又很小，要找到一个可供电镜观察的缺陷，有如大海捞针，非常困难。

1979 年秋，范缇文的工作有了突破性的进展。当何宏家和她从屏幕上看见宽度仅为几纳米的位错线旁边，聚集着更小尺寸的、密密麻麻的微缺陷时，实在是惊喜万分，激动不已。国外经验告诉人们，晶体材料中位错的形成，是由于在完整的原子排列中插入了一层原子，所以其周围原子排列受到挤压而发生畸变。TEM 技术的威力就在于，能将这种尺度仅为几纳米的畸变区域，非常清晰地显示于屏幕上。这是我们第一次亲眼看到了位错及其对微缺陷的吸附作用。这一研究结果，揭示了砷化镓单晶中微缺陷形貌、晶体学特征及其与位错的相互作用等奥秘，填补了国内半导体材料科学领域的空白。

随着分子束外延技术的发展，各种超薄多层材料，如超晶格、量子线、量子点等结构层出不穷。在研制中必然会出现大量有关异质结材料界面结构等课题。因此，林兰英又决定把半导体材料的透射电镜的研究对象，由体材料扩展到超薄层材料体系。为此，林兰英安排资金，从美国购买了一台离子减薄机，用以制作材料横断面的电子透明样品。这样一来，半导体研究所虽然没有透射电镜，却有了一个设备齐全、能制备各种样品的实验室。多年来，在半导体研究所内，由于林兰英的这一贡献，老、中、青三代几乎所有的材料专家们，都曾经派研究生在这里学习过制备样品的方法和电镜技术，并完成了与电子显微技术研究相关的论文。

林兰英就是这样勇于开拓，勇于创新。她曾对中央人民广播电台的记者说："人的年龄是客观现实，无法改变，但思想应该是年轻的，应该走在科学发展的最前沿，敢于涉入新的领域。"这是林兰英的自白。她要在未知的科技领域里搏击，力争再一次走在科学发展的最前沿。

### （二）开创离子束薄膜技术的研究

1978年，半导体薄膜材料的国际会议在日本召开。林兰英应邀参加了会议。会上，出现了有关薄膜淀积研究的集中报道。"文化大革命"后重新走出国门的林兰英，眼界大开。她意识到，半导体薄膜材料的淀积技术是一种崭新的技术，很有可能为新型薄膜材料和微结构，特别是为我国特有的稀土材料的研究和开发，开辟出一条全新的途径。她认为，在这种新技术刚开始浮现的时候，我们必须不失时机地着手开展有关的研究，占领这个前沿，填补我国材料科学研究领域的空白。

在薄膜淀积的这个大领域中，逐渐出现了一大类可统称为离子淀积的新技术。其主要特点是在薄膜真空淀积过程中，引入一定数量并具有一定能量的离子，以提高被淀积材料质点的能量和化学活性，从而有效地影响材料合成及薄膜淀积的过程，达到制备某些具有特殊性能的薄膜材料的目的。

在这一科技领域里，有一类包括直流或射频溅射、等离子体化学气相淀积及等离子体镀膜等在内称为等离子体薄膜淀积的技术，已经被成功应用于工业生产和实验室中。但等离子体参与了薄膜淀积的过程，并直接与衬底相接触，淀积过程复杂，难以控制，以及低真空的淀积环境，使得淀积中的薄膜易受污染，这些缺点限制了这种技术的应用范围。为了克服这些缺点，20世纪70年代中期后，逐渐发展出一种称为低能离子束薄膜淀积的新技术。与上述等离子体技术相比，这种技术有了重大的改进：采用经过质量分离和能量单一的低能离子束；离子源远离薄膜淀积区，薄膜淀积在超高真空的环境中进行，从而使得在薄膜淀积过程中对被淀积的离子的种类、能量、剂量等参数的精确控制成为可能。用低能离子束进行薄膜淀积的主要特点如下：其一是可以在低温条件下进行薄膜的外延生长；其二是可以制备一些在通常热平衡条件下难以得到的某些特殊薄膜材料；其三是可以用电磁方法对淀积的材料质点进行质量分离，把材料提纯与薄膜生长结合起来同时进行。这种技术一出现，便引起了人们的注意，美国、西欧、日本等国家和地区的一些著名实验室，相继开展了相关的研究。

开展低能离子束薄膜淀积的研究，必须从建立一套低能离子束实验系统着手。当时考虑到这种技术在国际上尚处于发展阶段，根本不可能有商品出售，我们要建立这样一套大型的高科技实验系统，只能自行研制，走自力更生这条路。林兰英说："我们不能老在西方人的屁股后面爬行，要有超前意识，要有'创新'观念，要有责任感、紧迫感，要继承和发扬'独立自主、自力更生'的老传统。要做，就要做最好的。要不，人家看不起。""要干就快干，要么就永远不干"是林兰英的口头禅，她强调除此便没有什么秘诀和捷径。

林兰英在组织有关科研人员进行讨论后认为，着手这项研究工作，首先要解决的是寻求经费支持和组织研制队伍的问题。为解决经费问题，林兰英不辞劳苦，奔走于各部门之间，向各级领导和有关人员做了大量的说服解释工作，终于得到了国家科委及其他有关部门的支持。

经费问题解决后，组建一支进行技术攻关的研制队伍便提到日程上来了。要研制这套设备，我们必须立足于国内技术，充分发挥我国社会主义制度的优越性，集中有关专业力量，发扬大协作精神，发挥各家所长，进行联合攻关。

为了组建一支"战无不胜"的攻关队伍，林兰英又多次召开会议研究，做了大量的组织工作。她建立了由秦复光为组长，刘文乃、杨光荣、王向明、刘志凯、姚振钰等人组成的离子束外延设备与技术研究组，并亲自带领有关人员访问地处远郊的原子能科学技术研究院，讨论合作事宜，得到了王涂昌院长和下属人员的大力支持。林兰英是位很有组织才干的人，经过她的积极努力，1980年年初，在国家科委的主持下，中国科学院半导体研究所、原核工业部原子能科学技术研究院、原电子部4503厂及708厂等四个单位的有关科技人员共37人，组成了离子束外延实验机联合研制组，由中国科学院半导体研究所牵头，开始了这一开创性的研制工作。

林兰英在自己的科学生涯中，始终怀有强烈的危机感和超前意识，也许正是这个原因使她总是能够处于竞争的上风。她自小养成的不甘居人后的个性在每次科研突击中往往发挥着潜在的重要作用，这次研制离子束外延机也不例外。在该机总体设计方案的论证阶段，她一次又一次地向各方人士强调，当前世界上各国的这种实验机都还处于科研单位的自制、自用阶段，即使将来有了成型机作为商品销售，各国也不会轻易卖给我国，由于它的尖端性，注定了西方国家要对我国实行禁运。所以，我们要为祖国争光，为中华民族争气，认准的道路，就要坚决不动摇地走到底，不管遇到什么样的困难，都要全力以赴，绝不后退。她激励大家说："不怕起点低，只要有信心去做，科学地去做，就能成功。""不仅国际上有的，我们有信心搞出来，国际上没有的，我们也有信心搞出来。”另外，她也翻查了大量的信息资料，确认当时国外为数不多的几台此种设备，都是单束离子注入结构，从机器性能分析，它的外延淀积有很大局限性。据此，在确定总体方案时，林兰英针对研制组中部分人员担心技术难度太大、承担风险太高，倾向于仅仅重复国外已有的实验结果的问题，坚定地指出：“不干就不干，要干就干最好的。”否定了将总体方案局限于对国外已有设备的简单仿制上，大胆地提出具有超前意义的设想：我们既要研制别人没有的东西，也要大大提高设备的技术性能，同时保持其领先的优势地位。林兰英反复强调，研制这样的大型设备，投资大、周期长，在国际上这种技术正处于发展阶段，各国的研究设备都在不断改进的情况下，如果仅仅模仿国外已有设备，我们的研究工作便永远地跟在别人后面。所以我们一定要有超前意识，研制工作要有一个高起点，才能保证将来研制出的设备在相当长的一段时间保持先进性，适应研究工作不断发展的需要。根据这个指导原则，研制组对设备的总体方案提出了强束流、低能量、全元素分离及超高真空靶室等先进的技术指标。在总体结构上，根据林兰英的意见，从我们自己研究工作的需要出发，打破了当时国际上通用的单离子束结构的惯例，采用了双离子束结构，使设备的使用性能有了大幅度的提高。

在设备的研制过程中，林兰英认为，有些关键技术，可以借助国内在研制同位素分离机和分子束外延设备等方面积累起来的技术储备加以解决。对于其他的一些关键技术，如双离子束的传输与合成、减速系统的设计、差压抽气条件下超高真空的获得，以及在高电位下操作的超高真空靶室的设计与制造等，我们虽未掌握，可以通过技术攻关逐个加以解决。林兰英一再强调，要把敢于攀登的革命精神和实事求是的科学态度结合起来，对待这些具体的技术问题，不能马虎，应本着对人民负责的态度，认真地加以解决。她除了多次亲自出席各种技术会议，参加讨论外，还委托王守觉院士关心这项研究工作，帮助研制组在技术上把关。在物理方案和工程方案制订阶段，研制组用了两年多的时间，做了一系列的理论计算和模拟实验，对该系统的各个环节进行了反复推敲，并两次召开方案论证会议，邀请国内有关著名专家参加方案论证，审查方案，提出建议。林兰英的想法，得到人们的一致赞同。她的这些措施，对设计方案进一步完善，一些技术难点的预见和解决，在后期的研制工作中少走弯路等无疑都起了重要的作用。

在国家科委、中国科学院、核工业部等上级机关的领导与支持下，联合研制组的全体人员，在方案提出、物理设计、工程设计、工程施工及整机的安装调试等各阶段，克服了一个又一个的困难，整整经历了“八年抗战”，在 1987 年年中，这台双束离子机终于问世了。设备开车运行基本一次成功，各项技术指标顺利地通过了预验收。随后，这套系统进行了大约半年的试运行，成功地实现了在 Si 衬底上外延生长 Si、Ge 薄膜，以及蓝宝石衬底上外延生长 GaN 薄膜，各项使用性能达到了设计指标。

1988 年 4 月，国家科委主持了这套系统的验收鉴定。验收委员会由国内有关专业的专家组成。测试结果表明，该设备在低能、强流、超高真空等重要指标上，均达到国际同类设备的先进水平。而该设备所具有的双束注入结构，是我国的首创，直到两三年后，国际上才陆续出现其他国家的研制报道。

新诞生的机器正如 8 年前所预期的，它从一开始就跻身于世界先进行列，投入使用之后，林兰英组织和指导科研人员利用它顺利地淀积成功了锗、硅、氮化硅的外延薄膜及类金刚石薄膜。我国稀土材料丰富，但其熔点高、易氧化，这台双束离子机用来探索稀土化合物等新型半导体材料，是多快好省的办法。它不仅对材料科学的发展具有重要的意义，还能推动基础物理新型半导体材料、器件的发展。

这一进入国际前沿领域的开拓性研究，从它诞生之日起，便不断受到来访的国外同行的青睐和赞誉。英国、日本等国一些对口研究单位和制造厂家，曾派人专程前来参观；美国、加拿大一些相关的实验室，也曾与我们合作，利用这套设备制备样品，开展专题研究。从此，在国际上相应的研究领域中，我国就占有了一席之地。

林兰英介绍合作研制的低能离子束外延实验机

低能离子束薄膜淀积技术，是高度依赖实验设备技术水平的一项技术。自 1988 年这台设备投入使用以来，到 20 世纪 90 年代，随着我们的研究工作的进展，从一般性的材料探索逐步过渡到制备微电子、光电子器件所需的新型薄膜材料上来，对设备的技术性能便提出了更高的要求。在此期间，国际上的同类设备，其应用功能研制得也更加完善。在这样的情况下，这套设备进行升级改造便提到日程上来了。

1995 年，经林兰英的倡导和主持，在中科院经费支持下，开始了这套设备的技术升级改造工作。改造工程于 1999 年年初完成，并通过了院级验收。改造后的系统彻底达到了无油真空的要求，真空度及真空品质有了大幅度的提高；增加了离子束交替淀积功能和离子剂量数字积分，改进了束流传输及减束系统的结构，使得离子束位置、束斑形状及淀积剂量的控制有很大的改进；在淀积室中加装了激光蒸发装置，这样，除原来的离子束以外，还能同时提供元素或多元化合物分子束，从而大大地拓展了适用材料的范围；在超高真空靶室上加装了 RHEED、XPS 等表面分析仪器，实现了淀积过程中对薄膜结构和成分的原位监控；用了新的离子源并用计算机对离子源工作进行控制，提高了束流强度和数量、束流稳定性。这些改进使设备的综合性能有了全面的提高，一些重要技术指标又重新处于国际先进行列。①

### （三）太空材料的先行者

自 20 世纪 70 年代以来，由于砷化镓单晶材料是微电子和光电子器件集成电路的关键材料，国际上对砷化镓单晶材料质量的研究，都十分重视，发展也日新月异。但是，它同硅材料相比，仍存在着相当大的差距。

林兰英仔细分析过当前砷化镓材料的不足之处，它与元素体的硅单晶材料相比，标志材料质量好坏的三大因素——纯度低 5 个数量级，电学稳定性、制备的重复性都比较差。此外，还有大量的点缺陷和深中心存在，并存在着严重的化学配比的偏离。因而制得的砷化镓器件的成品率较低，这是国内外都没有解决的难题。这一切的根本原因何在？这成了林兰英和她的同事们议论的话题。

具有超前思想的林兰英认为，在地面上进行单晶生长时，由于地球引力驱动热对流，引起了热的不稳定性，熔体中的砷化镓材料在与反应容器接触时，会造成难以克服的杂质的沾污。这些困扰材料科学家们的难题，已成为在地面上改善砷化镓材料性能的重大障碍。为了克服这些困难，寻求提高砷化镓单晶质量的有效途径，以适应制作新一代电子器件的需要，林兰英仰望太空，提出了我国在太空生长砷化镓单晶的设想。在太空，重力消逝了，摆脱了重力的砷化镓单晶的生长，又会是怎样的呢？林兰英想用实践来揭开这一科学秘密。

1986 年年初，在国家“863”计划启动和论证之时，林兰英参加了有关课题项目的调研与论证工作。在国家发展高技术方针的指引下，林兰英

① 秦复光．2010．低能离子束外延实验机的研制//李晋闽，王占国，何春藩．拓荒者的足迹——建所初期科技人物事迹选．北京：科学出版社：194-344．

向上级领导提出了在空间生长砷化镓单晶的设想。1986 年 2 月，国家正式下达任务：在我国的人造卫星上，开展砷化镓单晶材料的生长研究。

这是一个全新的课题，林兰英还从来没有涉及过，况且当时林兰英已经年逾花甲，照一般人的想法，该是享受、沉静的时候了。但是，林兰英不服老，她的思想仍然是年轻的，正像她所说的，人的年龄是客观现实，无法改变，但思想应该是年轻的，应该走在科学发展的最前沿，敢于涉入新的领域。她要在未知领域搏击，力争再一次走在科学发展的前沿。

自 1969 年以来，苏联、美国、法国、德国等国不惜耗费巨资，采用气相生长、熔液生长和熔体生长等多种方法，在太空相继对锑化铟、锗、硅、锑化镓、硒化锗等半导体材料进行过单晶生长的研究，取得过一系列可喜的研究成果，它成了和平利用空间活动的重要组成部分。

由于在卫星上生长砷化镓单晶具有能源的局限性和技术的复杂性，仅有苏联、法国合作在 800℃下采用溶液合成和溶质扩散的方法，制得一块直径为 8 毫米、厚度为 3 毫米的砷化镓单晶，一直还没有对熔点高达 1238℃的砷化镓材料进行过熔体生长单晶的实验，即将一块砷化镓单晶，放在特殊的容器内，经过加温熔解后，再固化成单晶的实验，这一方法，也称“重（chong）熔法”。

但是，对于国外一些科学家来说，在太空采取重熔法拉制砷化镓单晶，是一个十分棘手的难题。可中国的林兰英偏偏不信邪，她有胆识，她有 26 年（1960～1986 年）地面工作经验的积累，她自信自己能够完成这一开拓性的研究工作。

林兰英知道这是一件需要冒险的事情，谁都惧怕这一实验在卫星上引起爆炸。“要实现这一开拓性的研究工作，最好还是有合作伙伴，这样可少走弯路，保险系数也大。”静下心来，林兰英理性地这样思考着。

鉴于联邦德国在太空进行过半导体材料的单晶生长研究，取得过一定的研究成果。根据中国与联邦德国科学技术合作协议，1986 年 6 月，林兰英在北京会见来访的联邦德国科技当局的主管时，建议中德两国科学家合作开展在太空生长砷化镓单晶的研究。此言既出，林兰英的诚意是显而易见的。这位官员很高兴这位中国女科学家的建议，他早已从有关方面清楚地了解到林兰英的背景，光是她 26 年的地面研制砷化镓的经历，就足以使他确立自己的想法。这位德国官员当即表示希望能够合作愉快。

这个建议，受到联邦德国方面的重视。同年 8 月，德国方面来函，邀请林兰英参加国际空间科学讨论会，同时推荐缪勒教授与林兰英具体讨论研究空间材料的合作事宜。不料，缪勒教授与德国科技当局主管的态度大相径庭，他完全没有合作诚意。缪勒虽然在空间完成了一次生长锑化镓单晶的实验，但在空间生长砷化镓单晶方面并未再进行什么工作，而且在砷化镓材料的地面研究方面也没有多少经验可言。虽然我国在空间生长砷化镓单晶方面没有开展过研究，但是在砷化镓材料的地面研究方面有较丰富的实践经验。在这种情况下，双方理应坐下来诚心诚意地讨论空间生长砷化镓单晶工作的合作设想，但缪勒教授却并非如此。

林兰英与缪勒用英语交谈着。不长时间，她便从缪勒的眼睛里读出了疑惑、审视，缪勒的话语里包含着一种轻视的味道。尽管他讲得很快，但是林兰英迅速弄懂了他的意思。

缪勒说，德国对合作对象的要求是很高的，你们在空间材料方面做过哪些工作？发表过多少这方面的论文？请把这些材料拿来。我们必须在了解了这一切之后，才能考虑是否合作的问题，因为我们知道中国在此领域的地位……

此时此刻，林兰英的脸色变了，变得有些不容人了。不过，她还是强忍了下来。她的不愉快反应，总是十分敏感和迅捷的。任何人在任何时间任何场合里在她面前有意或无意地伤及中国的尊严，在她看来都是难以接受的。她的心紧了一下，顿时感到气氛有些压抑。她知道我国的空间材料研究，此时基本上是一片空白，要拿出这方面的研究成果，尚待时日。在国际上的科技合作中，对方提出此种要求也并不鲜见，也许换一个人就很不在意。但是有多年与傲慢的西方人打交道经验的林兰英的心，却还是被深深地刺痛了。

这时，性格倔强的林兰英感到民族尊严受到了伤害，默默地看了缪勒教授一眼，没再搭话了。林兰英心想："没做过实验，哪来的文章?"就在这一刻，林兰英的脑子里却在想如何利用我国现有的返回卫星进行空间材料科学的开拓问题。她想，我就不相信，你们能干的，我们就不能干。她的心里波涛汹涌，嘴上却一句话也没有讲。缪勒下面的话，林兰英似乎一句也没听见。

中国的返回式人造地球卫星，截至 1986 年，已经发射了 8 颗。但是利用它来进行空间材料的科学实验工作，还不多见。她下定决心要从事这一研究工作，自力更生地发展我国的空间材料科学，为祖国争气，为民族争光。她发誓：一定要干出样子来给西方人看一看。在回国的飞机上，她与同行的代表团另一成员、兰州物理研究所所长达道安商量后，就开始有了利用中国返回式卫星在微重力下生长砷化镓单晶的构想。

林兰英从德国回来，一下飞机，就对前来迎接她的人讲起了自己在德国遇到的尴尬的事。寻求与国外合作的希望破灭，她越想越激动，越激动就越要自己干。自己干的愿望，随着回国变得越来越强烈。她恨不得能马上就去向有关方面提出自己的设想，这设想是她一路在飞机上打好的腹稿。

林兰英的倡议，立刻得到多方面的响应。国家科委、中国科学院和航天部都非常支持这位半导体材料专家的想法。航天部第五研究院的闵桂荣院长听了林兰英在德国的感受，颇有同感，二人一拍即合。这位莆田同乡激动地对林兰英说："我与总设计师王希季商定，我们一起用自己的返回式卫星来做，不分你我，只要能为国家争得荣誉！"林兰英听了很是感动，也增强了自力更生开展这一研究工作的信心。

航天部与半导体研究所分工合作，承担起了这一在中国乃至世界科技史上都具有重要意义的项目。航天部的任务是，由下属的兰州物理研究所（510所）依据卫星所能给予的有限空间，设计制造一只只有11公斤重的单晶生长炉，并提供这一实验用的其他技术支持；中国科学院半导体研究所方面，负责设计具体的单晶生长方案。这是一项必须慎之又慎、缜密无误的设计。他们获准在卫星上使用的时间只有90分钟，供电也只有120瓦，而熔点为1238℃的砷化镓，至少要加温至1250℃，并且既要小巧，又要保温，又不能让炉体外壳温度超过40℃，这就对炉子的制造水平提出了相当高的要求。

这一研究工作，得到了国家科委和中国科学院的经费支持。分工之后，林兰英亲自在所内组织研究力量，在全国组织大协作，开始了这一创新工作的征程。

1987年春节刚过，材料研究室主任王占国去半导体研究所的科技开发公司找周伯骏，说："林先生让你回材料室搞空间材料。"接着，所党委负责开发工作的副书记冯鸿丙又跑来对他说："我们本不想放你走，可林先生要你回去，我们不能拦你。"就这样，刚从材料研究室出来不久的周伯骏，又回到了材料研究室，接受林兰英的调用，从事空间生长砷化镓单晶材料的研究。

在林兰英的办公室，周伯骏听了林兰英的安排，便积极行动起来。他去了航天部的兰州物理研究所，与他们商定，加工生长单晶的炉子和加温用的电源，必须在半年内完成制作，以赶上卫星发射的日程。卫星发射方给出的生长炉供电时间仅为90分钟（卫星绕地球一周），以防时间长了生长炉炉壳温度过高而损坏旁边搭载的其他实验仪器。因此，必须考虑在这么短的时间内的实验成功率。林兰英多次向周伯骏提出要求：设计要细，问题的方方面面，都要想好，考虑周到，要有“一定成功”的结果。搭载上天的含 GaAs 锭的石英生长容器样品，先要在地面通过 8 倍重力加速度下的 13 分钟振动实验，保证在卫星发射时样品不致经受不了振动而受损。生长容器封好后，在地面上还不允许做加温观察实验，因为在地面锭条熔化后在无支托情况下容器要垮塌。在太空失重情况下就不存在这一问题。这就是说，在没经过预先实验的情况下，在天上进行回熔生长，必须一次成功。

除 GaAs 的生长容器的设计与制作外，空间生长单晶能否成功，取决于温控曲线（温度变化分布）设计是否精确。因为供电时间太短，开始阶段要快升温，达较高温时再慢慢升温，以防升温过猛而毁了实验。在加温至 45 分钟时，预计已有了相当的熔区，开始慢速降温，并开始进行单晶生长操作，再逐步提高降温速度，直至时间用完为止。

当送样品去兰州做振动实验时，还发生过戏剧性的一幕。当周伯骏带着样品来到振动实验现场时，三位航天部门的高工，都对周伯骏说：“你的样品不行。”当时，周伯骏的职称是助理研究员，比他们低，听了他们的话，好像被当头泼了一盆冷水，心里很不是滋味。等第二天做完振动实验后，奇迹出现了：唯独周伯骏送去的样品完好无损，一点变化都没有，经受住了考验。而其他三人的样品在经过振动后，都有程度不同的变化。周伯骏指着一根管壁内部发乌的样品说：“你在锭条的两端，放了两个石英圆片，又在外边放了一些小块的碎材料，是想以此来减少冲击力，主观意愿是好的。但是，在 13 分钟的强振动下，碎晶体必然会更碎，有些会变成直径为 0.1～0.5 微米的尘状物。这些碎物通过圆石英片边上的缝隙，漂过来沉积在管壁上，故而管壁发乌。”“你的锭条熔后会碰壁，壁上有那么多籽晶存在，怎能生长出单晶?”周伯骏准备的样品，因为在实验前将石英管内壁打毛了，可以防止 90 分钟后断电时和因降温太快使砷从熔体里逃逸出来造成的“跳料”，将反应管炸裂。

因为时间紧，任务重，更辛苦的是兰州物理研究所的人们，他们一鼓作气，在很短的时间里连续造出了 7 台炉子。他们模拟了各种情况和条件做实验，把在太空中可能出现的每一个细节都想到了。

已经 60 岁的林兰英，在人们眼中就像一个 40 多岁的中年人，每天忙碌着，奔波着。这是中国第一次利用返回式卫星进行科学研究，这一行动本身便具有重要的历史意义。这件事情只能做好，不能出纰漏，这是对中国航天事业的一次重大挑战。

经过半年多的紧张筹备，一切准备就绪，整个实验装置送到了甘肃的酒泉。

在1987年8月5日，火箭腾飞了。在头顶900千米以外的地方，以每秒7.8千米的速度飞行着。卫星上的砷化镓单晶生长实验，在地面卫星控制室的操控下有序地进行着。

在人造卫星上重熔生长的砷化镓单晶材料

成功来得如此的迅捷。8月10日，卫星返回了地面。通过对指令舱的回收，证明了在发射的返回式卫星上，采用降温凝固法，在90分钟时间、120瓦能源的有限条件下，成功地从熔体中生长出直径为1厘米，长度分别为1厘米和0.7厘米的两块火炬状的掺碲砷化镓单晶。这一实验开拓了我国的微重力科学技术新领域①。

与苏联、法国两国合作用熔液生长法得到的一段单晶相比，我们的生长方法不同，体积也大许多。我国实验的成功，证明了我国砷化镓单晶工艺的娴熟，证明了我国太空熔体生长砷化镓单晶的研究水平居国际领先地位，标志着我国在太空生长砷化镓材料的研究方面，拿到了一块过硬的金牌。林兰英和她的同伴们获得这一科研成果的消息，震动了国内外半导体材料学界。

对这一研究工作，林兰英回忆说：

> 我感觉最深刻的还有一点是，我的民族自尊心很强，我忍受不了一点点的侮辱。1986年，我去联邦德国参加空间科学讨论会，我想与他们合作，在返回式卫星上开展空间拉制砷化镓单晶材料的研究。但是他们说，要看了我们的工作材料后，才决定是否和我们合作。我很生气，我们这不是还没有做嘛，如果有这方面的工作材料，还来找你们合作干吗！当时我们去的三个人中，有一个是兰州物理研究所（510所）的，我对他说，回去我们合作，到时候联邦德国也别想问我们的高质气相外延材料是怎么搞出来的。从联邦德国回来后，我和航天部第五研究院院长（老乡闵桂荣）谈起这事，他说为了国家的荣誉，我们也要很好地合

① 周伯骏．2010．几个脚印和汗水//李晋闽，王占国，何春藩．拓荒者的足迹——建所初期科技人物事迹选．北京：科学出版社：357-359.

> 作，不分彼此。1987 年，我们尝试了一次用重熔法拉制砷化镓单晶。1988 年又尝试了一次，这两次都成功了。[①]

林兰英治学严谨、认真，对于自己研究的课题，总要对结论进行反复论证，反复推敲，乃至不惜花时间和精力通过实验来验证。对于科学实验，林兰英同样如此。这次太空生长砷化镓单晶成功后，有人急于报道这一振奋人心的消息。崇尚实事求是精神的林兰英坚决不让，她说："实验是做成了，但重熔后的砷化镓是不是单晶，单晶的质量如何，是不是比地面生长的单晶优越，都一问三不知。不能想当然。要思考，要分析，要测试，要计算，待有了可靠的科学结论，再报道也不迟。"在她的坚持下，经过物理测量分析，表明太空生长的这一掺碲砷化镓单晶，与地面生长的单晶相比，杂质条纹消失，均匀性得到改善，深能级密度降低，并具有较好的完整性。在测试分析过程中，用化学腐蚀方法已证明单晶无杂质条纹，完整性好。学风严谨的林兰英还不放心，又让用 X 射线进行形貌分析，待得出相同结论后才算数。这一具有国际领先水平的研制成果，在两个月后的 10 月才获准在媒体报道。

1987 年的 8～10 月，林兰英亲自组织力量对空间生长的砷化镓单晶进行分析研究，并制订了详细的研究方案。研究表明，空间生长的砷化镓单晶的掺杂均匀性好，深能级大大减少，说明空间生长的砷化镓的化学配比更加精确。国际同行认为这些结果充分说明了空间生长的砷化镓的优越性，促使他们下决心开展对空间生长的砷化镓的研究，中国也因此赢得了国际同行的尊敬。美国国家航空航天局（NASA）的国际著名微重力专家李杰信博士高度赞扬说："这是以中国人民勤劳节俭的精神创造出的杰出科学成果"。1989 年，这项成果获得了中科院科技进步奖一等奖，1990 年又获得了国家科技进步奖三等奖。

林兰英在重视材料物理研究的同时，还特别重视器件应用。她组织和领导与电子工业部的有关科研单位合作，利用空间生长的半绝缘砷化镓单晶，制造了微波低噪声场效应晶体管和模拟开关集成电路。1996 年，在空间生长并获得了大直径半绝缘砷化镓单晶。采用在线检测技术，经过充分的研究，有关科研单位认为：空间生长的半绝缘砷化镓单晶的全面电性能，均超过了常规半绝缘砷化镓单晶。结果证明，空间生长砷化镓能够解决地面生长未能解决的均匀性、稳定性和重复性问题，也表明空间材料的

---

① 王德禄，高颖，程宏，等 . 2013. 女性当自强——林兰英口述//1950 年代归国留美科学家访谈录 . 长沙：湖南教育出版社：352.

研究，具有光明的发展前景。①

1988 年 8 月 5 日，林兰英领导的联合研究组，又在返回式卫星上进行了掺硅砷化镓的无坩埚区熔法的单晶生长实验，也获成功，并利用这种空间材料做衬底，制得了室温连续相干双异质结激光器，证明了空间材料的可用性。这在国际同行中还是首创。

这次发射，在中国“两弹一星”元勋朱光亚院士的邀请下，林兰英赶到了西北著名的酒泉卫星城，现场观看了我国第九颗返回卫星的发射。她站在卫星发射的观礼台上时，思绪澎湃，感受着历史洪流的冲击。她的砷化镓，将被用来证明人类对客观世界的一次认知和探索。在这场探索中，凝聚着合作者们的心血和劳动。

1988 年 9 月，林兰英到美国芝加哥参加世界材料会议。她在会上做了这一太空生长砷化镓单晶实验的报告。整个会场被她征服了，各国的半导体材料科学家们，都在静静地听她的讲述。报告完毕，会场沉默片刻，突然爆发出了热烈的掌声。台下还坐着 20 多位年轻的美国军官，看得出他们只对林兰英的报告感兴趣，待林兰英说明完实验分析过程和看法，回答完毕各位专家提问，这 20 来名军方人士立即起立，离开了会场。他们是专程来听这位中国科学家讲演的。

报告完毕，林兰英一走下讲台，就被热情的人们围了起来。各国专家用各种语言向她祝贺着，英语、法语、德语、日语她能够听懂，那些听不懂的语言所表达的意思她可以从人们激动的表情上看出来。这对整个材料世界的确是一次不小的震惊，中国人走在了世界的前列，而且是一名中国的女性。几天后，这位女性来到了美国著名的麻省理工学院参观，世界上最早研究空间锑化铟材料的威特教授由衷地对林兰英说：“你的这一成功，是对美国一个最大的促进！美国在这方面太保守了。”1989 年 7 月，在国际微重力科学讨论会上，林兰英宣读了《砷化镓单晶的太空生长及其性质》的论文，同样受到与会专家们的欢迎与热情称赞。林兰英回忆说：

> 今年 9 月我去美国参加一个会议，我做了这次的太空实验报告。美国对我们很客气。前一次，我们“863”的一个高技术专家组去美国，他们还挺冷淡，看不起我们。所以，只有我们自己有了功绩，才能跟人家对话，不然连对话的资格都没有。作为科技人员，钱不是很重要的，科研成就的荣誉不是用钱能衡量的，

① 钟兴儒 . 2000. 半导体材料空间生长研究简史//建所四十周年（1960—2000）纪念文集 . 中国科学院半导体研究所编印 . 69.

一般人享受不到，他们也理解不了这些。我们自己在科学上有了成就，感觉非常非常高兴。我们作为国家的公民，作为炎黄子孙，不为国家做贡献为谁做贡献？①

1990年10月以后，由林兰英具体组织、指导的研制组，在钟兴儒的具体安排下，多次对广泛用于高技术领域的半绝缘砷化镓单晶进行了太空重熔生长实验，通过对生长的单晶进行测量分析，取得了一系列的科研成果。

在我国的人造卫星上开展尖端科学的研究从林兰英开始，这是一个令女性自豪的事实。这位不知疲倦的女科学家正像一艘飞船，一旦进入轨道，就毫不犹豫地向前飞行。几年里，她先后5次使用卫星进行太空半导体材料的单晶生长实验，5次都获得了成功。

林兰英在国际半导体材料领域声名鹊起，即使是在中美关系陷入低谷的时期，美国人对她也仍是“念念不忘”。

1989年的7月，美国国家航空航天局发来邀请，请她前往参加在那里举行的国际宇航会议，并请她向大会做中国利用人造卫星进行半导体材料研制实验的报告。她如约前往，在大会上，面对几乎全球的空间材料科学家，她介绍了中国从1987年1月开始的太空材料的研制情况，她讲的几个情节都是有着某种震撼力的：中国1987年1月正式开展这项工作，6月就将赶制出来的单晶炉送到卫星基地，赶上了8月5日的发射；前后有近百人参加这项工作，涉及10多个单位……对这一切，在座各位都是饶有兴趣甚至是十分激动地听完的。人们在会上会下热情地向她表示祝贺，盛赞中国人在艰苦的情况下节俭奋斗的精神，尤其对中国人的组织能力和合作精神表示钦佩。

林兰英的目光，在攒动的人群中与一道熟悉的目光相遇了。那目光里流露着一种复杂的情绪，她感受到了，她和蔼地笑了笑，迎上前去。

“嗨！你好，缪勒教授，”林兰英笑着说，“我们又有3年没见面了！”

联邦德国的缪勒教授有些尴尬，他在努力保持着镇定自若的姿态，十分礼貌地回应着。那天林兰英做完报告，缪勒也在其后作了一个学术报告。缪勒介绍的是在火箭上进行的一个砷化镓单晶生长实验情况，他的实验失败了，单晶是粉碎的，可以说是一无所获。也许按理说就不要讲为好，可他执意要在这个国际讲坛上报告一下。结果，效果不是很令人满

---

① 王德禄，高颖，程宏，等．2013．女性当自强——林兰英口述//1950年代归国留美科学家访谈录．长沙：湖南教育出版社：352-353.

意——许多科学家提出了许多比较刻薄的问题，使得缪勒有些难堪。林兰英当时思考了他的报告内容，也想到了几个相互矛盾的地方，但是她没好意思去向他提出，她担心这样会让缪勒教授下不了台。现在，二人在台下相遇了，两人都尽力做出往事如烟的样子，努力寻找新的话题。

“祝贺你，林博士，你的成绩很是令人惊奇。”缪勒教授终于打破了僵局。

林兰英温和地笑了：“谢谢你的祝贺。”

这真是一次戏剧性的相遇，两个三年前相遇在欧洲的人三年后相遇在美洲，彼此的心态已经做了微妙的换位。但是在林兰英的心里却丝毫没有轻视别人的念头，她向缪勒教授表达了自己的愿望，期待日后能有机会多进行一些交流。缪勒愉快地接受了中国科学家的建议。

在以后的日子里，林兰英常常会在中国的年轻人面前提起缪勒的名字，正是这个德国人激发了她的进取心，促使她同时也促使着中国进入了空间材料的领域。缪勒也许永远无法了解这其中的因果关系，永远无法知道林兰英博士的刚硬性格，以及在这性格中浓缩着中国女科学家那炽热的爱国情怀。她焕发出的无穷智慧和力量，是不同文化背景人们很难理解的。人们能够读懂的，只是智慧和力量的结果。当她被荣誉的光环笼罩的时候，对于同行来说，最有说服力的，就是那些闪着光辉的事实。

1990 年，林兰英从苏联访问归来的第二天，闻知中国科协主席朱光亚正牵头给中央写信，呼吁重视开展空间科学研究，她一听就兴奋起来，马上赶到了会场。朱光亚很惊讶：“你才回来，时差还没倒过来，怎么就来了?”她说：“这么大的事情，能不来吗?”朱光亚听了十分高兴，她的加入使信件内容更加充实了。中央很快就同意了科学家们的建议。

林兰英（左一）在参加完材料会议后在美国友人（右三）家做客

是的，谁也不能无视这些专家的意见。林兰英还是那个思想——要干就现在干，不干就永远不干——她的理由十分有说服力：现在 50 岁左右的中年骨干到 21 世纪大都到了该退休的年龄，而年轻人起来还要花费不少的时间，所以，必须现在就去空间占有属于我们的一席之地。林兰英认为将来我国肯定要建立空间站，必须从现在就要着手准备，做扎扎实实的工作。同时又要目标明确、有所侧重，根据国力，上一次就要成功一次。

**（四）砷化镓材料的超重生长**

空间生长砷化镓单晶成功后没过多久，林兰英又让周伯骏与本院的力学研究所联系合作事宜，承担起“在超重条件下生长砷化镓单晶”的研究课题。据国外报道，在超重条件下生长晶体，由于受不同加速度的影响，生长界面附近温度涨落不同，晶体生长的均匀性将会不同。例如，选取温度涨落最小时的加速度，可制备均匀性优于用常规方法制备的单晶材料。还说这工作能使固液界面处成分相对恒定，对单晶材料的条纹缺陷有可能起抑制作用，从而使生长的晶体成分均匀，因而会提高单晶材料的质量。林兰英认同了这一观点，同意与力学所合作，开展这一课题的研究。

由于技术上受被试材料熔点温度的制约，国外仅进行过低熔点的锑化铟单晶的超重生长实验。依林兰英的个性，她是专拣困难的上，还是她的那句老话：“国际上有的，我们有信心搞出来，国际上没有的，我们也有信心搞出来。”林兰英主持的熔点温度高达 1238℃的砷化镓单晶的超重生长实验，在国际上尚属首次。

合作意向达成后，按分工要求，周伯骏主要负责：①在未见过有任何报道的情况下，要设计一台随离心机旋转并能自动偏转使熔体与舟的位置相对稳定的单晶生长炉，它还要在高风速吹打条件下保证温度稳定；②设计温控曲线；③设计制作生长单晶的容器。力学所同志负责炉温调试，理论分析，并和周伯骏一起加工实验炉子和做实验。

当时，航天部某所的直径 14 米的离心机是全国最大的，耗电 200 千瓦。为不影响该研究所的正常工作，只能在周末做实验。他们在周六运设备，去安装很重的炉子，在离心机长臂上布电线和电偶。周日做实验，午餐只能买些面包和水来打发。一天干下来，大家都感到十分劳累。到了周一，还得把设备、电线和电偶都卸下来，运出实验场地，下周末要做实验时再进行安装。几周下来，大家都累得筋疲力尽。

通过全力拼搏，很快就在超重条件下生长出了世界第一根砷化镓单晶。为了有效地比较不同加速度的影响，还在同一根锭条上，连续生长出

3g、6g 和 9g（g 为重力加速度）的三段单晶。样品制得非常漂亮，内行人都会一目了然：这的的确确是单晶。

1991 年，周伯骏刚回国不久，力学所的薛明伦所长，又去找林兰英院士，希望再次合作，继续从事超重状态下的材料实验研究。

由于有了过去合作的经验，没过多久，他们又生长出了世界上第二根超重砷化镓单晶。生长条件与第一根类似，整根锭条比第一根还漂亮，对 3g、6g 和 9g 三区域的单晶杂质条纹显示进行观察，结果表明，在 9g 时杂质条纹密度比在 6g 时低，这说明材料的均匀性随生长时的转速增加而改善。力学所同志还用锡在离心机上做了模拟实验，发现随着转速的提高，熔体中温度梯度降低，说明在超重条件下生长单晶，对材料质量具有很大的优越性。

1993 年秋天，周伯骏在美国工作期间，征得林兰英的支持，带了本人及力学所薛所长等人的几篇报告，去美国北部克拉克松（CLARKSON）大学参加国际超重条件下单晶生长会议。在会上，他报告了“在超重条件下生长砷化镓单晶”的研究课题，他还介绍了他受林兰英的委托在超重实验中设计的精确的温控曲线和满意的实验结果。当投影出的美观的偏转炉、世上首根超重生长的漂亮的 GaAs 单晶及对第二根超重单晶切割后分析的杂质条纹变化等彩色照片的，磁石般地吸引着台下听众，令他们耳目一新。报告结束后，获得了全场的热烈掌声。①

## 六、创建开发基地与开放实验室

### （一）北方微电子研究开发基地的创建

在 20 世纪 80 年代，我国集成电路的生产，曾出现过盲目引进的现象，进入了引进、落后、又引进的恶性循环。林兰英和王守武等专家及时地指出，如果不立足于消化、吸收和创新，仅靠本国科技力量进行基础研究和技术开发，良性循环的产业是建立不起来的。在两位的领导下，北京几个科研单位与国务院有关领导，曾多次研讨成立北方基地的事。但由于当时体制上的因素，未能成功。林兰英并没有因此而气馁，仍多方进行工作，坚持了十几年之后，终于在“九五”攻关前夕，得到了国家计委主任曾培炎等领导的大力支持，决定成立北方微电子研究开发基地。

① 周伯骏．2010．几个脚印和汗水//李晋闽，王占国，何春藩．拓荒者的足迹——建所初期科技人物事迹选．北京：科学出版社：357-359．

在中国，半导体工业主要分为以北京为主的北方和以上海为主的南方两个重要部分。北方以科研为主，南方以生产为主。相比之下，林兰英一直认为北方虽然科研力量强，但较为分散，低水平的重复研究多；几股力量上同一个项目，连购买仪器设备都是重复的，造成了大量人才和资金的浪费。林兰英觉得，这一现象于国家于科研工作都极为不利，应该改变。1982年，她便以学部的名义上书国务院，希望形成南北两个半导体工业基地。她决心经过艰苦的努力，将清华、北大、中科院半导体研究所和微电子中心四家组合在一起，建成北方基地，形成规模，从根本上增强竞争能力。

当时，北方微电子研究开发基地由“三点一线”组成，即深亚微米集成电路技术实验室，新工艺、新器件、新结构电路实验室，新型半导体材料实验室，以及一条集成电路研究、开发和工业性试验线。基地的宗旨是，以三个实验室为技术上游，通过工业实验线（为中游）或直接向下游一工业部门提供成果，以促进我国自主的集成电路产业早日进入良性发展轨道。林兰英的目的，就是想让人们朝着共同的目标，共同挥洒汗水和泪水，从而获得共同的效益。然而要做到这些，谈何容易。把同一个领域的人组织起来形成一个集团比做具体的科研工作要难得多。这其中有大量人的工作要做，作为一名学术带头人，必须具备较高的德行和威望，又要有常人难以企及的毅力和耐心。

林兰英负重前行。抱着不能一口吃成个胖子的想法，一步步地走，不急不躁也不泄气……

在林兰英的脑子里，装的是微电子等领域在21世纪的腾飞，这个腾飞一定要以国有企业为主体，现在就要打下牢固的基础。她要让集成电路在中国真正扎根，用它把高校与中科院连接起来……

终于，到了1996年，北方基地已经粗具规模了。四家单位各自有了分工合作的关系，成立了由产业部门领导、技术专家和基地主要专家组成的管理委员会。德高望重的林兰英，自然地被推选为首届管理委员会主任。林兰英希望，经过进一步的努力，建成有自主发展机制的北方微电子研究开发基地，使之屹立于我国微电子产业大实体之林。

### （二）半导体材料科学重点实验室的创建

20世纪80年代初期，时任半导体研究所副所长的林兰英，针对国际上微电子技术迅猛发展的现实，及时组织材料研究室的有关人员，分析国际、国内微电子技术发展态势，并依据半导体研究所的发展方向，认为硅、砷化镓、磷化铟等单晶材料内在质量，是制约大规模集成电路发展的重要因素，特别是随着超大规模集成电路集成度不断提高，集成电路的线条长度，将与材料中每个缺陷的直径相当。因此，材料中的杂质与微缺陷的存在，成了影响集成电路质量的关键因素。

在这样的历史背景下，林兰英就有了筹建“半导体材料物理重点实验室”的设想，以利于针对材料中的杂质与缺陷行为，开展深入细致的研究，寻求消除它们的工艺手段，进而促进我国微电子集成技术的发展。后来，由于中科院科研结构的调整，以及半导体研究所内与大规模集成电路相关的研究室和工艺线又与中科院109工厂合并而成立了“中国科学院微电子中心”，所以半导体研究所的科研方向，又集中到了光电子技术的发展上来。在这种变化了的新形势下，面对大容量、超高速光通信技术发展的需要，就材料学科而言，林兰英认为，单纯的材料物理研究已不适应，必须加大材料的基础与应用基础研究，诸如材料体系中的Ⅲ-Ⅴ族化合物的异质结构材料研究、薄层和超薄层材料研究，以及空间微重力条件下GaAs单晶的生长和性质研究等。依据这个研究方向，希望将原来半导体材料研究室的材料物理组、MOCVD组、离子束外延组、空间材料组、SOI硅外延组，以及原三室的分子束外延、化学束外延和GeSi小组拢合起来，组成材料科学实验室。在集中人力资源的同时，筹集资金，购买设备，加大技术力量的投入。

有了构想，就要积极运作。1984年，林兰英争取到硅和GaAs两项攻关项目资金120万元。她在做完科研预算后，便把余下的钱分给了刚从瑞典进修归来的王占国购买实验设备。1985年年初，林兰英带着王占国，亲自去中国仪器器材公司，从公司的顾问处，换到了10多万元的外汇，订到了从事深能级物理研究方面的设备。后来，林兰英又积极筹集资金，不断引进仪器设备。到了1986年，材料科学实验室的规模，相当于国际上20世纪80年代中期的水平，国内先进水平。因此，林兰英向中科院领导上报了成立“半导体材料科学实验室”的申请。

1990年6月25日，在半导体研究所召开了“半导体材料科学实验室”评议会。经过专家们的热烈讨论，评议组认为从我国四化建设的长远需要出发，建立有关半导体材料科学实验室是完全必要的，具有重要意义；实验室的研究方向和研究内容符合我国国情和学科发展方向，具有先进性，并认为在著名半导体材料专家林兰英先生指导下，实验室培养了一支以中青年为主体的，有较高理论水平和丰富研究经验的科技队伍；在薄层和超薄层材料，以及空间材料的发展和性质研究等方面，取得了一批具有特色的研究成果，正式建立半导体材料科学实验室的时机已经成熟。

1990年9月15日，经中国科学院院长办公会议决定，正式批准“半导体材料科学重点实验室”对国内外开放，聘任王占国为实验室主任，钱家骏为副主任。1991年9月6日，按《中国科学院开放实验室管理办法》的规定，根据开放实验室学术委员会民主选举结果，经中国科学院院长批准，聘任林兰英为实验室首届学术委员会主任。在1991年第一届实验室学术委员会成立会上，新任学术委员会主任林兰英对科技人员说：“半导体材料科学重点实验室的建成，将为探索新型半导体材料，发展材料制备新技术，为提高我国半导体材料科学的创新能力做出新贡献，获取新成就；在这些创新性科研工作中，希望后浪推前浪，后人超前人，努力赶上我们，超过我们。”至此，经过数年的不懈努力，实验室正式对外开放，踏上了新的历程。

筹建材料开放实验室，是在“六五”末期申报的。由于种种因素，直到“七五”末期才被批准。在这期间，研究所里已先后建立了表面物理实验室、传感器实验室、超晶格实验室和集成光电子学联合实验室（清华大学、吉林大学、半导体研究所）四个国家重点实验室。因此，实验室在争取基本建设投资和运转费用上，遇到了很多困难。在自费开放的情况下，实验室采取多层面、多渠道筹集经费的途径，首先从国家科委争取到“开门”费，使实验室有能力启动第一批十余项开放研究课题，接着从国家计委和中科院争取到一笔用于建立高分辨率傅里叶红外光谱测量实验室的费用。1992年10月15日，在中科院和国家科委有关部门的主持下，通过了“863”计划中关于新材料领域MBE基地建设的论证，争取到经费支持，购置了法国瑞博公司（RIBER）的MBE系统。1995年10月又从中科院得到离子束外延设备技术改造费及航天部项目的设备更新费用等。在这些经费支持下，实验室仪器设备的配置大大改善。

这个院级半导体材料科学重点实验室，在林兰英的建议下，以应用基础研究为主，通过对低维量子线和量子点材料、光电功能集成芯片材料、量子级联激光器、纳米团簇半导体材料、光伏材料与器件、磁性半导体材料、宽带隙半导体薄膜材料和空间微重力等特殊条件下制备材料的生长工艺、结构性能，以及电学、光学和磁学等性质的研究，探索、研制新型半导体材料，发展材料制备新技术，为提高我国半导体材料科学的创新能力和在国际领域的学术地位，发展我国信息技术产业做出贡献。

实验室面向国家重大需求，围绕国际半导体材料科学前沿和需要解决的关键科学与技术问题，开展半导体材料与器件应用基础研究，旨在提高我国半导体材料与器件的创新能力，以及在国际相关领域的学术地位，促进我国信息技术产业和可再生能源产业的发展。

材料开放实验室的科研设备有金属有机化合物气相沉积系统、分子束外延系统、双离子束辅助沉积、等离子体刻蚀系统、傅里叶变换红外光谱仪、光谱测量系统和扫描探针显微镜、深紫外激光光致发光光谱仪等。[①]

自开始筹建开放实验室以来，实验室的科技人员，在林兰英主任的激励下，利用这些先进的实验条件，获得了一系列科研成果：王占国领导的MBE课题组，仅用了3个多月时间，便研制成功低温电子迁移率超百万厘米$^2$/（伏·秒）的二维电子气材料。1996年，课题组研制成功我国首支室温脉冲激射的InAs/GaAs量子点激光器。1997年又研制成功室温连续激射、输出功率1瓦以上的大功率量子点激光器。LPE-GaInAsSb/InP异质材料和性质研究获中科院科技进步奖二等奖；分子束外延高质量GaAs/AlGaAs材料获国家科技进步奖三等奖；等电子杂质In在GaAs中行为的研究获中科院科技进步奖三等奖；超晶格量子阱自电光效应器件研究获中科院科技进步奖一等奖；自组织生长量子点激光材料与器件研究获2000年中科院自然科学奖一等奖，次年获国家自然科学奖二等奖；还研制成功国际首支以量子点为有源区的超辐射发光管；研制成功亚洲首支GaAs/AlGaAs量子级联激光器等。

1996年，实验室学术委员会换届。在第二届学术委员会的选举会上，林兰英因健康问题，退居二线，改任名誉主任，实验室主任仍由王占国担任，副主任由钱家骏和陈伟担任。同年，实验室参加了院内开放实验室的评估，名列前茅，并获得中科院对实验室运转费用的支持。

自实验室批准开放后的20多年，实验室先后与中国电子科技集团公司的13所和55所合作，开展了一系列材料与器件关系和材料物理特性的研究，找出了表征功率器件用SI-GaAs材料的特征参数；提出了用X光Band方法精密测定晶格常数从而既无损伤又能定量地测量SI-GaAs化学配比的测试方法；用X射线双晶衍射技术测量GaAs抛光晶片的亚表面损伤层厚度的测试方法及表征SI-GaAs特性的微区均匀性等方面的基础性研究，都具有创新性，提高了半绝缘GaAs材料的质量，促成兄弟单位提高电路和器件的性能和成品率。此外，还承担和完成了国家攻关项目12项，“863”项目15项，中科院重点、重大项目8项，国家自然科学基金重大、重点和面上项目20余项，以及其他省部委项目多项。在超薄层异质结构

① 半导体所所庆纪念册编委会.2010.中国科学院半导体材料科学实验室.（简介）//李晋闽，李树深，陈树堂，张春先.物穷其理，宏微交替——中国科学院半导体研究所成立50周年.84.

材料和空间材料生长与性质研究等方面取得了突破性研究成果。在林兰英院士的操劳下，先于美国、德国、日本等发达国家，首先在空间微重力条件下从熔体中生长出掺碲、掺硅及半绝缘 GaAs 单晶，首次利用空间生长 GaAs 单晶制备出低噪声场效应晶体管，受到国际同行的重视。

自 1996 年以来，实验室在低维半导体材料的制备和量子器件的应用等方面，又做出了具有国际先进水平的可喜成果。在低维半导体材料方面，特别是应变自组装量子点激光器材料生长和大功率量子点激光器的研究中，取得了突破性的进展。工作波长为 950～990 纳米的单层和多层垂直耦合 In（Ga）As/GaAs 量子点激光器，室温下连续工作的输出功率和工作寿命，都处于国际领先水平。该成果获得 2000 年中国科学院自然科学奖一等奖和 2001 年国家自然科学奖二等奖。实验室在氮化物蓝绿光材料的研制方面，特别是蓝绿光量子阱材料处于国内领先地位，已制备出 GaN 基双异质结和量子阱蓝绿光发光二极管（LED）；在柔性衬底（$Al_2O_3$/Si，ZnO/Si 等）上，实现了 GaN 材料的外延生长，并开展了相应的器件的研制工作。此外，在半导体团簇材料、太阳电池、稀土氧化物薄膜制备、材料物理、材料与器件关系研究等方面，也都取得了令人振奋的可喜成果。①

### （三）半导体材料科学中心的创建

1995 年，所的新领导班子上任后，为了深化体制改革，对全所科研工作进行了全面的结构调整。根据林兰英的建议，将材料研究室和超薄层材料研究室合并成立材料科学中心，以便于进一步发挥半导体研究所在半导体材料科学领域的综合优势。4 月 26 日，半导体材料科学中心正式成立，下设新材料部、研究开发部和材料科学部，分别侧重于新材料研究和应用，半导体单晶材料的产业化开发和应用，以及材料物理等方面的研究工作。

半导体材料科学中心，是在林兰英指导下建立的。它是以提升我国信息技术为主要目标，进行各种新型半导体材料研究与开发的综合研究中心。主要包括多种化合物半导体微结构材料的结构设计、外延生长及其应用的研究；多种化合物半导体多晶、单晶体材料的研究制备和小批量生长，以及半导体材料的分析测试研究；用于高频、大功率微电子器件的宽禁带半导体材料（GaN、SiC）的结构设计、外延生长和测试分析研究，以及小批量生产。

---

① 王占国，钱家骏．2000．半导体材料科学实验室的筹建与发展历程回顾//建所四十周年（1960—2000）纪念文集．中国科学院半导体研究所编印．13-14．

在林兰英的统筹安排下，半导体材料科学中心购置了化合物单晶生长设备、分子束外延设备、化学束外延设备、金属有机物化学气相沉积设备、高温CVD设备、单晶生长设备及材料分析测试设备等。

艰苦奋斗，自力更生，立足国内，面向世界，林兰英为我国半导体材料科学事业奋斗了一生

半导体材料科学中心的目标是：出于科教兴国的长远战略需要，根据目前半导体材料科学发展趋势和我国实际情况，坚持立足国内、面向世界的原则，在半导体研究所逐步建成国内一流、国际上有影响力的半导体材料科学研究中心和培养高层次优秀青年人才的基地，积极努力地为我国半导体材料科学的发展做出贡献。①

① 半导体所所庆纪念册编委会．2010. 中国科学院半导体材料科学实验室（简介）．//李晋闽，李树深，陈树堂，张春先．物穷其理，宏微交替——中国科学院半导体研究所成立50周年．129.

# 第六章　在副所长的领导岗位上

粉碎“四人帮”，中国迎来了科学的春天。

在那百废待兴的年代，半导体研究所的科研人员，急切地希望国家的科研工作恢复秩序，走上正轨，多为祖国的“四化”建设做出贡献。

1977 年 10 月，林兰英被任命为半导体研究所副所长。同黄昆、王守武一起，组成半导体研究所新的业务领导班子，领导半导体研究所开始新的征程。

林兰英（右）与黄昆在一起

早在 1975 年 9 月，邓小平在听取中科院“汇报提纲”① 时指出：“有位老科学家是搞半导体的，北京大学叫他改行教别的，他不会。中科院半导体所请他作学术报告②，反应很好，他说这是业余研究的。

---

① 1975 年 8 月 1 日，在充分调查研究基础上，针对中科院存在的问题，胡耀邦写出了《关于科技工作的几个问题》，又称“汇报提纲”。“汇报提纲”在起草过程中，得到了邓小平的高度重视。邓小平多次参与讨论，提出了许多重要观点。这个提纲是当时科技界整顿的一个纲领性文件。

② 指当时黄昆在半导体研究所近邻的东黄城根北京工业大学大教室作的“光谱在砷化镓研究中的应用”报告。

这种用非所学的人是大量的，应当发挥他们的作用，不然对国家是最浪费的。”“北大不用他，可以调到半导体所当所长，给他配党委书记，配后勤人员。”这里说的老科学家，就是北京大学的物理系教授黄昆。

1977年8月，黄昆任半导体研究所所长。中央亲自给半导体研究所选配领导班子，调陕西省的张方海任党委书记，国家建委的王峰任副所长，组成“三驾马车”。

黄昆到所后，由于房舍困难，为了方便讨论问题，商量事情，实现集体领导，他提议，三位所的业务领导，即黄昆、林兰英和王守武，合在一个14平方米的实验室里办公。

## 一、清理科研课题，走上科研正轨

粉碎“四人帮”后的近一年时间里，半导体研究所虽然对过去的科研方向进行过调整，但还是有不少分歧。一个1300多人的科研单位，一个没有所长的研究所，针对科研课题，什么该上，什么该下，无休止地争论着，影响到科研工作的进展。黄昆的到来，稳定了科研人员的情绪，给研究所带来了希望。

对于新来的所长黄昆来说，科研的组织和管理，是一个新的问题，是他能否领导好全所科研工作的关键。他曾说过：“我是教书的，不是搞管理的。我不懂管理，也不会管理。”初来乍到，他在熟悉所内情况的林兰英副所长的引领下，深入实验室考察，了解情况；深入计划、器材等有关部门，亲自抓科研计划工作的落实，亲自解决重要科研项目中遇到的特殊问题。对于某个项目或课题的上与不上，他不仅细心倾听下面科研管理人员的意见，还多方征求林兰英和王守武两位业务副所长的意见，特别是对林兰英，他询问得更多，听的意见也更多。因为林兰英讲话直截了当，很有原则性。林兰英也是半导体研究所的“活字典”，所内各方面的情况都很了解。由于她熟知所里各个部门的情况，了解比较深入细致，所以看问题比较准确，对每个人，谁能干什么，谁在干什么，谁出什么主意能解决什么问题，她心里都十分有数。黄昆问她什么，她都能直言不讳地给以明确的回答。林兰英全力支持黄昆所长的工作，对这位在世界上知名度很高的学者十分尊重，她认为自己有义务帮助他把半导体研究所的工作搞好。

黄昆上任后，亟待解决的问题是加快清理课题，尽快消除人心的浮躁，使科研工作走上正轨。林兰英给黄昆介绍说，科研计划与物质条件应当是一个有机的整体，一定要搞好计划和器材的综合平衡。对于不考虑条件，随意开设新项目、乱铺新摊子的做法，应予以反对。她还对黄昆直言：“我们不能是好事都想办。那样只会破坏计划，造成浪费，拖我们的后腿，影响所里的科研工作。所里还有一些人，互不服气，只想搞自己的一摊子，所以选的课题越来越小，只顾自己，不顾大局，这不行，我们一定要顶住。”

林兰英的直言不讳，在研究所的党政领导班子中，在半导体研究所的科研队伍里，是人人皆知的。她只要有想法和意见，不管是肯定或是保留，甚至反对，她总是毫无顾虑地直说。她的组织观念很强，有话她在会上说，当面说，从不在无关场合或别人背后说三道四，议长论短。但是她的直言并非脱口而出，而是经过了一番了解、斟酌和剖析之后的。正因为林兰英有这一可贵的优点，大家对她的意见都很看重，也很尊重。

林兰英的坦诚直言的优秀品质，还表现在国际学术交流活动中。1983年的一次国际非晶态半导体会议在日本召开。会后在讨论下次会议（1985年）的召开地点时，美国、意大利和捷克斯洛伐克代表分别提出在自己国内的旧金山、罗马和布拉格举行，争论激烈，互不相让。美国哈佛大学教授威廉·波挑衅性地要林兰英谈谈自己的意见。林兰英说，你要问我，我将投罗马的票。理由很简单：你们说不能到罗马举行，是因为意大利的科学水平低，他们在非晶态半导体方面的工作做得太少。但是，如果每次会议都在水平最高、工作做得多的国家举行，那么又怎能促进半导体非晶领域在全世界的发展呢！在最后举手表决时，原先坚持要在旧金山举行下届会议的委员们，也都投了罗马的票。

在新的形势下，半导体研究所领导需要对全所的科研工作进行清理，以便更好地组织安排科研工作。从20世纪70年代初就已开始的SOS（蓝宝石上外延硅）材料的研究工作，自然引起了所领导的关注。对SOS的研究前途，国内与国际上曾有着不同的看法，这项研究工作已进行了七八年，还看不到应用前景，全所上下对它的议论较多。是下马还是保留，是这次需要认真核查的对象。在1978年上半年，研究所召集了一次SOS课题组的工作汇报会，据负责汇报的郁元桓研究员回忆：除黄昆、王守武、林兰英等三位业务所长都到会外，参加会议的还有科技处的负责人冯鸿丙及当时在科技处负责科研计划管理的邓楠。林兰英认为，该课题对国家的国防建设很重要，应用前景广阔，应予保留。目前有生存困难，应给予支持，不应轻易下马。她在肯定郁元桓领导的材料组制订的当年工作计划的同时，特别提出：工作要有的放矢，切忌搞大炒菜，不要急于提供不可靠材料去研制器件，一定要先让材料质量过关，并试着先研制单管，不要一上来就做集成电路。她反复强调这一点：不要急于做集成电路，把好材料质量关。如果材料不过关，做出的器件也没有用处。他们主攻的重点：一是材料质量；二是有关的电路制作工艺。

林兰英希望研究组能进一步查出原因，改变研究工作方法。材料组便利用半导体研究所于 1978 年开始筹建的理化分析室的多种现代测试设备和测试方法，加强对给外延的硅膜进行性能检验，并利用检验结果，有针对性地改进并提高材料的质量。还利用这些测试仪器对 SOS 材料的热处理特性进行研究，用以检验 SOS 材料在器件工艺条件下的受热过程和性质。这样一来，研究组的同志对影响异质外延材料质地的内在因素，有了更深的了解，明确了改进材料制作工艺的方向。经过 13 年的艰苦历程，该组研制的 SOS 材料的质量，达到了当时国际上同类产品的水平，为研制 SOS-CMOS 集成电路打下了坚实基础。到 1986 年，研制成功了 8 个品种的 SOS-CMS 集成电路，迅速地在国防建设工程上使用，并获得了中科院科技进步奖二等奖。实践证明，林兰英具有远见卓识，在课题调整中认真负责，不偏听偏信，不随波逐流，不做群众的尾巴，取得了实效。

## 二、积极维护领导班子团结

作为研究所领导班子的一员，林兰英认为："必须记住三件事：一是班子要团结，二是纪律要严明，三是管理要井然有序。"林兰英最注意的就是三位所领导之间的团结，这是做好研究所领导工作的首要保证。她认为，副所长在领导群体中发挥着承上启下和参与决策的作用。副职领导作用发挥得如何，将直接影响一个组织、一个单位、一个团队的凝聚力、执行力和战斗力。她对《新观察》杂志的记者说："你可能觉得我们三个人这样挤在一间办公室里，有些说不过去，是吗？这正说明我们间的关系。我们总是互相支持、互相体谅的。黄昆是研究理论物理的，他对自己要求很严格，为人谦虚，从不个人说了算，我的责任就是当好他的助手；王守武一向是负责业务的副所长，我很尊重他，因此对他我也是把自己放在一个助手的位置上。并不是我们什么看法都一致，但是在如何把半导体所办好这一总目标上，我们是一致的，所以在工作上决不彼此拆台。”她给自己定的守则是：摆正位置，履行好职责，善于协调。平日里，林兰英遇到需要三个人讨论的问题，晚上回到家，她总要细细地捋一遍，第二天一上班，三人就将椅子转到一块儿，一起商量讨论。

林兰英（右三）与王守武（右二）、王守觉（右一）在一起

林兰英不仅重视领导班子的团结，更看重科研工作中的团结。她在1982年7月的一次全所党员与班组长以上各级领导干部会上所做的“科学道德讨论”报告中说：“我们所是个技术性很强的研究所。我们的很多工作，材料研究也好，器件研制也好，靠一个人是搞不出来的，要靠集体的力量才能完成任务。因此，团结问题就是个突出的问题。没有团结合作，是完成不了任务的。”在1978年，林兰英协助王守武开展大规模集成电路的研究。她举例说：“从1978年年底到1979年年底，我所完成了提高4千位MOS随机存储器成品率的研究。参加合作的，全所有七八个单位。这项研究任务，完成得还是比较好的。没有团结合作的精神，是完不成这么大的任务的。就所用的硅材料来讲，做材料制备的同志，研究材料质量的同志，也需要有做材料杂质含量的分析研究和材料缺陷的分析研究的同志来配合。在这些配合工作中，参与配合的同志，如果不是全心全意，从共同来完成‘4千’这一大任务的大局出发，也是不容易搞上去的。所以说，我们的研究工作，只有靠团结协作、相互配合，才能得到比较好的结果。”

由于半导体研究所党政分工明确，领导班子团结一致，同心协力，有一个安定团结的科研环境；业务领导同志以身作则，深入基层带头搞科研，促进了科研人员的积极性和创造性，心齐劲足，使得1980年77项研究课题，都相继全部完成或基本完成了研究工作。其中，分别达到和接近国际同类产品先进水平的有万小时级长寿命砷化镓-镓铝砷双异质结激光器、独立束源快速换片型分子束外延设备。属国内创新的有双层逻辑电路、无显影光刻技术、半导体深能级瞬态电容谱仪、十公分谐波抽出俘越振荡器、双异质结激光器与光导纤维高效率的密封耦合技术、波克斯卡（Boxcar）平均器等。

## 三、严谨所风，按章办事

林兰英治所，所风严谨，忙而不乱。在工作中，她坚持实事求是的原则，以掌握第一手资料为主，力避心中无数。这种工作作风在半导体研究所收到的成效是显著的，它保证了人们办事的质量和效率。在运作方面，她耗费了大量心血。

1977 年的 9 月 22 日，邓小平又指示：半导体技术同国际先进水平比较，差距很大，要加强这方面的工作。半导体研究所在城里不合适，没有发展余地，要迁到郊区去，建一个好的现代化研究所，创造一个好的科学研究条件，将技术水平尽快搞上去。1978 年 1 月，新的半导体研究所正式立项兴建，10 月正式破土动工。

“三驾马车”中负责后勤管理的副所长王峰被调去主管新所建设，林兰英又额外承担起科研中的条件保障工作。

1986 年建成的半导体研究所一号（科研）楼

林兰英是个善于做领导工作的人，有很强的社会活动能力和组织能力，有魄力，有胆识，有干劲。她认为，任何事情的成功，都要靠胆识和责任心。有记者问她，“你一生都在追求创新，最大驱动力是什么？”她回答：“是责任，也就是事业心。”有这么一句格言：“责任能将知识最快地转化为工作能力。”人们都说林兰英工作能力强，“能干”，这都来自于她的责任心、她的使命感、她那为科学事业的献身精神……

林兰英十分看重各司其职，各尽其责。她那很强的社会活动能力和组织能力，也的确为科研经费的申请、项目的有序推进，起到了很好的推动作用。她说：“我每选一个方案，每做一个决定，都是在做了许多调研工作后才拿出主张的。我的意见人们可以接受，也可以推翻，一旦决定下来，包括我自己在内就要共同遵守。我认为这就是讲民主。”

林兰英对待下属，权力放得很开，意在充分调动他们的积极性和责任感，从不越俎代庖。她说：“我是有所为，有所不为，不能都管，但应该管的，我绝不怕得罪人，不怕说出哪件事是我出的主意，只看我的指导思想是否正确，是否符合党的政策。假如我的意见是对的，只因为触犯了某几个人，因而受到攻击，对这种攻击我毫不在意，我没有时间去想这些。对我不能做的事，我不会接受，一旦我接受下来的事，我就要贯彻到底，你有意见也得这么办！我可能有不深入和了解不够的地方，但我总要求自己秉公办理，尽量做到一碗水端平。”她建议所长与其他副所长，对任何人、任何事，都不能随意批条子，否则将无法控制那本身就不算多的科研经费。在她任职的6年里，她没有乱批一张条子，她所依据的是所务会议。对不该花的钱，她一向手紧，不轻易开口，随便许愿。而对于该她办的事情，她则大公无私，不管棘手与否，她都勇于承担，敢于拍板。

大公无私，是林兰英对人对己的一贯原则。她在1957年回国时，尽管她在美国的积蓄全被美国海关扣留，自己和家人的生活都极为困难，有时还得借钱过日子，但她从国外带回的半导体锗、硅单晶材料，在当时要值20多万元人民币，她全都奉献给了国家，未取分文。她在国家自然科学基金委员会负责评审材料学申请项目的数年里，只要发现某个有价值的新设想，或是能闯出新路子的课题，她就积极为批准立项获得资助而据理力争。受到林兰英择优支持的浙江大学“减压充氮直拉硅单晶”等课题，后来都见到了成效。林兰英对此深有感触地说：“鼓励新探索、发现新人才是我的责任，所以我必须公正、无私。”

在半导体研究所，原来的科研与生活条件都较差。外宾来做学术报告，都挤在实验室房间里，地方小，屋子里挤得满满的，报告人常常是满头大汗。在“文化大革命”时期，几乎没什么学术报告可做，报告厅可有可无。所以所里就没把这当回事。改革开放后，时代变了，黄昆要林兰英想办法改善这一条件。林兰英与主管部门商量，想找个地方建立一个学术报告厅。可是当时正在建新所，不多久就要搬家，有些同志担心会造成浪费。她说房子可以搞成活动的，搬家时再搬走就是了，如果让作学术报告的人没有一个好的环境，无论如何说不过去。后来，权衡利弊，将宿舍大楼四楼拐角的一个方厅装修成大报告厅，以解其难。至于平时在经费的使用、器材的管理、人员的调动等方面，林兰英向来都主张充分发挥各部门负责人的作用，一律放手，“我可不愿意让一根根绳子套在自己的脖子上”。她的敢想敢干、善于组织、重视在群众中听取不同的呼声和期望的精神，给人们留下了深刻的印象。

林兰英以这种井然有序的风格处事，按科学规律办事，既调动了各部门的积极性，充分发挥了他们的作用，也为自己腾出了大量的时间深入科研第一线，亲自抓科研工作。她每周至少有三天是在科研室课题组中度过的，因此在20世纪80年代前后，她领导的材料研究室才会硕果累累。

## 四、关心科研人员生活，落实知识分子政策

在那百废待兴的年代，落实知识分子政策也是一个急需解决的问题。1978年10月，中共中央组织部分批召开了落实知识分子政策座谈会。会议要求对知识分子要充分信任，放手使用，做到有职有权有责；要努力改善他们的工作条件和生活条件。4个月之后的1979年2月，林兰英光荣地加入了中国共产党。她牢记“全心全意为人民服务”的宗旨，积极支持和协助半导体研究所领导采取措施，落实知识分子政策。在林兰英的积极倡导下，在从事服务性工作的人员中，根据他们的工作性质，于1982年6月为他们组织了高级工程师的提职答辩，给予提升高级职称。此外，研究所还对历史遗留问题进行了清理，比如，按规定不该存入档案的材料，全部从档案中撤出来；被抄家的物资，过去找不到还没发还的，要做价赔偿；在1979年调资中，因出国进修而没有调上的人员，按调资政策规定给予补贴。林兰英对这些工作也都非常关心，非常认真。她在第五届全国人大代表会上，向国家领导人反映过这一问题。她对记者说：“我认为落实知识分子政策，现在主要是解决中年知识分子的问题。他们生活负担重，工作压力大。过去在中科院、在人大会议上我们多次反映过这个问题，现在中央正在着手解决。”她对此有了盼头感到高兴。她也常对科研人员讲，“关键还是得把国民经济搞上去，否则钱从哪里来？房子拿什么盖？工资也没办法调。我认为我们现在只能携手奋斗，咬紧牙关做出一些

牺牲。‘四化’不成，不仅我们自己的处境改善不了，而且民族没出路，何以对得起后代子孙呢！”林兰英的一席话，道出了她的心声，反映出了她心系祖国、忧国忧民的美德。在她的心田里，蕴含着深厚的民族感和责任感。

林兰英在入党以后，更加严格要求自己。她对记者说：“入了党，实现了我多年的宿愿，这只是一个新的起点。在党内没有什么科学家和一般党员，都是普通一兵。有的同志认为，对我们这样的人，不必按常规要求参加组织生活了，这怎么行呢？周总理还始终以一个普通党员身份参加组织生活呢，他是我心中的楷模。因此我总是提前去打招呼，请同志们不要忘了通知我参加组织生活。在组织的教育下，在这全党、全国人民都在进行再教育的时期，我希望自己能以最有理想、守纪律、讲道德的模范行动，完成自己的使命。”林兰英是在一个非同寻常的时期加入中国共产党的。“文化大革命”，党经受很大挫折，在一些人发生信仰危机的时候，林兰英却义无反顾地加入党的队伍中。她自 1957 年从美国归来，20 多个春秋，在半导体材料的研制上多有建树，她那一颗热爱祖国、追随革命的心，即使在遭受挫折时，也从未冷漠，现在老了，还要为党做贡献，这是多么难能可贵啊！

1996 年 7 月 1 日，林兰英（前排右一）与材料科学
中心党支部成员和新入党党员在一起

林兰英认为，落实知识分子政策，首要的一条，应该是论功行赏，按贡献大小给以提职加薪，这也是知识分子最为看重的，不能想到了这一拨人，忘记了另一拨人。半导体研究所是一个综合性的研究所，既有研究工

作，也有技术工作。1977年以来的两年中，曾经因为重视了基础课题的研究，在提职、提级中，可能产生了一种偏向，偏重于学术论文，使得从事技术性、重复性工作的科技人员的工作积极性受到一定程度的影响。针对这一情况，林兰英提出，要克服只看论文不重技术的倾向，要重视在技术性工作系统中选拔提升高级职称。在1982年的一次全所性提职工作中，她提出要从解决本职工作问题的能力、贡献大小和服务质量三方面衡量，解决技术服务部门的提职问题。她还在1982年12月16日的《科学报》上撰文强调说："我们半导体研究所，是个技术性工作较强的所，在重视研究工作的同时，更重视技术系统的建设。要从解决本职工作问题能力、贡献、服务质量等方面衡量，从中选拔提升一批高级工程师，让大家都能安下心来在技术上精益求精，与研究工作配合，相互促进，共同为振兴经济施展身手，贡献聪明才智。"

## 五、推广科研成果，为国民经济服务

在1979年3月9～19日的中科院工作会议上，明确了中科院的办院方针是："侧重基础，侧重提高，为国民经济和国防建设服务。"林兰英非常赞成这一方针的提出，在所务会议上，积极宣传"科研为生产服务，科学与经济结合"的思想，并热情支持各个科研室、组，对外推广应用性科研成果，为经济建设和国防建设服务。在1982年10月24日的全国科学技术大会后，林兰英还以副所长的名义，以"科技工作要坚持面向经济建设"为题，写文章在报纸上发表。

"把科研成果同经济建设结合起来，推广应用到生产建设中去，为国民经济服务"，这是林兰英对半导体材料研究工作的指导思想。锗材料、硅材料、无位错砷化镓单晶材料，都是这样。一旦研制成功，她马上就将材料推广到工厂去进行器件研究，为国民经济服务。在20世纪70年代初，半导体研究所研制成功256位非晶半导体存储器。因为复印机的硒鼓要用它，林兰英希望研究与应用结合。刚从"文化大革命"桎梏中解放出来的她亲自到工厂了解情况，做推广试验。后来，经她的不懈努力，与南京晶体管厂达成合作推广工作。16千位MOS随机存储器，是制作大容量电子计算机所急需的一种大规模集成电路。在1979年研制成功后，当时已是副所长的林兰英，积极支持半导体研究所与上海元件五厂签订技术转让合同。由于这种大规模集成电路工艺复杂，刻蚀精度高，生产难度大，按合同规定，工厂先派人到半导体研究所熟悉工艺流程，学习操作技术。

实习期间，全所有近10个单位协同配合，研制人员毫无保留地传授技术，使接产人员很快掌握了全套工艺及电路设计、芯片测量等有关技能。林兰英还与王守武商定，由半导体研究所抽调这一课题的研制人员，去该厂帮助调试设备，改进设备装置，制定工艺程序和管理制度，完善单项工艺试验。最后，经投片试验，实现了既定目标，圆满地完成了协议要求完成的全部任务。另外，在这期间，双通道宽频带“博克斯卡”平均器在半导体研究所研制成功。这是一种在科研、国防、经济建设中用途极广的微弱信号测量仪。在林兰英副所长的指导下，研制人员亲临工厂传授技术，培训人员，辅导操作，使庐山电子仪器厂很快就投入了生产；C波段俘越振荡器的研制人员，在鉴定会后又设法提高了一台应答器的性能，可以同时对应两座地面接收站的工作，扩大了使用范围，受到用户的欢迎；长寿命双异质结激光器、毫米波雪崩振荡器等多项在光纤和微波通信中有着广泛用途的成果推广工作，尽管受到接产单位工艺条件的限制，但在半导体研究所的热情支援和帮助下，也都生产出了一定数量的合格样品，提供给了用户，支援了“四化”建设。林兰英说：“科技成果的应用推广，是使科技成果变成直接生产力的重要环节，是促进国家经济建设的大事，我们要重视，要落实在行动上。”

## 六、参与领导大规模集成电路研制

经过了“文化大革命”，对于每个有责任感的中国科技工作者来说，他们既兴奋又焦虑。兴奋的是“四人帮”倒台了，社会恢复平静了，又可以大干一番了；焦虑的是失去了那么多宝贵的时光，与国外的差距拉大了，要快步赶上，但又从何开始呢?

就在这年10月，邓小平同志接见了包括林兰英在内的参加制订“全国自然科学学科规划”会议的专家们，他语重心长地向与会代表提出了党和国家对中国科技工作者的殷切期望。他特意向半导体科学工作者提出：“一定要把大规模集成电路搞上去。”小平同志的指点，是表明他希望专家们为这一有益于强国富民的大事做出努力。中科院半导体研究所的几位与会的科学家们，感觉到了这句话的分量。毫无疑问，这是在经历十年沧桑后，党和国家向从事半导体研究的科学家们提出的第一个要求。这一要求，点燃了半导体科学工作者心头为国争光的烈火，激励着早已蕴藏在胸的强烈愿望，极大地鼓舞了他们为国争光的勇气。

半导体研究所承担这一光荣而又艰巨的任务后，林兰英积极投入、身体力行。在一个个技术难关的攻克过程中，做出了不可磨灭的贡献。她积极支持王守武挂帅领导半导体研究所的四室和超净线，开展了电路设计和工艺技术等多方面的研究。作为副所长的林兰英，她积极协助王守武调配和组织力量，建超净线的队伍，建课题领导班子，排序编组，点兵点将，定岗定人；从硅材料研究工作的配合、化学试剂质量的保证，到理化分析的开展等，事无巨细、一抓到底，主动配合。这是粉碎“四人帮”后半导体研究所承担的第一件大的国家任务，林兰英感到无上光荣，忙里忙外，不知疲倦地操劳着。常在下班回家后还抱着电话与下属或有关单位领导通话，谈工作，谈器材供应，谈条件保证，全身心地投入工作当中。这样的繁忙，她从未感到过疲惫，新的领导工作环境抵消了她工作的劳累，因为这一切都是有效的，总有一种成就感在激励着她。她曾说过：“工作就是我的全部生活，你们无法从中体会到我的成就感和乐趣，我最大的幸福就是有一天能够死在办公室、办公桌上。”

由晶体管到集成电路，是电子设备小型化的一大飞跃。当时，国际上微电子研究已经进入大规模集成电路并开始向超大规模集成电路发展。因此，研制4千位的大规模集成电路，首当其冲的是硅单晶质量要上去。因为要在面积不到4毫米×4毫米的硅片上，经过60多道工序，制作1万多个形成电路功能的电子元件，电路线宽都是微米、亚微米量级。这么高的集成度，对硅单晶质量提出了越来越高的要求。邓小平的接见和谈话，对于林兰英来说无疑是一个鞭策。因为她深深地意识到硅单晶材料对于大规模集成电路的重要性，她当即暗下决心，要为这一研究工作提供优质的硅单晶。

在研制大规模集成电路的攻关任务中，无论是材料研制或器件研制，都需要高纯气体和高纯的化学试剂等原材料。为了保证在研制工艺中所用这些原材料的质量，必须处处严格把关。林兰英严谨的科学作风也深深地影响着人们。在研究工作初期，还没有规范化的MOS试剂和超纯气体的正规产品，已有的产品质量也不稳定。而这些试剂和气体质量的好坏，直接影响着集成电路芯片的性能。当科研人员对此表示忧虑时，林兰英十分重视这一问题，要求她领导下的理化分析室，主动承担起对购进的试剂、气体及自产的去离子水的全部分析工作。凡是买来的试剂都抽样进行质谱分析，不合格的一定要更换。化工厂领导也表示对不合格的试剂予以更换；用色谱分析方法对气体纯度进行检测，不合格的不许进工艺研制线；建立了用原子吸收光谱分析设备对各道清洁工序的沾污量进行监控；对超净线内用的高纯去离子水和管道气体，每周进行两次采样分析以实现严格监控。在林兰英的指导下，理化分析室的同志积极配合，保证了所用试剂、气体和去离子水的质量。

林兰英那务实的工作作风，同样给人们留下了深刻的印象。那是一个下雪的冬天，林兰英听说工艺线大量采用的双氧水中添加了含钠的稳定剂，对研究工作很不利。因为研究的 MOS 电路是基于表面器件构成的电路，钠离子的沾污是器件反型的要害问题。于是她就亲自踏雪去北京化工厂给技术人员提出，希望他们采取既无有害的钠而又不影响双氧水质量稳定的技术措施。经过厂方反复实验后，终于很好地解决了问题，为 4 千位 N 沟硅栅 MOS 随机存储器大规模集成电路的研制铺平了道路。另一方面，她又找试剂研究所，鼓励他们试制 MOS 级试剂，终于解决了试剂提纯工作的难点问题。

在进行硅单晶材料的研究工作中，林兰英一直提倡从事材料研究的人要与从事器件和电路研究的人紧密结合，共同切磋，相互促进。由于当时对一些材料参数的要求还不像今天这么清楚，因此她要求在完成 4k 随机存储器这一大规模集成电路的研制过程中，参加攻关的双方人员一定要共同来研究硅材料和器件之间的关系，共同解决工作中出现的问题。在她的指导下，材料研究室的同志从不推卸责任，积极分析问题，解决问题，不断改进材料工艺。在林兰英的直接领导下，经梁骏吾等人的辛勤操劳，半导体研究所直拉硅单晶质量有了突破。到 1979 年，研究组拉制了 P 型无位错硅单晶，制得了供大规模集成电路用的无漩涡、低体层错密度、适度氧含量、低碳含量、高少子寿命的硅单晶材料，还相应地研究了热处理工艺，使经过热处理后的单晶电阻率和少子寿命都能保持稳定。在王守武和林兰英领导下的集成电路研制队伍，采用材料研究室提供的这种无漩涡、无位错的硅单晶，采用我国自己制造的设备和材料，自主设计的电路和自行研究开发的工艺技术，一下子就使 4 千位随机存储器管芯合格率平均达到 28%，最高可达 50%，在 1979 和 1980 年，相继研制成功了 4 千位和 16 千位的大规模集成电路——N 沟硅栅 MOS 随机存储器，并于 1980 年和 1981 年，相继获得中科院重大科技成果奖一等奖。

1983 年 6 月，林兰英的母亲在京去世。7 月，林兰英与黄昆一道，辞去研究所的领导职务，顺利地实现了新老交接，并各自回到自己的研究室，专一从事自己的科研和研究室内课题研究的领导工作。

# 第七章　在人才培养中的卓越贡献

人才，是科学发展的第一资源，是能否办好研究所的根本。科技队伍的建设，是科技工作的根本保证。人才队伍的培养，是研究室里当家人的一项义不容辞的责任。

“从我们国家发展科学和建设‘四化’的需要来看，必须培养和建立一支科研队伍，这是头等大事。在这样任务面前，我们没有权力只考虑自己的科研成果。”这是林兰英在接受《新观察》记者采访时说的。

林兰英（右）在指导年轻科技人员工作

林兰英自响应国家号召从美国归国以来，一直和当时半导体研究所内相对年轻的科研团队紧密合作，一起攻关。她十分重视培养材料科学方面的研究力量，重视队伍建设。她对青年人的成长非常重视，千方百计为年轻人规划研究课题，争取改善他们的科研条件，帮助他们克服困难，以便优秀人才能安心在半导体研究所开展研究工作。在“文化大革命”前她就开始在国内招研究生，从 1962 年起，每年都有新的研究生在她的指导下学习。她对研究生很好，有的时候还把研究生带到她家里辅导，和当时的党支部书记李璇一起，做学生的思想工作，鼓励他们成才。林兰英不仅言教身传，而且在人才培养方面，她还特别看重“帅才”。她曾经对侄孙女林岚说：“21 世纪，需要将才，更需要帅才。做科学研究也是一样，需要能够独当一面的将军，更需要能够带领一个团队共同作战、共同攻坚、做出研究成果的帅才。”“一个帅才需要具备三种素质，第一是高瞻远瞩的战略思维，第二是强大的组织能力和沟通能力，第三是人才培养能力。”[①] 这三条标准，也是她培养帅才的主要考核目标。

经历了“文化大革命”，人才的链条断裂了。林兰英有一种迫切的“焊接”意识。为了使年轻的人们尽快成长起来，为 21 世纪储备人才，她不得不越过了一些 50 多岁的同志，将注意力放在 40 岁左右或更年轻的人身上。她希望老同志们理解她。35～45 岁的人才上有一个断裂带，这在全国各行各业都是一个不争的事实。林兰英要通过自己的努力至少要在半导体材料研究方面改变这种情况。除了在本所的研究工作中为大量人才的脱颖而出创造条件以外，在她心里，还希望趁改革开放之机，多派一些中年科技人员出国深造和研究。

## 一、选送骨干人员出国进修

自 1978 年以来，国家开始实行改革开放政策，不少科研单位走出国门，放眼世界，到友好的发达国家参观访问，学习进修，悉心了解他们国家科研工作的开展情况和现有水平，学习他们国家的科学研究工作经验。在这一政策的感召下，作为副所长的林兰英，与黄昆所长制定政策，与科技处领导一起，摸清人才家底，遴选出国人员。制定的方针是，不仅希望访问学者本人获得国外工作经验，而且要争取建立一定的合作联系，开展双向交流，以便对半导体研究所的科研任务的完成起更大的促进作用。从 1979 年 2 月到 1980 年 9 月，在不到两年的时间里，就派遣了夏传钺、钟占天、葛维锟等 18 位科研人员出国深造。他们回国后分别在“蓝宝石外延单晶硅材料”、“氧气同磷化镓材料表面的相互作用”、“砷化镓中铬的性质”等方面的研究中取得可喜成绩，受到法、英等国同行们的热情称赞。在材料研究室，最早被林兰英选派出国的人，有褚一鸣、王占国、龚秀英、蒋四南……

1979 年，半导体研究所几经筛选，在林兰英的推荐下，褚一鸣随“文化大革命”后中国科学院首批科学考察团访问日本，后又被选拔为中国科学院第一批公费出国进修人员，前往英国牛津大学进修深造。副

① 林岚，奶奶呵护我成长（手稿）.

所长林兰英要他学成回国后，在中国科学院创建电子显微镜实验室，用高分辨的电镜显微技术，研究材料的原子晶格结构，观察半导体材料原子排列的微观规律，使半导体材料的结构研究大大向前迈进一步。这一国际前沿课题，是20世纪70年代才发展起来的新技术，在我们国家还是空白。

1988年，林兰英（右一）与褚一鸣（左一）在一起

作为“文化大革命”后第一批派往国外的进修人员，褚一鸣深感中国已与外界隔绝了很长时间，差距越来越大了，而尽快缩短这种差距是中国科技工作者的责任。他在瞄准世界先进水平，进行我国半导体材料的这一应用基础研究工作中，孜孜以求，辛勤努力，尽心付出。他回国后不但为电镜实验室的创建立下了汗马功劳，还手把手地带出了半导体材料与器件的第一批中国自己的电镜领域的研究生。自1983年以来，他在国内首先开创了剖面透射电子显微镜观察技术，并运用于大规模集成电路缺陷的研究和“蓝宝石上外延硅”（SOS）的异质界面的研究。褚一鸣是国内第一个将英国独特的横断面制作样品技术带回中国的人，是半导体材料科学向微观世界进军的先锋，是这一领域我国现代电子显微镜技术的开拓者之一，为国家的科学拓荒事业做出了重要贡献，1986年4月，他被研究所聘任为研究员。

研究员江德生，是1963年大学毕业后考入半导体研究所林兰英名下做研究生的。他也是作为我国改革开放后的第一批出国的访问学者，于1979年自半导体研究所理化分析中心前往德国斯图加特马普固体研究所进修。学成归国后，他在砷化镓半导体中局域振动模研究、半导体低维结构的光学和输运性质研究等方面，取得了在国际上有影响力的研究成果，发表论文200余篇，获得了国家自然科学奖二等奖、三等奖和中科院自然科学奖二等奖等很多项科研奖励，成了在超晶格光学物理研究方面有名望的专家。他在1991年被国务院学位委员会评为博士生导师，也培养出了一批优秀的科研人才。

1982年春节，林兰英（右一）与江德生（右四）、孔光临（右二）等同事在林家接待美国塞拉芬教授（右三）

1980年10月，材料研究室的助理研究员王占国，来到了瑞典南部的隆德城。他是经半导体研究所所长黄昆和副所长林兰英的推荐，作为访问学者来这里从事半导体深能级物理和光谱物理研究的。

在三年中，王占国牢记所内领导的嘱托，在隆德大学做出了有国际影响力的工作。他与合作者提出了识别两个深能级共存系统两者是否是同一缺陷不同能态的新方法，解决了国际上对砷化镓中A、B能级和硅中金受主及金施主能级本质的长期争论；提出了混晶半导体中深能级展宽和光谱谱线分裂的物理新模型，解释了它们的物理实质；澄清和识别了一些长期被错误指派的砷化镓中与铜相关的发光中心等问题。王占国出色的工作成绩，为祖国争得了荣誉，为民族增添了光彩。

值得一提的是，王占国在瑞典用了好几个月的时间，对自己的研究课题做了数十次的实验，不断取得新的结果，有了新的收获。然而，这些新的结论有的与前人的说法不同，这使王占国既高兴又胆怯。他不敢马上著文公开，而是写信回国向林兰英汇报。不久，回信到了："……物理学上没有不变的规律，不要迷信权威，要相信自己。""科学，从来就是由于后人对前人结论的不断修正才得以发展的……"林兰英的回信，使王占国受到鼓舞，他对自己要求也更为严格，他再次进行多方面的实验，并经过计算机模拟验证，肯定了自己的结论，大胆地否定了自己导师——瑞典皇家科学院、皇家工程学院院士哥尔马斯原有的结论。他的工作得到了赞扬。

由于王占国在半导体材料科学领域的卓越贡献，1986 年他被破格晋升为研究员，1995 年当选为中国科学院院士，成为我国第二代有名望的半导体材料和材料物理专家。

林兰英（后左）在指导王占国（前）等科研人员工作（1978）

在硅及硅基材料中，轻元素（C、N、O）起了很重要的作用。但是，透射电子显微镜对轻元素的检测很不敏感，所以，在 1984 年，林兰英又派范缇文前往英国剑桥大学物理系学习，具体是在系里的实验室学习透射电子显微术的另一分支——分析电子显微镜及电子能量损失谱技术。在那里，范缇文在氮离子注入形成的 SOI 结构的电子能量损失谱研究和硅中漩涡缺陷的电子能量损失谱的研究中，取得了很有价值的研究成果。她取得的成果除了于 1987 年在牛津大学召开的国际半导体材料电子显微镜会议上报告外，后又发表在《半导体学报》及《晶体生长》杂志上。范缇文回国后，勇挑大梁，成了半导体材料电子显微学的专家。

林兰英还与美籍华人学者王洁春接触，为研究所联系了周伯骏、茅冬生、钟兴儒、葛玉茹、赵学恕、陆大成等多人去美国进修，得到对方的优惠资助。他们的工作都受到对方同行们的很高评价，说“工作能力强，水平高”。由于林兰英与王洁春等许多美国科学家有着较为密切的交往，在改革开放后的 10 年中，在林兰英领导的材料研究室，通过不同途径，有 10 多位科研骨干被派往国外深造。

林兰英对人才最根本的要求，就是要有爱国心和事业心，要把自己的黄金时代献给祖国。在她看来这是一个中国科学家起码的品格。她在支持人们出国深造和研究的同时，时时告诫年轻人，任何时候都要想着你的祖国，因为你的根是在这里的啊！她在给高校学生作报告时总是语重心长地说：“我们老一辈也朝外看，但我们能转回头来朝国内看，你们呢？你们不管出去还是没有出去的，什么时候也能转回头来向国内看呢？”年轻人用热烈的掌声回报了林兰英的提问。

## 二、激励科研人员勇挑重担

一个科研单位能否做出过硬的成果，在于这个研究集体里科技人员敢不敢承担攻坚任务。

在材料研究室，许多科研人员都是在林兰英的鼓励、帮助和“施压”之下成长起来的。

20世纪70年代中期到80年代初期，林兰英领导的材料研究室，承担了砷化镓单晶生长、太空砷化镓单晶材料的研制、高压单晶炉与磷化物单晶的研制、低能离子束外延实验机的研制等，这些研究工作的成果既是林兰英果断决策、精心组织的功劳，也是20世纪60年代初以来一批分配来所的大学生们的功劳。这批学子们，满腔热血和激情，为了祖国的富强，不怕苦不怕累，敢想敢干，敢于钻研，勇于承担攻坚任务。例如，1968年，英国首先研制成功国际上第一台高压单晶炉，从此开创了利用高压液封技术研究和制备Ⅲ-Ⅴ族磷化物半导体单晶的历史。这一开创性的工作，引起了世界各国半导体材料科学工作者的关注，自然也引起了半导体研究所材料研究室科技人员的关注。当时，半导体研究所还处于军管的情况，材料研究室刘巽琅、叶式中等人，便主动提出自行设计研制高压单晶炉的设想。他们的追求，得到了林兰英的鼓励与支持，军管领导小组的批准，成立了高压单晶炉的设计小组和制造小组。经过三年的努力，克服了很多技术难题，于1977年年底终于研制成功。这一成就，为我国开辟了高离解压Ⅲ-Ⅴ族化合物材料生长的新领域，也造就了一代人才，打破了西方国家技术封锁，使我们在磷化物半导体单晶的研制方面，在国际上占有了一席之地。林兰英夸奖研制者们说：“人这一生能做点儿真正有意义的事情不容易。你们做到了，可喜啊！祝贺你们，也得感谢你们！”

林兰英非常爱惜人才，不仅热心为他们出国深造创造条件，也积极为他们提供在国内施展才干的舞台。1995年，材料科学中心成立后，林兰英让留所的博士后李晋闽任中心主任，从事科研和科研管理工作。李晋闽感到压力大，对于胜任这方面的工作缺乏信心，因为他从来没有这方面的经验和背景。林兰英亲自找他谈话，鼓励他迎接新的挑战。林兰英对他说：“年轻人要全面发展，无论做什么工作，重要的一点是要学会怎样做人，要以人之长补己之短，绝不能以己之长比人之短。要诚恳待人，同时不断提高自己的学术水平，这样你就一定能做好工作。”李晋闽一直铭记着林兰英的这些话，谦虚谨慎，诚恳待人。在林兰英的辛勤培养下，李晋闽无论是在科研上还是在科研管理方面，都有了长足的进步。7 年之后，李晋闽被中科院领导任命为半导体研究所所长。

林兰英（左）与李晋闽在一起

在材料研究室，梁骏吾、王占国、郁元桓、叶式中、秦复光、刘巽琅、褚一鸣、林耀望、何宏家、周伯骏等人，都是林兰英手下的得力干将。在林兰英的悉心培养和热情鼓励下，他们适应时代要求，不断更新知识，充分发挥聪明才智，都成了材料研究室的栋梁人才。截至 1994 年，他们全都被聘任为研究员，有的还晋升为院士。在材料研究室，晋升研究员的人数，在半导体研究所里占的比例是最高的。

## 三、不拘一格提拔人才

在人才培养上，林兰英非常看重有实际工作能力的人。她积极倡导在研究所的提职工作中不要忘了对这类人的关怀。林兰英提出，要克服只看论文不重技术的倾向，要重视在技术性工作系统中选拔提升高级职称。在 1982 年 6 月的一次全所性提职工作中，她提出要从解决本职工作问题的能力、贡献大小和服务质量三方面衡量，以解决技术服务部门的提职问题，并在计算机站、量化测试分析、仪器设备研究这三个面向全所及全国的技术性服务工作单位中，选拔提升了多名副研级的高级工程师。例如，1962 年自北大毕业参加工作的佘觉觉，从不计较工作性质，服从需要，安心技术服务工作。多年来，由他负责的俄歇电子能谱测试组，为全所及全国 20 多个单位承担了大量的测试分析任务，并为该仪器创建了两套具有特殊功能的专用软件，简化了测试过程。由于成绩显著，他被提升为副研究员级高级工程师。林兰英的举措，受到群众的赞扬，使从事技术工作的同志很受鼓舞，安心本职工作，发挥业务专长，积极为“四化”做贡献。再有，林兰英也很重视破格提拔优秀人才。在 1986 年 8 月的一次高级职称评审中，在林兰英的提议与坚持下，破格提升助理研究员王占国、夏建白为研究员，在半导体研究所引起强烈反响。后来，这两位破格晋升的同志，分别于 1995 年和 2001 年晋升为中国科学院院士，这说明林兰英有着“伯乐”的眼光，非常重视人才的培养。林兰英还对记者说，美国人注重理论与实践结合，应培养既有扎实基本功，又有实际操作能力的人。在她退居二线后，曾举荐过一位坚持留在国内工作的年轻博士担当材料研究室副主任一职。她认为，现在搞基础研究的许多年轻人能扎根国内、立足于此，作为长者，理应帮助这些处于世纪之交的科技人才尽快成长。例如，曾是初中毕业的实验员孙文荣，她在拉单晶的实践中，识别了单晶中缺陷的生成问题，为提高单晶的质量和成品率做出了贡献，在职称评定中就给以公正的评价，破格提升为高级实验师。她对年轻人的关爱和热情扶持，深受科研人员们的敬重。

林兰英（前排左一）接待周光召（前排左二）参观
半导体研究所，并介绍佘觉觉（右一）与之交谈

林兰英曾对采访她的有关人士说：

我手底下有一支非常好的队伍，是我 30 多年培养出来的。我对他们的成长非常关心，对他们出国也非常关心。对他们被提

拔为研究员、副研究员，提拔为高级工程师，我是操碎了心，所有的人我都关心。①

## 四、热心培养研究生

“文化大革命”以后，林兰英针对科技人员断层严重的情况，重视对青年人的培养工作。林兰英认为，研究生具有创造性，工作效率高。而一般科技人员上有老下有小，这时多数家庭的孩子又都到了上学年龄，精力分散。在我国1978年恢复研究生制度后，半导体研究所也恢复了中断12年的研究生制度。半导体研究所在布置招收研究生工作时，主管人才培养的副所长林兰英，不仅大谈培养研究生的重要性，还大呼“现在是青黄不接，要多招收研究生以补充新生力量，要花大力气培养创新型人才”。从“文化大革命”开始之前到1994年，林兰英共招收非定向与定向的硕士、博士研究生近30名，其中博士生12名。他们毕业后，大多承担着祖国科教工作及其他相关工作的重任。比如，1978年入学的硕士研究生中，王正元曾任北京电力电子新技术研究开发中心主任，陈治明曾任西安理工大学校长，两人也都是教授。

1994年10月，在河北工业大学做了12年教师的陈诺夫，考入中国科学院半导体研究所，拜林兰英院士为师攻读博士学位。在选择课题时，林兰英安排他研究半绝缘砷化镓单晶的化学配比与单晶质量的关系。这是自1952年砷化镓单晶诞生以来，国际同行一直在努力而未能解决的一个难题。他担心自己完不成这一任务，十分为难。林兰英看出了陈诺夫的顾虑，她非常耐心地给他分析这个课题的重要意义和完成课题的可能性，要他树立攻克难关的信心，作为科学工作者必须敢于走自己的道路，勇于创新。为了使研究工作尽快取得进展，林兰英还安排研究室里的一位研究员为他提供实验条件，帮助

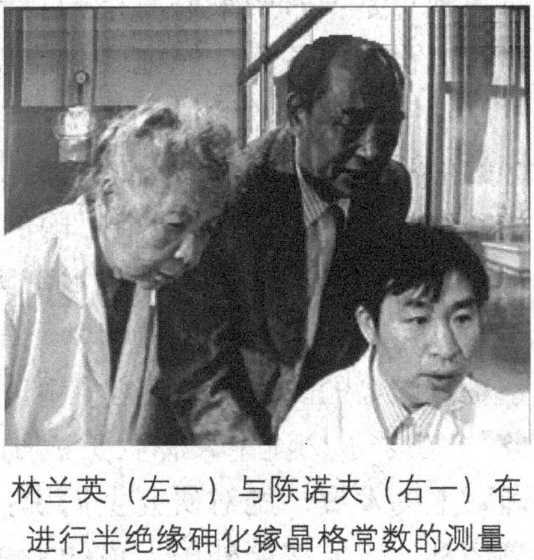

林兰英（左一）与陈诺夫（右一）在进行半绝缘砷化镓晶格常数的测量

① 王德禄，高颖，程宏，等. 2013. 女性当自强——林兰英口述//1950年代归国留美科学家访谈录. 长沙：湖南教育出版社：353.

他完成这项任务。在林兰英的指导下，他终于攻克了难关，通过了博士论文答辩，并荣获亿利达奖学金。陈诺夫说："林先生那时年岁已高，且平日里忙得不可开交，即便如此，她对课题的关心丝毫没有减少，每月都会专门抽出时间听我汇报进展，和我讨论、分析遇到的问题。若不是先生的信赖和支持，也不会那么快出成果。"林兰英看出陈诺夫是个勇于承担攻坚任务的人才，没同意他再回学校。经林兰英亲自与校长商谈，将他调留半导体研究所的材料研究室工作，跟随林兰英从事空间材料研究。到了2009年，陈诺夫离开半导体研究所，到华北电力大学任教，并致力于光伏材料、太阳能电池和光伏系统的研究。他发明了组合式聚光组件，研制成功高效聚光太阳电池、集成太阳电池和多晶硅薄膜太阳电池，取得了科研、教学双丰收。

林兰英认为，开展国际学术交流，也是人才培养的重要组成部分。她积极为年轻人创造机会与国际同行进行学术交流，在她的亲自参与和领导下，材料中心与英国皇家学会建立了院级合作交流协议，每年定期派遣青年科研骨干赴英国进修，同时对方也定期派学者来我国讲学或进行学术交流；这些年来，在派出参加国际会议或其他学术交流的人员中，年轻人已占了相当的比例，甚至在学的博士研究生中也有将近一半参加过上述学术交流活动，这为在国际范围内开展科研活动和合作并促进人才培养产生了很好的效果。

对待出国留学人员，林兰英总是积极支持并加以引导，以她的亲身感受对他们进行爱国主义的教育。当材料中心领导汇报个别人不能按期回国时，她总是不希望采取简单的行政措施进行处理，而是要亲自了解情况，耐心地引导，并为他们施展才能创造良好的条件，以吸引他们回来报效祖国。按照林兰英的话说，就是："吸引青年人才，重要的是为他们提供良好的生活和工作条件，给他们提供一个舞台，让他们觉得在我们这里很充实并有成就感。"在近些年回国的青年科技人员中，有的已成为青年科研骨干，有的已成长为青年学术带头人。

林兰英还经常告诫青年学子们说"虽然科学是没有国界的，但是科学家是有国籍的。你们要多学习国外的先进科学知识，为祖国的科学事业服务"。在学术交流中，林兰英鼓励年轻人要有创新精神，不要一味地跟踪国际上的发展。她对研究生们说："在科研中要有自己的思想，不是什么事情都一定要按照外国人说的去做，要注意结合我们国家的特点，走我们自己独创的道路。"正是基于林兰英的教诲，在半导体材料的科研工作中，形成了一个注重科技创新的良好氛围，取得了许多具有创新特色的科研成果。为了加强对外交流，林兰英还积极与美国、德国等国的同行学者们取得联系，开展互访，促进学术交流。与此同时，她也教育他们要立足祖国，为祖国的繁荣富强贡献力量。

由于我们国家在人事制度和人才流动方面还存在一些不尽如人意的地方，所以，为了留住和吸引一些年轻科研人才，林兰英都亲自出面给院领导和有关人员写信、打电话，以她的影响力千方百计地解决这些青年科研人才及其家庭在工作和生活上遇到的困难，为他们解除后顾之忧，使他们全身心地投入到科研工作中去。

40多年来，由于林兰英身体力行，身教重于言教，她的爱祖国、爱科学的思想，她那严谨求实、一丝不苟、艰苦奋斗、坚韧不拔的行为，时时处处起了榜样的力量，因而在她的周围，在中科院半导体研究所，形成了一个老中青三代和谐结合的研究集体。她常因此而自豪。她的团队热爱她，离不开她，她对未来的科学技术人才、研究生的培养，给予了极大的关怀和支持。

林兰英认为，作为21世纪的科技人才，研究方向必须与国内和国外的发展趋势相一致。“搞科研要真正为综合国力的增强、为国家的经济发展服务，这是最根本的一点。”她殷切寄语年轻的科技人员：“既要有某一方面知识的深度，又要站得高看得远一些。要看到十年后的发展趋势。要有超前意识，这很不容易做到。你要将国际形势看得清楚，是要花脑筋的。这样的人才是国际上所有的国家都非常需要的。”这期间她是全国人大常委会委员，她表示要在人大会议上继续阐述这一观点。

在林兰英工作期间有记者采访她带研究生的情况时，她曾语重心长地说过：“我现在不带硕士生了，都带博士生。我经常给他们讲要明确人生的选择，用学到的知识为社会做贡献。”

## 五、热心宣传教育青年

爱国，是个古老永恒的话题，也是个常说常新的话题。在20世纪80年代，每逢“三八妇女”节，林兰英经常在清华大学、北京大学、中科院机关给女同志做报告。她总是告诫她们：“科学无国界，科学家有国籍，科学家有祖国!”“为国效力，是科学家最幸福的事业。我是共产党员。为了祖国强盛，我付出了自己的青春和全部心血。我希望你们，无论在哪里，即使在天涯海角，都要想着祖国，爱着祖国，报效祖国。”林兰英回忆说：

刚回国时，我住在城里交道口小三条的一个四合院里，居住着东西向的三间不大的居室，总面积大约35平方米。全家五口人，外加远在福建的外祖母的生活都由我来负担，当时我的工资是每月 207 元人民币，一直到 1978 年没有增加一分钱。每当有人提起生活待遇的话题时我说："如果要钱的话，我就不用回来了。当时，什么都不顾，就是一心要把国家建设得更富强。"①

林兰英（前）与老科研人员（右一）交流对年轻人的培养

林兰英在给青年学生报告中还谈到了女同学的性格因素。她说："女同学心细，这是我们成才的优势。有很多科研工作需要耐心细致的人。"不过，林兰英又遗憾地指出，"有相当一部分女孩子心胸狭窄，小心眼儿，喜欢议论张家长、李家短、这很分散精力嘛，一个人脑子的容量有限，您尽记这些乱七八糟的事情了，有用的知识还装得进去吗？这些没用的东西常常是制造矛盾和烦恼的根源，许多人就是被它困扰着，这就成了她们成才路上的一大障碍。""女性在智商上并不比男性低，有的女性之所以上不去，往往是因为心胸太狭窄，爱计较一些小事，常为一些小事影响与周围人的相处。"她劝同学们，要注意培养自己开朗、豁达的性格。"另外有些女性进取心较差，到一定阶段，就缺少再往前走的勇气。"她还针对在机关工作的女性说："一个人年龄会增长，这是不可抗拒的自然规律，但是要永远保持进取心，老了也要不断地学习。"

林兰英很重视对青年们的爱国主义教育。1886 年，她去美国参加学术活动，特意去五六个学校看望了 300 多名留学生，和他们促膝交谈。她

---

① 林兰英．2006．我与半导体材料//夏建白，陈辰嘉，何春藩．自主创新之路—纪念中国半导体事业五十周年．北京：科学出版社：128．

说：“不能用50年代的条件要求你们，因为时代不同了。但无论是50年代还是80年代，甚至是21世纪，有一个我们大家必须遵循的共同点，那就是凡是炎黄子孙，你应该把你的黄金时代贡献给祖国的科学事业。”这就是林兰英的期望、林兰英的胸怀、一位伟大的爱国科学家的心声。“我们50年代知识分子和80年代青年知识分子确实有很多不同之处，但我们有一个方面应是共同的，那就是应把我们的黄金时代贡献给祖国，这样才能把祖国建设起来。这点恐怕到21世纪也不应改变，否则我们将如何向子孙后代交代呢。现在有些国家比较发达，但也是经过一代代人努力建设起来的。我国现在科研基础薄弱，我们还要做‘铺路’的工作。我回国几十年做了很多努力，也铺了些路，但我很遗憾，现在的路还不是康庄大道，还不能快马加鞭，还要靠大家来努力。”林兰英这位老科学家的话，引起了青年人的共鸣，他们很多人向林兰英表达了报效祖国的愿望。

林兰英对祖国的爱，还表现在她对待从小在她身边长大的侄儿身上。1986年，在中科院计算技术研究所工作的侄儿林守勋，公派出国进修，年薪2万多美元。1988年，林兰英去美国开太空材料研讨会，会后专程去纽约州立大学看侄儿时，侄儿表示有接林兰英与全家去美国长住的打算。林兰英对他说，你在美国收入再多，还是二等公民。你的事业在中国，还是回国工作的好。侄儿听从了她的劝导。1989年2月，林守勋合同期满，应该回国。他想在国外再多待段时间，多积攒点钱再回国。7月，林兰英又去美国开会时，催侄儿快回。侄儿拗她不过，终在1990年元月，离美归国，仍回到中科院计算技术研究所工作。

1988年9月，林兰英（左一）与王占国（左三）在美国参加完太空材料会议后去纽约看望侄儿林守勋（右一）时与留美学子们合影

1996年5月3日上午，“五四”青年节报告会在半导体研究所阶梯教室举行。林兰英应邀向全所青年人做了报告。报告会上，林兰英以自己的亲身经历，回顾了我国半导体材料和半导体研究所从无到有、从小到大的发展历程。林教授谈到她多次被挽留在美国工作时说：“美国是别人的国家，只有中国才是自己的国家，我对自己的祖国怀有深厚的感情，这就是1957年要回国的原因。”林兰英还语重心长地对青年人说：“人生在世，首先要有一个正确的人生观，要对人类有所贡献。作为一个中国人，就要对中国做出贡献，这是人生的第一要义。”“一个搞科学研究的人，只有为自己的祖国做出成绩时最高兴、最自豪。当你做出成果时，才能赢得别人对你的尊重。”她还讲述了我国第一次在太空上成功地生长砷化镓单晶的过程，以及外国同行从原来不愿合作，看不起中国，到主动要求合作，态度友好的转变，说明了做人要有志气。林兰英还告诫青年人，今后要走的路很长，要活到老，学到老。她讲述了自己从基础研究到应用研究，由应用研究到开发工作的体会，谈了自己的许多经历和想法，赢得了全体青年人热烈的掌声和共鸣。

林兰英还经常和青年科技工作者真诚地交谈，她结合切身体会认为，只要有了爱国心、事业心，青年人就能成才。在一次“科学家与青年”的座谈会上，林兰英对青年除了进行爱国主义精神宣传外，还赠送给青年们四句话：“选定目标，鼓足干劲，贵在坚持，善于钻研。”这四句话可以说是林兰英在科研工作中成长历程的概括。她还经常告诫年轻人，在研究工作中要勇于创新、学风严谨、谦虚谨慎。1995年11月16日，她为福建师范大学题词：“与福建师大同学共勉：对科技事业，要有专心致志、锲而不舍、拼搏攀登的精神”。她还强调要有全局观点和团结奋斗的精神，并且在行动上也为大家做出了表率。

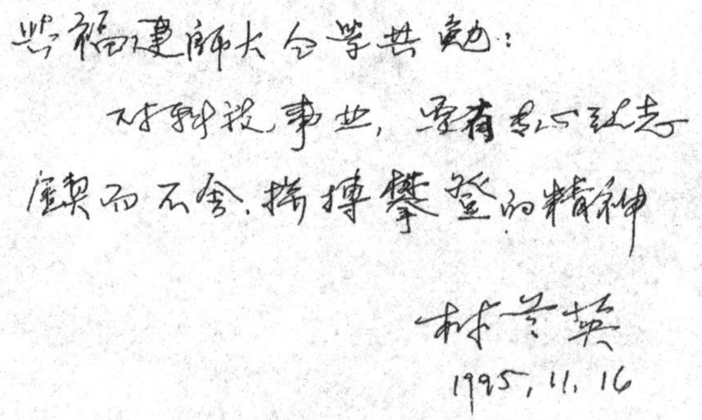
与福建师大同学共勉：
对科技事业，要有专心致志
锲而不舍、拼搏攀登的精神
林兰英
1995,11,16

1998年，林兰英已是80岁高龄。在大家为她祝寿的喜庆会上，她说：“自然法则是不可抗拒的，未来要靠你们年轻人，我的责任就是要为国家多培养一些跨世纪的接班人。”此后，她把更多的精力投入到培养年轻人的工作中。

# 第八章　在“文化大革命”的日子里

1966 年 6 月 1 日，《人民日报》发表社论《横扫一切牛鬼蛇神》，后又连续发表社论，把《五一六通知》内容播向全国，从此，一场全国性的、历时 10 年的“文化大革命”就这样发动起来了，一场史无前例的“大革命”开始了。

从这时起，整个中国便陷入混乱之中。一切都是怀疑的对象，“打倒”成为最时髦的口号。怀疑一切，否定一切，打倒一切，成了这场“大革命”的显著特点。

这条“文化大革命”战线，呈混乱的状态变幻着，昨天还是朋友，今天就有可能成为敌人；上午还在“革命”，下午也许就变成了“不革命”或是“反革命”。每个人都有权力无端地指责或诽谤另一个人，每个人也都有义务将自己内心世界最隐秘的角落公之于众……

这就是革命吗？革命到来的时候就是这样冷酷无情的吗？

没有经历过“革命”的林兰英陷入了苦闷与迷惘之中。

在美国，她经历过 20 世纪 40 年代末 50 年代初期令美国人谈虎色变的“麦卡锡主义”的恐怖政治，无辜的罗森堡夫妇被指控为共产党间谍而走上断头台，曾经使舆论哗然。在那被称为美国历史上“史无前例的最大的政治迫害”当中，许多人被丧失理智的政府冠以“有共产党嫌疑”的罪名送入监狱。林兰英由此对美国的政治开始产生深深的成见，那是她对政治恐怖的最初的认识。

林兰英无论如何未曾料想，在 20 世纪 60 年代，在中国也会出现这样的清查局面，而且是以一种更加极端的形式发生在全国范围内。

## 一、“文革”初起

1965 年 11 月 10 日，上海《文汇报》上发表姚文元的《评新编历史剧〈海瑞罢官〉》，点名批判北京市副市长、历史学家吴晗，说《海瑞罢官》是为“右倾”机会主义翻案，“是一株毒草”。当时在全国引起很大的震动，全国各大报纸、杂志都纷纷转载，声势浩大。林兰英对这种学术上的争论并没在意，认为这是思想意识形态的争论。

1966 年 5 月 4 日，《解放军》发表题为“千万不要忘记阶级斗争”的社论中指出，应该全面“大兴无产阶级思想，大灭资产阶级思想”，林兰英听过广播后，感觉到又要对“资产阶级知识分子”进行思想改造了。不久，《人民日报》发表聂元梓等 6 人撰写的文章《大海航行靠舵手》，号召要在无产阶级专政下把所有的资产阶级权威、学者等打倒。

1966 年 6 月 1 日，《人民日报》发表了《横扫一切牛鬼蛇神》的社论，2 日，发表《触及人们灵魂的大革命》的社论。6 月 4 日，又发表了《撕掉资产阶级“自由、平等、博爱”的遮羞布》的社论，指出无产阶级文化大革命，就是要把所谓资产阶级的专家、学者、权威、祖师爷打得落花流水，使他们威风扫地。

这一系列措辞激烈的社论，是过去历次运动中所没有见过的，如此浩大的宣传攻势和史无前例的全国范围的总动员，更让林兰英无法理解。

正因为如此，那位被抛出来为“文化大革命”祭旗的《海瑞罢官》的作者、历史学家吴晗，在受凌辱四年之后，终于在 1969 年 10 月被迫害致死。

到了 8 月，“红卫兵”组织兴起，毛泽东在天安门广场接见百万红卫兵后，大中学校学生打着“革命无罪，造反有理”的大旗，四处串联，动员“造反”，冲击政府机关。

在 1967 年前后，造反派群众组织开始发生对立，“派战”开始，国家几乎进入了一种混乱无序的状态。

自《人民日报》发表《撕掉资产阶级“自由、平等、博爱”的遮羞布》的社论以后，在半导体研究所里，开始组织职工批判“走资派”，揭发资产阶级权威，并称在科研机构里的那些从海外回来的人，是经过资产阶级思想熏陶过的，要坚决打倒资产阶级权威。这些权威的存在，会影响和腐蚀青年，必须斗臭、斗垮，彻底打垮、打倒。这时，林兰英已经感到事态的严重，灾难即将来临。

## 二、被停职审查

大小字报铺天盖地，每个人都面临着一种危机，这就是人与人之间信任的危机。

中央指示，这场运动的重点，是整走资本主义道路的当权派。在批判资反路线开始后，社会上造反组织纷纷成立，冲击党政机关，揪斗单位领导干部。

1966年6月，半导体研究所所长刘再生，因为是“走资本主义道路的当权派”，历史上的“右倾机会主义分子”，开始靠边站，接受批斗。两月前从文化部调来主持所党委工作的陈致中，担任了所的党政领导。

紧接着，研究所的第二把手王微也被打倒。刘再生的“红人”、为国家首先研制出硅平面晶体管的半导体器件专家王守觉也被“揪了出来”……

在这样的形势下，作为领导干部，头上还有“专家”、“权威”的帽子，有过海外特别是美国的生活经历，在1949年以前又有着工作经历的林兰英，理所当然地在劫难逃。

这时，在“革命不是请客吃饭”、“造反有理”等口号下，各研究室的党政领导也靠边站，接受批斗，代替它的是由群众组成的“勤务组”。半导体研究所开始处于十分动荡的时期。在各个研究室，群众组成不同的造反派组织，忙于写大字报，研究所的科研工作基本上处于停滞状态。

在材料研究室，大字报从各个角度指向了林兰英。主要内容为：①与家庭划不清界限，是地主阶级的孝子贤孙；②资产阶级学术权威，走资本主义的科研路线；③崇洋媚外，贩卖资本主义黑货；④不学无术，买空卖空。结语是一个地道的资产阶级反动学术权威，是应该被彻底打倒的对象。进入1968年，林兰英的“问题”，被造反派们渲染得越来越严重，被停止了职务。在抄她的家时，没抄到任何“罪证”，却把保存的幻灯片、风景照、实验室的仪器设备照，统统都给拿走了。

林兰英被停职后，留在研究室里干一般的磨片与测试工作，也经常被调到室里的各个研究组接受大批判。这场突然而至的灾难，使林兰英陷入极端苦恼之中。她回到家中，整日沉默不语，暗自伤神。

1968年的国庆节到了，往年的这个时候，林兰英早已收到了请柬，去天安门城楼观礼，然而今年这份请柬却迟迟没有露面。10月1日的晚上，中华人民共和国第三届全国代表大会常务委员会委员林兰英在家中安坐着，她打开了收音机，收听国庆之夜天安门广场的庆祝实况。

这时，有人敲门。她开门一看，原来是两个造反派站在门外。

“有什么事情吗?”她问。

“没什么，看看你在干什么?”来人歪歪头说。

“我在听国庆节的实况转播，”她扬扬手中的收音机，“怎么，不可以吗?”两个人有些尴尬地退去了。

事实上，人大常委会办公厅早在一周前就已像往年一样将请柬寄到了中国科学院，林兰英和一些著名的科学家仍在被邀请的名册上，可是请柬却被造反派给强行扣压了。听到这个情况，林兰英只是淡淡地笑笑："这没有什么，我不是正处在被'审查'中吗？我想事情总是会有一个真相的！"

可是，并非每个人都能像她这样宠辱不惊的。10月10日，一个噩耗传来：我国第一颗人造卫星的策划者、著名的地球物理学家赵九章先生含愤自尽！同样被审的赵先生太希望得到这张请柬以证明自己的清白了。但是，他无法知道发来的请柬已被扣压。身陷精神囹圄，他彻底绝望了，走上了一条不归路……

这消息令林兰英悲愤和惋惜。在为赵先生遥寄哀思之时，她也这样想过：不能以这样方式结束生命！乌云终究遮不住太阳，虚假的东西最终也将在真理面前现出原形，只要我的生命还存在，就要用她来追求光明！

林兰英坚持自己的态度，因为她是清白的，没有做任何对不起党和人民、对不起祖国的事情，因而也没有必要逢迎那些审查者。故意歪曲自己的检查，她坚决不写；谩骂、诽谤的大字报她不去看；每次一个钟头的批斗会，让她低头，她偏不低头……即使是面对高压她的倔强性格也没有丝毫的改变。

林兰英也开始冷静地思考。多少个不眠之夜，望着清冷的寒月，她默默地独立在庭院里苦苦想着自己的生活之路，想着20年来在大洋两岸的生活和思想的历程，审视着自己的初衷和理想，拷问着严酷的现实。

难道自己的路选择错了吗？难道报效祖国投身于国家的社会主义建设不对吗？难道自己真的做错了什么吗？……

在经历了痛苦的内心煎熬之后，林兰英确立了自己的信念：这一切都将过去，新的生活仍然需要科学，而只有科学，才能最终使人从愚昧、冥顽的状态下解放出来。

她鼓励自己重新投入生活。职务被免去了，但是你不能剥夺我劳动的权利。她被这种思想驱动着，仍然坚持每日到研究室上班。只不过她现在做的都是些具体的工作——研磨晶片、调整仪器、测试材料……什么杂活她都做，她从小吃苦，长大成人又经历颇多，因此对于生活的变迁不以为奇，一个坚强的人是能够适应各种生存条件的，她不惧怕眼前这令人压抑的气氛。

被批判是常有的事情，有些批判简直是牵强附会，借题发挥。那年夏收，她随人们到乡下拔麦子，一天下来累得腰酸腿疼，有的人还嫌不够折腾，又要挑灯召开批判会，批判会的主题竟是批她“重工轻农”的思想。发言者责问她为何不让侄儿下乡去北大荒，而要让他去首钢工作。侄儿1968年从北京四中高中毕业到首钢当了一名汽车修理工，这是那时政策允许的——北京市批准他留在北京照顾无子女的姑妈，想不到这也成为人们攻击的口实。林兰英在会上未予更多辩解。

有意思的是，那天散会后，她走在回自己住处的路上，她发现身后有两个人跟着她，她警觉地停住厉声问道：“是谁?”那两个人来到跟前，她看清是本单位的两位同志，原来是他们感到刚才的批判会林兰英的情绪不对，而这一带又是水网密布地区，怕她一时想不开寻了短见……

林兰英听罢解释笑起来，她爽快地说：“不会的，你们回去安心睡觉吧，我还有很多的事情没有办，现在死还嫌太早啊!”望着两个远去的背影，她想：年轻人，你们的顾虑多了，我相信这一切会恢复正常的!

真的，她从来没有想到过“死”这个字眼。她常常为老舍、傅雷、赵九章这些精英的逝去而扼腕叹息。自杀，她不认为是一种可取的抗争形式，生命的意义除了宣告更有改变的功能，她坚信眼前的事物最终会发生变化，静止绝不是这个世界的本质。

那段时间里，她读了一些书，其中毛泽东的书是必读的——全国都在大学毛主席著作，她当然也不例外。但是在厚厚的四卷《毛泽东选集》里，她反复看的文章只有两篇：一篇是《矛盾论》，一篇是《实践论》。她读这些著作可不是在响应谁的号召，做做样子给人看，她是真心地阅读。这两部哲学著作里那些睿智的思想观点和基本道理，早已深埋在她的头脑里，毛泽东的哲学方法使她的一些思路变得清晰——世界是物质的，物质是运动的，运动是有规律性的，规律性是可以认识的，认识是要靠实践的，实践是要解决矛盾的，解决矛盾是要区分主要矛盾和次要矛盾的，一个矛盾中是包含着主要方面和次要方面的，矛盾的主要方面和次要方面是可以转化的……这思路渐渐地就将她引回到半导体材料上来了……

这是她始终割舍不断的情结啊！在炼狱般的生活环境中，她顽强地坚持下来了，支撑她的一个重要的支柱就是她的事业——那刚刚开始发出亮光就差点被泯灭的事业——在经历了一番波折之后，她发现一切都可以放弃，但是她的晶体、她的凝聚态物理无法放弃，谁也不能淡化它在她心目中的位置。如果一种追求在历经磨难之后依然能够牢牢地吸引你，那么追求它就是值得的，她深信这一点。

她又开始在脑子里盘算着那停顿已久的提高砷化镓质量的问题，纯度这个概念常常使她陷于遐想。她在构思自己计划的同时，也时常暗自判断美国、日本、苏联、联邦德国等国眼下在半导体材料研究上的进展。一想到这里，她就着急上火。她多次要求有关人员，早日查清自己的“问题”，尽快地恢复研究室的工作——她可不是要当什么领导，只要给她科学研究的权利就足矣。时间！时间！她是多么心疼每日无声无息然而又是飞快地从身边走过的时间啊。想起“文化大革命”前，她几乎没有什么业余生活，所有的时间都在实验室里，就像长在那里似的，常常是由于忘记回家吃饭而被母亲数落了不知多少次……如今想起，那些奋斗的日子真是令人难忘，它过得总是那么快。可是现在，别的国家的科学家还在过着那种只争朝夕的日子，而自己却真正是度日如年啊！

她在默默地等待着，她期待着这种情况早日结束。她说，她相信，总有一天，事情会搞清楚，错误会得到改正。正是基于这种儿女对待母亲的情感，让林兰英度过了那段艰难的岁月。

## 三、遭不实之词诬陷

未能料到，林兰英的生活背景被推到了前台，她那看上去复杂的社会关系使她面临着厄运。

1968年年底，自从工宣队、军宣队派驻研究所后，主要抓两件事：一是斗批改；二是成立专案组，清理阶级队伍。除所里原有的主要领导干部受到专案组的特别清查外，林兰英也被列为审查的对象，罪名是她在历史上曾参加过国民党。

这纯系子虚乌有，令林兰英感到莫名其妙。面对审查者从她的档案中抽出的一张从未见过的卡片，她坚决否认这个结论。

“这张表格不是我填写的，这是别人放进去的！我从未申请过参加国民党！”她的回答斩钉截铁。

林兰英感到气愤和迷惑，她从年轻的时候起，就有一个愿望，希望自己能够最终成为一名科学家。为了实现这个愿望，她倾尽了全力，放弃了许多人生的其他机遇，包括在协和大学与共产党组织失之交臂。然而这一切是为了什么？不就是为了追求她心目中的真理吗？真理，首先是真实的，不应该含有任何虚假的成分。她在生活中对虚假的、不准确的东西一向是持否定的态度的，不论是对于他人还是他人强加于己的虚假，她都是断然不能接受的。

专案组的审查者们，见林兰英的态度那样坚决，又用商量的口吻说：

"其实，你就是承认了是一般的国民党员，也没有什么大不了的……"

林兰英摇摇头："你说得不对，什么叫做忠诚老实？是你做的你说不是这不是忠实老实；不是你做的却硬要说成是你做的，这也不是忠诚老实。你说说看，我应该不应该忠诚老实呢？"

"文化大革命"中工宣队、军宣队主持的专案组，也不同于"文化大革命"前人事单位的审查或公安系统的专案审查。比之"文化大革命"期间造反组织之专案的狂暴性，虽说有些减弱，但终究还是无法规可言的。审查专案水平如何，在很大程度上要取决于专案人员的良知与素质了。

审查者们觉得林兰英说得的确在理，自己也没有真凭实据，只好决定派专案组去外地调查。南下的人转了一圈回来了，结论是否定性的——那张表格不真实。所找的证明人用充分的证言证明：林兰英当年完全是由于追求科学而没有参加共产党，但她却是党的外围组织的积极靠拢者。

审查结论上最后写上了"同意本人的交代"字样。

林兰英回顾这段历史时说：

> "文化大革命"期间，有人说我崇洋媚外，就因我的一句话"美国的示波器好用"；还有人说我是美国的特务，我很恼火，我让他拿出证据来。从国外回来的就是特务吗？没证据凭什么这样说？现在，我不隐瞒自己的观点，毕竟我在美国生活了好几年，有这样的怀疑不足为怪，但要有证据①。

## 四、父亲的冤死

那是一个正义被摧残、良知遭毁灭的年代，林兰英的家庭与当时无数个家庭一样经受着风浪的涤荡。她的大弟、莆田五中校长林文豪被造反派百般殴打，身体受到严重的创伤，福建的家人们终日生活在恐怖之中。

最令人不能容忍的是林兰英父亲的悲惨命运。

父亲林剑华年事已高，自 1957 年 6 月起便被女儿接到北京居住。老人颠簸一生，历经磨难，饱受冤屈。

那是一种真正意义上的冤屈。1943 年 10 月，国民党省党部密电莆田

① 王德禄，高颖，程宏等．2013．女性当自强——林兰英口述//1950 年代归国留美科学家访谈录．长沙：湖南教育出版社：358．

命令县党部立即逮捕在中山中学任教的中共地下党负责人林汝楠。任县党部书记长的林剑华，交代下人“通知林汝楠，要他自己考虑决定，尽快离开”，林汝南接到密报，遂决定撤离莆田，上山打游击去了。林剑华又通知另外一名叫陈骏驹的共产党员迅速隐蔽起来，并与之订下联络办法。在一切安排妥当之后，林剑华才派人虚张声势去抓人。警察惊动了半条街，却早已是人去楼空。后来，省党部书记长李雄十分恼火，认为林剑华执行上级命令不力，有“通共”之嫌，但苦于一时找不到证据，只好先给以其国民党内记过处分，他后来就回到教育界当了一名普通的中学校长。这位正直善良的知识分子倾向进步势力，痛恶当局的腐败和黑暗。他的儿子林文豪是共产党员，经常利用家庭的掩护从事共产党的地下工作。对此，林剑华是深明大义的。他支持儿子和他的共产党朋友，多次利用自己的社会关系为之疏通工作的渠道，他的家庭实际成为中共闽中游击支队司令部领导下的联络站。这个联络站自1949年1月正式成立后，很快就成为莆田县共产党活动的秘密场所，中共莆田地委、县委和游击队一些负责同志进城执行任务，林剑华的家就成为住宿处和隐蔽点。这年的3～4月间，闽中福州城工委下山做统战工作，路过莆田时，均住林家。对这些活动，林剑华均主动进行掩护。常进出林家的地下工作者们在林家研究工作，林剑华不但照顾生活，而且还心照不宣地有意阻止其他客人的干扰。在筹集经费时，他也尽力拿出黄金和银元资助。

林剑华先生是莆田县著名的开明绅士，他利用自己的社会关系网，获取了许多有价值的情报，通过儿子林文豪和他的战友们转交给山区的游击队。他还协助游击队从壁垒森严的城里将枪支等武器转运上山。1949年5月，解放军南下，闽中游击司令部急需精确的莆田县全境地图，林剑华立即通过关系从县党部找到一幅，连夜遣人秘密送上山去。在国民党政权逃离莆田后，他会同地方上有影响的乡绅组成防护团，稳定了地方局势，为解放军的顺利进驻创造了条件。解放军进城后，他又带头出借粮食100担，带动各巨商富户纷纷响应，解决了解放军的燃眉之急[①]……

就是这样一位同情并支持革命的开明人士，在新中国成立后却遭到诬陷，一度身陷囹圄。女儿林兰英的归来，无疑促成了父亲的新生。自此林剑华先生北上离家，在京城专心协助廖华和顾颉刚先生校点《二十四史》，

---

① 陈国信，陈宪章. 1987. 怀念林剑华先生//政协莆田市委文史资料研究委员会. 莆田市文史资料第三辑：127-134.

安度晚年。

可是天有不测风云，“文化大革命”初期的风暴搅起的污泥浊水，直接扑向了林老先生。那是1966年8月，一个风雨飘摇的傍晚，一伙造反者闯进北京林兰英的家，命令强行将老人遣送回原籍。

林兰英噙着热泪望着父亲和母亲苍老的背影消失在火车站的人海里。她气得浑身发抖，但不知道该找谁去讲理。她万万没有想到，慈爱的父亲这一去竟是永别！

而父亲最终遭受的又是一种何等悲惨的命运——老人一路被打骂摧残着，竟然在火车行至苏州时被殴打致死！他的遗体被抬下了火车。悲愤欲绝的母亲央告着找到一辆三轮求人将遗体拉到火葬场，沿途母亲还要不时用身体掩护着父亲的遗体，遮挡那些出自不明真相的青年人之手的石块……有好心人见状暗暗提醒母亲，骨灰不要带回，也不要保留了，否则势必引起麻烦。就这样，父亲在苏州被草草火化，全家人最后连骨灰都未能见到。

一个充满智慧的生命就这样被残暴地泯灭了。

林兰英得知父亲不幸去世的消息，悲痛欲绝。

林兰英后来回忆说：

> 现在事实证明，当时我父亲没有问题，他是个好人。现在，地方上还把他的事情写进了党史。我怎么能够颠倒黑白去批判我的父亲呢？我不会去做违心的事情。我回国后，登记的时候，写了4条做人的原则。我写了就会认真做到，做不到就不会写，不会去迁就任何人。①

随着时间的推移，群众对她的批判渐渐趋于冷淡了，这在很大程度上也取决于她的态度。林兰英不是听不得相反意见的人，在人们的面对面的批判声中，她也在注意倾听那些善意的批评。在长期的领导工作中，由于她的个性强烈，难免会伤害一些同志的感情，现在人们提起了一些早已被她淡忘的往事，她才如梦初醒，意识到原来自己也有伤害别人的时候。对此，她诚心诚意地接受群众的批评，认真做出检查，以期得到人们的谅解。

她对这一点的感受十分深刻，这成为以后多年常常挂在嘴边的一点体会，说起来也有意思，这体会最初竟是在美国讲出来的——粉碎“四人



① 王德禄，高颖，程宏，等．2013．女性当自强——林兰英口述//1950年代归国留美科学家访谈录．长沙：湖南教育出版社：358．

帮”后不久，她第一次随全国人大代表团访问美国，所到之处，屡屡遇到有关中国“文化大革命”的提问。那时中共中央《关于建国以来党的若干历史问题的决议》尚未发表，人们对如何准确把握回答这类问题的分寸心里没底，林兰英遇到此情况总是直接现身说法。她说：“我是搞科学的，不是搞政治的，很难回答这个问题，但是对于‘文化大革命’，我也有些个人体会，我在‘文化大革命’中也受到过冲击和批判，这里面有不公平的地方，也有人家说得对的地方。过去有人对我有意见又不敢说，在‘文化大革命’中批判的时候告诉了我，我才意识到。比如说我有个口头禅是‘早就告诉你……’讲的时候往往很随意，就没有意识到这话不中听。后来别人提了，我觉得这样讲话的确对人不尊重，不利于工作。那我就改正。‘文化大革命’后，大家反映再也听不到了。我为此很高兴。这是‘文化大革命’给我的收获，说到不愉快当然有，对于搞科研的人来说，最在乎的是把时间占去了，10 年没有好好地工作，浪费了，实在可惜……”

她坦诚的表白让在座的中外朋友们都十分感慨。

她是 1970 年被“解放”，1972 年被恢复研究室的领导职务的。在经历了专案组严格的“审查”之后，证明她的历史是清白的，而长期陷于停顿的半导体材料研究工作又多次被有关方面问及，在这种情况下，身为三届人大常委的林兰英的重新出山就成为顺理成章的事。

提高砷化镓质量的研究工作开始恢复，但是“运动”并未结束，整个“机器”实际上仍处在怠速运转的状态，人们时时被压抑的气氛包围着。在这种心态下，尽管人们进行实地调查论证并进行必要的实验，但受各种客观因素的掣肘，研究进展缓慢。

那是一段十分难捱的日子，人们如同希腊神话中推着石头上山的西西弗斯，似乎都在从事着毫无意义的苦役。这是一种精神上的无休止的苦役，它使人在政治运动、表态、批判、再批判的旋涡里无法自拔。这是“文化大革命”最令她难受的地方，每日背负着沉重的思想包袱，今天不知道明天会发生什么事情。

1971 年的“9・13 事件”惊动了全世界，也极大地震撼着林兰英的心灵。联系 1966 年以来社会发生的一系列重大变异，她越来越感到那种荒谬的、不正常的政治局面应该结束了。

## 五、怀念周恩来总理

林兰英是在“9・13”事件几天后重新见到周恩来总理的。

这是林兰英自从1968年被停止职务以后第一次重新回到国家的政治舞台上。全国人大、全国政协的常委们被中央召集在人民大会堂，传达中共中央关于林彪问题的“68号文件”，走进这熟悉的大会堂，林兰英有一种久违的心情，感到紧张而激动。大家静静地坐定，谁也不知道究竟发生了什么事情，大厅里的气氛十分肃穆。正在这时，旁门开了，一个熟悉的身影出现了。

“总理!”林兰英和所有的人们一起在心底呼叫着。会场上的气氛立刻显得松动了些。

周恩来总理表情严肃，他深邃的目光从委员们的脸上沉重地滑过，那眼神里似有万语千言想要表达，但是他什么也没有说。他从每个委员跟前走过，一一与同志们握手。来到林兰英的面前，总理认真地向她点头致意，他认出了这位女科学家。就在紧握总理手的一刹那，林兰英感到总理的手像他的身躯一样单薄——他瘦了！林兰英心中猛地一紧。

总理明显地比3年前消瘦了，苍老了，白发已经覆满了他的两鬓。那炯炯的目光掩盖不住他身心的疲惫，林兰英感觉到了。总理，您辛苦了！林兰英在心中倾诉着，眼睛不知不觉就有些湿润，她像受了欺侮的孩子见到了向自己走来的家人一样。

总理在自己的位置上站定，开始一字一句地传达了关于“9·13事件”的中央文件。

三个月后，也就是12月的一天，一次会后，林兰英再次在人民大会堂见到了总理。总理走过来关切地询问她工作的情况，语重心长地对她说：像你们这样的同志，年龄不太大，经验也有一些，正是发挥作用的时候。你们从国外回来，要努力改造思想，过好“五关”。科学工作者，要少参加社会活动，努力为党做更多的工作……

这话让她什么时候想起都像是昨天才听到似的。

是总理在她生活中的再次出现重新激活了她的生活热情。她感到一切又在萌动、生长——事物仍在发展变化着，辩证法是如此奇妙而富有魅力，任何时候都不要丧失希望和信心，周总理就是她的榜样。

1972年，中美民间开始频频往来，周总理几次召唤林兰英去接待来自大洋彼岸的朋友，在这段时间里，林兰英对总理的认识更加深刻了。

她从周总理的身上学到了很多。关于如何做人，如何处事，如何与不同经历身份的人交谈，如何做别人的思想工作……

1972年11月的一天，林兰英陪同周总理会见了来自美国的华裔物理学家袁家骝、吴健雄夫妇。那是一个令人愉快的下午，周总理在整个会见中精神都很好，他对美国的情况了如指掌，让袁家骝夫妇很是惊讶和钦佩。谈到中国的现状和未来，总理的话语让人欢欣鼓舞，林兰英在一边听着很受感染。她静静地品味着总理的每一句话，觉得那里面充满着他对祖国的一片真挚的情感。话题不知为什么就转到了关于殡葬的习俗上去了。总理用舒缓的语气谈到家乡殡葬改革的事情，他平静地告诉吴教授，他的父母合葬的墓占用了耕地，当地政府请示迁移，最后他决定将坟平掉了，现在墓地已经成了人民公社里的农田……她发现吴教授在认真地点着头，那若有所思的神情与总理的真挚态度交织成一幅情深意长的图画，很是令人感动。然而，更令她感动的是在事后，当她晓得原来这是总理在得知教授家乡的祖坟在“文化大革命”中受到毁坏而抚慰教授夫妇受伤的心灵时，更是十分佩服总理的善解人意。总理是一位宽厚的长辈，他对人谦和容忍，处处体现着中华民族的传统美德，晚餐的时候，林兰英坐在总理的对面，总理说：“兰英同志，你起来陪吴教授喝两杯酒吧?”这下可是“将”了林兰英一军，因为她从来不会喝酒。她有些难为情，说：“总理，我，一口酒都不会喝……”总理一听，笑起来，他和蔼地摆摆手，又向袁家骝夫妇举起了酒杯……总理处事就是这样，从不强加于人，这给林兰英留下了深刻的印象。

在后来的日子里，林兰英无数次地与各国的不同人士交往，周总理始终是她潜心学习的楷模。无论与谁接触，林兰英都十分注意讲话的分寸、立场，注意原则性和灵活性，只要一想起自己的责任，她随时都会感觉到周总理就在身边。

林兰英忘不了“文化大革命”的最后岁月。那时的她，已经从两种命运的激烈争斗中，认清了“四人帮”的庐山真面目。这伙人在各方面不择手段地攻击、污蔑、陷害周恩来总理，将他视为自己篡党夺权的最大障碍，甚至连病中的他也不放过。

林兰英那时已经知道总理病了，她心急如焚，可是她再也见不到他了，她只能触摸到他的精神……

新一轮的“批判”又来了，这次是批判“唯生产力论”，批判中国科学院上报的“汇报提纲”……1975 年，周恩来将身上的重担放在了邓小平的肩上，他不得不休息一下了。7 月，胡耀邦遵照邓小平“要整顿中国科学院，加强领导”的指示，主持召开了科学技术座谈会，强调要把国民经济搞上去，科技工作必须走在前面；要充分发挥科技人员的作用，划清发挥科技人员的作用与“专家路线”、为革命钻研技术与“技术挂帅”等政策界限……

林兰英参加了这次具有历史意义的座谈会。在会上，她和同伴们一样谈自己的履历、经历，提意见。她除了认为一周要有5天搞业务的时间以外，还直言不讳，坦率地讲了许多自己对当前科技现状及“文化大革命”的看法。

科学家们的意见经过汇编整理，立刻有了回声。紧接着，《关于科技工作的几个问题》出台，这就是著名的“汇报提纲”。

邓小平充分肯定了“汇报提纲”。他指示要为科研工作创造条件，为科研人员解除后顾之忧，他的指示具体到了“为他们切实解决房子、车子、孩子、炉子、妻子等问题”的程度。

入冬时，林兰英的家里像每个科学院的家庭一样，得到了一只液化气罐。

但是，第一罐液化气尚未用尽，1976年1月8日，凛冽的寒风里传来了令国人心碎的哀乐声——万民爱戴的周恩来总理逝世了。

林兰英陷入无比的悲痛之中。

紧接着，胡耀邦等科学院领导人受到无理批判，“批邓反击右倾翻案风”的运动又开始了。

林兰英被院里的风派人物叫去，要求她再参加一个座谈会，任务是：一要回忆胡耀邦都说过些什么；二是要写个批判稿，面对面批判胡耀邦等人；三是回去想想有哪些跟胡耀邦思想有共鸣的地方，否则胡耀邦为什么一定要跟你们一起座谈？

林兰英听着听着就火冒三丈：“这三条我没有一条能帮你的忙，你说我有共鸣，我就有共鸣；你要面对面批判，我也批不了！”

弄得对方一时难以下台。

一位青年悄悄地问她：“您说这‘提纲’没有错吗？”

林兰英说：“我看不出来它错在哪里。”

她坚决顶住了压力，1975～1976年那段时间，无论是大会小会——只要是批判会，林兰英一律不参加，10年了，她实在是对此厌倦至极！

支部书记十分理解这位科学家的思想和心情，他总是想方设法用“高血压”来为她挡驾，在中国科学院，少数人的倒行逆施已经引起了众人的愤懑之情，这积聚的情绪如同火山随时处在待喷的状态。

1976年10月，火山终于喷发了。

林兰英这次兴高采烈地参加了盛大的集会，庆祝粉碎“四人帮”反党集团的胜利。

1977年7月，中共第十届三中全会一致通过《关于恢复邓小平同志职务的决议》。林兰英（左一）参加游行祝贺

伴随着欢庆的锣鼓，林兰英和祖国一起，迎来了春天，跨入了一个崭新的历史时期……

# 第九章 在频繁的社交访谈中

林兰英不仅是一位杰出的科学家，还是一位热情的教育家和活跃的女性社会活动家。她在妇女界，在大学里，在中小学生中，做过多次报告，接受过多家报纸、杂志社记者的采访。她以对旧中国妇女地位低下、受人歧视的耳闻目睹，结合自己的亲身经历，勉励妇女珍惜自己难得的权益，做到自尊、自爱、自强，认清自己的社会责任和使命，激励她们要有事业心，有进取心，努力工作，好好工作；教育青少年热爱社会主义祖国，热爱中国共产党，树立正确的人生观和价值观，努力学好本领，为祖国的“四化”大业出力。1990年年初，她参加了共青团中央组织的“奋斗的足迹”知识分子报告团，通过讲传统、话理想、谈追求，就青年知识分子的成长之路、成才之路诚恳亲切、热情洋溢地表明了自己的见解。这年的“五一”前夕，她荣获了“全国五一劳动奖章”，还受到了江泽民总书记的接见。由于她是一位社会活动家，故而采访她并在报刊上发表文章的记者颇多。从这些文章中，可以看出林兰英院士真诚一贯的爱国主义精神，自强不息、艰苦奋斗的创业精神，对科研工作兢兢业业、一丝不苟的精神。

## 一、一个科学家的心愿[①]

今春我在福建，福建山川灵秀，那亚热带的绮丽风光，使我惊叹不已。一位福建同志带点豪情地对我说：“中国有句古话，地灵人杰的福建是出人才的地方，像你们妇女界，远的不说，现在就有谢冰心、林巧稚、林兰英……”

这句话在我心里留下了深刻的印象，最近我听说林兰英同志当选为党的十二大代表，而且是中国科学院唯一的女代表。这消息触动了我的心弦，很想拜访一下这位女科学家。但是科学的殿堂在我心目中历来是既神圣又有些神秘的地方，林兰英是中科院学部常务委员、半导体研究所副所

---

① 佳邻，《新观察》，1982年第16期．

长，能轻易见到她吗？

我抱着不妨一试的心情去通电话，很费周折，最后在实验室里找到她。和她通话以后，倒是意外的爽快，约好第三天接见我。

我在半导体研究所门口碰到林兰英同志，她把我带到所长办公室。啊！我心目中科学殿堂的指挥所，竟不过是14平方米的一个小房间，拥挤地放着三张办公桌。这时一个两鬓霜白的老人提着暖瓶走进来，看看我们说："啊，有客人，没办法泡茶了，去晚了没打到开水。"林兰英同志这时要带我另找一个房间去谈话，那老人说："你们在这谈吧，我要到实验室去。"说着就出去了。他是谁？我原以为是给所长打开水的工友，看来不是了。林兰英同志大约看出了我猜测的神情，告诉我："那是黄昆同志。"我真是大吃一惊！怎么？那个国际知名的学者、中国唯一的瑞典皇家学会会员黄昆同志，竟是这样一位朴实无华的老先生吗？我又环顾一下办公室，问她："那张桌子是王守武同志的吧。"她点点头说："是的。自从黄昆同志来半导体所以后，我们三人就在一个办公室。这也象征着我们的关系，我们是很团结的。"

我和科学家的接触有限，就从十分有限的接触中，我也悟出一个道理：真正的科学家都是极朴素的。林兰英的谈话就十分朴素。当我祝贺她作为代表参加党的十二大时，她很谦逊地说："我只知道被提名为候选人。院党委还没通知我选举结果。即使作为候选人，我也感到负担很重了。我虽已年过花甲，但从党龄来看，还是个婴儿，在政治思想上很不成熟，距离代表的资格很远哪！"

林兰英同志是1979年入党的。党龄短，但她是在一个非同寻常的时期入党的。"文化大革命"时期，党经受很大挫折，在一些人产生信仰危机的时候，林兰英同志还有一批科学家参加到党的队伍里来。她自1957年从美国归来，20多个春秋，在半导体材料的研制上多有建树，她那一颗热爱祖国、追随革命的心，即使在遭受挫折时，也从未冷漠过，现在老了，还是要做共产党员，这不难能可贵吗？

作为一位科学家，她说："像我们这样的人，本应踏踏实实埋头在研究工作里。从我的愿望来说，我希望一个星期内六天都在实验室里，科技人员不上第一线，过不了三年就没有发言权了！但是现在我不得不分出许多时间和精力去做科研的组织管理工作。因为从我们国家发展科学和建设'四化'的需要来看，必须培养和建立一支科研队伍，这是头等大事。在这样任务面前，我们没有权利只考虑自己的科研成果。"听了她的话，我有一种感觉，似乎这些思想已萦绕在她脑海多时，所以一见面她就由这谈开了。她说：“我是研究半导体材料的，我常常想，建立材料科学队伍就好比下棋，棋子怎么摆？如何布局才能使材料科学健康地向前发展呢？我们再不能满足于说‘在这个领域里，我们填补了哪些空白’这样一些话，现在应该是把工作成果拿到国际上去比试的时候了。这不是一件容易的事，要下苦工夫。我们作砷化镓，从1962年到1980年，除了中间‘文化大革命’时期无所作为之外，做了数不清的实验，前些时候终于能把论文拿到在美国召开的一个学术会议上去宣读了，得到了好评。这是集体活动的成果，在这一过程中也锻炼了队伍。科研人员容易犯的毛病，通常是比较重视自己的见解，互不服气，只想搞自己的，‘我不给你铺路’！所以选的课题越来越小，实际上这不行。半导体是技术性较强的科学，哪一项成果都是集体的力量，而不是个人活动的结果。建立队伍就要帮助解决科技人员之间这些矛盾，把他们捏到一起，现在有些同志已尝到了甜头。总之一句话，我们要建立起一个好的科研队伍，就要像邓副主席讲的那样：有理想、讲道德、守纪律。”

科学界是知识分子最集中的地方，我问她：“对落实知识分子政策，您有些什么意见呢？”

她说：“我认为落实知识分子政策，现在主要是解决中年知识分子的问题，他们生活负担重，工作压力大。过去在中科院里、在人大会议上我们多次反映这个问题，现在中央正着手解决。但是对科技人员我也常讲，关键还是得把国民经济搞上去，否则钱从哪来？房子拿什么盖？工资也没办法调。我认为我们现在只能携手奋斗，咬紧牙根做出一些牺牲。‘四化’不成，不仅我们自己的处境改善不了，而且民族没出路，何以对得起后代子孙呢！”

从第一次通电话，这位女科学家的爽朗就给我留下了深刻印象。现在听她谈话，更加使我感到这是一位精力充沛、感情丰富的热心人。科学家似乎常常是沉湎于自己的研究课题，不大善于处理人和人之间那种千丝万缕的复杂关系。她却很有魄力，管理1000多人的大所，经常要面临复杂的矛盾！她说：“我作为副所长，要与所长黄昆、副所长王守武搞好团结，同心协力去解决矛盾，排解困难。”“就我们三人来说，我们的时间都有限了，年轻的同志需要上来挑担子。我们有一个共同的心愿，在离开这个岗位之前，把一些困难的、棘手的工作抓紧做完，给新的领导班子创造一些条件，为他们减少一些压力。‘何苦还去操那份心’这样的推诿思想，我们认为不足取。哪怕明天我就要离开所的领导岗位，在今天五点半下班之前，属于我应负责的工作，我都要照样去做。”

“科学家是没有离休的，明年我可以集中更多时间和精力在实验室，抓好几个课题。我想我还可以在第一线干上十年。我和黄昆、王守武同志商量过，我们所，过去大部分搞的是技术工作，而不是技术科学。要搞技术科学，现在这支队伍还不适应，应该抓紧培训。”

我问：“您对您所从事的这一学科的发展，有些什么设想呢？”

她说：“我虽然是研究材料的，但这几年想得最多的是大规模集成电路。这一门学科对我们‘四化’建设太重要了。它就像战争中的一个中心据点，一旦占领了它，便打开了广阔的天地。以集成电路为中心的微电子工业，联系到计算机、自动化、信息处理、电通信、遥感技术等。真像水银泻地，无孔不入。举一个简单的例子：日本在照相机里只安装了集成电路，便在国际市场上打垮了德国。德国照相机在国际市场本是久负盛誉的，就在电子装备上，它输掉了。”

“我们的大规模集成电路，搞了许多年，但收效甚微。过去常常满足于造出几块样品，就认为已取得成功。实际不是那么回事。从试制成功到大规模生产，这中间还有很大的距离。我们不能再按过去那样的路子走下去，应探寻新途径。”

“这项建议在五届人大第一次会议上，我就提了，但当时时机未到，不可能引起重视。最近中央一位领导同志说了：‘计算机、大规模集成电路搞不上去，四化就是一句空话。’6 月，技术科学部的学科组和学部常委会，都研究了大规模集成电路的问题，提出了一些建议，准备在 8 月学部大会以后，上书中央。”

“制造集成电路牵涉的部门较多，需要多种工业配合，每一环节的技术要求都很高，因此建议集中力量搞两个中心。最好由中央直接领导。下面要打破现有部门界限，统一计划，统一领导，形成工业体系，才能真正解决问题。”

“前几天忽然听到计委在开会，我急了，我们如果等到 8 月才去上书，那不是太迟了吗？机会不等人，我只好以个人名义给张劲夫同志写封信，并寄去了建议书的初稿，请他转计划会议考虑。事出紧急，我斗胆挺身而出，这是基于一个共产党员的责任感。我知道这样做可能招来非议，但中央希望我们这些老科学家当好参谋，那么在这样的关键时刻，我难道还要考虑这样那样的人事关系而坐失良机，使国家利益遭受损失吗？如果凡事都从自己考虑，做党员干什么呢？”

“入了党，实现了我多年的宿愿，这只是一个新的起点。在党内没有什么科学家和一般党员之分，都是普通一兵。有的同志认为，对于我们这样的人，不必按常规要求参加组织生活了，这怎么行呢？周总理都始终以一个普通党员身份参加组织生活。他是我心中的楷模。因此我总是提前去打招呼，请同志们不要忘了通知我参加组织生活。在组织的教育下，在这全党、全国人民都在进行再教育的时期，我希望自己能以最有理想、守纪律、讲道德的模范行动，完成自己的使命。”

## 二、乡情·国情·科学情[①]

“两会”前夕，国际著名半导体材料科学与物理科学家、中国科学院院士林兰英回家乡福建省莆田市省亲。笔者没有预约，赶到时，见到林兰英大姐正在与两位客人谈话，而客厅外的大厅里还有几位客人等着见林大姐。幸好有在场的她的弟弟、市政协老领导林文豪先生的特殊照顾和引见，使我完成了这次采访任务。

### 饮水常思源

我对林大姐说，您今天上午参加世界兴安同乡恳亲大会，下午又出席几个联谊活动，很辛苦。我来打扰您，很不好意思。林大姐离开座位站了起来，慈祥地与我握手，让座，微笑着说：“我很怕记者找我的，很占我的时间。你是家乡报的记者，就破例一次，那你问什么我答什么吧。”

当我问她，您的科研工作十分繁忙，还能抽身赶回家乡参加今天的盛会，除了家乡情结外，还出于什么考虑时，她不假思索地说：“我有六年没有回莆田了。这次是很好的机会，既能参加世界兴安同乡恳亲大会，也庆祝建市十五周年。建市十周年前夕，我接到邀请而没能回来，原因是那时要评院士，工作特别忙，根本离不开。这次我在京时把有些会推掉，有些工作赶着提前做了，特地留点时间回来，也不能太久，又要赶回京。因为我是家乡培养出来的，饮水常思源，该涌泉相报。加上祝贺家乡建市十五周年，应该回来。我看到家乡变化很大，非常高兴。”

“今天晚上在‘兴化明珠’用餐时，我见到了郭风先生。郭风是我 70 年前的小学同学，我几次返莆都没遇到他，这次相见很高兴，照了不少照片。我还与不少新老朋友见面，共叙了乡情乡谊。”

当笔者说道家乡出了不少科学家时，林大姐颇为自豪地说：“外地不少人承认莆田是出人才的地方。莆田过去工业不发达，人们没做企业的机会，家家儿女希望读书，读书的人多，必然要出一批出色的人。这也可能

---

① 周文辉 . 1999. 科学新闻周刊 .

是个原因吧。”

**爱国情意浓**

笔者向林大姐倾吐了一点自己的心声。我说，早在1956年我在家乡读书时，就听到从美国回来了一位女博士、大科学家，家乡人都轰动了。乡亲们一说起林兰英的大名，如雷贯耳。我久仰您的大名和您在国际半导体材料科学与物理科学领域的非凡业绩，您先后研制成功我国第一根锗单晶①、第一根硅单晶、第一台单晶炉。为提高硅单晶质量、开发SOS-CMOS集成电路铺路、开创离子束薄膜技术的研究做出了突出贡献，所以今晚我成了不速之客也要前来拜访您。

当我询问林大姐冲破重重阻力，从美国返回祖国做出卓越成就后，还有没有见到美国客人时，林大姐淡淡一笑，接过话题说："我多次接待过美国代表团。有一次，当美国客人了解到我回国后，担任中科院应用物理所半导体材料研究组组长，全身心投入新中国半导体科学事业时，美国客人对我说：'我简直不能理解当时美国政府怎么会让您这样造诣深厚的科学家回中国呢?!'我当时直抒胸臆：'我是中国人，当然应该回到中国来!'"

在谈到"文化大革命"时，笔者提到林兰英也不例外地受到不应该的冲击时，她平静地说："我受到过母亲的宠爱，也就不计较母亲的错怪。"她很风趣地接着说："我没有想到，在'文化大革命'后，美国联邦调查局还会留意我，并通过我在美国时的朋友动员我回美国定居。后来我的这位朋友给我讲这件事，她当时就回答美国联邦调查局的人说：'林兰英在20年前毅然回到中国，20年后的今天，林兰英更不会回到美国。'我听到朋友转述的这个意见后，拍案叫好，说还是我的朋友了解我林兰英!"

林大姐意犹未尽，又举了一例："不久前有一个美国搞半导体的科学考察团来中国访问，在宴会时，一位美国客人当面问我：'您为什么不愿意回美国呢?'我回答说：'我愿意并更喜欢与美国合作搞半导体科学研究。在场的其他朋友都笑起来，说林兰英外交辞令讲得多好。"林大姐对笔者说："我这些是跟周总理学习的。我多次跟随周总理出席外交场合，在国际交往中，回答外国客人问题时，既要阐述自己的立场，又要不伤害人家的感情。说话不要伤人。"我边听边会意地点头。林大姐的拳拳爱国情，溢于言表，给我留下了极深的印象。

---

① 应为：第一根掺杂锗单晶，见本书第五章第一节——笔者注。

## 寄语年轻人

林大姐在“文化大革命”后，长期担任中科院半导体研究所的领导职务。她和同事们夜以继日地进行科学攻关，终于在20世纪80年代初研制成功了气相外延砷化镓单晶和液相外延砷化镓单晶，达到国际先进水平，获中科院科技成果一等奖和国家科技进步奖二等奖。1987年8月5日，在我国发射的返回卫星上，在90分钟、120瓦能源供应的严格条件下，采用降温凝固法，成功地从熔体中生长出直径1厘米、长度分别为1厘米和0.7厘米的两块砷化镓单晶，开创了我国太空熔体生长砷化镓的新纪元，震惊了世界。

当笔者问林大姐作为老一辈的著名科学家和全国人大代表，对培养跨世纪的青年科技人才有何看法和想法时，林大姐深有感触地说：“现在的科技和过去的科技不一样。邓小平同志说过，科学技术是第一生产力。要把科研成果变成生产力，这种要求对科技人员的培养应有所不同。所以，科技人员，尤其年轻的同志应有个明确的人生选择目标。党中央一再提出，科技如何与经济发展相结合，也提出创新的问题。江泽民同志说，创新是一个民族的灵魂。不能创新，科技就没有办法发展。一个是知识创新，一个是技术创新，要弄清二者关系。知识创新是技术创新的源泉，技术创新又是知识创新的目标和动力。跨世纪，说透了是个知识的竞争。要把成果转变为生产力，指导思想、工作方法也不一样，观念的转变很有关系，作为21世纪的科技人才，必须与国内和国外的发展趋势相一致。搞科研要真正为综合国力的增强、为国家的经济发展服务，这是最根本的一点。”她殷切寄语年轻的科技人员：“既要有某一方面知识的深度，又要站得高看得远一些。要看到十年后的发展趋势。要有超前意识，很不容易做到。你要将国际形势看得清楚，是要花脑筋的。这样的人才是国际上所有的国家都非常需要的。”她表示，在九届人大二次会议上，还要继续阐述上述观点。

当问到她最近带学生等情况时，她说：我现在不带硕士生了，都带博士生。我经常给他们讲要明确人生的选择，把学到的知识为社会做贡献。我带的博士生已毕业5位，现在在职的还有4位。挑了一位很突出的，留下来做我在30年前要做的论文……

林大姐参加了家乡的盛会，忙碌了一天，她虽然已80岁高龄了，但毫无倦意，光彩照人。她思维极为敏捷，整段整段地讲话，节奏很快，连贯而毫不停顿。从她的真知灼见中，我深深地感受到杰出女科学家的深邃、睿智、广博的学识和崇高的思想境界。我心想：她是一位多么爱乡、爱国、爱科学的科学家！林大姐是我们莆田人的骄傲！

握别林大姐时，我请她每年都能回家乡看看，林大姐笑着说："我何尝不这么想，但是繁忙的科研工作离不开呀。"

## 三、要相信自己的力量①

林兰英已是73岁的高龄，但仍然精神矍铄，思维敏捷，谈吐中流露着朝气与活力。1957年，她抛弃优越的工作、生活条件，从美国归来，投入祖国社会主义建设的大潮中。34年间，她为祖国培养起一支半导体材料专业队伍，为我国半导体材料科学的发展做出重大贡献。她也因此登上了我国科学最高殿堂，成为中科院14名女学部委员中的一个。

在科学道路上苦苦求索了几十年的林兰英深有感触地对记者说："我觉得在科学技术方面，经费、设备固然很重要，但最重要的还是人的素质。我们中国科学家一定要有民族自信心，要充分相信我们自己的力量。"

"我国半导体材料从无到有，现在已发展到几十种，有些还达到国际先进水平，而制造这些材料所需的设备基本都是我们自己设计制造的。这些设备当时国外一般都是禁运的，如果不靠自己努力，也许很多材料我们现在都没有。"

林兰英回忆起一段往事。那是在1986年，她去联邦德国参加一个学术会议，并准备和那里的专家商议共同研究太空生长砷化镓单晶的事情。当林兰英谈及这一建议时，一位那里的专家用傲慢的口气说："先把你们的论文拿来看看吧。"论文，哪里来的论文！林兰英想，微重力科学——太空材料的研制在中国是空白，如果我们有论文还用得着找你们合作吗？林兰英暗暗地说，我会把论文给你带来的。从联邦德国回国后，她便带领科技人员继续与兄弟部门合作，共同研究太空生长砷化镓单晶。3年后，林兰英带着我国自己搞出砷化镓的论文去美国参加学术会议，并在会上宣读了论文，立即引起了各国专家的关注。原来的那位专家走过来握着林兰英的手，惊讶地对她表示祝贺。

提起这些，林兰英是自豪的。她对记者说："不怕起点低，只要有信心去做，科学地去做。我们开始搞砷化镓时，有些国家已搞得很不错了。我们搞出来后，美国伊利诺伊大学一位教授将我们的样品与美国、日本、最好的砷化镓相比较后证明，中国样品的纯度超过了他们，尤其是高纯度P型砷化镓单晶，目前只有我国能制造出来。"

---

① 王代同，剪报，其他资料失查。

“你知道我们最早搞砷化镓时是什么条件吗?”林兰英在20世纪60年代就开始搞砷化镓单晶的生长，可当时国家正逢自然灾害，实验条件简陋得难以想象，就连实验用的桌子也没有。林兰英动员大家去搬砖头，把砖头垒起来，上面搭一块木板做实验后，又自己动手制造生长砷化镓单晶的炉子……林兰英永远忘不了这段历史，谁又能想象到，我国的高技术是在这样的条件下起步的呢。

“不仅国际上有的，我们有信心搞出来，国际上没有的，我们也有信心搞出来。”1978年，林兰英去日本参加学术会议，看到国际上用离子团束淀积法来制备半导体材料。她认为这种方法很先进，但如果将单束离子外延炉改为双束的效果会更好。受了这一启发，她回国后便组织这方面的研究。经过7年多的努力，终于取得成功。这是迄今为止世界上唯一的双束离子束外延炉。

林兰英就是这样，从1959年设计建造我国第一座单晶炉开始，她不断填补着我国半导体材料科学的空白。如今，她身兼多职，担任着中国科协副主席、国家自然科学基金委员会委员、全国人大常委会委员等，但她仍活跃在科研第一线，承担课题，带研究生。

她还经常和青年科技工作者真诚地交谈，她结合切身体会认为只要有了爱国心、事业心，青年人就能成才。

提起这些，林兰英欣喜地对记者说：“我相信，中国年轻的科学工作者一定会赶上我们，超过我们。”

## 四、要做就做最好的①

林兰英小时候脾气就很倔强，母亲不要她上中学，她说：“我保证考第一，不花家里一分钱。”（前三名都可不交学杂费）果然，她考了第一，母亲只好随她去。

对于戴在她头上的诸多桂冠，她觉得可有可无，最让她高兴的还是她的砷化镓单晶研制。20世纪60年代初，林兰英就把她的注意力转向了化合物半导体材料的研究，1962年成功制备了砷化镓单晶，当70年代国际上掀起半导体研制大潮时，林兰英已经在致力于砷化镓纯度的提高了。她十分认真地给我讲解P型和N型的区别，一边讲一边在纸上画着——不顾我听没听懂，自己先沉浸了进去。后来，瑞典隆德大学深能级中心需要

---

① 孙旭红．1999-10-29．经济日报，第二版．

一批高纯度的P型砷化镓单晶，本由美国的贝尔实验室提供，但因纯度不高，不能满足要求。林兰英的研究室在一个月内就干净利落地制了出来。固体物理学家黄昆从欧洲开会回来，兴奋地对她说："林兰英，你的高纯度震惊了世界。"这是她心情最为愉快的时刻。

1986年，林兰英到联邦德国参加一个空间科学研讨会。她本想同联邦德国合作，进行空间砷化镓制备，谁知一位联邦德国教授很傲慢地问她："你们在空间做了什么工作？你拿出工作报告或论文来看看，我们才可能考虑合作的问题。"这些话大大激起了林兰英的好胜心，她回国后马上开始这方面工作。当时各国还没有在空间做过从熔体中生长砷化镓单晶的实验，因为砷化镓有毒，熔点又高，很容易引起爆炸。有人劝林兰英换一种熔点低的锑化铟单晶，但她没接受。锑化铟那东西"美国和苏联十年前就做过了，如果我也来做，别人最多说……"她学着电台广播员的声音，"中国目前也能在太空生长单晶了"。

这个"也"字让林兰英接受不了，她是不甘心做老二的。要做就做别人没做过的。在航天部热情合作下，林兰英和她的同事经过半年准备，于1987年8月5日在返回卫星上做成了掺碲砷化镓单晶生长实验。1988年8月，她再接再厉，又在卫星上成功地进行了掺硅砷化镓单晶生长实验，把那些狂妄的外国同行们一个个"镇"得瞠目结舌。

林兰英是个很严谨的人，太空生长砷化镓单晶成功后，有同事急于要报道这一振奋人心的消息，林兰英挡住了，她说："实验做成了，但重(chong)熔后的砷化镓是不是单晶，质量如何，还不知道呢？不能想当然，要测试分析，有了可靠的科学结论再说。"一个多月后，她们才向外界公布这一消息。在日常工作中，林兰英作风民主，总能广泛听取意见。她说"我又不可能全知全能，如果我判断错了，就马上纠正"。她非常喜欢给她提反对意见的人，认为他们有自己的见解。

在材料科学领域，林兰英的工作无疑是一块丰碑。但她告诉我，她原先并非是从事材料研究的。她在美国宾夕法尼亚大学留学时，是一位卓有成就的固体物理学博士。回国后，因国家需要，她放弃理论研究从事材料研制。她说刚开始也想不通，不过总得有人做吧！"于是我就做了"，林兰英脸上晃过一丝微笑，"而且做得不错"。

我问起她苦恼的事，她说没有；我提醒她"文化大革命"中受批判的事，她说："嗨！小打小闹。"

## 五、晶莹的种子[①]

晶体是纯洁明亮的象征，但是，从微观的角度来看，即使是最值得炫耀的水晶石，它的原子排列也杂乱无章。这样的晶体，被固体物理学称为多晶体。大自然的造物总是不完美的，人却能改变它，人们用现代技术创造了单晶体，真是巧夺天工。原子世界的那些小天使们聚集在单晶体中，就像住进一座精美绝伦的宫殿，协调而舒适。

林兰英是专门研究单晶体的，她独身自守，却和门捷列夫元素周期表上的家族结下不解之缘。她不喜欢原来她出生的那个家族，那个家族的成员就像一群排列不当的原子，互相排斥、倾轧，其中妇女的命运最悲惨，出自一种挣脱命运摆布的渴望，她上学去了，从小学一年级到高中，年年全班之冠。1940 年，她以出类拔萃的成绩毕业于协和大学，随后在该校执教。她可以扬眉吐气了，其实不然，在这座高等学府，妇女受歧视的地位并没改变多少，她几遭被解聘的命运，至此她才明白，靠个人奋斗去争得妇女的解放是徒劳的。

她愤懑出走，前往美国狄金逊学院攻读数学，一年后，她面临着一次关键性选择。狄金逊学院数学系主任埃尔教授编著的一部《微积分》，请林兰英代为书中的习题作解。那些数不清的难题像野马一般难以驾驭，但在林兰英的手里都被驯服了，答案清晰又准确，埃尔教授校对完最后一道题目时，透过宽边眼镜注视着林兰英说："我要把你介绍到芝加哥大学深造，去写你的博士论文，你将获得成功！"

这个建议是诚挚的。风华正茂的林兰英，其数学才能就像高山瀑布一样流光溢彩。由于她成绩优异，这年夏天荣获一个荣誉学会颁发的一把金钥匙，凭着这把金钥匙可以打开美国各地的学会之门，广泛参加学术活动，如果继续搞数学，她的学术前程将是花团锦簇的，然而，林兰英却踌躇起来。

当时，新中国成立的消息传到大洋彼岸，对于旧中国充满辛酸记忆的林兰英来说，此刻心里升起一团明霞、一片晨曦，眼下，她来美国刚刚一年，回国的时机还不成熟，如果有一天能够回到祖国，她将给祖国带回什么，祖国更需要什么？这就是萦绕在她心中的问题。

第二次世界大战后的美国，一门充满活力的科学——固体物理学蓬勃

---

① 理由．1978-10-14．记半导体材料专家林兰英．光明日报．

兴起。试看美国所谓的现代文明吧：天上飞的，地下跑的，水中航行的，以及令人目眩神迷的通信设备，都需要这门科学提供更新的材料。固体材料中的单晶体也崭露头角。以前，人们几乎没有注意到这个脾气古怪的角色。人们只是忙着给导体通电，用绝缘体去隔离，却把具有半导电性能的单晶体当做一位可怜的“中间人物”忘在脑后。第一个单晶锗半导体管的出现，引起一时的轰动。人们已经在津津有味地谈论着这种奥妙材料的广泛应用前景。林兰英翘首祖国大陆，这门科学还是一片空白。她因此心急如焚。数学虽然富有魅力，数学这支万能的画笔能够描绘物质世界的一切；但是，林兰英已不满足于描绘物质，而是向往去创造物质。建设繁荣昌盛的新中国，更需要坚实的物质！

她婉言谢绝了埃尔教授的建议，前往宾夕法尼亚大学改学固体物理。放弃近在眼前的成功，选择一条困难的道路。随后发生的事，使她更加坚定了自己的选择。

美国政府在朝鲜战争中遭到重挫，在一些战争狂人当中引起轩然大波，在宾夕法尼亚大学的一次集会上，林兰英碰到一个人，那个人在进行蛊惑宣传：“我们白种人的生命是宝贵的，不能陪着黄种人在战场上流血。我们的政府应该派大批飞机，把中国的每一平方公寸土地都炸平，消灭他们的抵抗力量！”

林兰英气得浑身发抖，忘记自己是一个势单力薄的女子，冲上去说：“就是把中国的每一平方公寸土地炸平，我们的人民还是要战斗的。我们的民族就是这样的民族。你这样的人才是胆小鬼！如果有飞机来轰炸费城，头一个逃跑的准是你……”

当时气氛很紧张，眼看就要出乱子，一只手伸过来把林兰英拉走了，她的面前站着另一位美国学生：“不要理那个人，他是混在学生当中的特务！我理解你，我们的政府派兵打你们，你们以我们的政府为敌是理所当然的。争取回国去吧，为你的国家去出力！”

林兰英早就向往着回国，她知道在回国前应该做些什么。

科技本身是没有阶级性的，可以为人类所共有，一旦到了人的手里就有了它的属性。历史上汲取敌国的知识和力量以强化自己的人是勇敢的。这样做要有山一样的坚定和海一样吞吐潮汐的胸膛。林兰英就做了这样的事。

她从宾夕法尼亚大学毕业后，为了接近美国半导体材料研究的前沿，选中了一家著名的专业公司，任高级工程师。一年以后，万事俱备，她借旅行的名义搞到一张签证[①]，扬长而去。

祖国亲切地拥抱了她。制造单晶材料是需要籽晶的。它的工艺过程好比农作物的播种、生长与收获。林兰英就像一粒晶莹的种子，落在祖国未开垦的处女地上。

当我们的研究所负责人把一份研究规划摆在她的面前，征求她的意见时，她翻阅一遍，使劲皱了皱眉头说："这个规划太'橡皮'了！"

这份规划是苏联专家帮助制订的。按照这个规划，我国要待到20世纪60年代才着手进行"单晶材料的生长研究"。"生长"成什么样子？规划里只字未提。如此这般，也许70年代我们连一只晶体管的影子还见不到呢。这就是当时苏联专家对我国研究能力的估计。

所长同志问道："说说你的具体意见……"

"追上去！"林兰英把手一挥说："我们不但马上开展研究，还要尽快把它拿到手！"

林兰英熟谙国外的单晶技术，带领一班人说干就干。数月之后，在我国单晶材料研究的这张白纸上，填写了赫然醒目的几个字：第一只单晶硅。这个消息当时震惊中外！

但是，我们的单晶纯度问题没有解决，制成的器件性能很不稳定。关键在于缺乏相应的设备。而这个问题是林兰英在国外所没遇到的，在那里，研究的条件是现成的。她深切地感受到，发展我国的半导体材料得走自己的路。

她和研究人员一起走到工人当中去了。在研制单晶炉的过程中，工人同志发挥了巨大的智慧，林兰英和其他科研人员也出了很好的主意。他们提出了崭新的炉形的设想，把单晶炉的"顶开门"改为"前开门"，显著改进了技术性能。1962年秋天，这台单晶炉放射出金色的火光，林兰英和工人的心也像沸腾的晶液一样融化在一起。我国的单晶材料迅速接近国际先进水平。各地科研和生产单位从这里取走一粒粒的籽晶，也取走火一样在燃烧的精神种子，播向更广阔的大地。

林兰英担负着研究室的领导工作，领导者的重要责任在于把握方向，而一个新的科研方向的出现，往往像种子抽芽的瞬间那样不易被人们洞察。科研工作的带头人要把眼力和魄力，透过土壤下萌动的种子，看到春天的希望。20世纪60年代，林兰英的研究重点从元素周期表上的锗、硅之类的第四家族扩展到第三、第五家族，她热心地给第三、第五家族做



① 与事实有出入，见本书第四章第四节。

“媒人”，对新型材料砷化镓的研究就是这样提出来的。

一批生机勃发的年轻人参加了这项工作，他们的设备太简陋了，就连实验台也是用搬来的砖头搭起的。他们把砷化镓放在石英管的两端，靠精确的加热使之反应，这是一项危险的实验，一声闷雷似的响声，石英管爆炸了，锋利的碎片四处飞溅，青色的烟雾弥漫了实验室。砷含有剧毒，连人的生命也受到威胁。

1965年，从欧洲吹来一股风，认为“水平法生长砷化镓单晶”是没有前途的。朦胧的前景、眼前的困难，使研究工作处于最容易动摇的时刻。国内各地的这项研究工作纷纷下马了，林兰英坚持说：“如果等外国人也看到它的用处，我们再抓就来不及了！”

她看得很准。后来，这项研究不得不放慢了脚步。“文化大革命”中，她“靠边站”了。这对于一个单身女人来说，是一段漫长而艰难的岁月。1972年，她回到研究室，身经挫折而锐气不减，和同志们一起投入研究砷化镓的“低位错”课题。

何谓位错？一块出现位错的砷化镓，原子排列就像一队阵容不整的士兵，首尾失顾，不能一贯到底，电流通过时一片混乱。林兰英很快发现，整个研究工作都出现了“位错”。

研究室里的情景是富有讽刺意味的。就在他们埋头研究的同时，与实验室一墙之隔的大院里贴满批判“唯生产力论”的大字报。林兰英领导的研究室为国家创造过某些项目的“第一”，自然就成为“生产第一”的典型。研究室内部也人心惶惶，阵脚零乱。正向的“电流”通不过，逆向的“电压”越来越高。这位女科学家清醒了，要把研究工作搞下去，必须同两种“位错”进行斗争。

经过党的多年教育，她趋于成熟了。她像一块出色的半导体，具有良好的单向导电性。有人拼命拉她揭发中央领导同志的“右倾翻案”问题，她的回答只有三个字：“不知道。”回到研究室里她对同志们说：“邓小平同志做的有什么不对？我看没什么可批的。咱们该怎么搞还怎么搞，谁爱批就批吧。”她仗义执言，敢做敢当，得到同志们的热情拥护。她还深入第一线，亲自动手，磨晶片，搞测试，身体力行地带动全局。籽晶的品格决定着晶体的品格，晶体是按照籽晶的原子排列生长延伸的。在她的带动下，科研人员秩序井然地凝聚在一起了。

1978年3月，他们向全国科学大会献上了蓝莹莹的砷化镓，位错指标赶上了日本的先进水平。同时还献上了闪着橘红色光泽的磷化镓，为我国的半导体材料研究又填补了两项空白。

一位负责组织半导体材料研究和生产工作的同志颇有感慨地说：“砷化镓能搞出来，多亏林兰英同志顶得住。如今可真用上了!”

这些新兴的材料有哪些用处？它无往而不至，正在给现代科学技术带来奇迹般的变化。它是微波通信的神经、遥感技术的眼睛、激光器件的心脏。由于它的出现，现代电子设备超小型化，把庞大的电子计算机变成人们的掌中之物，还将在航天技术中大显身手。它的发展前景是十分诱人的，林兰英为此花费了半生的精力，这位女科学家放弃了个人生活的其他爱好，甚至连《一千零一夜》和《天方夜谭》到底是一本书或是两本书都搞不清。然而，她和她的同行们所做的工作，正在把“宝盒仙笛”的神话化为生活的现实。今天，仙笛奏起来了，响起高亢的声音；让我们化做无数颗晶莹的种子，为祖国去填补空白，且看烂漫的鲜花开遍大地！

## 六、平等，首先是贡献上的平等①

林兰英，作为中国科学院院士、女科学家代表，是联合国第四次世界妇女代表大会中国代表团的团员，“参加这次大会您最想要说的是什么”？记者问她。

“这次世界妇女代表大会的口号是平等、发展、和平。我认为平等首先是贡献上的平等，要求男女平等，妇女必须做出出色的工作，得到社会的认同。”这位女科学家以自己一生努力学习、发奋工作的经历说明一个女人要得到社会的承认，首先要靠自己。

林兰英1918年出生在一个封建家庭中，兄妹7个，她是老大，在那个重男轻女的时代，她每天先要做完全部的家务之后才能读书。就在这种情况下，她从初中到高中连得了12个第一名。1948年，她赴美国留学，也是靠优异的学习成绩获得奖学金，完成学业，成为美国宾夕法尼亚大学200年来第一位女博士。她原先是攻读数学的，以她的成绩，很快就能得到数学博士学位。可是在节骨眼上，她改变了主意，攻读固体物理，别人都感到奇怪，只有林兰英自己最清楚。

新中国成立的喜讯传到美国，林兰英看到了光明的前途。她就是想“自己能为祖国做些什么呢?”当时美国刚刚兴起了一门新的学科——固体物理学，它的兴起，使科学家发现了处于半导电状态的半导体，半导体的出现，为晶体管的诞生提供了新型材料，这又给各国的工业界带来了广泛

① 蒋涵箴，傅红．1995. 访中国科学院女院士林兰英．中国科学报.

的应用前景。林兰英想新中国多么需要它呀，她决心要把这一门新学科带回祖国，于是她从头学起，并以很快的速度获得了博士学位。

当她钻进了这门新学科后，又感到光把理论带回去是不够的，应利用美国的现成条件，去学习实用技术，去接近美国半导体材料的前沿研究。于是她去了一家美国公司工作，积累了一定的经验之后，才踏上了回国的路。尽管她回国时受到了种种阻难，美国联邦调查局抄走了她在美国的全部存款，但她巧妙地把半导体材料带回来了。回国之后，她成为我国半导体材料的开拓者之一，为祖国做出了重大的贡献。林兰英勇敢地冲破了中国封建社会的枷锁和美国资本主义社会的种种刁难，成为一位出类拔萃的女科学家。她说："我决心回国，除了想报效祖国外，也是为了追求妇女的解放。在美国，很多公开场合都是'女士优先'，但事实上美国的女性大多只能从事服务性的工作。美国的种族歧视就包含着对妇女的歧视，我不喜欢美国的这一套制度，这也是我下决心回国的一个原因。"

林兰英也坦诚地指出了女性天生的弱点。她说："女性在智商上并不比男的低，有的女性之所以上不去，往往是因为心胸太狭窄，爱计较一些小事，常为一些小事影响与周围人的相处。另外女人进取心较差，到一定阶段，她就缺少再往前走的勇气，一个人年龄大了，这是不可抗拒的自然规律，但是要永远保持进取心，老了也要不断地学习。"林兰英在 1986 年接受了国家科委下达的研究空间材料的任务，这是她过去从来没有干过的工作。她 1987 年开始搞，连续做了 5 次实验，到 1989 年就做出了令人信服的成绩。她说，没有创新的民族是没有希望的，一个人也是这样，没有创新就要停滞不前。

林兰英为了事业终身未嫁，但是她也有一个温馨的家，她的侄儿就是儿子，还有儿媳妇、孙女。77 岁的林兰英主张每一个人，不论他的业绩有多大，都应该从事一些家务劳动。一个人在社会上要有所贡献，对家庭也要有所贡献，她把家务劳动看作贡献，所以在家务上她也有分工。她把自己分管的客厅、饭厅及她自己的房间收拾得干干净净。她家 4 口人，上班的，上学的，大家都是忙忙碌碌。她家中没有保姆，家务劳动由全家分工负责，从里到外清洁整齐，令人感叹！林兰英认为中国为妇女的解放做出了令人高兴的成绩，中国的科技人员中女性占 34%，欧洲发达国家也到了这个水平，美国高层次研究机构中女性极少，而中国女性在科技界发挥了重要作用。她希望通过这次大会，让全世界妇女更进一步地了解中国，中国妇女也应该学习世界各国妇女在争取妇女解放中所进行的努力。

## 七、希望更多的女生超过男生[①]

“我认为，人在智力上没有性别间的差别。说女同学不如男同学聪明，这是没有科学依据的。”刚一见面，以爽快、果断著称于科学界的林兰英教授就毋庸置疑地摆出了自己的观点。

林兰英是中国科学院学部委员中为数甚少的女委员之一，是一位被许多女同学们敬佩的科学家。为了解答同学们提出的关于女子成才中的一些问题，一个风和日丽的下午，我拜访了她。

刚开完一个会回来，这几天她正忙着处理积压的文件、信稿。林教授指着清理齐整的办公桌，说：“整整两大堆东西，我一边和别人谈话，一边就处理完了。就剩这几封信很难办。”她拿着几封信，正对着我坐下说：“有的女同学来信问我哪种学习方法最好。你说，这叫我怎么回答？我看，这个女孩子太缺乏自信。”林教授解释说，学习方法应该因人而异，每个人都要自己去探索。可是有的女同学总觉得自己不行，什么事都不敢自己去闯。林兰英上中学的时候可不是这样。那时，班上只有她一个女生，男同学根本不把她放在眼里。“我也不理他们，”林教授说，“我母亲思想比较封建，认为女孩子读书没用，让我像那些堂姐妹一样，学着做点针线活。”林兰英为了念书，和母亲订了口头协议，每学期如果考第一名，得到了免交学杂费的优惠，就可以继续念下去。谁想到，林兰英竟一口气得了 12 个第一名。“这下男同学们都服气了。那时我就不信女的比男的笨，偏要给女孩子争口气不可。”

林教授至今仍然非常自信。她说：“我最不喜欢这样的女孩子，你交给她一件事，还没干，她就说：‘不行，我干不了。’还没试试，怎么就知道干不了呢？这是自卑，也是一种懒惰思想。有的人遇到困难就向后缩，说自己天赋不好。其实，她们往往是缺乏毅力。搞科学工作，毅力很重要。哪一项科研成果不是经过多次失败才成功的呢。再聪明的人，不论是男是女，如果胸无大志，没有毅力，照样一事无成。”

林兰英 1940 年毕业于协和大学，留校任教八年，先后开过普通物理、热力学、光学、高等数学等八九门课程。那时候，她想成为一名女科学家。1948 年她考入美国狄金逊学院学习，仅用一年多时间就获得了只有四年级最优秀的美国学生才有资格得到的奖赏——美国荣誉学会赠给的一

① 郭蓝燕．1985-06-26. 中国青年报，第二版．

把金钥匙。许多著名教授夸奖她，鼓励她尽快取得数学博士学位，而她为了新中国，却出人意料地改学物理。五年后，她取得了美国宾夕法尼亚大学固体物理学博士学位，成为该校第一位女博士。

看来，一个人的毅力不是凭空产生的，必须基于扎扎实实的追求。当林兰英和母亲赌气要考第一名时，她就想改变女孩子被封建礼教束缚的命运；当她考入福建协和大学时，她希冀的是当一名女科学家；当她听到新中国成立的消息时，改变个人命运的愿望，又上升为改变祖国落后面貌的理想。为了这一个接一个的目标，林兰英不断地学习、研究，从学数学，到学固体物理，又从搞物理研究，转为搞材料研究。她从不畏惧、退缩。她对我说："搞科学工作，是要牺牲一些东西。第一是娱乐，第二是物质享受。但是，一旦我们搞出了成果，那种快乐，是任何东西都不能比拟的。也许，这就是我们继续新的研究的动力。"

我们谈到了女同学的性格因素。"女同学心细，这是我们成才的优势。科研工作有很多是需要耐心细致的。不过，"林教授遗憾地摇着头说，"有相当一部分女孩子心胸狭窄，小心眼儿，这就成了她们成才路上的一大障碍。"

"有的女同学顶喜欢议论张家长，李家短，这很分散精力嘛，一个人脑子的容量有限，您净记这些乱七八糟的事情了，有用的知识还装得进去吗?"林教授接着说："还有的人听不得别人几句冷言冷语。和同学为了学术问题争吵几句，也总记在心里，'他是不是对我有看法'？真是笑话。以后谁还敢和你争论问题呀？男同学就不这样。吵完就完了。整天纠缠在这些小事里，心胸不开阔，将来怎么能一心搞好工作，怎么与大家很好合作呢？所以，我劝同学们，从现在起就注意培养自己开朗、豁达的性格。"

林教授感叹道："现在的孩子们生活太好了。爸爸妈妈什么事也不让孩子们做，女孩子就更娇气了。我念书的时候可没这么舒服。"

林兰英九岁起就要做全家六口人的饭，洗衣服，打扫房间。妈妈不愿让她念书，所以，一点家务活也不减少。"不过，这倒把我给逼出来了。每天晚上收拾完毕，就剩下那么一点时间，你不学会集中精力学习，不学会高效率地分析问题，就别想考第一名。所以，我也没有时间注意那些小事情。"

很多女同学曾给我们来信说，不少女同学的学习、工作的确不错，可是，为什么拔尖的常常是男同志。为此，我向林教授提出了最后一个问题。

"谁说拔尖的都是男同志?"听了我的话，她很不服气地说："不用说居里夫人那些科学家，现在我国科技界也有很多女同志工作很出色嘛。我们单位有的年轻人，家务、孩子负担很重，她们的工作干得比男同志还好。拔尖的不多，并不说明女同志智力差。我看，主要是能克服自身弱点的女同学还不多。”林教授真诚地希望，所有立志成才的女同学都能明白这个道理。

## 八、为发展材料科学铺路①

有最佳的设计，没有最佳的材料，最终就无法得到最佳的结果……当记者走访林兰英教授的时候，一开始她就谈到材料科学在“四化”建设中，在推进技术进步中的地位和作用。林兰英说，在第六届全国人民代表大会期间，她作为科技界的人民代表，将要就发展材料科学的重要性与紧切感，阐述自己的见解，以呼吁有关方面对这一新兴学科的关注。

热爱祖国，有志于投身祖国社会主义建设的“海外赤子”——林兰英是 1957 年从美国回来的。在这以前，她就读于美国狄金逊学院和宾夕法尼亚大学，获固体物理博士学位。毕业后在美国一家公司担任高级工程师的职务。她回到祖国的时候，正值祖国刚刚制订了第一个发展科学技术的十二年规划，科学技术事业处于展翅欲飞的初创时期。在这个科学技术发展规划中，半导体科学技术占有重要地位。林兰英按照党和人民的需要，立即投入半导体材料的研究工作，成为我国半导体学科领域的开拓者之一。回国的第二年，她作为中国科学院物理研究所半导体研究室材料组的组长，带领全组科技人员，完成了半导体材料——锗单晶的制备及其参数的测定。

1959 年又开始了硅单晶的制备及其性质的研究，第一次拉出了我国自己的单晶硅，为我国半导体事业的兴起奠定了基础。粉碎“四人帮”以后，在全国科学大会隆重举行的时刻，林兰英和在她指导下的科技工作者们，献出了新的半导体材料——蓝莹莹的砷化镓和红闪闪的磷化镓，使我国在这一研究领域，与世界水平并驾齐驱。

谈起材料科学，林兰英兴致勃勃。她指出，随着材料科学的发展，人们对材料的研究，已逐步从经验性的认识，发展到规律性的认识；由宏观现象的观测，发展到微观本质的探讨，而新材料是我们在进行现代化建设中，广泛采用新技术、新工艺、新设备、新器件的基础，可以这样说，每

① 任欣发. 1982. 访半导体材料专家林兰英教授. 经济日报.

当科学技术向前迈进一步的时候，几乎都要对材料提出新的要求。材料科学的水平，拥有材料的品种、质量和数量，是衡量一个国家的科学技术和经济发展的重要标志之一。

林兰英还提到，材料的机制研究和制备，是当今非常活跃的领域，搞材料研究成了科学家们瞩目的热门话题。在美国就有十多个研究材料的中心，大学里都比较普遍地设立了材料科学系。在这一方面，我们注意得不够。首先，我们的材料研究工作，还没有形成统一规划、统一指挥、统一行动的系统，没有形成我国的材料研究中心；其次，对材料科学技术队伍缺乏长远设想，只有上海交通大学、浙江大学等少数几个高等院校设有材料系，不免让人有后继乏人之感；最后，我们高等教育在培养人才方面，太专门化，知识面太窄，应当考虑在培养使用人才上有一定的宽容度，基础要打得扎实一点，知识面要广一点。她认为学物理、科研成果迅速转入标准化、工业化、商品化，是推动材料科学的发展、提高经济效益和社会效益的一个重要问题。我们应当充分注意到这一趋势，并且认真去做，只有这样，材料科学技术领域的研究成果，才能较快地转化为生产力，转化为全社会的财富，转化为工业技术进步的物质基础。

## 九、生命的鼓点永远铿锵有力①

（虽说是岁月已在她的额头上打上深深的烙印，我却从她的炯炯双眸、琅琅笑语中，觉出她的胸膛里流动着熔岩般的热情。寥若晨星的女科学家，她 69 年的春秋寒暑又是怎样走过来的呢?）

我出生在一个封建大家庭里，父母男尊女卑的旧思想可严重了。我从小就是扔下书包就干活。人家的童年是什么金色的啦，蜜一样甜呐，我对童年的印象就是忙得要死，累得要命。你想我哪有闲心吟诗作画？那时候女孩儿家念书就是这样困难。妈妈说，你有本事考第一名，拿上奖学金就让你去念，反正家里是再不会花钱让女孩儿念高中了。我也不怪我妈妈，中国女人祖祖辈辈就是这样走过来的嘛。我横下一条心，咬着牙拼命地念书，还倒真的让我拿下了莆田县第一名，结果我成了莆田高中的学生了。

从那以后我认定了一点：我的生活词典里没有困难两个字。

上了大学后，我还是憋足了劲学习，根本不看文学艺术方面的书籍。

① 郭艳秋．1987-04-03．物理学家林兰英谈她与文艺．科技日报．

1948 年我去美国留学，一去就是八年。

在美国我参观过好几个艺术博物馆，费城艺术博物馆里的中国厅、印度厅、埃及厅给我留下了很深的印象。那里陈列着很多东方的艺术珍品，我觉得东方文明古国几千年的文化历史真是灿烂辉煌啊。参观完后有个美国朋友问我观感如何，我说你们好意思不，你们的博物馆里尽是人家的东西，你们自己的呢？我当时的心情是很复杂的，我们国家的艺术珍品却在人家富丽堂皇的博物馆里展出，连唐太宗墓上的两匹马都难以幸免，委委屈屈地站在人家的玻璃柜里。我的民族自尊心一下子受到了很大的伤害。一个国家又穷又落后，就连祖宗留下来的纪念品也护不住呵。从此，我对外国的文学艺术莫名其妙地有了一种本能的反感，同宿舍的美国姑娘一听外国音乐，我就把收音机的音响调得声音大大的，用广东音乐压住她！美国人有一种强烈的民族优越感，处处显示他们的国家是天下第一。对刚刚站起来的新中国很不了解，也看不起。站在人家的国土上，听人家嘲笑你的国家如何如何不好，凡是有点民族自尊心的人都受不了。反正我这种人的性格是不能在那儿长待下去的。我恨不得一下子学成归国，把祖国建设出个样儿给他们看看！因为我老和人家争辩新中国如何好，外国同学都叫我“民族成见者”。

（一语未了，她也被自己年轻时稚气的偏颇之见引笑了。她的话都像是从心里流出来 一样明快、清爽，你可以清清楚楚地看见她的心跃动着爱国的赤诚。）

1957 年我回国了。新中国的文学艺术对我是很有吸引力的。我看了杨沫的《青春之歌》，非常喜欢林道静这个艺术形象。也许因为我是从封建大家庭里走出来的吧，我特别喜欢读巴金的《家》《春》《秋》，为小说里的几个女孩子流过不少眼泪。这部小说对封建制度的抨击是太深刻了，有一种很深沉的艺术魅力。

回国后我看的第一部电影就是《上甘岭》，我太受感动了，觉得志愿军是最伟大，最可爱的人！尤其是郭兰英那一曲《我的祖国》，真是催人泪下，又逼人奋起啊！

那时候我的思想感情在文学艺术的影响下，还真起了一些变化呢，反正是搞科学研究的劲头儿更足了。

现在的电影里凡是有周总理形象的我都爱看，像《西安事变》啦、《四渡赤水》啦，我都是很喜欢看的。我最后一次见周总理，是在“9·13”事件后，总理给我们全体全国人大常委会委员传达这件事。总理和我们一一握手，走到我面前时，一边握着我的手一边对旁边的一位领导说，她是科学家，要尽量减少她的社会活动。还有谁能比总理更了解我们呢？要是生活中没有了文学艺术，我们对历史的追忆，对英雄的悼念，对未来的憧憬，又怎样表现呢？我儿媳妇就不理解我的心情，她说妈妈您真行，《西安事变》您都看了四遍了！她哪知道我对总理的思念是多么的深啊……

（默然。我们无声地交流着对周总理的悼念。）

大概是与我的性格有关吧，我这个人特别喜欢听相声。一天的疲劳全在开怀大笑中消除了。我最崇拜相声艺术大师侯宝林了，他和我在全国人大常委的一个组里学习，因为经常和他在一起，我对相声艺术的理解又进了一步。每次开会只要侯宝林一张口，大伙儿就捧着肚子笑，其他组的人都羡慕死我们了。我们组里有个著名的中医，是上海人，侯宝林学起人家说话来，惟妙惟肖的那股神气劲儿，简直把人笑死了！他真是名副其实的艺术大师、语言大师。他的文学修养很有功底，说起什么来，都是引经据典，形象生动，他的幽默是发自内心的，不是那种不值钱的耍嘴皮子，逗贫。更了不起的是他的幽默是信手拈来，脱口而出，现在一想起他我就想笑……

（笑的艺术魅力是不可抗拒的，我忍俊不禁，也随着林老哈哈大笑起来。幽默是智慧和文才的外化，是一个人对生活中艰难险阻的蔑视。难怪我们的女科学家对它如此厚爱呢，因为她生命的鼓点是那样铿锵有力，无论遇到什么困难，她都会笑着迎上前去……）

## 十、闪光的足迹[①]

1987年8月，中国利用返回式卫星首次进行砷化镓单晶太空生长实验获得成功。此项实验因危险甚大、难度极高，国外都不敢轻易涉及。对此，中国主持这方面实验的林兰英只微微一笑。尽管这实验结果不啻她科研征程上一块辉煌的里程碑。

"我这个人喜怒哀乐都不过头。"林兰英表白说。在以往的74个春秋里，她从没有狂欢于接踵而至的成功，也总是泰然于自天而降的厄运，但这并不意味着她感情色彩的贫乏。

那是在1957年年初，结束了9年国外生活的林兰英一回到中国，就因突发腹膜炎而住院接受手术治疗。一天，医护人员对卧在病榻上的她透

① 周大平．1992．瞭望．

露，周总理已经几次叮嘱院方要对她精心治疗、特殊护理。顿时，林兰英的心头涌起了对素不相识的开国总理的浓浓敬意。此后，这竟成了她35年勇攀科技高峰的不尽源泉。

林兰英初试锋芒于半导体材料研究领域是在美国。20世纪40年代末，世界第一根结型锗晶体管出现后，硅的提纯和加工技术又迅速兴起。1956年，美国索菲尼亚公司依照本国科学家的方法和程序拉制硅单晶屡遭挫折之际，取得博士学位即到该公司任高级工程师的林兰英，不但找出了失败的症结，而且提出了改进操作规程和某些设备的建议，使公司拉制硅单晶如愿以偿。随后，她发表了有关论文，其中凡具有学术及应用价值的论点，均被美国当局列为专利技术。她因受到公司赏识，年薪升到1万多美元。

即使良好的工作环境和生活条件，也没有泯灭林兰英强烈的民族自尊心。不久，美国学者一句“中国要到60年代才能着手研究半导体单晶材料”的断言，终于促使她远涉重洋，雄心勃勃地跨进中国科学院的半导体研究室（后发展为研究所）效力。1958年第一根国产硅单晶诞生和1960年具有中国特色的硅单晶炉问世，显示出林兰英在中国半导体硅器件研制的起步阶段，就奋力向国际先进水平逼进的胆略和才华。

敢于在国际科研的前沿领域“碰硬”，是林兰英一句口头禅，她强调舍此便没有什么秘诀和捷径。“既然锐意创新是基础研究本身的职能和生命力所在，那么‘碰硬’就是这种创新意识的一个基本注释。”

高科技领域中具有重要应用价值的砷化镓单晶，国外虽在20世纪50年代就以水平布里奇曼法制得，但其纯度始终与室温下的理论值相差很远。林兰英于是率先采用国外先进的气相外延法于1981年制成砷化镓单晶。美国著名砷化镓材料专家将此与美国、日本、德国等国家提供的同类样片，进行材料参数的全面分析比较后证明，中国的N型单晶材料纯度最高、质量最好。

20世纪70年代末发展起来的离子束薄膜技术，是制作高科技领域所需半导体新材料的必要手段。鉴于国外通用的单束离子注入结构外延淀积的局限，林兰英1986年研制出的两条独立离子束的淀积系统，大大提高了设备的技术性能，以此项开拓性研究探索稀土化合物等半导体新材料，推动了国内薄膜上生长新技术及材料科学的发展。

在地面进行砷化镓单晶生长时，重力驱动热对流引起的热不稳定，以及熔体材料与反应容器间接触的不可避免，往往造成难以克服的杂质沾污。林兰英另辟蹊径，从1987年到1990年大胆进行砷化镓单晶太空生长实验3次均获成功，并用它制成了半导体激光器。这一证实空间材料可用性的杰出成就，迄今在世界上还是唯一的。

中国半导体材料学突飞猛进的20多年间，林兰英凭借雄厚的实力，一步一步地从必然王国走到自由王国的天地里驰骋，创造出一连串令国际同行刮目的业绩。有些人议论她异想天开，她不仅不介意，而且以此为契机阐述自己对异想天开与科学探索之间存在某种联系的独到见解。

林兰英提倡科学创新，还贯穿在对国内同行新探索的大力支持中。她在国家自然科学基金委员会负责评审材料学申请项目的几年里，只要发现一个有价值的新设想且可能创出新路子的课题，就积极为批准立项并获得资助据理力争。1987年，浙江大学一项旨在突破传统制作方法的"减压充氧直拉硅单晶"课题，在此资助下拉成的纯度高、价值廉的硅单晶，不仅很快应用到国内的一些集成电路上，而且连年出口，已创汇200多万美元。林兰英当年择优支持的一批课题后来都见了成效。她对此感受颇深："鼓励新探索，发现新人才是我的责任，所以我必须公正、无私。"

胸怀像大海一样公正和无私，或许是林兰英年轻时就读福州协和大学期间养成的优秀品质的延伸。20世纪90年代她退居二线后，曾举荐过一位坚持留在国内的年轻博士担当材料研究室副主任一职。她认为，现在搞基础研究的许多年轻人尚能扎根国内、立足于此，这就是他们的主流。作为长者，理应帮助这些世纪之交的科技人才尽快成长。如今林兰英虽已身兼中国科学院学部委员会主席团委员，但在研究所依然坚持让青年人主持学术报告和某些科研课题。

据悉，林兰英欣然地出席过以科学家名字命名的少年先锋队员中队命名会。但当某家大公司为筹建微电子科学院聘请她当顾问时，她婉言谢绝说："我不做这个新摊子的招牌。"

林兰英的人生究竟还深藏着多少大家风范、多少文化底蕴，就连与她过往弥深的人也难以说清。

# 第十章　最后的日子

## 一、手术前后[①]

1996年7月，为了体现党对科学家的关怀和爱护，中共中央组织部安排北京医院为中国科学院所有的院士进行一次身体的全面检查。

检查是细致入微的，每个科学家们的身体都要经历一次科学的严格评判。

7月27日，林兰英院士走进了医院。

她已经有十多年没有检查过身体了。自从1957年那次大的手术以后，她便再没有与医院打过很深的交道。她的身体状况良好，这使她有充沛的精力应对繁重如山的工作。

然而这一次不同了。当负责胸透的医生用眼镜后那满是狐疑的目光打量她时，她忽然发现自己对于来自医生的这种眼光已经很是陌生。

"怎么？有什么问题吗?"她平静地问道。

医生想想，欲言又止的样子。他决定再拍一张片子。

她的右肺上发现了一小块阴影。

"我当是什么大不了的事情!"她神情自若，不失一个78岁老人的长者风范。

可是，北京医院的大夫们却没有这样轻松。

医务人员对这批前来体检的学者们无不抱着景仰的心情，当那一个个熟悉的姓名从他们眼前闪过时，总能引来年轻的医生护士们惊奇的目光。院方在动员时曾经交过底：这些人都是"国宝"。所以，他们身体的重要程度，一点不亚于在这所医院保健就诊的党和政府高级官员们。

当林兰英走近人们的时候，许多人立刻认出了她。

就在前不久，人们在中央电视台的热门节目《东方之子》上刚刚目睹了她的风采。这位性格顽强、学业有成、建树颇丰的女院士给无数的国人

① 摘录自郭米克的《中国女院士林兰英》。

留下了深刻的印象，尤其是她的奋斗经历对女孩子们的启示，她的讲话中的自信与诚恳，她对未来的那份热忱和期待之情，更是令人难以不为之动容。在采访中，她面对现在“最大的愿望是什么”这个问题的回答，在北京医院的医务工作者心中划下的印痕更为深刻。

她说：“我最大的愿望是再能有10年的时间。就是说，再工作10年。这样，我现在所做的事情就有了眉目了。”

林兰英正在做的事情，是建设北方微电子基地、筹划空间应用科学和将高科技转化为生产力等。这对于国家说来，太重要了。

北京医院名誉院长吴蔚然教授那天认真地看了电视。他对林兰英作为一个科学家在晚年老骥伏枥、壮心不已的奋斗精神很是钦佩，他当时很深刻地记住了这位女科学家那“最大的愿望”。他在电视里看到林兰英的身体和精神状态，感到她能如愿以偿。可是谁料想如今林院士却作为一名“患者”来到了面前。

正是为了这10年的时间，林兰英决定挨这一刀！

8月13日，北京医院成功地为她做了手术。医院高度重视这次手术，年龄最大的麻醉师披挂上阵，他已经71岁的高龄了，平日里只在为中央领导人做手术时才出山。主刀的是心胸科王主任，身经百战，经验丰富。所有的用药包括手术用线都是从国外进口的。在此期间，中共中央组织部两次来人到医院巡查，卫生部部长陈敏章出差刚一回到北京，马上就将电话打到了病房，询问手术后的情况。

林兰英的生命力可真顽强，这么大的手术，就像割一个阑尾那样没对她造成什么大的影响。由于流失的血液不多，为她准备的1000CC鲜血都没有使用，只给她注射了一些血蛋白。

林兰英的右肺中的一叶被切除了十分之三。

正像专家们所预料的：肿瘤是良性的。人们松了一口气。

手术后的第三天，林兰英便自己拔掉了身上的管子，双手撑着床沿下了地，扶着墙去上厕所。护士见状非常惊讶，连忙上前扶她，她摆摆手，坚持要自己走。

她有一颗强劲的心脏，住院期间，医生用同位素进行了血液情况的检查，人们惊讶她的身体素质竟然如此之好。医生评价说：你的生命年龄是70多岁，生理年龄却是60岁，而你的心理年龄才50多岁！

这正是令林兰英自豪的地方。她喜欢那首当年回国不久就听熟的歌儿：“革命人永远是年轻，他好比大松树冬夏常青……”

林兰英出院之后，日子的节奏一下子慢了下来，那是医生的一再嘱咐，那是一段她固守生命的时光。她真的进入了静养的状态，很有些蓄势待发的味道。

医生不让林兰英多看自己的专业书籍，她只好找一部《笑傲江湖》来阅读，可惜她没有那么多的闲情逸致。她的心静不下来，这种“成年童话”不适合她的胃口，她的头脑太冷静太真实了，只有那些在局外人看来是枯燥乏味的物理学等方面的理论著作才能使她兴奋起来。她这辈子也没有读过几部小说，甚至闹过把《天方夜谭》与《一千零一夜》当成同一本书的笑话。但是，她有任何人都无法与之相比的世界，在这个世界里，她如鱼得水，左右逢源。

可是此刻，她必须强迫自己固守在家里，这绝非她的个性所能忍受的。没过多久，林兰英又开始工作了。

医院的专家曾给林兰英下过保证：手术后给她健康的10年，但同时又要求她在术后一年内静养不能工作。这是因为她给自己确立了10年的战略，要在今后10年内在集成电路基地建设、空间应用和高科技转化为生产力三个方面做出新的贡献。医学专家答应保证林兰英的健康，但林兰英却没有遵守医生的规定，出院不久，就找王阳元、吴德馨他们去谈工作，谈北方微电子研究开发基地的建设与发展问题，在研究所找何宏家他们谈砷化镓的产业化问题……她忙这忙那，把自己的病抛到九霄云外。因此，在手术五年之后，自2000年秋季起，林兰英的腿脚行动开始有些不便。经检查，发现林兰英的肿瘤转移了，专家认为是当年的肺部病灶影响到了脑部，脑部又影响到了运动神经。在后来的日子里，对身体从不在意的林兰英，却表现得格外小心、格外听话了。

中央人民广播电台的记者将电话打到了家里，是代表全国的听众打来的，因为有不少来信在询问最近为什么见不到林兰英院士了？

“如果可以的话，就请你代我谢谢他们，告诉他们我在努力休息，我要争取与他们一起再奋斗10年！”

## 二、“再给我健康的十年”[①]

“再给我健康的十年”，这是林兰英对院中的医生，对采访她的记者，对身边的学子们经常说的一句话。她需要时间和健康，因为她清楚地意识到她的事业离不开她；她留恋事业，牵挂工作，希望自己将预想中的工作

① 作者为林兰英的侄孙女林岚。

做完，不给人生留下遗憾。可是，在肺部手术的5年之后，林兰英又不得不面对病魔，面对肉体上的煎熬，长期住在自己极不情愿的医院里。

真正看到林兰英开始“服老”，是在她的一次检查出肺部有病之后。

林兰英在被查出肺部有病之后。侄儿林守勋没有告诉她实际病情，也没有告诉家人与林如菊姑姑她们家，不让其他家人分担这样的忧虑。他自个走遍了北京各大医院，对这种病刨根问底，了解情况，最后还是不得不确定了“做手术”这一治疗方案。

作为一个一直很坚毅很勇敢很有韧性的科学家，面对疾病，林兰英却又像小女孩似的担忧和害怕起来。这种担忧和害怕，不是为了自己，而是为了事业；面对疾病，作为一位有科学头脑的学者，林兰英服老了，言行举止不得不听从医生的指点和告诫。

这是1996年8月，林兰英住进了医院。给她手术的是北京医院的王主任，见到这白衣天使，林兰英说：“王大夫，希望你再给我健康的十年，被‘文化大革命’掠去的十年是我最好的十年，我要把这十年能做的事情和能完成的事业做完!”

侄儿的隐瞒、家人的轻松，也让林兰英更坦然乐观地面对疾病。在推进手术室的那一刻，林兰英笑着对围在身边的人说：“我相信自己没有那么快离开这个世界!”手术后，林兰英恢复得很好，和医院专家协商，也并没有进行痛苦的化疗。化疗往往会在消灭病菌的同时消耗人的元气，这种以提高免疫力为主的保守方案的确让林兰英恢复得很快。

1996年的9月，林兰英出院了。

林兰英在家休养期间，远在福建莆田的大弟林文豪带着女儿林如兰专程来北京探望她，并代表莆田的亲属们向林兰英表达他们最最深切的问候。此时的林兰英，非常高兴，也由衷地感谢他们并愉情满怀地与弟弟、大侄女合影留念。

林兰英（中）出院后与来京看她的大弟林文豪（左）、侄女林如兰合影

林兰英出院后的第一次出游，是所里的同事陪伴林兰英去颐和园。那天，林兰英穿上红色毛衣，步履轻盈，面挂喜色，在颐和园里漫步着，笑得特别灿烂。好像又回到了从前参加侄孙女“六一”儿童节活动的日子，真的又年轻了十岁，可以干劲十足地回到工作岗位，再干自己期盼的十年了。人们从林兰英的身上可以深深地体味出什么叫“不知老之将至”，对于她来说，没有老年。她像所有富有自我更新精神的人一样，从不感到自己已经达到了目的。

林兰英小的时候，由于家境优越，身体底子很好，说话声音一直非常洪亮，底气十足。甚至在一次开人大会时，有位艺术家说她应该去学声乐。林兰英笑着说自己是绝对的“五音不全”，这样才好，让自己能够专注地搞科研工作。

一个科学家，往往在青壮年的时候精力最旺盛，思维最活跃，也最容易出个人科研成果。可是有些人到了晚年，反而就坐在以前的功劳簿上吃老本，真的成了钱钟书先生笔下“科学的老家”。老科学家更能发挥的，就是这样的“帅才”作用：带着一批有理想有能力的年轻人，做出更大的成就。林兰英不止一次地讲过：“帅才需要具备三种素质，第一是高瞻远瞩的战略思维，第二是强大的组织能力和沟通能力，第三是人才培养能力。”这三条标准，是她培养人才的主要考核目标。

事实上也正是如此，林兰英到晚年仍保持着极大的好奇心、上进心，以及对前瞻科技的高度敏感。有次她从美国考察归来，逢人必说“信息高速公路”，她对这个词颇感兴趣。数年后，社会上开始出现互联网的概念，到现在，互联网已经成了人们生活中不可分割的一部分了，“信息高速公路”在我国建成了。对于自己所从事的半导体科技事业，林兰英更是倾注了毕生的热情。她高瞻远瞩，一直强调“要把科技转化为生产力”，所以在她生命的最后几年里，成立了中科镓英半导体有限公司，致力于半导体材料的市场化应用。外孙女王琳在2004年出生的小女孩，就起了“镓英”这个名字，“镓”是砷化镓，“英”是林兰英，以作纪念。林兰英的社会活动能力和组织能力，也的确为科研经费的申请、项目的有序推进，起到了重要的促进作用，同时也培养了一批院士、所长、室主任、专家的梯队式人才队伍。

人到80岁之后，随着年龄的增长，毕竟“老而病”乃人生不可抗拒的规律，林兰英的身体虽无他病，但健康开始走下坡路。自2000年的夏末开始，她觉得走路困难，双腿疼痛。她家住四楼，没有电梯，过去每次下班回来一定要自己扶着楼梯上楼，陪送的司机史大虎经常夸奖她，说老太太倔强，有一股好胜劲儿。可是有一天，她对司机说：“大虎，我不行，你扶着我上！”从不认输的倔老太太，在向健康低头时，该是一种什么样的心情。

发现林兰英的肿瘤转移，是在手术的五年之后。犯病开始，医生以为是腿部问题，进行了很多次按摩治疗。随着病情的加重，林兰英卧床增多。可在家里时，还总是打电话给下属、给领导，谈工作、谈项目。家人劝她多休息，她说：“工作就是我的全部生活，你们无法从中体会到我的成就感和乐趣，我最大的幸福就是有一天能够死在办公室、办公桌上。”

由于多次按摩不见好转，家人又请来了北京协和医院的专家，经过一些测试，专家认为是脑部影响了运动神经，这样才开始进行脑部的检查，发现了当年的肺部病灶已经转移，影响到了脑部。

由于病情逐步加重，在2001年8月25日，即侄孙女林岚的婚礼之后两个月，林兰英不得不再次住进了医院。再次住院，给她很大的精神压力，估计吝啬的老天不会再给她十年了。她惋惜，她期盼。一次她的大弟林文豪从莆田老家来看她。从来没有落过泪的她，第一次与弟弟执手泪眼相望，说：“这次我可能出不来了！”当时其他家人都不在现场，后来听了兰英弟弟的复述，家人无不动情，流泪不止。

林兰英住进北京协和医院后，她的福建同乡、中国科学院院士、半导体研究所原所长王启明曾去探望她。那时，她刚住院不久，精神很好，与王启明侃侃而谈足有半个小时。她谈到了超薄层材料的生长和抗辐照电路的发展，以及对青年人才培养的期望，唯独没有谈及自己的身体健康。

后来她的病情又有了发展，逐步严重起来。当王启明在2003年2月中旬去厦门出差之前又一次前去探望她时，她已转到急救病房，靠输液和输氧维持生命。她已经说不了话了，但思维仍很清楚。王启明用白纸写上大字，隔着玻璃窗告诉她要去厦门大学，帮他们开展半导体光子学实验室的建设，完成她未竟的心愿。她偏头看了后，微微点头会意。令王启明未曾料到的，这竟是他们最后一次见面。2003年3月4日，备受尊敬的林兰英院士不幸与世长辞，对国家，对半导体事业无疑是一个沉痛的损失。

林兰英去世后，选择老家老宅作为墓地。2004年的12月18日，在将骨灰送回老家的当天，她的侄女林如兰无限感慨地说：“以前老宅不在这个地方。后因拆迁，这是后来从原址搬迁到这里的。这里叫沟头村，兰英姑的祖母就是这个村的人。有一年元宵节，兰英姑带我们到村里来看‘游灯’[①]，她对我们说‘这里田野空气真好，以后我有钱了，要在这里盖一间

---

① 正月十五元宵节，莆仙地区的活动与全国各地不太相同，除了家家户户张灯结彩外，许多村镇还举行彩灯大游行。一串串的灯笼，蜿蜒一两公里长，仿佛是一条条火红的蟒蛇在山间小道上盘旋游动。

房子，大家都来住。’没想到今天她真的到了这里。”

下葬的那天，国家和中科院的有关领导们、莆田的乡亲们、半导体研究所的领导们、她长期工作的材料研究室的下属们、亲人朋友们，一起为林兰英送别。他们是那样敬她、爱她，因为她的人品、学识、远见、智慧……她的高尚品德，将永远激励着后人；她的历史功绩，她对科学、对事业的执著追求，她对半导体科学事业的无私奉献，将长留在后人的记忆中。

## 三、挥泪送别兰英院士①

我国杰出的半导体材料科学的奠基人和开拓者、中科院资深院士林兰英的遗体告别仪式，2003 年 3 月 16 日在北京八宝山大礼堂举行。

3 月 21 日，记者前往林兰英弟弟、莆田市政协原主席林文豪先生家里采访，他介绍了他和家人赴京参加林兰英院士遗体告别仪式的详情。

林文豪先生自惊悉大姐林兰英 3 月 4 日病逝的噩耗后，心情一直非常悲痛。记者的到来，他强压悲痛接受采访说，今年 91 岁的中科院原党组书记、副院长张劲夫，曾为《林兰英院士科研活动论著选集》一书题词：“为我国半导体材料科学事业作出杰出贡献。”当他得知林兰英逝世的信息时，沉默了很久，才说出一句话：“可惜，可惜。”为林兰英院士开车十几年的司机史大虎对林文豪先生说：“我 3 月 15 日一夜睡不着觉，3 月 16 日凌晨一点多就起床洗澡，熨衣服，为的是要干干净净开车去送林兰英先生。”

16 日清晨，披着黑黄布幔的灵车，载着林兰英的遗体，从北京协和医院经长安街缓缓开往八宝山大礼堂，一路上开得很慢。林兰英院士的亲属、中科院半导体研究所及治丧委员会工作人员分乘四部小车，跟在其后护送。这天，天气格外阴冷，下着小雨，半导体研究所的工作人员在车里深情地对林文豪先生说：“连老天爷也为林兰英先生的去世流泪，真是天地为之动容呀。”

林文豪先生对记者说，上午近 9 时，我们到八宝山大礼堂时，我看到外面，已经站着很多熟悉的和不熟悉的兰英大姐的生前同事和好友。我们家乡在京工作的著名科学家、院士、教授——闵桂荣、林华宝、李祖洪来了，林文肯、余寿文、林瑞龙、黄文灶、卢兆荫、陈炳南等都来了。资深

① 作者周文辉，福建莆田《湄洲日报》高级编辑。

院士、今年80多岁高龄的叶笃正先生也来了，他握着我的手动情地说："我没接到通知，但我听所里同志说了，就自己来了。我和兰英原来住在北京泰安巷的前后楼，当了多年的邻居，又常在一起开会。现在兰英走了，我一定要来送别。"林文豪先生说，不少年龄很大的院士都来了。

在送别仪式开始之前，治丧委员会的工作人员忙着分送《林兰英院士生平》，而一拨又一拨的各界知名人士接连不断地走到留言簿前签名留言。著名的北京理工大学ASIC研究所的刘明业等代表全体师生端端正正写道："献身科学，为国分忧，半导体业数风流；大家风范，造福人类，太空材料显神奇。"林兰英的同事郁元桓、何宏家、秦国刚、仇玉林、钱鹤等也写下了他们的共同心声："一代宗师巨星陨落，弟子三千痛失吾师。"

林文豪先生写在花圈白缎带上的挽联是："兰英姐千古：为党为国家争世界名，可以九京慰先父；向人向自然显科学力，不虚一代称女英。同怀弟文豪"。

上午近10时，林文豪先生及其亲属进入大礼堂。只见鲜花翠柏丛中安放着林兰英的遗体，上面覆盖着鲜红的中国共产党党旗。党和国家领导人温家宝、王兆国等送的花圈摆在灵堂的正中间；全国人大常委会、全国妇联、科技部、中国科学院、中国科学院学部主席团、中国科协、中国人民解放军总装备部电子信息基础部、中国工程院、载人航天空间材料科学分系统、中国原子能科学研究院等100多个单位送了花圈。路甬祥、徐匡迪、王选、周光召、宋健、朱光亚、张劲夫、徐冠华、江绵恒、陈宜瑜、郭传杰、张玉台、汪致远、聂力、范伯元等领导，还有黄昆、闵桂荣等几十位院士，福建省委书记宋德福、省长卢展工，中共北京市委、北京市人民政府，福建省委、省政府，莆田市委、市人大、市政府、市政协、市纪委，厦门市委，莆田学院及仙游县委等单位，以及社会各界知名人士和林兰英的生前友好送的花圈，摆满了灵堂四周。

上午10时，在节奏缓慢的哀乐声中，全国人大常委会原副委员长王汉斌，全国人大常委会原副委员长、全国妇联主席彭珮云，全国政协原副主席朱光亚，以及各界人士500多人从林兰英的遗体前缓缓走过，向这位享誉国内外的科学家和社会活动家致以最后的敬意，并与其亲属一一握手，表示亲切的慰问。

此前，获悉林兰英院士逝世，在京参加第十届全国人大一次会议的莆田市委副书记、市长詹毅和赴京出差的市委副书记、纪委书记林光大，于3月12日特地到林兰英家里表示亲切慰问。詹毅仔细观察林兰英的卧室，仅有十几平方米，摆着一张旧床，一张办公桌、一把椅子，以及书架、衣柜，别无他物，他感动地说："想不到这么著名的科学家，住的地方却如此俭朴。"

据林文豪先生介绍，兰英大姐多年来每天早上只把白木耳就冰糖泡一下，就算早餐了；午餐则用铝饭盒装上一点饭菜带到所里，中午与其他工作人员一样，到开水房放在锅炉上加热吃，生活非常俭朴。

林兰英院士逝世后，国家科技部副部长、"文化大革命"前曾在中国科学院半导体研究所科技处工作过的邓楠也打来电话表示慰问，全国各地科技工作者和各界人士，林德祥伉俪、黄日昌、黄春水、许奇锋、许国华等港澳台和新加坡、美国等地的朋友纷纷来电话或发来唁电或送花篮，表示沉痛的哀悼。不少人撰写挽联遥寄自己的哀思。

3 月 19 日，中共中央政治局常委、全国政协主席贾庆林，全国人大常委会原副委员长吴阶平分别派秘书到中国科学院半导体研究所表示哀悼，并请所领导代向林兰英亲属表示慰问。

林兰英院士虽然与我们长辞了，但她热爱祖国的伟大精神、俭朴高尚的大家风范，出类拔萃的科学贡献和成果将与世长存！

## 四、魂归故里励后贤[①]

按照中国古代阴阳五行理论，冬至是阴阳五行转化的关键节气。宋朝以后，冬至逐渐成为我国很多地区人们祭祀祖先和神灵的节日。在莆田城里和平原地区，大部分人家的传统习俗是在冬至扫墓祭祀祖先或迁坟安葬等。

甲申年的冬至，对于莆田城里的林家和莆田一中来说，显得格外重要。因为林家和莆田一中引以为傲的林兰英院士的骨灰将在这一天安葬在位于莆田一中新校区的林润故居院内。一位曾经留学大洋彼岸，一位曾经长期在京城创造多个世界第一的科技精英，她的英灵最终将回归生她养她的故乡。

林润是谁？

林润（1530～1569）字若雨，号念堂，福建莆田城里人，林家的第十六代祖先，明代嘉靖、隆庆年间与海瑞齐名的清官，初任江西临川知县，后授南京山东道御史。

林润任职期间，不畏权贵，敢于与恶势力作斗争。他冒着杀身之祸，

① 福建省莆田市莆田一中前校长吴智园。

与同僚御史多次上疏劾奏当朝宰相严嵩父子和死党搜刮民财、残害百姓、卖官受贿等罪状。在嘉靖皇帝的支持下，最终扳倒权倾朝野的严氏父子。由于斗倒了祸国殃民的奸相严嵩，维护了明朝的统治，嘉靖皇帝龙颜大悦，大大地赏赐林润一番。故居大宅就是当年的御赐之一。

林润故居也称为“御史大夫第”，建于明代隆庆元年（1567 年），原坐落于莆田城内下务巷，与莆田一中老校区仅一巷之隔。宅第规模宏大，占地 6000 多平方米。建筑群屋宇连环，鳞次栉比，错落有致，又主次分明、布局严谨。400 多年来，经过几个年代的修缮，其主体建筑迄今依然保持明代士大夫官第的特色。作为林润的后代，科技精英林兰英就是出生在这座古老建筑的上厅厢房中。上大学之前，林兰英一直生活生长在这座老宅中。这里有她童年、少年辛勤劳作的记忆，有她小学、中学勤奋学习的印迹。因此，这一古宅也是林兰英故居。

然而，这样一处既有纪念意义，又有研究价值的古建筑，1993 年在大迁大建的旧城改造中也被列入拆迁之列。经过林家后裔和社会各界有识之士十年的呼吁奔波，10 位全国政协委员联名提案，国家文物委员会和省、市文物保护单位先后下文，2005 年才正式把林润故居（含林兰英故居）列为莆田市第三批文物保护单位。在这场旷日持久的保与拆的争议之中，这处老宅因为是林兰英的摇篮地应予以保护，不能不说占有很大的因素。

莆田市第三批文物保护单位石碑

虽然作为文物保护对象，官方与民间已取得共识，但保护文物与旧城改造的矛盾依然存在。林家后裔、社会各界有识之士和各级文物保护部门的意见是就地保护，但就地保护必然影响旧城改造。最终官方提出异地拆迁保护的方案——由市政府提供土地，开发商提供拆建资金，现有住在林润故居内的林润后裔居民就地安置。林家后代只好接受这一方案。

按原样易地重建的方案确定下来以后，移至何地重建却令人大伤脑筋。有关部门提出了几个方案，但都不理想，不是太偏远，就是靠山太近不利于木质结构房子的防潮防蚁等。在这期间，莆田一中的新校区已着手开建。当时新校区旁边有一块地，四周开阔，与莆田一中的校园规划基本没有矛盾，距离故居原址仅 2.6 公里，是建设林润故居的理想用地。林润的后裔也很认可这个地方，认为周边开阔，有利木质结构的保存，且与老宅一样也在一中旁边，建好后可以由莆田一中管理使用，他们比较放心。但是，对这个方案也有不同意见。一是认为新一中都是混凝土的现代建筑，旁边插进一座砖瓦民房将使校园建筑物很不协调；二是认为破房子以后管理修缮很麻烦。时任莆田一中校长吴智园认为：要把学校办成兼具中国传统文化和世界先进文化优秀品质的“全国示范学校、国际知名中学”，学校的建筑物如果有一座明代林润故居，将使学校更有文化底蕴。同时，林润故居又是莆田一中校友林兰英的故居，可以把故居作为老校友的活动场所，学生的科普基地、德育基地（林润和林兰英事迹陈列馆）等。吴校长对校园建筑的看法，后来得到了建筑专家的肯定。一位在厦门市建筑设计院享受国务院津贴的资深建筑师在回母校参观时看到这一建筑群时盛赞学校有眼光，做得对。

随后，市政府下达文件，明确拆后重建的林润故居属公共场所，所有权属市政府，由莆田一中管理、使用。2002 年，故居的核心建筑物被逐一拆解后编号，搬迁至现在莆田一中新校园的西北侧进行重建，基本保持了林润故居的原貌。

2004 年年初，林润故居重建完工交给莆田一中之后，时任校长吴智园就开始策划如何使用好、管理好故居。他认为不仅要保护好、管理好故居，还要发挥故居独特的育人功能。林兰英院士留给我们的不仅仅是半导体单晶材料砷化镓、磷化镓等，她的优秀思想品质是留给我们的宝贵精神财富。建立林兰英院士事迹陈列馆，作为培养学生良好品德的教育资源，是具有独特性、针对性、有效性的德育方式。把林兰英院士事迹陈列馆建在兰英出生和小时候生活的房子里，这是再也合适不过的选择。

林兰英院士去世后，莆田市长詹毅、市委副书记林光大曾到北京林兰英家里看望亲属。两位市领导返莆以后，多次在干部大会上以林兰英院士艰苦朴素为例对干部们进行“两个务必”教育。把林兰英生前在北京的住宅和办公室中的所有书籍、手稿及简陋家具运回莆田，放在故居展览，这对于逝者的遗物是再合适不过的归宿。

经过半年的筹办，故居中的林兰英院士事迹陈列馆基本建成。陈列馆分为名人题词、事迹展览、陵园三个部分。

下厅为参观者的休息处，桌上摆放着几本红色大册子，用于参观者题词留念。

踏进中厅，我们看到的是墙上悬挂的各界名人为林兰英院士的题词。有中科院原党组书记、副院长张劲夫的题词——“为我国半导体材料科学事业作出杰出贡献”；有两弹核心科学家、中国科学院院士周光召的题词——“科学先驱”；有中科院原院长路甬祥的题词，有中国科学院原院长卢嘉锡的墨宝——“业绩辉煌，硕果累累”……这些题词不但肯定了林兰英院士在半导体事业上的卓著建树，更是彰显了她高尚的精神品格追求。

厅上摆放着DVD等多媒体设备，用于播放中央电视台播出的《东方之子》——林兰英院士录像及生前工作的录像。

中厅与上厅之间的墙上是林兰英事迹简介，以文本的形式简要介绍了林兰英卓越的一生。

进入故居的上厅，也就是林兰英院士事迹陈列馆的主厅。门口的对联是“兰质蕙心神州睿女争攀硅晶材料高峰凌绝顶，英风亮节科技闻人共创两弹一星伟业展奇才”。门旁悬挂着的是高度概括的林兰英身上值得后人学习的六种精神：坚定不移的政治信仰、感人至深的爱国精神、开拓创新的科学精神、团结协作的团队精神、甘为人梯的奉献精神、不求奢华的俭朴精神。

林兰英事迹陈列馆

进入大厅，首先映入眼帘的是用汉白玉雕刻的林兰英院士的坐像，四周鲜花映衬。她显得那么慈祥，那么和蔼。也就是这位慈祥的老人，她用认真严谨、一丝不苟的工作精神，用自己的汗水和意志勇攀科学高峰，为我国乃至世界的半导体材料科学事业做出了不可磨灭的贡献！

塑像的正上方是长幅相框。这是1999年林院士作为研制“两弹一星”有杰出贡献的科技专家代表受到党和国家领导人接见时的合影。在大厅两侧墙上，我们还可以看到林院士与诸多国家领导人的合影照片。

厅内两册的玻璃柜内，是林院士的相关论著和生前手稿，其中有中国科学院授予的“资深院士”奖牌等。

“词词句句着勋绩，点点滴滴铸品格。”可以说，林兰英院士身上闪光的不仅仅是科学界先锋的志趣追求，更是一位共产党人的精神风范。她的赤子之心凝聚着爱国情怀，更包含坚定的政治信仰和对党的无限忠诚。玻璃柜内有一份珍贵的林院士入党申请书。1979年，在经历了多年的申请考察之后，林兰英院士加入了中国共产党，在回到祖国母亲怀抱22年后，她真正融入党组织。事实上，她的共产主义情怀可以追溯到她的学生时代。当时，中国科学院党委派往福建外调的人员找到了当年闽浙赣省委的负责人苏华。苏华非常高兴地出具了政审材料：林兰英院士早年在协和大学读书时，倾向于革命，参加过中共地下党领导的外围组织。从早年的政治萌芽，到花甲之年的铮铮入党誓言，坚定的政治信仰带给她一生追求半导体科学事业的不竭动力。

左厢房展出的是林院士与母校师生及校友们的合影。“羁鸟恋旧林，池鱼思故渊。”林兰英院士不忘祖国的养育，不忘壶兰大地的润泽。她情怀故土，心系母校。回国后，她经常回母校为学子们做报告，关心母校的发展前景。她用自己的经历勉励学子，希望他们铸炼成才。

左厢厅展列的是林院士出国留学、访问交流时的留影。“路漫漫其修远兮，吾将上下而求索。”出国留学，出国参加国际学术交流，与外国科学家交流，她始终站在世界半导体研究的最前沿。

这里摆放的座椅是林院士生前在中国科学院半导体研究所会客室的旧沙发。

左厢厅后房，是林兰英院士生前在中科院半导体研究所的办公室复原。墙上挂钟永远是2003年3月4日下午1时36分。时间在这一刻凝固，林院士停止了她攀登科学高峰的步伐。壶山低头，兰水呜咽，我国半导体研究界的一颗明星这一刻陨落了。

右厢房展出的是林兰英院士的部分工作照。她把自己的一切都奉献给了她挚爱的科学事业，为了那份始终不渝的爱国情怀，她真是做到了“鞠躬尽瘁，死而后已”。虽然最后没有达到自己所定的再工作十年的目标，还差三年。但是，想想先生贡献如此巨大、丰硕，影响如此深远，林先生是无悔自己一生的。

右厢后房是林院士生前卧室的复原，摆放着她生前卧室的物品。一米宽简陋的小床铺，简陋的书桌、书架等，是林院士生前长期的用品。林院士为我国半导体做出了杰出贡献，但她还是那么谦虚谨慎，为人谦和，生活简朴。那一件件旧家具仿佛在诉说一位一心扑在工作上，不追求奢华生活的科学家的另一精神世界。参观者无不为林院士俭朴的生活所震撼。

陈列馆西边是小院，是林院士长眠的陵园。林兰英院士不幸与世长辞后，她的骨灰暂时寄存在北京。按照她生前的意愿，按照莆田人的习俗，落叶要归根。具体地点要安放在哪？几方面商定的意见是：故居新址的西边有个小院子，里面建立小陵园绰绰有余。免了找新地址的麻烦，同时又在林兰英院士事迹陈列馆旁边，便于人们瞻仰悼念。

2004 年 12 月 18 日，林兰英的骨灰由中国科学院半导体研究所所长李晋闽和林兰英的亲属护送回莆田。20 日下午即冬至前一天，在莆田一中举行了隆重的骨灰安葬仪式。在安放仪式上，全国人大常委会原副委员长王汉斌、彭珮云，中国科学院院长路甬祥，中国科学院半导体研究所原所长黄昆等，莆田市委、市人大常委会、市政府、市政协领导班子，莆田学院、莆田一中等敬献了花篮；林兰英的胞弟、市政协原主席林文豪率子、孙、曾孙等也敬献了花篮。大家表达了对林兰英院士的无限哀思。出席安放仪式的有福建省人大常委会原副主任郑义正，莆田市领导陈金钵、郭亚元，市政协老领导林文豪、柯光泽及有关部门领导；半导体研究所领导、林兰英生前的部分同事和学生；林兰英的亲属及生前友好和莆田一中的师生等上百人。郑义正、王占国、林文豪深情地回忆了林兰英院士卓越的一生，希望后人能光大林兰英院士热爱祖国、团结协作、开拓创新、勇攀高峰的精神。莆田的冬至是少雨的季节，然而当兰英的骨灰安放结束时，却飘起了些许小雨。似乎老天爷也在为这位伟大的女性哀思。按莆田的民俗，做“家事”碰上下雨是“涨”，是好兆头。

如今，陵园内兰花和松柏相映衬，这两种植物是林院士的最爱。令人瞩目的是林院士的墓碑是 N 型硅单晶分子结构造型，是中国科学院半导体研究所为纪念这位“中国太空材料之母”而设计的。园内还有一副对联：“海外赤子终身报国智慧育后人，硅石立业拓展ⅢⅤ上天揽星月。”26 个字精练而又准确概述了林兰英院士丰富而饱满的一生。林兰英院士从这个老宅走出，最后又回到老宅，走了一个圈，但这一圈却不平凡，它是中国半导体研究领域耀眼的一个光环。

陈列馆开馆以后，参观人数达到 2 万多人次。莆田一中、文献中学、南门学校等每年都组织刚入学的新生参观、学习，陈列馆成为几所学校共享的德育基地。莆田一中的学生入团仪式、18 岁成人仪式等活动也在这里举行。更有国内外的师生、学者、各界人士等经常来这里参观。2005 年 8 月，莆田市委、市政府把林兰英院士事迹陈列馆定为莆田市第二批爱国主义教育基地。目前，故居内还建有林润事迹展览室、莆田民俗展室等。有人建议可以把这里开辟为旅游景点。

学校各类活动在林兰英院士故居举行

林兰英院士虽然离开我们十年了，但林院士的故事没有画上句号。她的科研成果为半导体事业树立了一座里程碑，她的精神将永远感召后人。

## 五、林兰英雕像莆田揭幕[①]

时隔 1 年零 9 个月后，在 2004 年 12 月 18 日，林兰英的骨灰从北京运抵她的故乡福建省莆田市；12 月 20 日下午，莆田市委、市政府在莆田一中新址内的林润故居左侧花园里，隆重举行了安放仪式。

在花园的正前方有两块笔直厚重的黑大理石，像一部正翻开的巨书，人字形矗立在一块四方形大理石底座上，设计极为新颖别致。在左侧那块

① 作者为本书编者何春藩。

黑大理石上，上方镌刻着林兰英的微笑着的半身浮雕像，下方镌刻着三行金字：“林兰英一九一八年二月七日至二〇〇三年三月四日中国太空半导体材料之母——中国半导体材料科学与技术的奠基人和开拓者”；在右侧那块黑大理石上，用英文镌刻三行相应内容的碑文。林兰英院士的骨灰就安放在这故土中。

为了永远缅怀林兰英院士为祖国科学技术发展所创造的辉煌业绩，继承她科教兴国的遗志，激励青少年学习和弘扬林兰英院士的六种精神，莆田人民特意在她的母校莆田一中及莆田学院校园内，分别树立了林兰英的大理石雕像，12 月 21 日上午，先后在莆田一中、莆田学院隆重举行了林兰英院士石雕座像揭幕仪式。省、市领导，中科院半导体研究所的领导和林兰英生前的同事、学生、亲属、好友，市直有关部门领导和莆田一中师生 300 多人参加了揭幕仪式。莆田市人大常委会主任林国良和专程从北京来莆田的半导体研究所所长李晋闽为林兰英院士的雕像揭幕。在两座林院士石像的基座上，分别镌刻着中科院 20 世纪 60 年代老领导张劲夫的题词——“为我国半导体材料科学事业作出杰出贡献”；中科院前院长周光召的题词——“科学先驱”。

坐落在福建莆田一中新校园里的林兰英雕像

在揭幕仪式上，市政协主席翁毅彪代表市五套班子讲话。他说林兰英是一个令莆田人骄傲的名字，她不仅创造了卓著的科研成果，而且留下了高尚的品德。她的优秀思想品质是留给我们的宝贵精神财富。希望全市大中小学校的师生以林兰英院士为榜样，学习她那崇高的民族气节，孜孜不倦的求学精神，勇攀高峰的科学精神，艰苦奋斗、勇于奉献的精神。

# 附录A　林兰英生平活动年表

## 主要经历

1918年　2月7日，出生于福建省莆田市城厢区下务巷。
1924年　入莆田励青小学读书。
1930年　入莆田励青中学读初中。
1933年　在莆田中学读高中一年级。
1934年　在莆田的咸益女子中学读完高中二、三年级。
1936年　秋，就读于福建协和大学。
1940年　于福建协和大学物理系毕业后，留校在物理系任助教。
1944年　在福建协和大学物理系任讲师。
1948年　6月，启程赴美国留学，到美国狄金逊学院攻读数学。
1949年　在狄金逊学院获学士学位。
1949年　夏，获美国荣誉学会狄金逊分会颁发的铸有本人姓名的金钥匙奖。
1949年　秋，赴宾夕法尼亚大学研究生院学固体物理。
1951年　在宾夕法尼亚大学研究生院获硕士学位，后又继续读博士学位。
1955年　6月，获固体物理学博士学位。
1955年　11月，经导师介绍，入索菲尼亚公司任高级工程师。
1956年　12月，辞去索菲尼亚公司职务，准备回国。
1957年　1月6日，在旧金山乘威尔逊客轮启程回国。
1957年　1月29日，安抵香港地区，经深圳罗湖桥回到祖国的怀抱。
1957年　4月，入中国科学院应用物理研究所工作，任半导体研究室材料研究组组长。
1960年　9月6日，中国科学院半导体研究所成立，任材料研究室主任、研究员。
1970年　以宋启鹤为首的第二任军管组进驻半导体研究所，成立研究所领导小组，解放待审查干部，恢复材料研究室室领导工作。

1977 年　10 月至 1983 年 7 月，任半导体研究所副所长。

1979 年　2 月，加入中国共产党。

1980 年　10 月 26 日，当选为中国科学院学部委员（院士）。

1990 年　4 月，中华全国总工会授予“优秀科技工作者”称号，获“全国五一劳动奖章”。

1996 年　10 月 17 日，获何梁何利基金科学与技术进步奖。

1998 年　11 月底，获霍英东科技成就奖。

2003 年　3 月 4 日，因病逝世于北京，享年 85 岁。

## 科研成果

1957 年　年底，合作研制成功我国掺杂的 N 型和 P 型锗单晶，为我国晶体管的生产及后来的半导体收音机的诞生奠定了基础。

1958 年　研制成功锑化镓单晶。

1958 年　11 月，拉制成功了我国第一根硅单晶，为国家填补了一项空白，并在同年中国科学院举办的科研成果展览会上展出。

1959 年　研制成功硫化镉单晶。

1960 年　研制出硅外延材料，为集成电路和硅的微波器件研制提供了物质基础。着手于砷化镓单晶材料的研究。

1962 年　自 1960 年起，合作设计加工成我国第一台取名为 TDK 的开门式硅单晶炉，后被国内广泛采用。荣获国家新产品奖。

1962 年　在国内首次成功拉制了无位错硅单晶。

1962 年　制成了中国第一根高纯度的锑化铟单晶，纯度达当时的国际水平。

1962 年　研制成全国首根水平区熔法生长的砷化镓单晶，为半导体研究所研制全国第一支半导体激光器奠定了基础。

1963 年　研制成功重掺锌的 P 型和重掺碲的 N 型砷化镓单晶，用它研制成功我国第一支半导体激光器。

1963 年　5 月，制得高纯区熔硅单晶，达国际最好水平。获国家科委科技成果二等奖。

1964 年　低位错硅单晶制备工艺，获国家科委科技成果二等奖。

1974 年　研制成功无位错掺硅的砷化镓单晶，为长寿命实用化双异质结砷化镓激光器的研制提供了优质机体。

1978 年　低位错掺碲和掺硅的砷化镓单晶获中国科学院重大科技成果奖和全国科学大会奖。

1978 年　研制出我国的第一台高压单晶炉和第一根磷化镓单晶。

1979 年　研制出无位错、无旋涡、低层错密度、低碳含量和高少子寿命的硅单晶。

1980 年　提高砷化镓材料质量的研究，获中国科学院重大科技成果一等奖。

1980 年　水平法生长低位错砷化镓晶体机制，获中国科学院重大科技成果二等奖。

1981 年　利用无位错、无旋涡、低层错密度、低碳含量和高少子寿命的硅单晶，合作完成 4 千位、16 千位大规模集成电路——硅栅 MOS 随机存储器的研制，联合获得中国科学院重大科研成果一等奖。

1981 年　研制成功气相外延和液相外延砷化镓单晶，电子迁移率峰值达国际最好水平，获中国科学院科技成果一等奖。

1985 年　研制成功的气相外延和液相外延砷化镓单晶，统称“提高砷化镓材料质量的研究”，获国家科技进步奖二等奖。

1985 年　可控电参数低位错磷化铟单晶，获国家科技进步奖三等奖。

1986 年　水平法低位错砷化镓单晶的研制，获中国科学院科技进步奖二等奖。

1986 年　高压液封法生长热稳定不掺杂半绝缘砷化镓单晶，获中国科学院科技进步三等奖。

1986 年　4 月，研制出 SOS 硅外延材料，促成了用该材料研制成抗辐照的 SOS-CMOS 集成电路。获中国科学院科技进步奖二等奖。

1989 年　研制成功双束合成低能离子束外延实验系统，获中国科学院科技进步奖三等奖。

1989 年　液相外延 GaInAsSb/InP 异质材料的生长和性质研究，获中国科学院科技进步奖二等奖。

1989 年　自 1987 年 8 月 5 日起，相继四次在我国返回式人造卫星上从熔体生长砷化镓单晶成功，获中国科学院科技进步奖一等奖；次年又获国家科技进步奖三等奖。

1990 年　低位错、无位错掺碲的锑化镓单晶研究，获中国科学院科技进步奖三等奖。

1990 年　等电子杂质铟在砷化镓中行为的研究，获中国科学院科技进步奖三等奖。

1991 年　集成电路用半绝缘砷化镓热稳定性和均匀性研究，获中国科学院科技进步奖三等奖。

1991 年　长寿命卫星用 SOS-CMOS 集成电路五种电路研制，获中国科学院科技进步奖二等奖。

1992 年　2 英寸直径的半绝缘磷化铟单晶研制，获中国科学院科技进步奖三等奖。

1998 年　液相外延法制备的高效砷化镓太阳电池，获中国科学院科技进步奖二等奖。

20 世纪 90 年代　积极推动北方微电子研究开发基地的建立与建设，促成北京中科镓英半导体有限公司的成立和基地的建设。

20 世纪 90 年代后期　组织领导开展 SiC、GaN 等宽禁带半导体材料的研制；组织领导研制出双异质结 SOI 外延材料；提出建立新的高温材料的生长技术。

## 社会任职

1962 年　4 月至 1964 年 11 月，任中华全国青年联合会副主席。

1964 年　12 月起，任第三届全国人大代表，全国人大常委会委员。

1975 年　1 月起，任第四届全国人大代表。

1978 年　2 月起，任第五届全国人大代表。

1978 年　9 月起，任全国妇女联合会执委会委员（1983 年卸任）。

1978 年　国际非晶及液体半导体顾问委员会，委员。

1978 年　中国电子学会电子材料专业学会主任委员。

1979 年　7 月起，任中国电子学会常务理事。

1980 年　4 月起，任中国科学技术协会第二届副主席。

1981 年　5 月起，任中国科学院技术科学部常务委员。

1981 年　中国电子学会半导体材料与器件分委会名誉主任。

1982 年　9 月，当选为中国共产党第十二次全国代表大会代表。

1983 年　5 月起，任第六届全国人大代表。

1983 年　任国际非晶态液体半导体会议的顾问委员会委员。

1986 年　2 月起，任国家自然科学基金委员会委员。

1986 年　任中国科学技术协会第三届副主席。

1988 年　3 月起，任第七届全国人大代表，全国人大常委会委员。

1988 年　任中国电子学会电子材料专业学会名誉主任。

1988 年　任国际非晶态液体半导体会议的顾问委员会委员。
1989 年　任空间科学与应用学术委员会主任。
1991 年　任中国科学技术协会第四届副主席。
1993 年　3 月起，任第八届全国人大代表，全国人大常委会委员。
1996 年　任国家微重力实验室学术委员会主任。

## 社会活动

1959 年　1 月，赴苏联科学院考察、讲学 1 个月。
1963 年　赴苏联莫斯科参加国际半导体会议。
1963 年　赴捷克斯洛伐克布拉格参加国际半导体材料会议。
1971 年　随政协副主席邓颖超出访泰国。
1972 年　陪同周总理会见美国华裔物理学家袁家骝、吴健雄夫妇。
1978 年　随固体物理组去法国和联邦德国访问。
1978 年　赴日本参加国际薄膜材料会议。
1980 年　11 月，赴朝鲜讲学。受到金日成主席的接见。
1983 年　赴日本参加国际非晶态半导体会议的顾问委员会第十次会议。
1985 年　随王任重团长率领的人大代表团访问美国。
1986 年　8 月，赴联邦德国参加空间材料科学讨论会，后随国家科委考察团在联邦德国考察。
1987 年　参加国际女议员会议。
1987 年　3 月 17 日，率国家科协代表团访问美国，参加科学促进年会。
1987 年　6 月，赴朝鲜讲学。
1988 年　9 月 27～30 日，王占国陪同参加在美国芝加哥召开的“世界材料——空间加工会议”。
1988 年　10 月 3～7 日，参加由第三世界科学院在意大利的里雅斯特举办的“妇女在第三世界科学技术发展中所起作用”会议。
1988 年　12 月，随国家代表团赴联邦德国参加“中国-联邦德国科技合作十周年”纪念活动。
1989 年　8 月 20～26 日，参加美国国家航空航天局在美国召开的空间材料会议。
1989 年　10 月，与孔光临一起，参加在美国召开的第十三届国际非晶态半导体会议。这次会议原本计划讨论两年后在我国召开第十四届国际非晶态半导体会议事。后因国内其他事件的影响，林兰英撤回了申请。

1990年　4月4日，江泽民接见有林兰英参加的科技界“奋斗者的足迹”报告团。

1990年　科技处韩忠惠陪同访瑞典；后有向贤碧参与陪同，参观访问苏联约飞技术物理研究所和莫斯科大学。

1992年　8月，参加在华盛顿召开的“国际空间年”学术讨论会。

1994年　5月29日，前往联邦德国参加学术会议。

1994年　10月，赴香港科技大学做太空生长砷化镓单晶材料报告（同行的孔梅影做了分子束外延工作情况报告）。

1995年　9月，随中国政府代表团出席联合国第四次世界妇女代表大会。

1996年　出席在德国布莱梅召开的第三十一届空间研究委员会大会。

1998年　7月5日，赴日本东京参加第四届中日微重力会议暨第一届环太平洋微重力学术会议。

# 附录 B　林兰英有关科学工作的论述文章

## 科研工作要讲团结协作①

我们所是个技术性很强的研究所。我们的很多工作，搞材料研究的也好，器件研制的也好，靠一个人是搞不出来的，要靠集体的力量来完成任务。因此，团结问题就是个突出的问题。团结有大团结和小团结。所谓大团结，就是一项任务牵涉到好几个研究室的团结。小团结就是几个人搞的课题的团结。课题无论是大还是小，没有团结合作，是完成不了的。从1978年年底到1979年年底，我所完成了提高4千位MOS随机存储器成品率的研究。参加合作的，全所有七八个单位。这项研究任务，完成得还是比较好的。没有团结合作的精神，是完不成这么大的任务的。这项工作，如果没有开初的256位的MOS存储器的研究，就没有后来的发展；没有超净线的组建、超净条件的建立，也是没有基础的。就所用的硅材料来讲，做材料制备的同志、研究材料质量的同志，也需要有材料杂质含量的分析研究和材料缺陷的分析研究的同志来配合。在这些配合工作中，参与配合的同志，如果不是全心全意，从共同来完成"4千"这一大任务的大局出发，也是不容易搞上去的。所以说，我们的研究工作，只有靠团结协作、相互配合，才能得到比较好的结果。

团结协作问题，所里还是存在不少问题的。经常出现的问题，往往是在一起工作时，常把成果看成是我一个人的，其他的人都是来跟我配合的；做对了的是我的，出了问题就是你的责任。如果这样，你比别人高一等，别人就没法跟你配合。这点，很值得我们深思。在出了成果的时候，正如黄所长讲的，要严于律己，宽以待人，不要去争去抢，它自有公论。事实告诉我们，无论大集体或小集体，团结搞得好，每个人都能正确对待

① 1982年7月，中科院曾开展过一次"科学道德"大讨论。这是当时的林兰英副所长在半导体研究所党委组织的全所党员与班组长以上各级领导干部会上所做的"科学道德讨论"报告。参与做报告的还有黄昆所长。党委书记冯文耀进行了动员。

自己，正确对待别人，他的工作就做得较好，进展速度也较快。如果总在那里争争吵吵，你计较我也计较，七拱八撬，劲使不在一块，搞内耗，其结果，工作进展速度必定缓慢，甚至出现一些不该出现的问题，纠缠不休。所以，团结协作问题，很值得大家注意。在这次科学道德讨论中，应该很好进行讨论。

主角和配角问题，在我们所也是存在的，吵得也是较多的。人的工作能力、业务水平，是有强弱、高低之分的。在我们这个科技人员较集中的大所，究竟你比人高出多少，这很难说。你有你的贡献，他有他的贡献，每个人都有每个人的贡献。别人的贡献就不能说成自己的贡献，不能都记在自己的账上。我们都是国家的干部，我们的共同目标是搞四个现代化，不要去强调主角配角问题，不要去争当课题组组长、题目负责人或室负责人。有人说“这都是政策带来的”。我认为，这是思想认识的问题，而不完全是政策问题。就拿提职来讲，这是对一个人的学术水平的评价。你工作出色，贡献大，达到了要求的水平，就应该提。如还像过去那样，都是研究实习员，这不行。科技处要求各室建立技术档案，在每一项任务中，谁起了什么作用，有什么突出的贡献，解决了什么关键问题，记载下来，这很好。通过它可以看出各自的贡献，每个人的业务水平，能看到大家的成长，有利于将来的提职，对所的发展也是很有利的。

有人说：“我做铺路工作，铺了半天，你来坐享其成。”这种思想是不对的。室也好，所也好，绝对不能说我来的时间长，路是我铺的，摊子是我搭的，室是我建起来的，所是我建起来的，“是我打的天下，你来坐天下不行”。这样的思想是不对的，是非常有害的。应该正确对待自己，发扬风格，方便他人。当你做室主任的时候，当所长的时候，你的职责就是做好本岗位的工作。如果出于各种原因不当领导了，别人来接替，这也是正常的现象，是客观的规律。

这方面很值得我们学习的是彭加木同志，领导两次要他出国，他都把机会让给别人，而每年花一半以上的时间到新疆去做铺路工作。他说：“我能做好铺路工作，为他人铺好路，让他们更好地前进，我是非常高兴的。”这样的同志、这样的精神，很值得我们大家学习。

写文章，名次的排列，也是争来争去，是个问题，这不好，应该有互让互谅的精神，实事求是地来安排名次。

从科学道德上讲，所里还存在其他一些问题，大家比我更清楚。党有党风，科研工作也有个学风问题，要注意克服那些不健康的因素。我们都应该用邓副主席的话来衡量，检查自己的言行，即要有理想，讲道德，守纪律。我们要树立崇高的理想信念，努力为祖国的科学事业做出自己最大的贡献。在科研工作中，人与人的关系上，时时处处都要严格要求自己，遵守道德准则。有些人的行为，不能说犯法律法规，说犯规章制度也谈不上，这就要通过政治思想工作，用科学道德来检查督促。

有些同志互相保密，得到什么资料，就留在自己的手里，不让别人知道，这样做也是很糟糕的，也是应该引起我们注意的。

我 1980 年去美国，驻联合国代表团中管科技工作的同志对我讲，有一个科研人员去美国，代表团为他找了一些美籍华人来座谈，这些华人，本着对祖国的热爱，就把自己掌握的情况跟他交流了，提供了许多资料。这位同志回国后，把这些资料锁起来，听到的情况也闭口不讲。不久，刚好参加那次座谈会的一位美籍华人回国访问，也到了那位同志所在的单位去讲学，该单位的科技人员向他提了许多问题。这些问题在美国的那次座谈会上都交流过了，也给了资料，“你们怎么不知道呢?”这位美籍华人很惊奇，也很生气。他回美国后对我驻联合国代表团中管科技工作的那位同志讲：“我们这些美籍华人，非常希望祖国尽快富强起来，把‘四化’快点搞上去。我们都尽力为此做贡献，没想到国内同行还这样对自己的同志搞封锁，不可理解。”这个例子说明，互相保密，封锁，是多么不好，多不应该。

一个人业务水平的提高，得靠自己刻苦钻研，孜孜以求。搞孤家寡人，你封锁别人，别人也不同你交流，你的工作也是不容易上去的，水平也是不容易提高的。不要认为自己手头有一些资料，你没有，我就比你强。这个“强”，没有多大意义，封锁资料，阻碍别人，对你的提高起不了多大的作用，顶多就是别人比你晚知道一段时间而已。这不但对自己没多大好处，反而影响了科研工作的进程，对国家科学事业的发展，起了很不好的作用。

我们每年都有一些同志出国开会、进修，要注意这个问题。任何人出国，都是国家花的钱，都是党的培养和关怀。我们作为中华人民共和国的公民，只有把自己带回的资料、信息，毫无保留地同大家交流，才不至辜负党和人民的期望。你没有任何权力封锁起来。我们要注意这方面的问题，要引以为戒。所里还是有同志在这方面做得较好的。他回国后不仅在所内同行之间进行学术交流，还主动给兄弟单位提供资料，去作学术报告。我们对这种精神是高兴的，是鼓励的。

总之，我们每个同志，都要以国家、民族的事业和前途为重，在团结协作中，在主角与配角问题上，在做铺路石子的过程中，在情报资料的占有上，都应有高风格、高姿态。我们都要以主人翁的高度责任感，团结奋斗，奋勇前进，为祖国的科学事业努力做出自己应有的贡献。

黄昆所长刚才讲到仪器设备的使用问题，这是不是个科学道德问题？如果提到一定的高度来认识，可以说“是的”。因为设备是国家的，不应该变为私有，每个同志都有使用的权利。我们应该团结互助，为别人提供方便，让仪器设备的使用率越高越好，应充分发挥它的作用。在这方面做得不好的，不欢迎别人来用设备的同志，还是要从道德角度来检查自己的行为对还是不对。

房子问题，有松有紧，不平衡，调不动。松的单位，室也好，组也好，也应该发扬风格，方便他人，腾出点来解决别人的困难。我看这里头还是有个道德问题。我们的看法对与不对，提供给大家讨论。

## 科技工作要面向经济建设①

赵紫阳总理在全国科学技术奖励大会上的讲话，阐述了经济振兴要依靠科学技术进步，科学技术要面向经济建设等重大问题。正确认识科技工作在经济建设中的战略地位，贯彻执行科学技术要面向经济建设的指导思想，处理好基础研究、应用研究和发展研究之间的关系，是十分重要的。

新中国成立30多年来，我国的科学技术取得了巨大的进步，但发展不平衡，特别在促进国民经济增长上，科学技术未能充分发挥作用。原因是多方面的。从研究机构角度看，对应用研究的方向性、目的性注意不够，未做到自觉地为国民经济服务，从这方面去想得不多，或者说很少考虑；从应用单位看，存在着习惯势力和保守思想，无压力，怕麻烦，新成果摆在面前也不想利用；从领导管理体制上看，在科研与生产的结合上，缺乏有效的组织措施，没有一个完整的科研生产体系。“加强应用科学研究，重视基础科学研究”、“科学技术要面向经济建设”的指导思想，有利于发展国民经济，也有利于科学技术的进步。在我们所里，基础研究目前只占有10%，还没达到计划中的20%，基础研究、应用研究、发展研究三者之间不存在谁挤兑谁的问题。关键的问题是：在应用研究、发展研究方面，选择些什么样的课题才更有意义，对振兴经济更能发挥大的作用。如果是散兵游勇地开展应用研究工作，目标不明确，服务的针对性不清楚，这对加速“四化”建设肯定是没多大作用的。因此，我们要下狠心清

① 林兰英应邀以副所长称谓署名文章，《科学报》，第三版，1982年12月16日。

理课题，可有可无、对经济建设作用不大，而进展落在同行后面的某些课题，要果断地砍，认真地进行调整，缩短战线，突出重点，加强急需。在重新上马课题时，要改变那种只靠国际动态，从文献中找题目的局限性。要根据国情、国民经济中的急需来选题，把注意力放在经济建设中有重大经济效益的关键课题上，开展科技攻关。进一步把现有成果的推广应用到生产的建设中去。根据研究所的特点，选题的难度和困难性要大一些，工作应做得深一些，要看得远一些，要集中力量去解决经济建设、国防建设中急需解决的问题，不要一说面向经济建设，就把人都弄到工厂去。头痛医头，脚痛医脚，小改小革，这不但不能解决带普遍性，根本性的问题，反而会把科研搞乱。我们半导体所，是个技术性工作较强的所，在重视研究工作的同时，更重视技术系统的建设。要从解决本职工作问题能力、贡献大小、服务质量等方面衡量，从中选拔提升一批高级工程师，让大家都能安下心来在技术上精益求精，与研究工作配合，相互促进，共同为振兴经济施展身手，贡献聪明才智。

在第五届全国人大五次会议审议通过的“六五”计划里，有 38 项国家重点发展项目，其中有七项是重点中的重点。而这七项之一，就是加速发展我国的计算机和大规模集成电路技术。作为半导体所，做好这方面的研究工作，有义不容辞的责任。自 1978 年全国自然科学学科规划会议以来，科学院、电子工业部等系统，都相继投入了人力、物力进行研制。因国家没有相应的机构进行统一的领导、安排和管理，力量分散，各自为政，进展速度缓慢。我们虽然相继研制成功了 4 千和 16 千位的 MOS 随机存储器，已分别在中科院一〇九工厂和上海元件五厂进行推广工作，但遇到的困难不少，形不成现实生产力，不能在国民经济中发挥作用。这既有技术上的问题，也有管理上的原因。我们认为，应在全国建立以研究部、生产部、推广应用部组成的综合体，统一部署，统一指挥，彻底改变全面开花、浪费人力财力的被动局面。我们深深感到，从研制出成果到推广应用工作，没有科研、生产的衔接桥梁是不行的。我国的大规模集成电路，乃至中、小规模，成品率都低，价格高，可靠性、一致性也差。要解决这类问题，就要有一套标准的工艺流程、检测制度和规范化措施，这就是发展部要做的重要工作的一部分。经过发展部定型，再由发展部下到厂里推广生产。然后由市场开发部来提供应用的需要而成龙配套地生产。

“发展经济，振兴中华”，是我们科技工作者义不容辞的责任。我们坚决服从“四化”建设的需要，接受中央的安排，一定尽心尽力、同心协德地投身到经济建设的实践中去，为生产技术的进步，经济效益的提高，国防建设的加强，做出我们应有的贡献。

## 我国半导体材料的发展与集成电路①

半导体材料是集成电路的重要基础。随着改革的深入发展，近年来，我国半导体材料科学和生产取得了很大进步。除硅材料取得很大进展外，我国砷化镓和其他化合物半导体的研制，分子束外延和金属有机化合物气相外延的开展，还为我国发展光集成和光电集成提供了基础。

硅集成电路是集成电路产业的最主要产品，1985 年统计表明：硅集成电路占世界集成电路总产量的 99.4%，砷化镓集成电路占 0.6%。

我国硅材料工业在近几年取得的进步如下：对硅生产用的单晶炉、切磨抛设备、外延设备等进行了更新；国产硅片在质量上能满足集成电路的要求；国产硅片直径逐步加大。在 1984 年以前、主要是 $\phi$50 毫米和 $\phi$75 毫米片，约占总产量的 87%；$\phi$130 毫米片生产仅 4%。1986 年 $\phi$100 毫米以下硅片产量下降到约占总产量的 62%，$\phi$100 毫米片生产量上升为 28%，$\phi$130 毫米片上升为 10%。

总的来说，我国硅材料工业和集成电路工业同发达国家相比，差距还很大。

### 硅材料生产多年徘徊，单晶生产能力发挥不到一半

1971 年，我国硅单晶年产量为 48.5 吨，同年日本产量约 49 吨，二者比较接近。但自那时起至 1988 年，我国硅单晶产量却一直在 30～50 吨徘徊。1986 年下落到谷底——年产不足 32 吨，1987 年为 34.5 吨，回升量不大。而日本的硅单晶产量却逐步上升，1985 年超过 1000 吨，1988 年为 1500 吨，估计 1989 年可达 1600 吨。

我国多晶硅生产本来技术水平就低，规模小，即使是这样，由于集成电路需求量小、市场紧缩，多晶硅供大于求，于是生产下降。多晶硅生产能力只发挥了 32%，约三分之一的多晶硅厂停产或转产。

由于硅市场缩小，我国单晶炉的生产能力发挥不到一半。大直径单晶炉的利用率仅 10%，许多进口单晶炉闲置！

现代硅厂都在采用新技术以适应市场竞争，多晶硅厂最经济的规模为年产 1000 吨。所以我国硅厂急需继续技术改造。但如果集成电路上不去，

---

① 林兰英，梁骏吾，1988，中国电子报，其他资料失查。

没有市场，生产量也发挥不出来。所以，材料、器件和整机是相互联系和约制的，应该是整体繁荣，否则困难很多。

**整机是电子“大厦”的顶层，基础是器件和材料**

硅单晶和多晶生产的徘徊和萎缩反映了我国集成电路发展缓慢。我国集成电路仅供应整机用电路的三分之一，整机用的大部分电路是依靠进口。

即使是这一小部分国内生产的电路，不少电路也是进口芯片，在国内封装的。

从整机来说，取得了产值，但从国家整体来说，一方面，要付出大量外汇购买元器件；另一方面，材料厂、集成电路厂受到冲击，生产下降，产值下降。这样的引进虽然少数厂的产值有上升，但从长远和整体上看，是不利的。

整机是电子大厦的顶层，基础是器件和材料。现在这一基础的相当部分转移到了国外，这一局面对于一个11亿人口大国来说是十分不利的。现在材料厂和器件厂生产下降。同时出现材料和集成电路行业的熟练工人，技术人员改行和流失，这种现象要引起我们警惕。现在是采取措施使我国的整机逐步建立在国产器件和材料基础上的时候了。

**引进与消化不可分割**

“引进消化开发创新”，是国家的全面完整方针。引进是必要的，但引进的目的应是国产化，我们还要自主开发与创新。引进与消化不可分割。能过渡到自主开发的引进才是成功的引进。以日本为例：日本在第二次世界大战以后引进不少技术，但是他们努力消化，在20世纪70年代中期走上了自主发展道路。在单晶硅生产方面，日本在1984年已居世界第一位。

过去我们曾十分重视引进技术的消化。对引进的生产线、设备和资料进行分析、整理和推广，充分发挥了统一管理的功能，同时也取得了很好的效果。然而现在进口的生产线一条又一条，进口用的外汇拨了一笔又一笔。可是消化技术却得不到重视。有的单位甚至将进口技术作为“机密”，以此保持自已的“优势”，着实令人心急。

电子专用设备的消化吸收是极重要环节，专用设备不过关，永远要仰仗他人，西方的“禁运”始终没有解除过。设备是材料和集成电路支柱。在贯彻国家“引进消化开发创新”八字方针过程中，我国设备厂的任务理应十分繁忙。但实际情况正好相反：我国专用设备厂生产也在下降，不少厂家改行，有的减产或面临转并的危险；有的厂成为外国厂商的代销点。如果这样下去，我们将摆脱不了一代又一代引进的局面！从国家来说，投入资金，组织人力消化吸收进口技术是十分迫切的任务。

**发展集成电路和材料的立足点是自主发展，靠的是自己的科技队伍**

发展集成电路和材料的立足点，是自主发展，开发和创新只能是我们自己干。我国有一支从事材料、集成电路和专用设备的庞大科技队伍。这一支队伍比起亚洲“四小龙”来说不知要强多少倍！从现在起务必要组织自己的力量，建设我们自行设计的生产线。要统一组织全国科研、生产部门的力量，打破部门的限制。国家要充分发挥“宏观控制”的功能。建设几条我国自主发展的材料（包括建设现代技术和生产规模的硅材料）生产线，以及集成电路和专用设备的生产线。

## 敢于走自己的路①

我今年72岁了。1957年我从美国回到祖国。当时我已获得固体物理学博士学位。回国后，由于国家的需要，组织上安排我去研制半导体材料。起初，我很想不通。经过反复的思想斗争，我接受了任务，改了行。在没有任何资料和任何经验的条件下，我们开始了摸索，边干边学，边学边干。

我们从1960年起研制砷化镓。开始的时候，由于砷产生的气压引起爆炸，石英管炸了，炉子也炸了，每次失败都惨极了。接着，我们就采用了另一种方法进行实验。开始实验都用石墨舟，但是不理想，于是就改用石英舟。经过多次努力，终于获得了成功。在1962年的全国半导体科学学术讨论会上，我们用石英舟制造出来的砷化镓单晶，经实验鉴定，迁移率达到当时国际上的最高水平。为了进一步提高迁移率，必须找出新的实验方法。1963年，我首次提出了用气相外延和液相外延法来制取砷化镓单晶。大家讨论后，认为方法可行，并决定同心协力干。不料赶上了“文化大革命”，实验就这样耽误了。1977年起，我们才真正干起来。到了1980年，我们的气相外延材料和液相外延材料的水平已相当高。1981年，一位国际著名的研究高纯砷化镓的美国教授，向我们要这种材料，我给了他一片单晶，还没给他最好的。他们经过实验，用美国、日本、联邦德国和我国的材料做研究对比，结论是中国的材料质量和纯度都是最好的。

1982年，在欧洲开了一个半导体物理国际会议。会上，对中国制造的P型砷化镓材料给予很高的评价，认为是国际最高水平。这件事情表

---

① 1990年，林兰英在科技界“奋斗者的足迹”报告团的报告。

明，我们中国人是很聪明的，不是外国人在任何方面都比中国人强。目前，P型高纯度砷化镓，只有我们中国人能制成，这证明我们中国人勤劳、刻苦、勇于钻研、敢于创新。

1986年，我接受了国家下达的搞空间材料的任务，也就是在卫星上做这种砷化镓材料。当时也已60多岁了，但我仍然想闯一闯这新领域。我认为，人的年龄无法改变，但思想应该是年轻的，应该奔着科学的前沿走，应敢于介入新的领域。这年8月，我提出要同国外的一位教授合作，他问我，你在空间材料方面做过哪些工作，发表过多少文章，并要我把这些材料寄去后再谈合作。那时，我国空间材料科学还是个空白。我听后，暗自发誓，我一定要自己独立干出来。

1987年，我们同航空航天部510所开始合作，没有伸手向国家要一分钱。大家知道，由于卫星体积小，所提供试验研制砷化镓单晶的条件相当严格。所给容积小，这就要求单晶炉的体积小，制造相当复杂。我们在北京找到一个工厂，向工人们讲了任务、要求和困难。工人们说，为了国家的荣誉，就是不给我们钱，我们也要赶出来，拼了命也要造出来。他们放弃了节日的休息，造出了7台炉子。最后，我们把单晶炉装在卫星上进行实验，结果一次成功，做出了两块单晶，一块10毫米长，另一块是7毫米长。这是在空间做的最大的砷化镓晶体。国际上近40年梦寐以求要解决的问题，有了突破性的进展，这是世界性的一次重大成就。

1988年，我到美国芝加哥城参加了一个世界材料会议。会上我做了一个报告，引起了国际同行的震惊。我到麻省理工学院参观时，最早研究空间材料的威特教授对我说，你的成功是对美国的最大促进。1989年7月，应美国国家航空航天局邀请，我去做了一个报告，世界上搞空间材料的科学家大多都到了会。我介绍说，我们是1987年1月才开始这项工作，6月就把炉子送到卫星基地，参加者涉及10个以上单位的100多位人员。他们听后，激动地说，你们中国人在极端艰苦的条件下，以节俭的精神做出了杰出的成果，你们的组织是成功的，你们的协作精神是令人钦佩的，成果是可靠的。

在多年科研工作中，我有这样一些体会。一是奋斗的目标要选择对。曾经有人劝我上锑化铟，但这早在18年前，苏联、美国就研制成功了。我说，要上就上砷化镓，搞砷化镓才能走到科技最前沿，否则将永远跟在别人的屁股后面。选定了目标，就要坚定地走下去。二是要有爱国心，民族自尊心。几年前，那个外国教授的高傲，刺伤了我的自尊心，这反而成为我进入空间材料领域的一个动力。三是要有奉献精神。搞科研是非常艰苦的，特别是半导体材料，周期长、难度大、毒性大。我们所里的中青年知识分子不叫苦，不发牢骚，勤勤恳恳地默默奉献。四是要自力更生，敢于走自己的路，争取在世界科学的舞台上占一席之地，否则，我们跟世界的著名科学家就没有对话的权力。

## 40 年峥嵘岁月①

中国科学院半导体研究所成立 40 年了，40 年来全所几代人辛勤工作，从无到有，为开创和发展我国半导体科学，为建立我国半导体工业的初步基础及将半导体技术应用于国防军工等方面，做出了重大的贡献。作为我国第一代半导体材料科学研究人员，为此而感到欣慰。追忆 40 多年的峥嵘岁月，我感到最值得珍惜的是当年艰苦奋斗的创业精神。在庆祝半导体研究所 40 周年生日的时候，写出这篇短文与老同志们一起回味共同经历过的甘苦，希望年轻的同志们将这种精神发扬光大，让半导体研究所对国家做出更大贡献。

1957 年年初，我从美国回来，过了一些时候就到中国科学院物理研究所半导体研究室工作，它就是半导体研究所的前身。物理研究所是在“中央研究院”的旧址扩建的，“中央研究院”的建筑面积大约只有物理研究所的五分之一。国民党留下的是什么样的一个烂摊子就可想而知了。半导体研究室成立才一年多，全室 20 多人。我在的半导体材料组，组里有七八个人，只有一个实验室，里面摆了两台拉单晶的炉子。另有一间 14 平方米的办公室，里面放满了 6 张三屉桌，外加一个书柜，进出常常需要喊“劳驾”。

我住在城里交道口小三条的一个四合院里，居住在东西向的三间不大的居室里，总面积大约 35 平方米。全家五口人，外加远在福建的外祖母的生活都由我来负担，当时我的工资是每月 207 元人民币，一直到 1978 年没有增加一分钱。每当有人提起生活待遇的话题时我说：“如果要钱的话，我就不用回来了。”当时，什么都不顾，就是一心要把国家建设得更富强。

1957 年秋天，我们材料组拉制成功了中国第一根锗单晶。之后，我们又用一个月的时间研制出 N 型和 P 型的锗单晶各一公斤，提供给北京电子管厂生产半导体收音机所需的锗晶体管。1958 年我国的半导体收音

① 林兰英署名文章，中国科学院半导体研究所《建所四十周年纪念文集》，第 8～9 页。

机诞生了。

硅材料是制备晶体管和集成电路芯片最重要的材料。20世纪50年代初期，美国已经基本停止锗单晶的研究与生产，正在不遗余力地研究硅单晶的生产。当时我国制订的“12年科技发展远景规划”里，要在10年之后才有可能着手半导体硅单晶的研究。我就在想，我们这样一个伟大的国家怎么就不行呢？就不能快一些？我很快向领导提出了研制硅单晶的建议，立刻得到了各级领导的支持，而且，说干就干了起来。但是，也真难呐！一穷二白要什么没什么。拉硅单晶要用氩气作为保护气，西方禁运，国内又不能生产，我决定在高真空下拉硅单晶。在半年多的时间里，大家干得十分辛苦，常常夜以继日，三顿饭都在办公室吃，困了就伏在桌上打个盹。经过了多少次的失败和挫折，终于在1958年国庆节前夕，生长出了中国的第一根硅单晶。第二步就是搞生产硅单晶的开发研究。我国不能生产石英坩埚，从国外买不到。一年以后，我要用在苏联讲学得来的报酬买几个石英坩埚，也没有办成。回来以后，我就去找聂荣臻副总理汇报工作，希望国家能大力支持北京玻璃厂，赶快把石英坩埚试制出来。要想批量生产高质量的硅单晶，要有好的单晶炉。但是苏联卖给我国的硅单晶炉又笨又重，安装不方便，因经常要移动，影响籽晶杆对中不断变化，热场均匀性的不断改变……不好用。我决心设计中国自己的硅单晶炉。朝思暮想，灵感终于产生于普通的衣柜门。对！造开门式单晶炉。我带领几名刚分配来的清华大学毕业生，到工厂去，和工人师傅配合，把开门式单晶炉设计并制造出来了。1962年年初，第一次试拉单晶时，就拉出了我国的第一根无位错硅单晶，单晶质量接近当时的国际先进水平。单晶炉荣获了国家级新产品奖。日本人闻讯十分吃惊，他们点名邀请这台硅单晶炉参加东京国际工业博览会展出。在大厅里，中国产的硅单晶炉一时成为众人瞩目的展品。在国内，生产了700多台，最远销到东欧的罗马尼亚等国。正因为我国有了硅单晶，后来才有高频小功率管、高频开关管、高频功率管等多种平面晶体管的问世，这使我感到无限的欣慰！

材料是“先行官”，它需要材料科学家以超前的意识去无止境地探索。1960年半导体研究所成立，我担任材料研究室主任。正是基于上述的想法，我立刻提出了在高速器件和光电器件领域，开展具有重大应用前景的砷化镓单晶制备的研究工作。最初，并非人人都同意这个建议：太超前了！恐怕20年以后也用不上，也分散兵力呀……我坚持自己的意见，建议最终得到了上级的认可。于是，从1960年开始制备砷化镓单晶的研究工作。当时国家处于三年困难时期，人们吃不饱，各类物资奇缺，没有起码的实验条件。用砖头垒两个垛子，支起一块木板就当实验台。屋子里冬天没有暖气，夏天热，炉子还要烤，连电扇也没有，我出了一身痱子。最初的日子里，反应管经常爆炸，有时炉子都炸坏了，屋子里弥漫着可怕的砒霜雾。合成关通过了，又经过一年多的努力，到 1962 年秋，我所在全国首先生长出砷化镓单晶。电子迁移率达到 4800 厘米$^2$/（伏·秒），是当时国际上的最高水平。当年，世界上第一支砷化镓激光器问世了。由于我们有了砷化镓单晶，所以我所在 1963 年就研制出了砷化镓激光器。

几十年来，我们材料研究室总是以侦察兵的眼光注视着新技术出现，以“先行官”的使命感冲锋在最前面。

1960 年，研究出硅外延材料，为集成电路和硅的微波器件提供了物质基础。

1961 年，生长出锑化铟单晶，1962 年，迁移率就达到了 60 万厘米$^2$/（伏·秒），与英国的水平相同。

1977 年，研究出 SOS 硅外延材料，1986 年，促成了用 SOS 研制抗辐照的 CMOS 集成电路。1990 年将抗辐照的集成电路用在长寿命通信卫星上。

1979 年，研制出我国的第一台高压单晶炉和第一根 GaP 单晶。

1987 年，研制了世界上第一台双束离子束外延设备。

20 世纪 90 年代后期，研制出双异质结 SOI 外延材料。

砷化镓单晶非常有用，但是砷化镓器件的成品率极低，这与材料纯度很低有关。1973 年，我决定要突破砷化镓纯度，将研究方法转向气相外延和液相外延。粉碎“四人帮”后，才得以专心致志地攻关。我们从基础做起，研制高水平的外延生长系统，从机理上弄清影响纯度的科学问题。一时间工作的进度比兄弟单位稍慢一 点，纯度攻关任务的争取受到影响，我想在任何情况下，我都肩负着攀登科学高峰、为国争光的任务。经过了八九年的努力，气相外延和液相外延同时达到了国际先进水平。我们气相外延的结果被收入了美国出版的《砷化镓手册》，至今保持着这方面研究的最高水平。我们研制出了美国贝尔实验室不能提供的高纯 P 型液相外延材料，被国际半导体学术界的许多科学家誉为国际最高水平。1982 年，这项成果获中国科学院科技进步奖一等奖；几年后，又获得国家科技进步奖二等奖。

地面生长的砷化镓体单晶材料存在均匀性差、点缺陷多和纯度差、稳定性和重复性差等三大难题，这是国内外都没有解决的难题。是否能够通过空间生长砷化镓单晶来解决砷化镓材料研制的难题呢？德方知道了我的想法后，1986 年 8 月，邀请我去德国与缪勒教授具体讨论空间材料合作事宜。缪勒也没有在空间生长过砷化镓单晶，在砷化镓材料的地面研究方面不如我们经验多。可是，他很傲气，与德国科技部门领导的意见大相径庭，没有一点合作诚意。也许换一个人就很不在意，我可受不了。我就不相信，你们能干，我们就不能干。我发誓：一定要干出样子来给你看一看。在回国的飞机上，我就开始构思利用中国返回式卫星在微重力下生长砷化镓单晶。

这个设想得到了航天部和有关专家们的大力支持。1987 年 10 月，我们与航天部合作，利用我国返回式卫星，在世界上首次在太空从熔体中生长出了砷化镓单晶，开拓了我国的微重力科学新领域。以后又四次完成了砷化镓单晶的空间生长飞行实验。国际同行认为，我们的结果充分说明了空间生长的砷化镓的优越性，促使他们下决心开展空间生长的砷化镓的研究。中国赢得了国际同行的尊敬。美国国家航空航天局的国际著名华裔微重力专家李杰信博士高度赞扬说："这是以中国人民勤劳节俭的精神创造的杰出科学成果。"1989 年，这项成果获得了中科院国家科技进步奖一等奖，1990 年，获得了国家科技进步奖三等奖。

我组织与电子部合作，利用空间生长的半绝缘砷化镓单晶制造了微波低噪声场效应晶体管和模拟开关集成电路。经过充分的研究证明，空间生长的半绝缘砷化镓单晶的全面电性能均超过了常规 LEC 半绝缘砷化镓单晶。这表明空间材料研究具有光明的应用前景。

目前，我国半导体工业水平与我国的大国地位极不相称。我所潜心做的一件事就是促进我所半绝缘砷化镓单晶开发，形成小批量的生产能力，为国民经济建设服务。我也愿意尽有生之年的微薄力量，促进我所的材料科学顺利发展。

全所同志们、青年们，努力吧！

## 没有党就没有我们女科学工作者的今天[①]

我曾经在美国从事过科学工作，20 世纪 50 年代回国后又一直在科研岗位上，两相对比，感触很深。

在美国，自然科学家人数很多，但女科学家却非常少。为什么？因为妇女在科技界备受歧视。我在美国时，同我在一个公司工作的有一位美国

① 林兰英署名文章，剪报，其他资料失查。

女科学家康威尔女士，研究杂质散射很有成就，搞半导体的人都知道她。但她在贝尔实验室工作时，受到男同事的排挤，只待了一年就被迫离开了。后来还有一位搞发光物理研究的美国女科学家，受到男学者们的排挤也很厉害。西方社会表面上尊重妇女，出门让妇女先走，那是表面一套，表里不一。我回国时，有美国同事问我："你为什么要走?"我说："我不愿意在你们这里受双重歧视。我是女的，你们科技界歧视妇女；我是黄种人，你们美国歧视有色人种。我为什么不回到自己的祖国去当主人呢?!为什么要在这里寄人篱下，受双重歧视呢?!"回到祖国后，体会更深，在我们这里，不管在哪条战线，党一向非常重视妇女干部的培养，希望妇女真正起到半边天的作用。在科技界，女科技工作者的队伍成长很快，中国科学院学部委员中，1955 年时女委员只有一名，现在增加了 14 名。当然，我们女同志自己努力还不够，还没有真正起到半边天作用。党对我们的关心和培养，我自己是很受感动的。

我 1957 年回国时，我国的半导体技术基本上是空白，20 多年来得到了迅速发展。原先我研究固体物理，回国后党让我搞半导体材料，我是边干边学。我在半导体材料方面做了一点有益的工作，是同党对我的多年培养分不开的。党的教育培养，不仅使我在政治思想上有很大提高，而且在科研工作的方法上对我有很多帮助。

记得刚回国时，让我负责一个课题组，指导十几个人。我心里发愁，不知道怎么办才好。后来一次听少奇同志的报告，他说最重要的是两点：一是理论联系实际，二是走群众路线。这对我启发很大。从负责十几个人的一个组，到负责 100 多人的一个室，又到 1000 多人的一个所。虽然我自己的工作做得不好，离党和人民对我的要求还差得很远，但处处体现了党的关怀和培养。我自己在两种社会的几十年的经历中，深深感到：没有中国共产党就没有新中国，没有中国共产党也就没有我们女科学工作者的今天。

# 附录C　亲友述怀

## 同龄人的赞誉

### (一)《林兰英论文选》序[①]

承蒙福建科学技术出版社同志的辛劳，为我的同行林兰英院士汇编了这本论文选辑。本书的出版，既是对林院士辛劳一生成果的荟萃、功绩的肯定，也表明在林教授的培养与提携下，涌现出了一批后起之秀。毋庸置疑，也将对我国后辈的科学工作者，特别是对从事半导体材料科学研究的年轻学者们，开阔视野，增长学识，在科海里辛勤耕耘，善于耕耘，起很好的典范和促进作用，可喜可贺！

林兰英同志长期在技术科学部兼职，我们共事多年，加之我也是搞材料科学工作的，同行之间，常有往来，虽谈不上“亲如手足”，至少能做到推心置腹，无所不谈，因而对她的为人处世、学术上的可喜成就是较为了解的。她既是一位心地坦诚、秉性刚烈的女性，也是一位永求进取、刻意追求的科学工作者。她忠心报国的崇高思想境界，为中华民族争气、为社会主义祖国争光的浩然秉气，在科海生涯中锲而不舍、百折不挠的求索精神，我既熟知，也深为佩服。我为中华民族有这样的英才女杰感到万分的荣幸和骄傲。

林教授诞生于1918年2月7日。1940年毕业于福建协和大学物理系，留校任教8年后，赴美留学。先后在狄金逊学院和宾夕法尼亚大学攻读数学和物理，相继获得固体物理硕士和博士学位。1955年，经导师举荐，她入索菲尼亚公司任高级工程师，专一于半导体材料物理的研究。自此，她与半导体单晶材料结下了不解之缘，为之奋斗了一生，成为我国少有的女半导体材料与材料物理学家。

1957年2月，林兰英同志回到了日思夜想的祖国。在“向科学进军”

① 作者师昌绪，中国科学院资深院士、中国工程院院士，金属学及材料科学家。

大潮席卷下，她激情满怀地投入祖国半导体科学事业，在中国科学院应用物理研究所及后来的半导体研究所，致力于半导体单晶材料的研究。她于1958年拉制成功了我国第一根硅单晶；1962年研制成功我国第一台高水平的硅单晶炉，进而在我国第一次拉制成功了接近国际水平的无位错硅单晶；在含辛茹苦合成砷化镓材料后，1962年，又用布里奇曼法生长成功了砷化镓单晶；自1973年始，她开拓了外延生长砷化镓单晶的研究，于1981年相继研制成功了高纯气相外延、液相外延砷化镓单晶，单晶质量达国际先进水平；随着集成技术的飞跃发展，1978年，她又致力于提高硅单晶质量的研究。她组织的攻关组，弄清了某些微缺陷形成机制并加以解决，使直拉无位错、无漩涡缺陷的硅单晶的成品率高达80%。她和她的同事们采用这种硅单晶材料，在我国首次研制成功了4k位、16k位的大规模集成电路，为我国微电子技术的发展做出了重大的贡献。自20世纪70年代以来，国际上逐步发展起一种新的薄膜淀积技术，林兰英具有远见卓识，辛勤操劳，组织会战，于1987年研制成功了优于国外单束外延实验系统的“双束合成低能离子束外延实验系统”，这一开拓性研究，居国际领先地位，受到国际同行的赞誉。实践证明，在地面上进行单晶的生长，由于地球重力驱动热对流而引起的热不稳定性，熔体材料又与反应器皿相接触，造成难以克服的杂质沾污和杂质不均匀分布，使砷化镓单晶质量难以满足微电子和光电子器件和电路的要求。有鉴于此，她又决意开创我国在太空生长砷化镓单晶的研究工作。1986年，她在寻求国际合作受阻后，满怀义愤和为国争光的豪情。在她的积极倡导、兄弟单位大力合作下，终于在1987年8月5日发射的返回卫星上，在国际上首次成功地从熔体中生长出了砷化镓单晶，取得了世人瞩目的成果……

上述事实表明，林兰英的一生，不仅为我国半导体材料科学的发展做出了杰出的贡献，而且也为发展我国微电子和光电子高技术产业做了许多奠基性工作，为我们伟大的祖国争得了荣誉，赢得了声望。她既是一位孜孜以求的科学工作者，也是一位伟大的爱国者。她现在虽已年过七旬，但精神矍铄，壮心不已，决心再探索新型半导体材料，为使我国的砷化镓单晶质量有新的突破，让其跻身于国际商品市场等方面，还在兢兢业业地奋斗着，追求着。我们预祝这位奋斗不息、永求进取的老科学家，在事业上取得新的成就，为国家做出新的更大的贡献。

## (二)《林兰英院士科研活动论著选集》序[①]

林兰英先生80华诞初度，又迎来了《林兰英院士科研活动论著选集》出版的盛事。我不揣浅陋，有幸作序，仅在此先向先生表达我热烈的祝贺和深切的仰慕之意。

林兰英先生从事固体物理研究已50多年，作为国际上最早从事半导体材料基础及应用研究队伍中的一员，她已被公认是当今在此领域中的一位名帅。早年她放弃国外优越的实验条件，毅然回国；简陋的实验条件和微薄的科研经费都难不倒她，为了祖国的现代化大业，为了科学技术事业的不断发展，她锲而不舍，锐意进取，在半导体材料研究中，为我国争得了一次又一次的世界性的荣誉。正如林先生自己的体会："我们科学工作者，不怕起点低，只要有信心、有毅力去研究，以科学的态度对待科学问题，大都能如愿以偿，搞出高水平的研究成果来。"这应该是全世界发展中国家科学技术工作者的箴言。

材料是人类文明的基础，不同材料的应用把各民族先后带入了不同的经济时代。约一万年以前，陶器和火的应用，改变了人类的食物结构和生活，为进入文明社会奠定了基础；金属钢和铁的应用，提高了农耕效率；特别是在中国，公元前八九世纪生铁的出现和公元前四五世纪生铁铸造犁铧和牛耕的登场，促进了农业、水利和手工业的发展。随着经济的扩展，财富的积累，出现了百家争鸣的时代，军事、医学、哲学、文史也繁荣起来，终于导致了秦汉和唐宋大地高度发展的文明。19世纪中叶，生铁技术、液态炼钢的发明引发了从西方开始、波及全球的工业革命。在此后一个世纪里，现代钢铁技术进一步发展，成为西方国家经济快速发展的重要基础。在第二次世界大战前夕，由于电子管灯丝寿命有限，电讯常有中断之虞，为此，在企业家改革思想的启发下，美国固体物理学家提出了可能利用半导体的设想。在固体理论、物理化学、冶金学和材料科学等领域的学者们学科交叉合作的努力下，终于创造了崭新的半导体材料和半导体器件。它们的应用和发展，促成了现代计算机、集成电路和网络技术的飞跃发展。只经过短短的半个世纪就把我们带到了知识经济时代的前夕；这半个世纪也正是林兰英先生投身于半导体事业，并创造了辉煌业绩，为中国在世界性半导体材料研究和应用中赢得了崇高声誉的一段难忘的时期。50年来，新中国在中国共产党领导下克服了种种难以想象的困难，飞跃地走

---

① 作者柯俊，中国科学院资深院士，北京科技大学教授，材料物理学及科学技术史学家。

过了一些经济大国经历百年以上才走过的建设道路，初步完成了农业改造和钢铁、石油、水泥、电力、电子等基础工业的建设。出现了发展信息技术、推动社会更进一步发展的良好开端。可以说，林先生的贡献为这一历史性的转折创造了条件。

在我们这个曾被世界列强认为科学技术落后的国家里，半导体一度还只能是遥远的未来憧憬。早在20世纪50年代初，当黄昆先生还在主持北京大学固体物理教研室的时候就提出请苏联派半导体材料或物理专家来我国授课，结果却迎来了一位研究金属强度的学者。因为苏联当局认为中国连金属物理还不清楚，就谈不到什么半导体了。这位学者，是一位出色的教师，那时他在白天课上还只是介绍苏联弗兰克-康托柔娃的位错链学说，对于在西方已经得到证明（只欠电子显微镜直接观察）的新的位错理论也不放过，他在课外夜里利用北大的图书条件学习和钻研着。无独有偶，南京大学物理系冯端先生也邀请到了一名苏联学者，他同样也不符合冯先生的要求，尽管他是著名的钢中热处理相变理论教授萨道夫斯基。就连他自己也认为到当时的北京钢铁学院（现在的北京科技大学）更合适些。但是历史的错误是阻挡不了时代的前进和伟大的导师毛主席所指引的自力更生的方向的。在党的领导下、在敬爱的周恩来总理亲自过问下，从事新兴的半导体物理和材料研究的林兰英先生同我国第一代的半导体专家、以固体理论闻名世界的黄昆先生和机械工程之家出身的我国另一位老一辈半导体专家王守武先生（它的长兄是三四十年代中国仅有的现代机械制造厂——当时的昆明中央机械厂厂长）等在一起，还有一大批大学刚毕业、在林兰英的倔劲鼓舞下的年轻人，他们坚信“国际上有的，我有信心搞出来，国际上没有的，也要有信心搞出来”。他们团结合作，无私奉献，完成了一整套的半导体材料和器件的研究和应用的课题。当然，我们不应该也不会忘记，当1986年我国的宇宙空间材料科学还没有起步的时候，德国的一位科学家从反面给我们的激励，他明知故问，“要想谈合作，把你们空间材料的工作论文先寄来”。他的傲慢，当然并不代表对中国友好的德国人民，但他（也许还有少数一些人）的傲慢之词刺痛了林兰英和老老少少的中国学子们的民族自尊心。林兰英先生和她的助手们以事实做了最好的回答，他们采用凝固法，在返回卫星里只有120瓦能源、90分钟时间等限制的条件下，成功地生长出优质的砷化镓单晶，并在器件制造上得到了成功的使用。这是在世界上首次实验证明了空间生长砷化镓单晶的优越性，这也给我们作出了榜样，告诉我们只要有创新的精神和足够的勇气，即使在落后的条件下，只要做到“从失败中奋起，在挫折中奋进”，团结一致，刻苦努力，无私奉献，就一定能够不断开拓进取，赶超世界先进水平。

当然，林兰英先生的成就和贡献，绝不只是对事业的高度责任感和对别人的傲慢的义愤所激励的结果，她的成就还来源于她扎实的功底。首先，她在数学、物理等基础科学上有过勤奋、扎实、深入的学习和钻研，她还十分重视实验，常常身体力行，从不眼高手低。她敢于尝试别的科学家想不到或不敢干的工作，这和她长期的、刻苦的、丰富的实践和经验有关。就在这样的基础上，在她的实事求是精神和严谨的学风指引下，再加上她提出的“选准课题，既有先进性，又要依据国情，能够做出积极贡献”，“要有民族自尊心、爱国心、高度的责任感，敢于向世界水平冲击”及“要有自力更生精神，有敢于走自己道路的勇气”等思想，才使她创造了今天这样的辉煌业绩。

40 多年来，林兰英以她自己优秀的品德、坚强的毅力、卓越的能力、深厚的基础和百折不挠的精神给人们留下了深刻的印象。她作为中国半导体材料科学的开拓者和奠基人，为我国的半导体科学和技术做出了突出和重要的贡献，多次获国家和其他科技进步奖；张劲夫同志在《请历史记住》一文中回顾了她对“两弹一星”所做的重要贡献，她还参加了“两弹一星有功人员表彰大会”。《林兰英院士科研活动论著选集》记录了她在新中国科学技术史上值得书写一笔的学术上的成就，这也是她贡献给社会的宝贵财富。我们，特别是广大的青年科学工作者将可以从林兰英先生身上学到些什么呢？我想可能有以下一些方面。

（1）学习她的爱国主义精神。她的爱国主义精神体现在为开拓中国半导体材料尖端科学时表现出的白手起家、艰苦奋斗的创业精神。以这种精神，她和她的同事们创造了许多个“新中国的第一”：第一根硅单晶，第一根无位错硅单晶，第一台高压单晶炉，第一根 GaP 单晶，第一片单异质结 SOI 外延材料和第一片双异质结 SOI 外延材料等。她的爱国主义精神也体现了她极强的民族自尊心，面对外国人的轻视，她更加发愤图强，勇攀科学高峰，为国争光。以这种精神，她“敢上九天揽月”，她在世界上首先在太空从熔体中生长出 的 GaAs 单晶，赢得了国际同行的尊敬。此外，她在氯化物系统中生长的高纯气相外延材料迄今仍然保持着国际最好水平，她还组织研制出世界第一台双束离子束外延设备。

（2）学习她科学攻坚不怕难和深入细致的研究作风。她从不赶时髦，反对人云亦云，坚持科学的独立思考；只要是对的，领导重视和不重视一个样。

（3）学习她理论与实际相结合的精神。她十分重视半导体材料的物理分析，经常说“物理分析是材料的眼睛”。她坚持不懈奋斗几十年，在她的研究所建立了世界第一流的半导体材料物理实验室。她的论文中既有许多工艺上的创新，又有大量的物理分析结果。她强调以数据说话，不主观臆断。她学风严谨，一丝不苟，在学术上取得累累硕果的同时，她还始终挂念着半导体材料的产业化，并为之而奋斗不息。

（4）学习她公而忘私、顾全大局、团结合作的精神。在完成的许多研究工作中与院内外的很多单位都有良好的协作关系，因为她深刻地体会到科学技术的发展已经进入了大科学、跨学科的时代，没有团队精神，不能合作共事的科学技术和管理工作者是不会取得任何真正的成就的。

（5）学习她切实重视培养年轻人的战略思想。在她的周围已经形成了一个老中青三代和谐地结合在一起的研究集体。她常引以为豪。她的团队热爱她，离不开她。她对未来的科学技术人才、研究生的培养，对教育的改革都给予了极大的关怀和支持。

林兰英先生年龄已经 80 有余了，但仍壮心不已，还正领导着她的团队继续攀登科学的新高峰。我谨以“高山仰止”的心情衷心祝愿她健康长寿，在新的世纪里取得新的成就。

# 学子们的缅怀

## （一）林兰英先生和北方微电子研究开发基地[①]

北方微电子研究开发基地，在林兰英的倡导下，由中科院微电子中心、半导体所新材料室，北京大学微电子所和清华大学微电子所联合组成。在国家计委的重点支持下，于我国“九五”计划前夕成立。通过五年的努力，北方微电子研究开发基地已逐渐进入轨道，并取得一批重要的研究和开发成果。对此，林兰英作为首要领导人，做出了杰出贡献。

林兰英（左一）与李志坚（右一）在一起

1979年，中科院在长春召开学部全体扩大会议，议程之一是要向中央提出若干重要科技领域发展的咨询报告。此前，半导体和集成电路学科组，在林兰英的领导下，对如何加速发展我国集成电路生产问题，起草了一个初稿。此时林兰英就已提出，必须集中力量，科研和生产密切结合，发展植根于本国的集成电路产业。报告经长春会议通过上交中央后，得到了中央领导的高度重视。不久，国务院成立了以副总理万里为首的计算机和大规模集成电路领导小组。万里同志一上任就抓“治散”。李鹏同志接替万里后更明确地批示：集成电路南北建立两个基地，南方以生产为主，北方以科研为主，北方基地建在北京。

在20世纪80年代，我国集成电路的生产，曾出现过盲目引进的现象，

① 作者李志坚，中国科学院院士，原清华大学微电子研究所教授，微电子技术专家。

进入了引进、落后、又引进的恶性循环。林兰英和王守武等专家及时地指出，如果不立足于消化、吸收和创新，仅靠本国科技力量进行基础研究和技术开发，良性循环的产业是建立不起来的。在他们的倡导下，中科院技术科学部又向中央提出了我国集成电路生产如何进入良性循环的咨询报告。与此同时，在他们两位的领导下，北京几个科研单位与国务院有关领导，曾多次研讨成立北方基地的事。但由于当时体制上的问题，未能成功。尽管如此，林兰英等却并不因此而气馁，仍多方进行工作，坚持了十几年之久，终于在国家“九五”攻关前夕，得到了国家计委主任曾培炎和姜均露司长的大力支持，四个单位联合成立了北方微电子研究开发基地（或叫中心）。

当时，北方微电子研究开发基地由“三点一线”组成，即深亚微米集成电路技术实验室，新工艺、新器件、新结构电路实验室，新型半导体材料实验室，以及一条集成电路研究、开发和工业性试验线。基地的宗旨是，以三个实验室为技术上游，通过工业试验线（为中游）或直接向下游——工业部门提供成果，以促进我国自主的集成电路产业早日进入良性发展轨道。为此，成立了由产业部门领导、技术专家和基地主要专家组成的管理委员会，德高望重的林兰英，自然地被推选为首届管委会主任（董事长）。

在北方微电子研究开发基地的筹划和实现的漫长过程中，上述多个单位的有关领导，一直在林兰英的领导下工作。在工作过程中，林兰英的许多先进思想和优秀品质，感染着同事们。首先是她的不怕任何困难、不折不挠的奋斗精神。无论对于基地外部机制的原因或基地内部由思想认识上一时不同所造成的困难，她总是能设法加以克服，并鼓励手下同事“坚持就是胜利”。经过十几年的筹措，北方基地才得以建立。林兰英的这种韧性，来自她的高度热爱祖国之心和对祖国的高度责任感。识大体、顾大局和宽广的胸怀，是林兰英优秀品质的又一体现。由于各自所处的环境不同，基地各单位间总会出现对处理问题的不同意见。每在这时，林兰英总是要大家以大局为重，相互谦让和彼此尊重。她以身作则，常说“我的材料就是要为你们的器件服务的”，她主动把进口的硅外延设备放置在微电子中心，目的就是便于工作。由于林兰英首先提倡顾全大局，现在北方基地内部已经建立起互相支持、互相信任的良好气氛。更令每个基地内成员钦佩的是，林兰英对科学事业发展的高度敏锐和执著，以及对我国微电子事业的深切关注。大家都为她虽已 80 岁高龄而仍在第一线提出一系列发展新型半导体的新课题和为国分忧对我国发展有自主发展机制的微电子产业所进行的种种努力所感动。

微电子产业是一个极具战略意义的产业。我国微电子的发展还远不能满足国家经济和国防发展的需要。北方微电子研究开发基地虽已建立起来，前景不错，但在其前进道路上，仍有曲折和困难需要不断地克服。不过我国微电子产业是一定会起飞的，北方基地的前途也很光明，我们一定要牢记林兰英的嘱托，在她的精神鼓舞下，把工作做得更好。

### （二）那盏永恒的明灯[①]

1957年初春，林兰英先生怀着报效祖国的满腔热情，从大洋彼岸回到了日夜思想的祖国。最初，家乡的高等学府——爱国侨胞陈嘉庚早年创办的厦门大学有意留她在物理系任教，致力于半导体科研事业的发展。

这本是一个回报故乡的契机，但新中国科技发展的宏业更需要她。1956年，在周恩来总理亲自主持下，中央制订了“十二年国家科技发展远景规划”，并着力采取紧急措施筹办四个高技术研究所，中国科学院半导体研究所是其中最具基础性的一个。

由于林兰英先生留美期间在半导体学科领域打下深厚的研究基础并取得卓越成就，经科学院提出，中央出面把她安排到中国科学院应用物理研究所的半导体研究室，接替洪朝生先生参与领导半导体材料研究。她满腔热情地接受了这项任务。

1）关爱后辈、言传身教

那时，我刚从上海复旦大学毕业，被分配到半导体材料组，从事半导体锗材料的高频炉加热区熔提纯工作。

林兰英先生上岗的第一天，就是到材料组实验室实地考察了解我们的工作进展状况。第一次见面，她的严谨认真给我留下很深印象。

当我向她报告提纯的材料电阻率已接近本征值时，她亲自观看了当时唯一一台我们自己搭建的四探针测试装置。虽然她对测试结果的可信度有所怀疑，但是她并不主观臆测，而是尊重事实。她邀我到办公室，给了我一根沉甸甸的锗锭——这是她躲过美国海关，毅然带回国内的珍贵礼品，让我用自搭的四探针装置测量出电阻率，然后向她报告。我从锗锭的头部测到尾部，把测出的电阻率分布汇报给她。她微笑着说：“行！对得上。”从此以后，林兰英先生在工作上对我一直非常关爱和信任。

1957年10月，我患了甲型肝炎，住院治疗后有相当长一段恢复期，只能上半天班，短时间内无法参加材料提纯和单晶制备工作。于是她精心安排我开展一些机动性较强的材料物理测试工作。“迁移率”在她心目中

① 作者王启明，中国科学院院士，原半导体研究所所长，光电子学家。

是判断材料质量及其内部物理信息的重要参数。因为“迁移率”的大小及其随外场的变化规律，反映出材料内部散射机制的本质。这也是她对我开展材料物理测试工作的一次考察与测验。

1960 年 10 月，半导体研究所正式成立，材料组扩大为半导体材料研究室。林兰英先生担任室主任，立即在材料研究室设立物理测试组，并指定由我主持材料物理测试组工作。在她和洪朝生先生的合作指导下，着手建立了液氢到室温（15～300 开）变温霍尔系数和电导率测试系统，测试了锗材料中迁移率的温度变化特性，观察杂质带效应同时测试相应材料参数。

1961 年秋，半导体所承担了国家计委指派的任务，成立由时任副所长王守武先生兼任主任的半导体材料与器件测试中心。林兰英先生创建的材料物理测试组全部划归该测试中心，于是我离开了她的直接指导。

虽然我离开了材料研究室，但她对材料物理测试和我的工作一如既往地关怀。1964 年，国外首次报导采用液相外延法生长优质薄层 GaAs 材料，由于高掺杂突变 P-N 结的实现，激光器的阈值电流有了数量级的大幅下降。

在副所长王守武和室主任林兰英的共同领导下，半导体所迅速在材料室和测试中心（后来的光电器件室）开展了 GaAs 优质材料的外延生长和激光器件的研制。她尤其关注材料的质量与器件的关联性研究，安排我开展对外延材料光致荧光谱的测试研究，每周一次的材料、器件研讨会上，我都要向她报告测试分析和归纳的结果，经常得到她的肯定与鼓励。

1980 年，停止增选工作有 23 个年头的中科院学部重新开始了委员（院士）的增补。她与许多知名科学家一起被增补为“文化大革命”后的首批院士。随后在技术科学学部成立了以林兰英为组长的半导体与微电子专业小组，成员中除院士外，还扩大吸收了一些比较年轻的一线科学工作者。在林兰英先生的关怀和培养下，我与电子部的俞忠钰被提名担任专业组秘书，从而使我有机会接受院士们深邃、严谨学风的熏陶。

1983 年，黄昆先生辞去所长职务，领导班子换届时，也是由于黄昆先生和林兰英先生对我多年的关怀、培养和考察，在他们的提名推荐下，院领导任命我担任了分管科技和外事的副所长，直到 1985 年接任所长。作为师长和前辈，林兰英先生在我任职期间仍一如既往在工作实践中考察、帮助、提醒和鼓励我。

例如，“文化大革命”后首次提拔研究员，是由所内几位院士和所长（当时我还是副研究员）组成评议小组，经评议小组充分讨论后，通过无记名投票方式选出。林兰英先生很高兴地对我说：“你是出于公心的。”

我当所长时，实验楼内的办公室就在林兰英先生的隔壁，有机会经常串门，征询她的意见。她有了什么想法，也会直接叫我过去研讨指导。

在我半个世纪的成长历程中，林兰英先生那和蔼、慈祥的教诲，那诲人不倦、谆谆教导、言传身教、关爱后辈的精神，一直指引着我努力前进。

2）敢于创新、勇于实践

林兰英先生不因循守旧，她胸怀大志，敢于创新，勇于实践。她总是立足在科学和社会发展的前沿，不断提出崭新的思想和发展的目标。她和其他回国的半导体、微电子学界的前辈们一起，在刚起步不久的锗晶体管的研制起点上，迅速做出转向发展硅晶体管的决策。正因为如此，我国的集成电路发展比苏联更早、更快。

王启明院士（左二）在莆田一中校长吴智园（左一）
等人的陪同下参观展览馆并向林兰英陵墓敬献花篮

刚刚成立的半导体所研究人员并不多，经常有机会聆听林兰英先生谈论对科学的畅想。在我的记忆中，虽然她对硅材料单晶的研制倾注了绝大部分心血，但对Ⅲ-Ⅴ族化合物半导体和稀土半导体的重要性也会经常提起。1960 年出任材料研究室主任后，她立即组织了Ⅲ-Ⅴ族化合物半导体材料研究组，从物理所调来了许振嘉同志，并在第一线全面指导开展砷化物和磷化物的研究。

当时研究人员有限，有时为了突破某项技术障碍，她调动全室力量一起攻关，就连主持测试组工作的我也会临时接到任务。她的敢想敢干、善于组织、勇于突破的精神，给人留下了深刻的印象。

如果没有当时对Ⅲ-Ⅴ族化合物材料的研制，那么在1963年GaAs半导体激光器问世之时，我们就无从赶上世界的发展潮流，势必会失去我国半导体光电子发展的机遇。

林兰英先生到所后，我多次听她说起稀土半导体的研究。然而基于当时的技术条件，即便在发达的西方国家，这项研究也还无人问津。据说在北京大学黄昆先生的支持下，北京大学物理系的团队曾在实验中做过尝试。稀磁半导体和稀土发光材料的研究，这些在当时被认为是不可思议的事情，今天正在变为现实。无疑，林兰英和黄昆的创新思想超前了半个世纪。

林兰英先生一直关注着本征纯度化合物材料的生长。当分子束外延技术兴起的时候，她考虑到源材料的元素纯度将制约合成化合物晶体的纯度极限。在她担任半导体所副所长的20世纪70年代末，她参考质谱仪的磁偏转原理，创新提出了用磁场分离不同荷质比元素离子，从而可在获得高纯净组分元素离子束的基础上进行合成外延生长，称之为离子束外延生长(IBE)。此前，这项技术在国际上从未实现过。这一大胆设想得到中科院领导的支持，她调动组织所内力量，亲自挂帅出面联系与长沙某研究所合作，首次设计加工出复杂的双束离子束外延生长系统。尽管离子束外延技术至今未能替代分子束外延的广泛应用，但是一种创新思想的实现往往不是一帆风顺，而是随着时间的推移，呈螺旋式发展。

半导体材料尤其是化合物材料，在地面上生长时由于重力场的牵引作用，组分的混合很难做到理想的均匀化，这样由组分失配产生的缺陷，就会影响材料质量。林兰英先生基于她对材料生长动力学过程的深刻了解，从而在20世纪80年代开始对此予以极大关注，在中科院内外调兵遣将，组织了在返回式卫星上开展太空生长GaAs单晶的大胆实验。

这一科学畅想当时也曾引起非议："地面上没做好，还花这么大代价上天去做!"然而在国家相关部门和院领导的大力支持下，功夫不负苦心人，终于得到了极低缺陷的太空生长的GaAs材料，验证了生长动力学过程的准确性，同时也为日后获得优质半导体新材料指出了方向。她的成功惊动了世界科学界。日本著名半导体材料物理学家西泽润一获知中国制备太空GaAs单晶材料后，1988年秋专访半导体所，特意带来一件当时非常精致的Sony小型磁带录音机，作为珍贵礼物送给林兰英先生，同时提出希望能从林兰英先生处得到一块样品，回去合作研究。当时林先生身在外地，我代她收下，并转告西泽先生的意愿。林兰英先生怀有强烈的爱国心，婉言拒绝，未予答应。虽然科学是没有国界的，但是科学成果的应用则有极强的国家利益背景。林兰英先生看重的不是“太空单晶之母”的荣誉，而是高于一切的民族气节、国家利益。

尽管林兰英先生有敏锐的洞察力和超前的科学思维，但是她一直教导从事材料研究的工作者要甘于寂寞，不赶潮流，潜心研究。她深知美国的科学技术之所以领先于世界，其重要因素之一，就是他们奠定了雄厚的材料科学基础。材料科学的深入探究、新材料的不断涌现，以最快的速度、最短的周期，促进着高新技术领先发展。可以说材料工作既属前沿又是基础，它优越的功能和不可替代的特性，往往只能在器件甚至功能模块中才能展现出来。从某种意义上来说，材料研究又像是一种“垫底”的工作，其重要性很难直观感触到。如果没有一支甘于寂寞、淡泊名利、无私奉献的材料科研团队，把材料的科研工作做深、做透、做新、做早，那么国家科技实力的发展必将受制于人。

3）无私无畏、坦诚直言

林兰英先生倾心于国家兴旺、科技发展、团队的壮大、竞争力的发挥，她用一颗赤胆忠心，铸就了她无私无畏、坦诚直言的品质。

对她领导下的人员，她的要求是很严厉的，常有恨铁不成钢之心。无论在学风上还是工作态度上，乃至人际关系上，只要她觉察到有欠妥之处，她从不顾及情面，音容严肃，坦率批评，这为的是对同志对工作负责。而一旦她看到有些同志的工作有了突破、学风严谨、处事公正，她总是以长辈般慈祥的音容予以肯定和鼓励，期望他再接再厉，更上一层楼。

对于同辈，她只要有想法和意见，不管是肯定还是反对，她也总是毫无顾虑，坦诚直言。但是她的直言并非脱口而出，而是经过了一番了解、斟酌和剖析之后的。因此大家对她的意见都很尊重，这在学部的讨论会上表现得尤为突出。也正因如此，她在院士中享有崇高的威望。

林兰英先生以坦诚直言的优秀品德，多次入选全国人大常委会，国家需要她，人民需要她。她忧国忧民，经常提出一些中肯的建议甚至批评意见，受到国家领导的充分重视。

记得1992年，在江泽民同志视察半导体所时召开的座谈会上，林兰英先生就国家对半导体集成电路的投入力度这一问题，坦率提出了尖锐的批评意见。这些宝贵的意见，大都为国家领导所理解和采纳。林兰英先生有很强的组织观念，有话她在会上说，当面说，从不在无关场合议长论短。除此，她也非常重视倾听群众的不同呼声和期望。

从这个意义上来说，她确是一位代表了人民的人大代表。

我和林兰英先生在工作岗位上最后一次接触，是2002年5月的一次研究生毕业论文答辩会上。因为这位学生由她指导从事 SiGe 材料生长的研究，她知道我近十年一直着力于 Si 基光电子的研究，邀我作为答辩委员会的成员。那时，她肺部已发现有了问题，但她还一直坚持工作。会间她告诉我，医生发现她脚部浮肿，走动已感不便，责令她不许再外出活动了。这遗憾地成为我们最后一次在工作岗位上的会面。

林兰英先生住进协和医院后，我对第一次去探望时的情景记忆犹新。刚住院不久，那时她精神还很好，侃侃而谈足有半个小时。她谈到了超薄层材料的生长和抗辐照电路的发展，以及对青年人才培养的期望，唯独没有谈及自己的身体健康。

后来她的病情又有发展，我最后一次探望是在 2003 年 2 月中旬去厦门出差之前。那时她已转到急救病房，靠输液管和输氧管维持着生命。她已经说不了话了，但思维还很清楚。我用白纸写上大字，隔着玻璃窗告诉她，我正要去厦门大学，帮他们开展半导体光子学实验室的建设，完成她未竟的心愿。她看了后，微微点头会意。未曾料到，这竟是最后的一次见面。2003 年 3 月 4 日，备受尊敬的林兰英先生不幸与世长辞，对国家，对半导体事业无疑是一个沉痛的损失。

林兰英先生已走了整整十年，无论是对国家，还是对科学院甚至半导体所和材料科学而言，十年的发展变化都是巨大的。虽然她未能亲身为这辉煌的十年倾注心血、做出贡献，但她的精神、她的身影、她的音容，都在永远鼓舞着后人立志奋发、无私奉献。

### （三）生命不息、攀登不止①

我第一次见到林兰英是 42 年前的事了。那时我还是北京大学物理系半导体专业的学生。就在 1958 年，当时五校已在北京大学联合举办半导体专业。有一次特邀林兰英先生到北京大学外文楼 103 教室做“半导体材料”的专题报告。那时林先生刚从美国回来不久，她的讲课内容丰富、深入浅出。虽然将近半个世纪过去了，但一些生动的内容我至今记忆犹新。

林先生与黄昆先生、王守武先生、谢希德先生等老一辈科学家是我们的老师。他们为我国半导体事业和微电子科学技术的发展奠定了基础，开垦了一片沃土，培育了一批人才。他们的历史功绩是不可磨灭的。

在林先生的科学生涯中，曾经并且继续保持与发展着诸多“第一”的记录：

① 作者王阳元，中国科学院院士，北京大学微电子研究所教授，微电子学家。

林兰英（右）与王阳元在一起

1958年，在林先生直接参与下，中科院半导体研究室拉制成功了我国第一根硅单晶；1961年，由林兰英作为负责人，组织设计加工的我国第一台开门式硅单晶炉面世，并于1962年拉制出第一根无位错的硅单晶；

1962年，砷化镓单晶又由林先生和她的同事们拉制成功；

20世纪70年代，她又率领半导体所材料室的同志们研制成功高质量的硅和砷化镓外延材料；

20世纪80年代，林先生开创性地提出在太空中微重力条件下拉制砷化镓单晶问题。为了落实这一计划，当时已年近古稀的林先生，却像一位三四十岁的年轻人，在不同部门的几个单位之间来回奔波，做了大量的协调工作，最终于1987年在我国第九颗返回式人造卫星上研制出了第一块高质量、低缺陷的砷化镓单晶。从而有人把她称为“太空半导体材料之母”。

20世纪90年代，林先生又积极推动北方微电子研究开发基地的建立与建设。将高等学校中清华大学微电子学研究所、北京大学微电子学研究所和中科院微电子研究中心与半导体研究所材料研究部门联合起来。她把李志坚院士、吴德馨院士和我找在一起说：“我并不是直接搞微电子的，是搞材料研究的。但我为什么要积极促成这件事呢？是因为微电子产业和科学技术是国家战略性基础产业，不在我们手里把它搞起来就会愧对祖国和人民的重托，我就会死不瞑目！”每当我们遇到一些困难而感到信心不足时，林先生总是勉励我们说：“我都70多岁了，你们与我比起来还是年轻小伙子呢？怎能泄气?!”78岁那年，她的肺部做了一次切除十分之三的切除手术，术前讨论，她要求外科专家保证她术后再有10年时间健康地工作，否则她不同意手术。专家给她下了保证。但同时又要求她在术后一年内静养不能工作。这是因为她给自己确立了10年的战略，要在今后10年内在集成电路、空间应用和高科技转化为生产力三个方面做出新的贡献。医学专家答应保证林先生的健康，但林先生却没有遵守医生的规定，病还未好，就把我们找去谈工作，谈北方微电子研究开发基地的建设与发展问题。组织北方微电子研究开发基地建设过程中仍有不少问题，但现在多个单位之间已初步联合起来，有所分工、协调和配合，正在也将不断地为我国微电子产业和科学技术的发展做出贡献。

如今年已八旬的林先生，依然年轻，她思维敏捷，干劲十足，在半导体材料领域里仍然十分活跃。她从事砷化镓材料的产业化，为此在1999年夏季高温季节里亲自带队到总装备部落实相关措施；她提出要开展碳化硅、氮化镓等宽禁带半导体材料的研制；她还积极倡导开展异质SOI材料的生长与研制；随着国家重大基础研究课题的开展，她又多次倡议联合申请项目，她特别提出建立新的高温材料的生长技术。

拼搏、追求、创造、攀登是她的生命动力。她今年已80岁高龄了，但仍每周一、周三、周五到半导体所上班，处理科研工作事务，周二、周四还要抽出时间会见来客、参加会议。

今年春节前夕，林先生还为了一个课题的具体内容亲自打电话给我，要我所有关的课题负责人去直接找她，由她来具体主持研究工作的进度和协调问题。林先生生命不息、奋斗不止。这是因为她有一颗强烈的“事业心”。难怪医生说她心脏的生理年龄只有60多岁。

林先生在学术上已是一位德高望重的老一辈科学家，但在日常生活中，她却又是一位亲切、温馨、无微不至关心他人的长辈。每当她找我们到她家谈工作时，她知道我喝水比较多，她就早早地准备好茶水，还嘱咐她的侄媳妇说：“你多冲一壶开水，等会儿王阳元要来，他爱喝茶。”有时林先生还专门传授我们如何养好水仙花的经验。

今年是林先生82岁寿诞，我们要学习她顽强搏击人生、不断攀登科学高峰的精神，学习她将自己一生奉献给祖国科学事业的崇高情操，并祝愿她永远年轻。

### （四）学习林兰英先生为科学事业不断开拓永不休止的献身精神①

40多年以来，在我国半导体事业的开拓和发展进程中，始终活跃

① 作者吴德馨，中国科学院院士，中国科学院微电子研究所研究员，半导体器件和集成电路专家。

着林兰英先生的身影。她不但在半导体材料的研究与开发中做出了一系列开创性的贡献，而且热心关注并积极支持我国微电子事业的发展。长期以来，她还以对国家和民族的高度责任感，为加快发展我国的微电子事业大声疾呼、到处奔走。早在20世纪80年代初，林先生鉴于北京微电子研究与开发存在人力和资金分散、重复性研究也多的现象，就上书国务院反映意见。最终促成了20世纪90年代中期北方微电子研究开发基地的建立。

林兰英先生在我国大规模集成电路的研究中还积极投入、身体力行。在一个个技术难关的攻克过程中为我们树立了榜样。记得是在20世纪70年代末期，在邓小平同志要求五年赶上世界微电子先进水平的号召下，半导体所的领导和群众决心把“4千位动态随机存储器（DRAM）的研制和成品率的提高”搞上去。她积极支持王守武先生挂帅领导半导体所的四室和超净线的同志们开展了电路设计和工艺技术等多方面的研究，林先生从研究力量的组织、硅材料研究工作的配合、化学试剂质量的保证及理化分析的开展等方面事无巨细、一抓到底，主动而有力地配合和保证了攻关任务的胜利完成。

就拿研究力量的组织来说，林兰英先生协助王守武组建起了超净线的队伍。研究人员是从各个室里点兵点将召集起来的。在各个工艺环节上如何合理调配技术骨干使之人尽其才是一个首先要考虑的问题。做好这一步对完成攻关任务来说十分关键，以后事实也证明了这一点。

林兰英（中）与吴德馨（左）院士、杨芙清院士在一起

再从硅材料研究的配合来看，林先生一直提倡从事材料研究的人要与

器件和电路研究的人紧密结合。由于当时对材料参数的要求还不像今天这么清楚，因此她要求在完成4千位DRAM的过程中，双方一定要共同来研究硅材料和器件之间的关系。在她的指导下，材料室的同志从不推卸责任，积极分析问题、解决问题，不断改进材料工艺使硅材料的质量得以迅速的提高，满足了大规模集成电路的要求。要知道在当时我国大规模集成电路成品率十分低下，一般只有1%～3%，但我们采用我国自己制造的设备和材料、自主设计的电路和自行研究开发的工艺技术一下子就使4千位DRAM的管芯合格率平均达到28%，最高可达50%，从而在1979年完成了任务，而且第二年又以一年的时间研究成功了16千位DRAM，应该说成品率达到80%的无涡漩位错的硅单晶无疑是4千及16千位DRAM研制成功的基础。

林先生务实的工作作风给我们留下了十分深刻的印象。记得那是一个下雪的冬天，林先生听说了在我们大量采用的北京化工厂生产的双氧水中添加有含钠的稳定剂后十分着急。因为我们研究的MOS电路是基于表面器件构成的电路。钠离子的沾污是器件反型的要害。于是她就亲自踏雪去北京化工厂找技术人员商议如何取消这种有害的稳定剂又不影响双氧水质量的技术措施。经过反复试验后，终于很好地解决了这一问题，为4千位DRAM的研制铺平了道路。

林先生严谨的科学作风也深深地影响着我们。当时还没有规范化的MOS试剂和超纯气体的正规产品，质量也不稳定，而这些试剂和气体质量的好坏直接影响着芯片的性能。当科研人员对此表示忧虑时，林先生十分重视这一问题，要求她领导下的理化分析室主动承担对购进的试剂和气体，以及自产的去离子水的全部分析工作。凡是买来的试剂都抽样进行质谱分析；对每一瓶气体要进行色谱分析；不合格的不许进线。化工厂领导也表示了对不合格的试剂予以更换。另外还对超净线内用的高纯去离子水和管道气体每周进行两次采样分析以实现严格监控。在林先生的指导下，理化室的同志积极配合，往往是停下自己手中的工作，优先为我们测试分析，这样就扎实地保证了所用试剂、气体和去离子水的质量，加快了4千位DRAM研究的进程。

今天林先生虽然年事已高，但她还在为自主发展和大力振兴我国的微电子事业奔走、呼吁，她期盼着我国的微电子事业能在21世纪里腾飞起来。为此她已经做了许多工作，而且还在做更多的事情。她离不开她终身从事的事业，日益壮大起来的事业也离不开她。林先生在半导体领域里不断开拓、不断创新、永不服老、永不休止的献身精神，十分值得我们学习。我衷心祝愿林先生健康长寿，在21世纪里再创辉煌。

### （五）良师益友①

从1962年大学毕业分配到中科院半导体研究所起，我有幸一直在林兰英先生的直接指导下工作和学习，受益之深是难以用语言来表达的。

在科学研究上，林先生是帅才。她高瞻远瞩，在半导体材料科学发展的每一个关键时刻，都能牢牢地把握住科研的大方向，始终带领我们站在科学研究的最前沿。

1957年她一回国，就立即投身到发展我国半导体材料科学的事业中来。在她直接参与和领导下，于1958年研制成功我国第一根硅单晶，20世纪60年代初高纯区熔硅和低位错硅单晶质量便达到了国际先进水平，为发展我国微电子事业打下了基础。几乎与此同时，她力排众议，及时安排了GaAs等Ⅲ-V族化合物半导体材料的研究工作。在InSb和GaAs等单晶材料的研制过程中，她亲临第一线，主持解决了诸如高纯、高迁移率InSb单晶的生长和水平GaAs单晶的成品率及低位错GaAs单晶制备等许多关键技术，在短短的几年时间里，使我国的InSb和GaAs单晶质量达到了国际先进水平，为我国光电子器件的研制创造了条件。1964年我国第一只GaAs激光器就是在这种掺杂GaAs衬底上研制成功的。

林兰英（右一）与王占国在一起



---

① 作者王占国，中国科学院院士，中国科学院半导体研究所研究员，半导体材料及材料物理学家。

林兰英先生十分重视材料物理研究，她常说，材料物理研究是提高材料质量的眼睛。20 世纪 70 年代初，GaAs 质量杂质控制观点的提出，以及将纯度 GaAs 单晶研制重点由体材料转移到液相和汽相外延的正确决策，使我国 GaAs 外延材料的质量在 20 世纪 80 年代初就达到了世界最好水平，为祖国赢得了荣誉。直拉硅单晶中微缺陷和新施主行为的研究成果为提高我国硅单晶的质量和大规模集成电路的研制成功做出了重要贡献。

1986 年在寻求国外合作伙伴共同开展微重力材料科学研究的尝试失败后，她下决心自力更生自己搞，经多方联系，并于次年利用我国返地卫星，首次在太空从熔体中生长 GaAs 单晶成功，并对其性质进行了系统的研究，取得了世人瞩目的成绩，开辟了我国微重力材料科学的新领域，长了中国人的志气。

20 世纪 90 年代初，在她的领导下，我国二维电子气材料的低温电子迁移率超过百万厘米$^2$/（伏·秒），一举跻身国际先进水平行列，成为世界上为数不多能够研制这种材料的国家之一，为我国发展超高速器件和电路奠定了良好的基础。近年来，林先生又倡议和布点进行高温半导体材料的研究，并在氮化镓和碳化硅等材料制备方面取得了可喜成绩。

林先生在处事为人方面，也有高超的艺术。她站得比别人高，总以大局为重，即使反对过她的人，只要工作需要，她也会竭力推荐，从不计前嫌。她非常爱惜人才，不仅热心为他们出国深造创造条件，也积极为他们提供在国内施展才能的舞台。她十分尊重青年人的首创精神，从不责怪他们在攀登科学高峰的过程中遇到的暂时挫折和失败，总是热情地帮助他们总结经验和教训，鼓励他们勇往直前，直至取得胜利。

她这种严于律己、宽以待人、与人为善的高尚道德品质，团结影响着跟她工作的两代人。她是我们十分尊敬的良师益友。

### （六）林兰英先生的大家风范①

1986 年，我国启动了发展六个高技术领域的“863”计划，其中第二个领域是“空间科学和技术”。“863-2”领域的主要目的是论证建设我国空间站的方案和可行性。其中，空间站利用的主要内容是发展空间科学，特别是微重力科学和空间生命科学。为了促进空间科学的发展，中科院在 1989 年成立了由林兰英院士担任主任的空间科学与应用学术委员会。在

① 作者胡文瑞，中国科学院院士，中国科学院力学研究所研究员，流体力学家。

此期间，林先生还与兰州物理所的同志合作具体地组织和成功地完成了搭载我国返回式卫星进行微重力实验的工作，取得了我国第一批空间微重力实验的学术成果。在和林先生共事的过程中，深切地感受到她办事的高屋建瓴、开拓创新和培养团队精神的大家风范。

1）开创我国空间材料科学研究

国际上载人航天的发展推动了微重力科学的研究。微重力科学在我国一直是空白，直到“863-2”论证工作的展开才提出了发展的需求。微重力科学中的一个重点研究方向是空间材料科学，空间失重条件中的浮力消失，有可能生长出均匀、大尺寸、低缺陷的单晶。在我国1987年8月5日升空的返回式卫星上，在林先生为首的中科院半导体所团队和达道安所长为首的航天部兰州物理所团队的协作努力下，成功地搭载了空间材料加工实验，开我国利用返回式卫星进行微重力实验的先河。以后，先后进行了六次返回式卫星的微重力搭载实验，取得了一批微重力研究的成果。

林先生是我国半导体砷化镓单晶制备的泰斗，她非常敏感地想到要在空间微重力环境中制备砷化镓单晶。苏联科学家在和平号空间站上以极慢的生长速度制备出了3英寸直径的优质砷化镓单晶。德国科学家在航天飞机上用浮区法制备出12毫米直径的砷化镓单晶。林先生带领中国团队将中国空间实验生长的砷化镓单晶做成器件，其性能优于地面单晶做成器件的性能，她们空间实验的论文发表后受到国际同行的重视。我国当时的空间实验条件比西方国家的条件差很多，能在有限的条件下取得开创性的成果，这与林先生先进的学术思想和团结协作的精神分不开。正如她在总结中所称，“在我国跟踪世界高技术发展的重大决策者指引下，在航天部、国家科委和中国科学院的支持下，利用我国回收卫星完成了一批微重力科学的实验。开辟这一新局面的重要经验就是全国大力协同，工业部门为科研部门提供条件，科研部门提供地面科学研究的成果及科学支持，缺一不可”。

2）领导和促进我国微重力科学的发展

在“863”计划的推动下，中国科学院的空间科学发展从低迷状态中振奋起来，同时也促进了我国微重力研究从无到有的发展。中国科学院领导直接关注和领导着“863”计划空间科学和应用，后继载人航天任务的论证。在此背景下，1989年中国科学院成立了空间科学和应用学术委员会，林兰英先生为主任。在林先生的主持下，专家委员会对促进我国空间科学的发展及安排载人航天的利用任务都起了重要的作用。

1992 年 7 月，林兰英（右一）与胡文瑞（右三）
在中国科学院空间科学与应用学术委员会会议上

1993 年，在北京隆重召开了国际微重力科学学术会议，各国空间局都组团参加。会前，中国和日本召开了双边第一届微重力科学学术会议，并将会议传统延续至今。会后，中国和联邦德国也安排了双边的微重力科学和空间生命科学学术会议。这些活动标志着我国微重力研究在几年的时间内迅速发展，获得了国际同行的认同。1996 年，林先生出席了在联邦德国布莱梅召开的第 31 届空间研究委员会（COSPAR）大会，她作为 COSPAR 中国委员会（CNCOSPAR）顾问组成员，带领我们与国际空间科学界的同行进行了广泛的学术交流。会后，部分中方代表访问了布莱梅大学的微重力研究中心、联邦德国空间局等单位，受到热情的接待，促进了与联邦德国同行间的学术交流。

中日微重力研究的交流活动受到美国国家航空航天局的关注，他们希望与中国、日本共同促进亚洲地区的微重力学术交流。利用第六届国际太平洋学会空间会议 1995 年 12 月在美国洛杉矶召开的机会，美方促成召开了美国、中国、日本三方为主的微重力分会。经过反复协商，三方最后决定将中日双方微重力会议扩展为环太平洋微重力学术会议。第四届中日微重力会议暨第一届环太平洋微重力学术会议于 1998 年在日本东京召开，林先生和美国国家航空航天局副局长 A. E. Nicogossian 分别率中国代表团和美国代表团出席了会议。他们两位在开幕式上致词，都表达了促进合作的意愿。美国国家航空航天局代表李杰信称赞她“对推动国际太空合作不遗余力”。会后，中国代表团访问了位于筑波的日本空间局筑波空间中心，受到日方的热情接待。

3）担任国家微重力实验室学术委员会主任

随着我国载人航天科研工作的进展，国防科工委和“863-2”专家委员会与中科院商定，在中科院建立国家微重力实验室，挂靠在中科院力学所，并任命林先生为实验室学术委员会主任。自1996年成立后，林先生不仅主持和召开了每年一次的学术委员会会议，还对国家微重力实验室的工作进行指导和评论，使大家受益颇多。她还时常参加微重力的学术活动，亲自去上级领导机关提出办好国家微重力实验室的建议和讨论实验室的许多具体问题。她特别关心实验室的人才培养，讨论从流体物理和材料科学两方面共同培养进行晶体生长模型化研究的交叉学科人才。她曾经说，要集中精力抓好建在半导体所的中科院半导体材料开放实验室和力学所的国家微重力实验室两项工作。林先生给予国家微重力实验室的指导和帮助是重大的。

在我们今天怀念林先生的时候，她诚挚爱国的高贵情操、高屋建瓴和开拓创新的学术风范等优秀品德，仍将激励着我们奋勇前进。

### （七）学界之尊，青年楷模①

早在读研究生期间，就闻知半导体材料领域有一位国内外著名的科学家——林兰英先生，当时虽然非常敬仰林先生的学识，但绝不敢奢望能得到林先生的教诲。也许是命运使然，12年后我不仅有幸在林先生身边工作，而且能经常得到林先生的指教，使我对一位矢志报国、事业上执著追求并倾注毕生精力提高我国科研水平的著名老一代科学家有了更进一步的了解。

林先生作为学界之尊，人们对她的敬重来源于她渊博的学识和崇高的科学献身精神。此同时，作为一位科学家，林先生对年轻人的培养也倾注了大量精力。1995年，我从事科研管理工作时，对于能否胜任这方面的工作缺乏信心，因为我从来没有这方面的经验和背景。林先生亲自找我谈话，鼓励我迎接新的挑战。林先生对我说：“年轻人要全面发展，无论做什么工作，重要的一点是要学会怎样做人，要以人之长比己之短，要诚恳待人，同时不断提高自己的学术水平，这样你就一定能做好工作。”这几年来我一直铭记着林先生的这些话，在林先生的辛勤培养下，我感觉自己无论是在科研上还是在科研管理方面都有一定的进步。

---

① 作者李晋闽，中国科学院半导体研究所研究员。

李晋闽（左一）与材料实验室同事为林兰英（左二）贺80寿辰

林先生非常注重年轻人在学术上的提高和发展。在她已非常繁忙的工作中，仍然抽出很多时间定期找青年学术骨干谈话，了解他们的科研进展情况，共同讨论科研中遇到的问题。我和我的同事们都深切地感觉到，在与林先生讨论问题中，林先生以她渊博的学识和深邃的洞察力，往往寥寥数语就使我们茅塞顿开，使我们年轻人都感到在林先生身边工作是多么的幸运！林先生还鼓励年轻人要有创新精神，不要一味地跟踪国际上的发展。林先生经常对我们说："在科研中要有自己的思想，不是什么事情都一定要按照外国人说的去做，要注意结合我们国家的特点，走我们自己独创的道路。"正是基于林先生的教诲，在我们半导体材料的科研工作中，形成了一个注重科技创新的良好氛围，取得了许多具有创新特色的科研成果，这从我们近年来已获得或正在申请的多项发明或实用新型专利中可见一斑。

为了开阔年轻科研骨干的眼界，提高他们的学术水平，了解国际上最新的科研动态，林先生还积极创造条件并鼓励年轻人出国深造或参加国际上的学术交流。在人们纷纷议论因改革开放导致大量青年科技人才流失国外的时候，林先生却以一位科学家的博大胸怀，看到的是这种国际交流所产生的积极效果，因此为年轻人的国际学术交流创造并提供各种机会。例如，在林先生的亲自参与和领导下，我们与英国皇家学会建立了院级合作交流协议，每年定期派遣青年科研骨干赴英国进修，同时对方也定期派学者来我国讲学或进行学术交流；另外，近年来，在我们派出参加国际会议或其他学术交流的人员中，年轻人已占了相当的比例，甚至在学的博士研究生中也有将近一半参加过上述学术交流活动，这为我们在国际范围内开展科研活动和合作并促进人才培养产生了很好的效果。对待出国留学人员，林先生也是积极支持并加以引导，以她的亲身感受对他们进行爱国主义教育。当我就个别人员不能按期回国的事向林先生汇报时，林先生总是不希望我们采取简单的行政措施进行处理，而是要亲自了解情况，耐心地引导并为他们施展才能创造良好的条件，以吸引他们回来报效祖国。按照林先生的话说就是："吸引青年人才重要的是为他们提供良好的生活和工作条件，给他们提供一个舞台，让他们觉得在我们这里很充实并有成就感。"使林先生感到欣慰的是，在我们近几年回国的青年科技人员中，有的已成为青年科研骨干，有的已成长为青年学术带头人。

科技的竞争说到底就是人才的竞争。林先生对这一点有着深刻的认识。让林先生引以为豪的就是在她多年的精心培育下，在我们半导体材料领域有一支老中青相结合的高素质的科研队伍。在新的形势下，林先生更加关注青年科研人才队伍的培养。由于我们国家在人事制度和人才流动方面还存在一些不尽如人意的地方，所以为了留住和吸引一些年轻科研人才，林先生都亲自出面给院领导和有关人员写信、打电话，以她的影响力千方百计地解决这些青年科研人才及其家庭在工作和生活上遇到的困难，为他们解除后顾之忧，使他们全身心地投入科研工作中去。在我身边工作的这些同事每每谈及这些事情，都对林先生这样德高望重的科学家为他们费心所做的这些事情报以深深的感激之情，并且在科研工作中都非常努力，生怕辜负了林先生对他们的厚望。林先生还非常善于根据青年科研人员的不同特点，有目的地加以培养，使他们都能够在不同的岗位上发挥他们的聪明才智。林先生的特殊地位和身份，使她在学术界的社交环境具有很高的知名度。邀请她参加各种学术报告和活动的请柬纷至沓来，但是她总是尽可能地将年轻人推向前台，使他们在这种环境中尽快成长。林先生经常对我们说："自然法则是不可抗拒的，未来要靠你们年轻人，我的责任就是要为国家多培养一些跨世纪的接班人。"从林先生的言行中，我真正看到了一位老科学家的崇高品德。

钟声悠扬，21世纪迈着它那轻快的步伐来到了我们身边，人类又跨入了一个文明千年。面对新的世纪，我们每个年轻人都应进行深入的思考：我们从林先生身上看到了什么，我们应该怎样才无愧于林先生对我们的关爱和培育。我相信在我们的一生中，林先生都将是我们年轻人的楷模。

奋斗吧，跨世纪的青年！前进吧，新世纪的主人！唯有这样，我们才会不辜负林先生这样老一辈科学家对我们青年人的希望！

## （八）林兰英院士对我的教诲[①]

1994年10月，在河北工业大学做了十几年的教师之后，我又考入中国科学院半导体研究所，拜林兰英院士为师攻读博士学位。在选择课题时，林老师安排我研究半绝缘砷化镓单晶的化学配比与单晶质量的关系。完成这个课题的关键是必须建立一种非破坏性定量检测砷化镓单晶化学配比的技术。这是自1952年砷化镓单晶诞生以来，国际同行一直在努力而未能解决的一个难题。

自己能够完成这样一个课题吗？我考入半导体所的目的是要尽快取得博士学位，为学校建立一个新的博士学位点。因为国家教委规定，年龄在45岁以下的博士生导师除具有教授职称外，还必须具有博士学位。一旦不能完成博士论文，不仅自己不能取得博士学位，还要影响河北工业大学建设博士学位点的计划……

林老师看出了我的顾虑，她非常耐心地给我分析这个课题的重要意义和完成课题的可能性："砷化镓单晶是继硅单晶之后发展起来的第二代半导体材料，在微波通信、全球定位系统和超高速计算机等领域，具有广泛的应用前景，在未来的国防工业中起着至关重要的作用。半导体研究所从1960年开始研制砷化镓单晶，至今已经开展了30多年的相关研究工作。在20世纪60年代，曾经试图采用化学分析方法检测砷化镓单晶的化学配比，但是化学分析的精度难以满足要求；物理测试分析方法一定要有高精密度的测试仪器作为保障，而我们又没有必要的仪器设备。所以，30多年来一直没能开展这项工作。现在情况不同了，我们引进了一台高精度X射线双晶衍射仪，已经具备了开展这项研究的基本条件；另外，你在高校工作了十几年，具有一定的工作经验，现在，重要的是要树立攻克难关的信心。作为科学工作者必须敢于走自己的道路，勇于创新。"

林兰英（右）与陈诺夫在一起

林老师这种勇于向科学难题挑战和锲而不舍的精神，令我深为感动，

① 作者陈诺夫，中国科学院半导体研究所研究员、华北电力大学教授。

我逐渐树立了完成这一课题的信心。林老师还安排王玉田研究员帮助我共同完成这项任务。为了使研究工作尽快取得进展，我们采取了与国际上不同的研究方法。因为半绝缘砷化镓体单晶是比较接近正化学配比的材料，我们选择采用分子束外延技术、在低温下生长的砷化镓单晶为研究对象。这种材料含有大量的过量砷原子，严重偏离正化学配比。我们从理论上分析清楚了过量砷原子在这种材料中的存在状态，并且得到了国际同行的赞同。在此基础上，通过精密测量砷化镓单晶的晶格参数，即可计算出砷化镓单晶的化学配比。在王占国院士的帮助下，日本能源公司的同行们对我们的方法进行了实验验证，证明了这种非破坏性定量检测砷化镓单晶化学配比方法的准确性。

在林老师的指导下，我们终于攻克了这个难关。我也提前通过了博士学位论文答辩，并荣获亿利达奖学金。随后，在河北工业大学作为第一学科带头人申请到一个新的博士学位点。

我博士毕业后不久，林兰英院士从我国半导体材料的发展考虑，将我由河北工业大学调入半导体研究所专门从事半导体材料的研究工作。来到林老师身边工作以后，对林老师严谨的治学态度和不畏艰难的精神体会得更深了。为了研究重力对生长砷化镓单晶的影响、提高砷化镓单晶的质量，林老师以“敢上九天揽月”的英勇气概，领导了空间生长砷化镓单晶的研究工作。虽然在空间生长砷化镓单晶的研究工作中遇到了一个又一个的难关，但是林老师从未退缩过，终于在国际上率先采用布里奇曼方法在空间生长成功砷化镓单晶。这一成果震惊了世界，极大地鼓舞了中国人民。

虽然林老师已经 80 岁高龄，但她始终工作在科研第一线，以忘我的精神领导着半导体材料的研究、开发和产业化工作。如今，林老师又将更多的精力投入到培养年轻人的工作中。

林老师不仅教我们治学之道，更重视教我们为人之道。她经常教导我们，科研工作必须靠大家同心协作来完成，同志们之间一定要以人之长补己之短，绝不能以己之长比人之短。只有这样才能不断提高自己，增进团结。虽然科学是没有国界的，但是科学家是有国籍的，林老师尽量为我们创造机会与国际同行进行学术交流，同时教导我们要立足于祖国，为祖国的繁荣富强贡献力量。

从师于林兰英院士是我的荣幸，从她身上学到了许多爱国、敬业和为人的道理，使我受益匪浅，难以表达感激之情。谨在林兰英院士 80 华诞之际，祝愿恩师健康长寿、青春永驻。

## （九）精神永存，音容犹在[①]

1990年的夏天，我陪林兰英先生访问了苏联科学院的约飞技术物理研究所。虽然事隔20多年，但林先生当时的音容笑貌、言谈举止，至今仍历历在目，给人留下了难忘的印象。林先生20多年以前的科学预言："砷化镓太阳电池的空间应用是可能成气候的"。今天，已成为我国空间能源技术发展的现实，我想这也可告慰林兰英先生的在天之灵。

约飞技术物理研究所，位于苏联列宁格勒[②]。它历史悠久，研究领域广泛，科研硕果累累，而且水平高，曾产生了多名诺贝尔奖获得者，是一所世界著名的科研单位。在光伏研究领域，它从1969年就开始了Ⅲ-Ⅴ族太阳电池研究，是世界上最早开展此项研究的单位之一。1986年苏联发射的"和平"号空间站，就已采用砷化镓太阳电池作为能源，而砷化镓太阳电池的生产技术，工艺流程，就是由约飞技术物理研究所研究出来的。

自1987年开始，在林兰英先生的鼓励与支持下，我们砷化镓太阳电池小组，在半导体所开始了砷化镓太阳电池的研究，是国内最早研究砷化镓太阳电池的小组之一。当时，在我们踌躇不定时，是林先生果断决策，坚持上马。她对我们说："砷化镓空间能源，有抗辐照、耐高温的优点，大大优于硅能源。对它的研究，搞好了会成气候的，你们就放心去搞吧。"她的英明决策，她那超前思想，她那勇于创新的精神，给了我们莫大的鼓舞。我们研制组也发扬艰苦创业的精神，开始了砷化镓能源研究的摸爬工作。到1988年，林先生见我们的工作有了起色，又支持和鼓励我们对约飞技术物理研究所进行学术访问，放开眼界，多学习先行者的东西。通过这一次访问，我发现该所光伏研究室不仅工艺技术先进，而且和我们小组的研究方向和研究技术都很相近，在工艺上相同点很多，都是采用液相外延技术来研究砷化镓太阳电池的。在参观考察过程中，我也发现光伏研究室的研究人员和领导，对我们很友好，坦诚相见，真诚交流，让人感动。当我提出愿与他们开展合作研究的建议时，得到了光伏研究室主任V. M. Andreev（安德烈耶夫）教授的积极响应。我回国汇报后，同样得到林先生和所、室领导的支持。从此，我们与约飞技术物理研究所开始了长期的合作交流。1989年11月，我所邀请Andreev教授来访，林先生亲自接见了他。此后，我们双方几乎每年都互派科研人员访问。林先生的这

① 作者向贤碧，中国科学院半导体研究所高级工程师。
② 1992，苏联解体，"苏联列宁格勒"，就改称"俄罗斯圣彼得堡"。

次访问，就是对 Andreev 教授那次来访的回访。

在这次访问中，我先期到达约飞技术物理研究所，做些准备工作，迎接林先生的到来。几天后的一个下午，在所里的一位同事的陪同下，我们驱车去圣彼得堡机场，迎接林先生和随行的韩忠惠同志。虽然他们已经经过长途飞行和对瑞典的数天访问，但林先生并不显得疲劳，一路上侃侃而谈，精神依然饱满。

在此后几天的访问中，林先生参观了约飞技术物理研究所的许多实验室，非常认真地听取了该所科研人员的介绍，细心地考察了他们实验室的设备和研究情况。林先生对该所的雄厚科研实力、该所科学家们的敬业精神和对科学的认真态度，给予了充分的肯定，并要我们向他们学习。由于这里的科学家们的理论基础雄厚，步履扎实，积累的经验丰富，所以在砷化镓太阳电池领域，处于世界先进水平。

除了学术访问之外，约飞技术物理研究所的同事还陪我们参观游览了圣彼得堡的几个著名景点，包括冬宫和夏宫。林先生当时虽已年过七旬，仍然饶有兴趣地和我们一道参观。不时地走走停停，了解风土人情，询问景点历史。有时她感觉累了，就找个地方坐下休息，叫我们继续参观。

在我们访问期间，约飞技术物理研究所的 Andreev 教授及其夫人，Larionov 博士及其夫人，还特意为我们举办了丰盛的家宴，热情欢迎林先生和我们的访问。这在苏联困难时期，已实属不易。在宴会上，Andreev 教授和其他苏联同事问了许多有关我国改革开放的问题，他们对我国经济的飞速发展非常羡慕。林先生很热情地回答了他们的提问，也对主人的热情招待表示了感谢。

由林先生促成的与约飞技术物理研究所的合作，对我们砷化镓太阳电池小组的研究工作起了很好的促进作用。我们这次陪同林先生访问，不仅让我们更加深入地了解了约飞技术物理研究所的学术水平，吸取了他们的许多宝贵经验，也增强了我们双方的友谊，使我们的研究小组与该所光伏研究室的合作更为密切，合作的步子也大为加快，促进了我们的研究步伐，取得了一系列研究成果。

在林先生去世十周年之际，特意追思这段历史，记下这段经历，以表对林先生最为深切的怀念。

## 亲友们的惦念

### (一) 缅怀"东方之子"林兰英[①]

3月7日晨，老领导林文豪打来电话，沉痛告诉我，他的姐姐林兰英去世了……

春寒料峭，天上阴云密布，似乎壶山兰水也沉浸在浓重的哀痛之中，悼念这位生于斯长于斯杰出的中国科学院女院士，著名的女物理学家、半导体材料专家，"中国太空材料之母"，"东方之子"，优秀的共产党员林兰英。

由于种种因素，很久以前就打心底里深深地敬佩她，她的才华、她的高尚的品格，令人仰慕，几次与其接触，受益匪浅。墙上、案头还珍藏着与林院士合影的珍贵照片。有几张是近几年她应邀回莆参加世界莆仙乡亲恳亲会时照的。她满头银发，穿着朴素，慈祥和蔼，乍看起来，像一个莆田农家妇女，谁会知道她竟然是誉满全球的大科学家。

1918年2月7日[②]，她诞生在明代嘉靖年间的南京御史、清官林润的故居里。林兰英的降生，给位于城里下务巷林宅大院的上空蒙上了一层阴影，莆田这个"文献名邦"、"海滨邹鲁"，承孔孟之道儒学氛围浓厚，重男轻女。在林宅大院，人们最关注的是生个男孩，而林兰英偏偏是个女孩，同样是女人的祖母说："没用的东西。"

这个"没用的东西"顶着世俗沉重的压力，冲破重重阻力，顽强地生长了。经过一番绝食斗争，家人批准林兰英上了砺青小学，后来保送进入砺青中学，而后又以优异的成绩，考入省立莆田中学高中部，成了当时高一年级唯一的一名女生。一年后转学到咸益女子中学，成绩一直名列前茅。1936年，林兰英又以优异的成绩考入了福建协和大学，当时整个莆田县，女大学生屈指可数，这次，林宅大院充满了喜庆气氛。当年"没用的东西"成了林家的宠儿，母亲格外高兴，为自己生了个女大学生而感到自豪。

为了攀登科学高峰，"路漫漫其修远兮，吾将上下而求索"，林兰英沿着崎岖山路，不畏艰难、义无反顾地不断攀登。1948年8月9日，她离开

---

① 作者许培元，福建莆田《湄洲日报》总编辑。

② 经莆田亲友考证，林兰英出生在农历丙辰年（龙年）的十二月十八，即公历1917年1月11日。这里仍保持数十年来的传统用法。

亲人，离开祖国，远涉重洋到美国留学。几度风雨几度春秋，1955 年 6 月，美国宾夕法尼亚大学建校 115 年以来，第一次出现了一个中国博士的名字，她就是林兰英。之后，她被聘为从事半导体科研工作的索菲尼亚公司高级工程师。她超人的智慧和埋头苦干的精神受到公司的赞扬，正是靠林兰英杰出的科学分析指导，公司成功地造出了第一根硅单晶，不久，又为公司申报了两项专利。同时，她的论文陆续在权威学术期刊上发表，公司三次提高她的年薪。面对种种优惠条件和常人梦寐以求的诱惑，林兰英不为所动。“梁园虽好，非久居之乡”，她想莆田下务巷那个大院了，她想祖父爱的唠叨了，她想爸爸妈妈弟弟妹妹们了，她想贫穷落后而亲爱的祖国了，她想“归去来兮”了。

几经周折抗争，1957 年 1 月 29 日，林兰英乘坐的客轮安抵香港，在国务院办公厅精心周密安排下，她踏上了深圳罗湖桥头，回到了祖国怀抱，浪迹天涯的游子终于回家了。亲人团聚，林兰英百感交集，尽情地享受浓浓的亲情，如饥似渴地品尝家乡的菜肴，贪婪地饱览久违的广化寺、梅峰寺、石室岩、木兰陂、妈祖庙……

但林兰英是属于全中国的，不久，她就离家北上，像当年赴美时一样，仍由大弟林文豪送她经上海去北京，在中国科学院应用物理研究所工作。工作才一星期，林兰英就得了急性腹膜炎，动了手术。此事惊动了周总理，她一上手术台，日理万机的周总理亲自打去电话，指示医院“只能治好，不能出意外”，并说这是一项政治任务。林兰英知道后，热泪盈眶。后来她又知道从她交涉回国起，直至安排工作，始终在周总理的关怀下进行。总理的人格深深震撼着林兰英，她决心以总理为楷模，拼命工作，报效祖国和人民。

1958 年，在国庆节前夕，拉制成功了中国第一根硅单晶；1962 年，拉制成功砷化镓单晶；1987 年，林兰英和同事们又“异想天开”，利用卫星拉制成功了两块太空砷化镓单晶，这一“国际领先”的科研成果，受到全世界科学家的关注，林兰英赢得了“太空半导体材料之母”的桂冠。她创造了一个又一个高精尖科技成果，鲜艳的五星红旗一次又一次在国际科技“奥运会”上升起，林兰英为祖国和人民赢得了殊荣。中央电视台《东方之子》栏目专题报道了她，报刊、电台也不断介绍她光辉的事迹和杰出的贡献。她受到了三代中央领导人的关怀和接见，受到了全国人民包括莆田父老乡亲们的爱戴。

林兰英在盛名之下，仍保持谦逊、俭朴、坦诚的传统美德，每次回莆田，关心的是科教发展，经济建设和家乡变化。她一以贯之地支持历任莆田父母官的工作，从不给领导添麻烦，总是献计献策，希望家乡更美好。她深深地眷恋生她养她的故宅大院，但当城建需要拆迁时，她没有二话；她亲爱的父亲被不公正对待过，“文化大革命”时被“造反派”从北京揪回原籍莆田，竟然在南下的火车上被殴打致死；她自己和弟弟林文豪也受到冲击，但她从无怨言，而是更加努力地工作、创造、奉献！

“壶山低头，兰水呜咽”，“寂寞嫦娥舒广袖，万里长空且为忠魂舞”。林兰英院士永垂不朽！她是太空中一颗耀眼的星，她是永恒的。

**（二）兰水之英**[①]

“林兰英院士走了。”听到这一噩耗时，我如闻晴天霹雳。

林兰英是我认识和敬佩的莆田籍科学家，她的离去，固然使我心头隐隐作痛，但她毕竟把人生的意义发挥到了极致，令人羡慕不已。

林兰英出生在莆田城内的一个大户人家，她念小学时成绩一直都在前三名，念中学时都是第一名，中学毕业考上了福建协和大学。后来她出国留学，并于1955年成为美国宾夕法尼亚大学固体物理学博士，她是该校百余年校史上的第一位女博士。之后，她供职于索菲尼亚公司，多有建树，三晋年薪。当时，我家供奉菩萨“六二爷”，兰英的母亲“剑华嫂”经常前来烧香，孩提的我凑在旁边，曾听到她祈求“兰英早日回来”。也正由于生身母亲和新中国母亲的双重感召，林兰英毅然辞去外国公司的优厚待遇，于1957年挺身回国。林兰英的这一步至关重要，使得她个人的前途和祖国的半导体材料科学事业的发展紧紧联系在一起。

20世纪50年代末期，社会上出现了半导体收音机，我常听乡亲们自豪地讲，这是咱们莆田的林兰英带头搞出来的。[②] 1977年，林兰英率领固体物理学考察团访问法国和联邦德国。当时我从报上看到这则消息，还写进日记，并饶有兴趣地告诉朋友们。

1979年，我在莆田五中实习。如果没有记错的话，那一年，林兰英回莆田，在她弟弟林文豪的带领下，为五中的师生们做了一次讲座。这是我第一次看到她。

1994年，《湄洲日报》总编辑许培元拿到中国香港1月24日的《文汇报》所报道的林兰英事迹的配图通讯，交给由我和陈金狮任责任编辑的《周末特刊》转载，转载的日期是2月26日，占了大半个版面。这篇通讯的标

---

① 作者林金松，福建莆田《湄洲日报》编辑。

② 1958年春，林兰英领导的材料组向北京电子管厂提供了两公斤掺杂锗单晶。该厂制成晶体管后，组装成了晶体管收音机，俗称半导体收音机（见第五章第一节）。

题是“林兰英：中国太空半导体之母”，引题是“中国第一根单晶硅研制者”，提要是“当年离开美国时，她仅有六千多元美金积蓄也被扣留；但她把多年积存的价值廿多万的锗单晶献给中国科学院。它们是中国半导体研究者梦寐以求之宝……”还在显要的版位上加上一条套红赞语：“她把所有的爱献给了晶莹剔透的单晶。”其实，像她那样高洁的灵魂，怎么形容都不过分。

1995年4月中旬，我到北京采访莆仙籍专家学者，几次和林兰英通电话，她老是以工作忙脱不开身回绝，直到16日早上才让我到她家。这一天是星期天，天气特别好，柳絮儿漫天飞舞，况值林老答应接受采访，我情绪十分高涨，后来就以“京华此日正逢春”为题，写了一篇很随意的访问记。林老献身于科学，顾不上结婚，和侄儿、侄媳、孙女住在一起，一家子相处得很融洽，130多平方米的套房里洋溢着民主气氛。林老的科研事迹散见于海内外报刊，她不愿多说，我就以拉家常的形式开始了采访。我们的话题先后涉及教育、她新近的科研活动及家乡的建设。林老反应灵敏，语速很快，说话很有逻辑性，看问题洞若观火，具有很强的世界意识。

那次见面以后，我虽然没有接近她，但在电视上经常看到她。我总是以为，她身体硬朗，声音嘹亮，可以长命百岁，不料于今年3月4日13时离开了我们！享年85岁，虽算得上高寿，毕竟走得匆忙了些。这是我国乃至世界的一大损失！

林兰英是中国科学院院士、我国半导体材料科学与技术的奠基人和开拓者，是世界知名的物理学家。她曾任中科院半导体研究所副所长、中国科协副主席、全国人大常委会委员。1987年，她在世界上率先在微重力条件下从熔体中生长砷化镓单晶获得成功。以后她又多次与莆田同乡闵桂荣院士合作，利用返回式卫星取得科研成果。她主持下获得的一些科研成果达到国际领先水平，个别成果达到国际最高水平。她还被国外权威机构评为20世纪最后20年中对世界产生巨大影响的20位女性之一，这在中国科技界的妇女中是个唯一。

木兰溪水长流，兰水之英常在。林兰英高尚的人品和无私奉献的精神，将永远策励着莆田的莘莘学子勇攀科技高峰，为祖国的腾飞和人类的进步奋发而有所为！

### （三）奶奶呵护我成长[①]

1976年1月，我来到了人世，出生在一个知识分子家庭。这个家庭

① 作者林岚，林兰英的侄孙女。

的主人，就是我奶奶林兰英，就是把自己的一生奉献给了祖国半导体科学事业的林兰英。

我乖巧可爱、稚气十足，我的出生给家庭带来了温暖，成了爸妈的掌上明珠；也给奶奶带来了乐趣，成了她的开心果。

奶奶疼爱我，我也最爱奶奶。在我小时候，当大人们问我长得像爸爸还是像妈妈的时候，我总是抬起稚嫩的小脸说："像奶奶！"

奶奶对我的爱，在半导体所是出了名的，室里有什么活动，她总要带我去参加。有次她带着长大了一点的我去参加所里的新年庆祝活动，我先前告诉奶奶："奶奶，我们去了后，你不要说我唱歌好，又让我表演节目啊！"奶奶抿嘴笑了笑，说："好的，好的，你放心，我不会让乖孙女演节目！"我们到了所里以后，会场里热热闹闹，活动开始了，奶奶对她的同事们说："我孙女很会唱歌，但她说了，不要让她演节目。"大家听了都笑了，全都鼓起掌来，说："那就给我们表演一个吧！"热烈的掌声，让我下不了台，只好演了一个。

那时候，每天晚上从幼儿园回到家，奶奶的最大乐趣就是听我给她讲她自己杜撰的"小白兔拔萝卜"的故事，或者拉着我热乎乎的小手看电视，还管我叫"小火炉"。到了周末，奶奶就会抽出时间，躺在竹躺椅上，把我叫到身旁，拿着英文版"看图说话"教我说英语。在我三岁的时候，有一次她带我到北京饭店去见美国访华的老友，碰到一个外宾，不知怎的，我顺口就对外宾甩出一句："How do you do!"奶奶甚感突然，听后哈哈大笑，内心里对我的表现非常欣赏，有一种说不出的甜蜜感。后来，她竟把这事当作一个经典故事，经常讲给她的熟人听。

奶奶还特别注意在各种场景下对我进行针对性教育，增强我的感观知识，培养我对事物的识别力和记忆力。有次她带我去大连海洋博物馆参观，每看到一种动物，她就会特地考我："这个叫什么？英文怎么说？"这样一来，我的英语进步很快。在上学之后，我掌握的英语词汇，比同龄人甚至比我大很多的同学要多得多。

在我上学之后，奶奶对我鼓励多，责怪少；表扬多，批评少。她教我好好读书，鼓励我天天向上。她经常教导我说，在学习中，困难总是会有的，没有克服不了的困难，办法总比困难多，关键在于自己的努力。"没有愚笨的孩子，只有不求上进的孩子。"还要我多参加同学间的聚会，多参加社会活动，多培养一些兴趣爱好，多锻炼身体，不要"只读书，读死书"。

奶奶对年轻人的生活方式也很开明。上学时，总有很多男女同学到家里来玩，她认为这能增进同学间的团结和友谊，是正常的社交活动，从不横加干涉。她深情地对我说："我成长的那个时代，女孩子想的忙的，全都是家务，很难有什么兴趣爱好。你们这一代年轻人，有这么好的条件，应该更全面地发展自己，充实自己。""21世纪是综合人才的时代。需要将才，更需要帅才。科学研究也是一样，需要能够独当一面的将军，更需要能够带领一个团队共同作战、共同攻坚、做出研究成果的帅才。"我的同学曾羡慕地说："如果有一天我有了孩子，就要像林岚的家长那样，做个开明的家长，明辨事理的家长。"

平时，奶奶的生活非常节俭，极容易满足。一日三餐，简朴的饭菜，她都是连连称赞，吃得也很开心。她只有一个小衣柜，里面的衣服很简单。虽然一年四季衣服不同，但三年五载都不曾换过，还是老样，还总是对人家说"从来不用操心购置衣服，儿媳妇都给买好了"。但是，她每次出国，都会给我精挑细选礼物，大蜜蜂的学英语玩具，迪士尼米老鼠的项链，我视为宝贝，一直珍藏着。这既看出她是个细心的人，也表明她对我疼爱有加。她对我的爱，我也一直珍藏着。

在我的记忆里，童年时有一次春节，姑姑林如菊一家来给奶奶拜年，我们团聚在一起，非常开心，奶奶更是喜出望外，给姑姑和表姐表妹们炸春卷，煮莲子汤，什么好吃就给做什么；一起放烟花，捂着双耳看放爆竹，还派发压岁钱。在这时，她忙里忙外的表现，是一个多么普普通通的奶奶，多么慈爱的奶奶！

上中学时，有一次我参加人大附中奥林匹克智力竞赛的选拔，有一道题是画一幅创意画，我画了一种特殊材料的轻质航天飞机。奶奶知道我画画的主题后非常开心，常对人说："我孙女画画，都离不开航空航天的主题，这和我的事业工作关系很密切啊，看来是受到了我的影响！"

林兰英（左）在侄媳何箴（右）的陪同下逛公园

我考上了北京大学，很开心。而奶奶反而没有特别地夸奖我，她怕我产生骄傲自满情绪。上大学之后，更没有给我特别的零花钱，我也跟很多同学一样外出兼职打工，既经受了劳动锻炼，也能自己挣钱养活自己。这些实践经历，对我后来的工作有着莫大的帮助。

我大学毕业后，面临着参加工作还是出国深造的问题，面临着选择什么职业的问题。我的父母和奶奶，并没有像传统家长那样，把自己的意见强加给我，甚至在我没有征求奶奶的意见时，她就不闻不问，不发表任何评论，表现出自己什么也不知道似的。好多家长都希望孩子按照自己规划的生活轨迹去生活。奶奶不这样，她给予我的，是完全的信任和自由。这点，好多家长都是很难做到的。我在找工作的时候，奶奶没有托过任何人，也没有求靠过任何关系，而是充分让我自己到社会上去闯，去经受锻炼和考验，在失败中成熟和成长。与此相反，在解决她的下属或下属家人工作的时候，她特别积极，帮了很多人的忙，到处打电话、解决问题，出了很多力。

我工作以后，奶奶对我的职业发展则关心备至，特别喜欢听我讲工作中的烦恼或趣闻。我遇到的一些不尽如人意的事、困难和问题，奶奶总是给予我坚决的支持和鼓励，让我有勇气做一个正派的人，对旁门左道一笑置之，我也兢兢业业，无怨无悔。2001 年，猎头公司挖我到另一家公司去工作，我放不下眼前的工作环境，犹豫不决。奶奶一直希望我成为国际化的人才，她从发展机会、学习机会、行业潜力、企业潜力等方面帮助我进行分析，让我没有贪图一时的安逸，而是勇敢地面对更多的挑战。直至在她的病榻前，奶奶每次听到我工作中取得的点滴进步，都会露出欣慰的笑容。

奶奶不仅关心我们这代人的成长，也关心我们的婚姻和家庭。

我的表姐王琳，曾经幻想要像我奶奶那样，信奉独身主义。奶奶对外孙女说："不行，你一定要成家。你和我不一样，当时的社会，我错过了最好的婚姻年龄。但我的个性足够的坚强和独立。一般的女人，没有家庭是不完整的。"奶奶一生没有结婚，却一点也不封建古板。

王琳恋爱后，想等姥姥病好后再结婚。我奶奶不答应，说："不要因为我耽误了你的终身大事！"王琳结婚那天，奶奶不能出席，这不能不说是一件憾事。姑姑林如菊（王琳的妈妈）伤感地轻叹道："孩子们都大了，走了！我们也老啦！"

我的婚礼，也是赶在奶奶生病之后。那时，奶奶的肺部病灶已经转移，医生要求她立即住院，但她不肯，说要等参加完我的婚礼才去。两个月后，2001 年 6 月 16 日，我和熊宜举行了婚礼。

在我结婚时，我已在联想工作。联想总裁杨元庆做我们的证婚人，奶奶

侄孙女婚礼留影。从右至左：侄儿林守勋、侄媳何箴、林兰英、侄孙女林岚、侄孙女婿熊宜

任主婚人。奶奶说："我参加过大大小小的活动无数次，有过无数次的发言，但是今天是我最激动的一天，因为今天是我最疼爱的孙女林岚的婚礼！……"这个时候，奶奶不再是一位科学家，而是和天下所有奶奶一样，是一位普通的、充满爱心的、温暖着家人的好奶奶。我的婚礼，奶奶没有请一位自己的同事和朋友，因为她希望给我一个完全属于自己世界的婚礼，不受到任何人的打扰，这点很多长辈恐怕都很难做到。"我的腿脚不好，行动不便，但是，今天我还是要站起来啊！谢谢大家啊！"奶奶从椅子上站起来，给到场的嘉宾深深一揖。在场人全都站了起来，鼓掌回谢。从此，奶奶再也没能离开医院，这是她最后一次出现在公众的视线里。

奶奶住院之后，每天下了班，我和爱人就会到医院去看她。有的时候她已经睡着了，我们就静静地在旁边坐一会儿。奶奶每次洗头，都得等我丈夫熊宜来给她洗，说他聪明、细心，照顾得好，还总是夸我找了个好爱人。

有一次护工给我打电话，说："奶奶想要花。她不让所里同事买，要你买的花。"听后，我心里感到无比的酸楚，流下了激动的泪水。奶奶是多么喜爱孙女所送的礼物啊。

1998 年，我从国外考察归来，送给奶奶一个我从国外买回的盘子，上面刻了一首英文诗，表达了我对奶奶的一片深情。诗的大意是：

"奶奶是一个特别的人，
永远微笑、永远慈祥，
与她在一起的每时每刻，
都让人永生难忘。

她的爱能够驱散阴云，
宛若一束阳光，
把我生命中的每一天照亮。
是的，奶奶在我心中是如此与众不同，
我是如此幸福，
因为我有一个
无私、慈爱又严格的
亲爱的奶奶……”

奶奶住院的时候，专门把这个盘子带到了病房，护工曾对我说：“奶奶平时经常戴着老花镜看它。”

2003年的3月4日，奶奶带着对我们的无限眷恋和遗憾，永远地离开了我们。

奶奶去世那天，我痛彻心扉：“连每天这样到医院看一看奶奶的机会都再也没有了!”

在我的成长过程中，奶奶付出了太多的辛劳，投入了太多的情感，我为有这样的奶奶感到无比的骄傲和自豪。在我的心里，她是世界上最好、最好的奶奶。

### （四）忆与友人从几件事中议老太太的为人①

人们对于老太太（指林兰英）的关注，通常都聚焦于她搞出什么科研成果，得到什么奖项。由于她曾担任过一些社会职务，时不时地参与一些社会活动，因而有些人对于她的人品、性格等，都颇感兴趣，常跟我提起。这也成了我与在京的老乡们经常热议的话题。这里叙说的，就是与友人们谈论过的、有关老太太为人方面的几件事。

将日历翻回到1976年。

友人：老王，老邓（指邓小平）刚把国家整顿得有模有样，现在又闹腾起来了。大字报铺天盖地，喇叭整天响个不停，人们一上班就开会搞大批判。听说，中科院的“汇报提纲”被打成“黑提纲”。林先生那边有事吗?

王：这个“汇报提纲”是老胡（指胡耀邦）主持搞的，被打成“黑提纲”不奇怪。批“黑”就是为了批邓，老太太她参加了座谈会，也发了言。不外乎是科研工作混乱一事提些意见而已。现在运动一来，一开会就要她揭发、批判“黑提纲”。对此，我们也有些为她担心。我问了，她说：“揭什么？批什么？那个提纲整体上有什么错？你开会，我就不吭声，你

① 作者王云汀，林兰英次侄女婿。

能把我怎么样。这样一来，他们也没有办法。后来，就不了了之。”

友人：沉默是金，好一个“沉默战术”。妙招！

王：现在运动搞得很热闹，声势很大，有些人就站出来，批判“旧我”，划清界限，站到“革命”一边。顿时，这些人就成了运动中的名人。对此，我感到奇怪、迷惑，就问老太太：“这是怎么回事？”她平静地说：“这有什么奇怪。除了个别人外，大部分人还是迫于形势、迫于压力，没办法，不得不说假话。其实他们自己的内心也很苦啊。”“我们是搞科研的，讲话要考虑、考虑，正确的就要坚持，不要像墙头草那样，东倒西歪，图一时之利。人，活得真累！”

友人：“听说小邓（指邓楠）就在她们所，现在怎么样？”

王：我们也谈过。她说：“小邓是在所里的科技处，为人不张扬，待人接物还不错。我们保持着正常的工作关系。对小邓，老邓在台上，我不去巴结人家，老邓挨批，我也不去踩别人家。该怎么办就怎么办。”这的确凸显了她的性格。

友人：不势利、不趋炎附势，真是一身正气。当今形势下，能保持这样的，实属不易。

时间又挺进到1988年。

友人：最近传说林先生“发财”了，这是真的吗？

王：是有这么一笔钱。她们在卫星上搞的一种半导体材料很成功，她也成了我国研究空间材料的开创者，也是现在世界上搞得最好的（指半导体材料），因而获得一笔不少的奖金。那么这笔钱怎么分？众说纷纭，也颇为期待。这其中，搞卫星的要分吗？这是甚为关注的一个话题。老太太说：“原来卫星空间实验是没有我们这个项目，后来临时加上的，何况，当时能不能成功，谁也没有把握。好，现在搞成功了，人家功不可没，是我们取得成功的关键因素之一。奖金，当然要分给人家。奖金，我们不能一家独吞。”一锤定音。这是一个具有全局性的、颇有远见的深思熟虑的决定。当然所里分钱也随之而定了。

友人：钱，本来就很招人，分钱更是一件棘手的事。林先生这一拍板，果断，不贪、不自私、不见利忘义，公道。听到这一消息，我们这些局外人都拍手称赞。难怪有什么好事都会找到她。听说，有人请她去主持一个国际会议？

王：是有两个单位接到一个国际会议的承办权。然而，在谁当主持人的问题上，争议不决。后来，商定还是请老太太当主持人。起初，老太太婉辞，说：“我又不是搞你们那方面的，主持人还是请你们两个单位商量一个吧。这事情，一是你们能争取来办很不容易，二来涉及对外影响的问

全家福照。前排左起：侄儿林守勋、侄媳何箴、林兰英、次侄女林如菊、次侄女婿王云汀。后排左起：侄孙女林岚、大侄孙媳孔晓红、大侄孙林飞宙、次侄外孙女王茵、次侄外孙女王琳（1996年）

题，大家要珍惜这个机会！”不过这两个单位仍坚持原定意见，真诚相邀。最后，老太太同意去主持这个国际会议。会议开得很成功。

友人：你以为这是天上掉馅饼？才不是呢。人家看的，不仅仅是你的名气，水平，人家是冲着你的人格魅力来的，一个字：“服。”林先生受人称赞、敬重，受邀去当主持人毫不奇怪。

凡事种种。事虽不大，却依然能让人感受到老太太是如何处事的，是怎样做人的。和友人对老太太的议论很多，天长日久，难以记述。不过，老太太的为人，由此已可见一斑了。在这缅怀的时刻，兹以一言作为结束：沧海横流，方显智者本色。

对林兰英人生的记述，在此告一段落。我们每个人的人生，都是一支燃烧的火炬。在我们中国这13亿火炬中，有的暗淡如萤；有的平凡如烛；有的火光熊熊；有的光照寰宇。我们回顾了林兰英这位科学家的80多年生涯，这是我们民族当中多姿多彩、辉煌灿烂火炬中的一支。我们看到了这支火炬迸发出来的是中华民族的浩然正气；是热爱祖国、热爱科学的激情；是奋发图强、勤奋进取、孜孜以求、锲而不舍、极端认真负责的精神；是经过艰苦磨难而造就出来的聪明睿智。

祖国养育了林兰英，点燃了她那支光照人间的火炬；祖国同样会养育更多的后来人，点燃更多光照人间的火炬。让我们学习林兰英的精神，让生命之火为人民的事业而燃烧！

# 附录D 半导体研究所召开纪念林兰英院士逝世十周年座谈会[①]

2013年的3月4日上午，在林兰英院士逝世十周年之际，中国科学院半导体研究所在学术会议中心举行了“纪念林兰英院士逝世十周年座谈会”，以纪念林兰英院士对我国半导体科学事业做出的杰出贡献，深切缅怀她的高尚品格和道德情操。中国科学院半导体研究所所长、党委书记李树深院士，王占国院士，王圩院士，半导体研究所副书记、副所长张春先，所长助理杨富华，照明中心主任李晋闽，材料重点实验室主任刘峰奇，光电子研发中心主任黄永箴等70余人参加了座谈会。座谈会由半导体研究所所长李树深主持。

李树深所长主持座谈会

首先，在场人员共同观看了林兰英院士事迹宣传片《科学先驱》，表达了对林兰英院士的思念之情和敬仰之意。

座谈会上，大家深切回忆了和林先生在一起为祖国的半导体材料科学事业而奋斗的日日夜夜，追忆了一件件难忘小事和美好时光。她的一生虽然平凡却伟大，无论是刻苦钻研、坚持不懈的科研精神，还是光明磊落、

① 作者为中国科学院半导体研究所综合办公室高艳。

严于律己的人生态度，以及淡泊名利、宽厚待人的高尚品德都为后辈留下了光辉的榜样和宝贵的精神财富。她一贯坚持的艰苦朴素、勤奋、严谨和实事求是的工作作风，深深地感染着几代科学工作者。她把毕生的全部精力献给了祖国的科学事业和教育事业，她的卓越成就如同一座宏伟的丰碑，受到后辈的尊崇。

林兰英院士虽然已经离开了我们，但其精神永存，她的音容笑貌将长留我们心中，她的宽厚美德，她的敬业风范将成为我们学习的典范，成为我们精神的动力。

# 后　　记

1978年全国科学大会后，党和政府“拨乱反正”，积极落实知识分子政策，新闻媒体也开始加强对归国专家的宣传报道。那时，我作为半导体研究所宣传科科长，应林兰英先生之约，为福建省政协文史资料委员会撰写了《林兰英教授的人生路》一文，刊于1993年由福建省政协文史资料委员会编的第三十一辑文史资料《敬业路上——人物述林》上。那时，虽然聆听了林先生对她人生历程的讲述，但仅是皮毛，未进行深入采访，故在这次应约撰写《林兰英传》的过程中，除重点记述林先生的科研工作经历和其科研成果外，还摘编了郭米克同志的文学传记《中国女院士林兰英》中林兰英的一些成长故事，如出国留学过程、留学期间的经历、回国途中的见闻等，在此致以诚挚的谢意。

鉴于林先生已去世，不可能自“传”，我们只有采用记叙加自述的手法来完成本书的写作。因此，摘录了《1950年代归国留美科学家访谈录》一书中林兰英本人所做的口述。在此也向参与本书编写工作的王德禄、杜开昔、高颖、程宏等人表以谢意。

在本书的编写过程中，对某些事情的经过进行了订正，更正了过去在一些媒体文章中出现的不当言词，还原了事情的真实面目，排解了某些误解和纷争。

在本书的编写过程中，曾得到半导体研究所领导及有关职能部门的支持和帮助；得到了半导体研究所材料研究室离退休科技人员的大力支持，这些老同志为我们提供了资料、照片和史实，给本书增色不少。在初稿完成后，林兰英大侄女林如兰、莆田一中前校长吴智园、莆田《湄洲日报》高级编辑周文辉、林兰英侄子林守勋、次侄女林如菊及其丈夫王云汀等亲友对第一至第四章资料进行补充和完善，并悉心审改；王启明院士、王占国院士、夏建白院士、吴德馨院士、王圩院士，郁元桓、何宏家、陈廷杰、钱家骏等研究员，林先生的研究生江德生研究员等人也认真阅审和修改了稿件，也在此表示最衷心的感谢。

何春藩

2013年5月